Premio Nób
Once grandes es
del mundo hispánico

Antología con introducciones críticas

Edición y compilación de Bárbara Mujica

GEORGETOWN UNIVERSITY PRESS / WASHINGTON, D.C.

Georgetown University Press, Washington, D.C.

Printed in the United States of America

10 9 8 7 6 5 4 3 2 1 1997

THIS VOLUME IS PRINTED ON ACID-FREE OFFSET BOOK PAPER

Library of Congress Cataloging-in-Publication Data

Premio Nóbel : once grandes escritores del mundo hispánico : antología con introducciones críticas / compilada por Bárbara Mujica.
p. cm.
1. Spanish literatura--20th century. 2. Spanish American literature--20th Century. 3. Spanish literature--20th century--history and criticism. 4. Spanish American literature--20th century--History and criticism.
I. Mujica, Bárbara Louise.
PQ6174.P7 1997
860.8'006--dc21
ISBN 0-87840-642-5 (pbk.) 96-44386

Indice

Prefacio

A pesar de que España e Hispanoamérica han producido numerosos grandes escritores durante nuestro siglo entero, la literatura hispánica moderna no despertó el interés internacional sino hasta el advenimiento del boom, a principios de los años 60. De hecho, muchos lectores norteamericanos, franceses y alemanes apenas conocen a los escritores hispánicos más destacados del Siglo XX anteriores a García Márquez y Carlos Fuentes. Sin embargo, desde su creación, el Comité Nóbel de la Academia Sueca ha sabido reconocer el rico caudal literario del mundo hispanohablante. Desde 1901, cuando se dieron los primeros Premios Nóbel, diez autores hispánicos han sido galardonados en el campo de la Literatura: José Echegaray (1904), Jacinto Benavente (1922), Gabriela Mistral (1945), Juan Ramón Jiménez (1956), Miguel Angel Asturias (1967), Pablo Neruda (1971), Vicente Aleixandre (1977), Gabriel García Márquez (1982), José Camilo Cela (1989) y Octavio Paz (1990).

Premio Nóbel: Once grandes escritores del mundo hispánico reúne selecciones de estos escritores. La variedad de estilos y de géneros atestigua la riqucza dc la tradición literaria hispánica. Echegaray y Benevente se distinguieron como dramaturgos; Mistral, Jiménez, Neruda, Aleixandre y Paz, como poetas; García Márquez y Cela, como novelistas; y Paz, como ensayista. El número de países que están representados--España, Chile, Guatemala, Colombia y México--demuestra que el mundo hispánico entero, desde el Cono Sur hasta Centroamérica y México, desde la costa occidental de Latinoamérica hasta la Península Ibérica, ha producido talentos literarios extraordinarios.

Además de selecciones de los diez autores que han recibido el Premio Nóbel de Literatura, se han reproducido aquí varios capítulos de la memoria de Rigoberta Menchú, quien ganó el Premio Nóbel de la Paz en 1992 por su labor en defensa de los derechos humanos de los indios quiché de Guatemala. La Comisión Nóbel también ha reconocido a otros hispanos por sus contribuciones a la paz mundial. En 1936 el argentino Carlos Saavedra Lamas fue premiado por su participación en las negociaciones entre Bolivia y Paraguay, que pusieron fin a la Guerra del Chaco. Otro argentino, el arquitecto y escultor Adolfo Pérez Esquivel, recibió el Premio Nóbel de la Paz en 1980 por su defensa de los derechos del hombre. En 1987, Oscar Arias Sánchez, antiguo presidente de Costa Rica, recibió el Premio Nóbel de la Paz por su intervención para poner fin a los conflictos de la América Central. Sin embargo, la activista guatemalteca merece ser incluida en esta antología porque su libro, *Me llamo Rigoberta Menchú y así me nació la consciencia,* transcrito y editado por Elizabeth Burgos Debray, ha sido reconocido como una importante obra literaria y se estudia en incontables universidades de Latinoamérica, los Estados Unidos y Europa.

Esta antología refleja necesariamente la evolución en los gustos literarios a través de las décadas. El postmodernismo ha dado una nueva importancia a textos que destacan los elementos sociales hasta ahora ignorados por la literatura occidental--mujeres, homosexuales, razas no europeas. Al enfocar la riqueza de las tradiciones quiché y las terribles condiciones bajo las cuales viven las poblaciones indígenas de Centroamérica, el libro de Menchú cabe dentro de esta nueva corriente literaria.

Cada selección de esta antología está precedida de una introducción crítica preparada por un académico que es experto sobre el autor. Estos comentarios sitúan a los escritores dentro de su contexto histórico y explican su contribución a la literatura mundial. Incluyen datos biográficos pertinentes, además de información valiosa acerca de su estilo. Cada introducción contiene un análisis de las selecciones que se incluyen en la antología. En el caso de piezas de teatro y novelas, también contiene un resumen de la obra completa para ayudar al lector a colocar la selección dentro de su contexto. Las introducciones han sido escritas para un público general; se ha evitado el uso excesivo de notas y de terminología teórica. Los críticos representan diversas perspectivas y emplean diversos métodos, así que el libro le ofrece al lector no sólo una vista panorámica de gustos y estilos literarios, sino también de técnicas de análisis.

Los Premios Nóbel fueron creados por el químico e industrial sueco Alfred Bernhard Nóbel (1833-1896), inventor de la dinamita. En su testamento Nóbel mandó que su fortuna, que valía en aquella época unos 9 millones de dólares, se usara para instituir cinco premios que se concederían anualmente a los bienhechores de la humanidad en los siguientes campos: Fisiología y Medicina, Física y Química, Literatura y Paz. En 1969 se estableció un sexto premio en ciencias económicas, financiado por el Banco Central Sueco. La Real Academia de Ciencias en Estocolmo selecciona a los ganadores en física, química y economía. La Asamblea Nóbel del Instituto Karolinska otorga los premios en medicina. La Academia Sueca da el premio en literatura, escogiendo siempre a un autor reconocido por su obra entera y no por un solo libro. El Comité Nóbel del Parlamento Sueco otorga el Premio Nóbel de la Paz.

Aunque la Academia Sueca ha llamado la atención internacional a algunos de los más grandes escritores del mundo hispánico, desgraciadamente, ha pasado por alto a varios que habrían merecido este honor. Benito Pérez Galdós, que se considera el novelista español más importante del siglo XIX y un escritor muy superior a Echegaray, fue recomendado para el Premio Nóbel el mismo año que el dramaturgo. Se ha sugerido que la Academia temió ofender a las autoridades españolas al galardonar a un autor conocido por su anticlericalismo.

Otra omisión lamentable es la del argentino Jorge Luis Borges, quien revolucionó la literatura latinoamericana a mediados del siglo e inició las tendencias que después florecieron en el boom. Debido tal vez a su conservadurismo político, Borges nunca fue seleccionado para un Premio Nóbel a pesar de que parecía un candidato lógico para el honor. En 1970, año en la Academia consideró su candidatura por primera vez, una encuesta realizada por el diario italiano *Il Corriere della Sera* reveló que el escritor argentino tenía más apoyo de parte del público que Aleksandr Solzhenitsyn, quien fue finalmente seleccionado. En 1983 Borges volvió a ser candidato y de nuevo fue rechazado.

Quisiera agradecer a Georgetown University, que otorgó fondos para la preparación del manuscrito de esta antología, y a John Samples, director de la Georgetown University Press, por su ayuda y apoyo; también quisiera reconocer las contribuciones de Lilliam Coleman y Melissa Simmermeyer, que ayudaron con la lectura de textos y el trabajo mecanográfico.

Bárbara Mujica
Washington, D. C. 1996

José Echegaray

FREDERICK A. DE ARMAS
The Pennsylvania State University

Los que conocieron a José Echegaray y Eizaguirre (1832-1916) en su juventud nunca habrían pensado que hubiera llegado a ser autor dramático. Nacido en Madrid, octavo hijo del médico y profesor de botánica José Echegaray Lacosta y de una madre guipuzcoana, Manuela Eizaguirre Chaler, estudió de pequeño en Murcia pues el padre fue trasladado al Instituto de esa ciudad como profesor en 1837. Bachiller a los catorce años, decide el joven José estudiar ingeniería de caminos y regresa a Madrid. Obtiene, al concluir su carrera, un cargo en el distrito de Granada, pero poco después regresa a la Escuela de Ingenieros de Caminos en Madrid donde enseñará hasta 1868. Sus muchas conferencias y publicaciones científicas lo llevan a ser nombrado miembro de la Real Academia de Ciencias Exactas, Físicas y Naturales en 1865. El discurso de entrada que pronunció, «La historia de las matemáticas con aplicación a España», causó una gran polémica, pues el joven Echegaray se atrevió a decirles a los miembros de la Academia que en España nunca había habido ningún matemático de importancia.

Su interés en la economía lo llevó a afiliarse con la escuela de librecambio, combatiendo a los proteccionistas. De las matemáticas y las ciencias, a través de la economía, pasa Echegaray a la política siendo nombrado director de Obras Públicas en 1868. Comienza así Echegaray su segunda carrera en una época verdaderamente caótica en la política y economía del país. En 1873 tiene que emigrar a Francia por seis meses. A pesar de los muchos cambios en el poder y de las complejas rivalidades, Echegaray es admirado por muchos y alcanza gran éxito en la política y en la economía. Entre 1868 y 1908 es nombrado de ministro de Fomento, de Hacienda, de Obras Públicas, presidente de Instrucción Pública y director del Timbre. Se ha dicho que fue el «salvador de la España caótica de los años 70»[1] al crear el Banco de España para así poder emitir papel-moneda.

¿Cómo hallar en una biografía cundida de eventos políticos y de estudios de matemáticas, economía y ciencias el germen de esa pasión por el teatro que lo iba a convertir en el dramaturgo más popular de su época? Sabemos que lo que Julio Mathias llama el «veneno del teatro» lo ingirió Echegaray cuando joven. Recuerda el futuro dramaturgo el miedo que le produjo una representación teatral a los tres años de edad; recuerda también la gran impresión que le hicieron los dramas románticos que vio en Murcia en su juventud. Siendo estudiante de ingeniería en Madrid asiste a un gran número de estrenos teatrales. Con un compañero de estudios traza el argumento de una comedia en defensa de los derechos de la mujer, obra que Echegaray escribe por sí solo y titula *La cortesana*. Al ser rechazada por un famoso actor, la rompe. Este rechazo contrasta con los éxitos de su hermano Miguel en escena. Y aunque José quiere seguir el camino de su hermano, su timidez no se lo permite. A través de los años Echegaray escribe varias obras que quema, rompe o guarda. Por fin, se interesa Manuel Catalina por *El libro talonario*. El Teatro Apolo, donde Catalina es director y actor, está en una difícil situación económica y se piensa que la obra de Echegaray atraerá al público, ya que el autor es el ministro de Hacienda. Aunque el nuevo dramaturgo insiste en usar el seudónimo de Jorge Hayaseca, se hace saber que es el ministro el que la había escrito. Estrenada el 18 de febrero de 1874, es muy aplaudida por el público.

Comienza así la tercera carrera de Echegaray, la que más le apasiona, la de autor dramático. Ese mismo año se estrena *La esposa del vengador* en el Teatro Apolo. Esta vez su éxito es rotundo y no tiene nada que ver con su carrera política. Al año siguiente (1875) ya tiene escritas dos obras más, *La última noche*, representada en el Teatro Español, y *En el puño de la espada*, en el Teatro Apolo. Mientras que la primera no es muy celebrada, la segunda es un triunfo. Para entonces, se ha convertido Echegaray en el dramaturgo más popular de Madrid. Aunque algunas de sus obras son silbadas, la mayoría tiene mucho éxito. El público de la época siempre reacciona a sus dramas, positiva o negativamente, ya que son obras violentas, exageradas y que incluyen todo tipo de efectismo teatral. Sainz de Robles utiliza una comparación muy acertada para describir la carrera dramática de Echegaray. Lo califica de «Audaz. Violento. Tremebundo. Un meteoro de los que convulsionan».[2] Echegaray fue un verdadero meteoro, irrumpiendo en un teatro ya moribundo, llenándolo de pasión y de violencia. Llegó, triunfó y finalmente desapareció de la escena casi tan rápidamente como había llegado a ella. En la noche del olvido el único destello ha sido la crítica negativa que recibió y sigue recibiendo.

Pérez Galdós, al igual que Sainz de Robles, siente la necesidad de describir el comienzo de la carrera dramática de Echegaray con imágenes que evocan la violencia de la naturaleza: «Fue como un huracán tonante y luminoso que trocó las emociones discretas en violentos accesos de furia pasional; deshizo los gastados moldes, infundió nueva fuerza y recursos nuevos al arte histriónico, electrizó al público...».[3] Estas imágenes sirven para explicar la pasión y el romanticismo de Echegaray, autor que requiere de su público y de sus críticos un enfrentamiento con fuerzas inconquistables. La carrera ascendente de Echegaray culmina en 1881 con el muy aplaudido estreno de *El gran galeoto*, obra que fue traducida a muchos idiomas tales como el alemán, inglés, francés, italiano y portugués y que luego entró a formar parte del canon literario al ser incluida en muchas antologías de teatro de la época. Al año siguiente de su gran éxito es elegido miembro de la Real Academia Española. Su vertiginosa carrera teatral continúa con muchísimos más éxitos (y varios fracasos devastadores). El triunfo de *El gran galeoto* sólo es superado por su *Mariana* de 1892, con la extraordinaria actuación de la célebre actriz, María Guerrero.

El período de decadencia de la obra de Echegaray comienza a principios del siglo XX. *Malas herencias* de 1902, escrita y representada cuando el autor tiene ya setenta años, no atrae los mismos encomios que obras anteriores. *La desequilibrada* de 1903 también decepciona al público. *El preferido y los cenicientos* de 1908 es su última obra. Ni siquiera utiliza su nombre, prefiriendo un seudónimo. La obra es un rotundo fracaso. Pronto desaparecerá su nombre de las tablas. José Manuel Cabrales Artega resume la extraña carrera de Echegaray y la sorprendente reacción del público y de la crítica: «Alabada con entusiasmo por los contemporáneos... la obra dramática de Echegaray ha ido cayendo en un olvido progresivo a lo largo del siglo XX, convirtiéndose hasta el presente en el blanco de las más violentas invectivas de críticos y dramaturgos, que la consideran el ejemplo máximo de la penosa situación en que se encontraba la escena española, durante el último tercio del siglo XX».[4] En vez de reconocer el mérito de Echegaray como fuerza que revitaliza el teatro, la crítica le considera como ejemplo de su penosa situación.

Pero en las últimas tres décadas del siglo XIX fue Echegaray el líder indisputado de la escena. Hasta creó una escuela dramática.[5] En 1904 la Academia Sueca, al no poder decidirse a quien otorgar el premio Nóbel, lo divide en partes iguales entre dos escritores, el francés Federico Mistral y el español José Echegaray. Ya que decidió el español no viajar a Estocolmo para recibir el premio, pues era un anciano de setenta y dos años y muy friolento, el rey Alfonso XIII le entrega el diploma y la medalla en Madrid el 18 de marzo de 1905. Al día siguiente hubo un desfile desde la Armería hasta la Biblioteca Nacional, donde Echegaray y José Canalejas, jefe del Partido Liberal, pronunciaron discursos. Esa noche en el Ateneo, en una sesión presidida por el Rey, fueron los oradores Ramón y Cajal (quien recibió el Premio Nóbel de Medicina en 1906), Pérez Galdós y Echegaray. Pero el homenaje de los intelectuales españoles no ocurrió sin protestas. Muchos de los escritores de la generación del 98 negaron que Echegaray representase a la intelectualidad española. Escritores tales como Rubén Darío, Pío Baroja, Unamuno y Valle-Inclán firmaron una carta que decía: «Hacemos constar que nuestros ideales artísticos son otros y nuestras admiraciones muy distintas». Aunque algunos de ellos matizaron sus opiniones más adelante, la división se hizo muy clara en aquel entonces. Hubo unos pocos escritores jóvenes que mostraron su simpatía para con Echegaray--Jacinto Benavente y los hermanos Alvarez Quintero. Lo que debemos notar aquí es que estos escritores tuvieron gran éxito en el teatro y reemplazaron a Echegaray en las tablas. Ellos debieron de darse cuenta entonces de una gran cualidad de la obra de Echegaray, esto es, de su inherente teatralidad.

No en vano la Academia Sueca reconoció que la obra de Echegaray tiene que ser juzgada dentro de la tradición dramática, que su obra es una destilación de lo teatral: «Después del esplendor del teatro helénico, entre los ingleses y españoles es donde se ha desarrollado principalmente un arte dramático nacional.... Heredero y continuador de aquellas gloriosas y características tradiciones es el escritor a quien la Academia Sueca ha acordado otorgar la mitad del Premio Nóbel correspondiente al año que corre. Hijo de los tiempos modernos y perfectamente independiente en su manera de juzgar las cosas, no tiene el mismo concepto del mundo que tuvo Calderón. No es amigo del despotismo ni de la jerarquía, amando la libertad y habiendo roto muchas lanzas en pro de la causa de la tolerancia, lo que no obsta para que en él se encuentre el mismo ardor exótico y el mismo honor que desde tiempos antiguos han sido distintivos de los dramaturgos españoles».[6]

La admiración que le tenía Echegaray a Calderón de la Barca no lo lleva a la imitación ciega de sus lances de honor. Transforma éstos al presentar esposos que sí sufren al sospechar que han perdido la honra, pero que no siempre muestran para con sus esposas la crueldad sanguinaria de los maridos calderonianos. En *Cómo empieza y cómo acaba* (1876), por ejemplo, Pablo dirige su violencia contra el amante de Magdalena y no contra ella. Además de los lances de la honra, hay muchos otros elementos calderonianos en el teatro de Echegaray. James Hoddie, por ejemplo, muestra paralelos entre la poesía de *La vida es sueño* y ciertos versos de *El gran Galeoto*, tales como «...si en la esfera de zafir / escriben astros de fuego / de los humanos destinos / el misterioso secreto» (I,i).[7] *Semíramis o la hija del aire,* refundición hecha por Echegaray de una obra de Calderón, es en realidad un homenaje al dramaturgo del Siglo de Oro. Los contextos calderonianos constantemente irrumpen en el nuevo texto de Echegaray. Pero no es Calderón el único escritor del Siglo de Oro que admira Echegaray. En 1895 escribe otra refundición de una comedia del Siglo de Oro, esta vez de *El desdén con el desdén* de Moreto. Por otra parte, *Los dos curiosos impertinentes* (1882) no imita el teatro sino la prosa del Siglo de Oro, siendo el título alusión a la novela que Cervantes intercala en *Don Quijote*. En *O locura o santidad* (1877) el protagonista comprende que su locura es similar a la de don Quijote y exclama: «¡Loco tu héroe! Loco, sí; loco. El que no oyera más que la voz del deber al marchar por la vida ... ése, ¡qué ser tan extraño sería en toda la sociedad humana»![8] Hay también otro contexto cervantino en este drama. Hoddie explica: «no parece casualidad que don Lorenzo lleve el apellido de Tomás de Avendaño, personaje de *La ilustre fregona* de Cervantes».[9] El interés de Echegaray por la historia del Siglo de Oro se ve claramente en *En el pilar y en la cruz* (1878) donde se evoca a Flandes en tiempos del Duque de Alba.

El teatro de Echegaray no solamente refleja lo que Valbuena Prat llama «un calderonismo externo», sino también una revalorización de las imágenes, estructuras, temas y técnicas de los escritores del Siglo de Oro. Añade Valbuena Prat que el teatro de Echegaray también comienza «por lo más externo y efectista de un fantasma de teatro romántico».[10] Sin embargo, sería prudente observar que el teatro de Echegaray no es sólo fantasma del pasado, sino que crea un nuevo presente dramático, reuniendo y transformando contextos del teatro barroco y elementos del drama del siglo diecinueve. Pasando de fantasmas metafóricos a espíritus dentro del teatro, se puede afirmar que éstos recuerdan los espectros del teatro de Lope de Vega y los del drama romántico. Pero su función es más que efectista y evocadora. En *En el seno de la muerte* (1879), por ejemplo, la leyenda de un cadáver expulsado del panteón por otros muertos debido a una culpa secreta, no sólo sirve para recobrar al metafórico fantasma del romanticismo en la evocación de la época medieval, sino que también subraya el tema central y anticipa la situación clave del tercer acto. El neorromanticismo de Echegaray aúna, según James H. Hoddie, los elementos melodramáticos del teatro histórico-legendario romántico y elementos del drama de tesis. Los mezcla en algunos casos, mostrando situaciones extremas: honra inflexible, pasiones imposibles, héroes que desafían a una implacable sociedad, un destino ciego o un amor prohibido. Sus fantasmas brotan de estos excesos, ocupando el espacio de la corporalización de lo imposible. Siempre concluye Echegaray sus obras con desenlaces imprevistos. Todo su teatro está repleto de violencia, sea en las acciones inusitadas de los personajes regidos por la pasión o el deber o el conflicto entre ambos, sea por un lenguaje desorbitado y detonante que subraya el conflicto. Elementos de dramas del Siglo de Oro y dramas románticos son llevados al extremo en el teatro efectista de Echegaray. Pero además de ser neorromántico, es Echegaray un «dramático intelectual»[11] que construye una pieza para efecto teatral, buscando lo que Sainz de Robles llama «el desenlace teatralísimo de un tema audaz».[12] Esta teatralidad era ya parte del barroco y llegó a un nivel exagerado en el romanticismo de José Zorrilla con el «abuso del efectismo», elemento clave del drama de Echegaray.[13] La obra de Echegaray es pues un comentario apasionado sobre el teatro anterior, obra que busca una nueva estética llevando la tradición al extremo, a lo imposible.

La obra de Echegaray no debe relegarse a la historia literaria y calificarse de «estupendo mamarracho» como dice Ganivet. Es obra consciente de su teatralidad, y en términos modernos puede muy bien estudiarse como ejemplo de la intertextualidad y del metateatro. Los que lo despreciaron no sabían como entrar en su teatro. Escribiendo sobre el grupo de la generación del 98 que firmó la crítica de Echegaray cuando éste recibió el Premio Nóbel, apunta G. G. Brown que «todos los de la lista que intentaron escribir para el teatro fracasaron visiblemente en su empeño de agradar o interesar al público.... Por otra parte, los nombres de los dramaturgos a los que el público iba a prestar su apoyo incondicional brillan por su ausencia en la lista».[14] Como ya mencionamos, el más popular de los dramaturgos de la generación del 98 no firmó la declaración contra Echegaray. Se daba muy bien cuenta Jacinto Benavente de que su predecesor era un verdadero conocedor del teatro. Sabemos que «nunca dejó de admirar» a Echegaray.[15] *El nido ajeno*, la primera obra de Benavente, fue un fracaso catastrófico que puede compararse con el éxito de *Mancha que limpia* de Echegaray el mismo año (1894). Pero, aunque el estilo de Benavente llegará a triunfar unos años después, el asunto no difiere tanto de las obras de Echegaray como apunta Mainer.[16] El drama de Benavente no existiría sin los excesos de Echegaray. Benavente lo comprende y admira a su predecesor.

Si los miembros de la generación del 98 no hubieran rechazado el teatro de Echegaray, habrían podido ver en éste un deseo parecido al de Lope, el de crear un nuevo teatro y de mover la pasión del espectador a través de la acción. Al igual que Lope de Vega, Echegaray crea su *Arte nuevo de hacer comedias* que presenta, como Lope, en un poema. Posiblemente recordando las reglas del soneto propuestas por Lope de Vega en su burlesco «Soneto de repente», Echegaray nos da un esquema de su arte también en forma de soneto. Explica en el primer cuarteto:

> Escojo una pasión, tomo una idea,
> un problema, un carácter. Y lo infundo,
> cual densa dinamita, en lo profundo
> de un personaje que mi mente crea.[17]

Vemos ya aquí la dramaturgia intelectual de Echegaray en términos de la «idea» tanto como la pasión que se desencadena en la obra. Una pasión incontenible lleva al personaje principal a la «explosión» final de la que habla Echegaray en el último terceto del soneto. Como explica Cabrales Arteaga, esta explosión ocurre en muchos casos cuando el personaje adquiere cierto conocimiento que tiene que ver con el honor.[18] La explosión muchas veces trae consigo la muerte, como en *En el seno de la muerte* (1879). En los últimos momentos del drama Jaime, cuya vida está por extinguirse, le dice a Beatriz:

> Manfredo murió también
> y tú pronto morirás
> al morir... ¿dónde caerás?[19]

La respuesta de Beatriz «A tu lado» nos lleva a la frase final y al título de la obra pues Jaime, al caer muerto, le dice a ella «que así ... vinimos a dar ... / en el seno ... de la muerte».[20] Este fin teatral y violento donde amor y honor sienten la explosión de una verdad es típico del teatro de Echegaray. Lo mismo ocurre en *La muerte en los labios* (1880) y *En el puño de la espada*, donde el título de la obra también es pronunciado por personajes rodeados de la muerte. Es como si el personaje, al morir, al concluir su obra dramática, estuviera consciente de su teatralidad, y les estuviera dando nombre a las acciones de su vida. El personaje parece gritar que es su vida, que el drama le pertenece y por eso le da título.

Así pues, la obra de Echegaray va más allá de las imitaciones apasionadas de dramas de honra del Siglo de Oro. También va más allá del neorromanticismo, pues incluye una «idea», una «verdad» y a veces una «tesis» que establecen estructuras bien pensadas y oposiciones equilibradas dentro del huracán de las pasiones. En su intertextualidad, estas obras se convierten en comentarios metadramáticos. Además, los personajes mismos forman parte de este metateatro al definirse en el momento de su muerte, a pesar de que esta muerte parezca significar la destrucción de la virtud en la obra.

Este nuevo teatro también incorpora una tradición dramática aún más amplia. En *Para tal culpa, tal pena* (1867, 1877) no solamente tenemos un drama situado en pleno Siglo de Oro, en tiempos de Felipe II, sino también una imitación teatralizada de la obra de Galdós *Quien mal hace, bien no espere* (1862). Este paralelismo con el teatro de Pérez Galdós también lo encuentran Menéndez Onrubia y Avila Arellano en «el afan egoísta o usurario» de los protagonistas de *El libro talonario* (1873) y *La última noche* (1875) que recuerdan a los de *Un joven de provecho* y *Un hombre fuerte* de Galdós.[21] En busca de nuevos horizontes más allá de los españoles, rescata Echegaray el drama de Ibsen en España con sus obras *El loco Dios* (1900) y *El hijo de don Juan* (1892). Las innovaciones de Echegaray también lo muestran como autor que prefigura algunos de los conceptos de Luigi Pirandello. Según Wilma Newberry, el quijotismo de Lorenzo en *O locura o santidad* es similar al quijotismo de Angele Baldovino en *Il Piacere dell'onestà*. Como en *O locura o santidad*, la honestidad lleva al manicomio en *Il berretto a sonagli*. Ambos *El gran Galeoto* y *Un crítico incipiente* confunden la vida y el teatro como *Sei personaggi in cerca d'autore*. En *Un crítico incipiente* un personaje explica que ciertas obras «Abren el horizonte a grandes esperanzas; pero una vez abierto el horizonte, por ciertos rumbos pueden venir furiosas tempestades». Para Newberry, esto es lo que le ha ocurrido a Echegaray. Al abrir nuevos horizontes, ha creado una tempestad crítica que ha oscurecido los valores de su obra dramática.[22]

La intertextualidad de *El gran Galeoto* nos lleva de Dante a Pirandello, pasando por Calderón y Shakespeare. Obra conciente de sí misma, repleta de metateatro y de intertextos, es aclamada como la obra maestra de Echegaray. Los pocos comentarios positivos sobre este dramaturgo en nuestro siglo generalmente toman como punto de partida su éxito de 1881. Utilizando la técnica metateatral del teatro dentro del teatro, *El gran Galeoto* comienza con una escena en prosa donde Ernesto, un escritor, no sabe cómo llevar la «idea» que el percibe «con su forma flotante, con sus vagos contornos» y aún más como «mundo de pasiones que viven y luchan» al papel en blanco.[23] Esta «idea» o *inventio* establece la base intelectual del drama de Echegaray. La expresión de tal idea es lo que encuentra difícil el artista ya que desea incluir en su obra un personaje que sea «todo el mundo».[24] Finalmente encuentra Ernesto título para su drama, pues bajo la luz de un quinqué ve cierta frase en un libro que tenía abierto. Se trata del canto V de *La divina comedia* donde Virgilio escucha la historia del comienzo de los amores de Paolo y Francesca. Cuando Ernesto exclama que el título de su obra será *El gran galeoto*, el lector de Dante recordará que Paolo y Francesca se enamoraron leyendo de los amores de Lancelot y Ginebra. «Galeotto fu l'libro» dice Francesca porque Gallehaut fue intermediario entre Lancelot y Ginebra y en el caso de los amantes condenados al infierno por Dante es el libro de estos amores, y no un ser humano, el que les sirvió de intermediario. El lector / auditorio de *El gran Galeoto* al principio no comprende bien este título, sólo sabe que tendrá que buscar un intermediario en una nueva historia amorosa. La obra que se representa, entonces, es el drama concebido por Ernesto. Tenemos teatro dentro del teatro, pues *El gran Galeoto* incluye una obra dramática escrita por un personaje. Esta obra de Echegaray es un drama consciente de su intertextualidad pues se refiere no solamente a la leyenda artúrica y a la comedia de Dante sino también a *Hamlet*.[25] En la obra de Shakespeare el concepto del teatro dentro del teatro es también escencial. Es en el segundo acto de *El gran Galeoto* donde el lector / público averigua que el galeoto del drama es «toda la masa social».[26] Pues son los chismes y las sospechas infundadas que transforman el amor fraternal entre Ernesto y Teodora en un amor adúltero.

Exclamando que «una golondrina no hace una primavera»[27], James H. Hoddie explica que una obra sola no puede cambiar la actitud crítica ya que el mérito de un escritor debe juzgarse a base de su producción total. Esta visión que separa *El gran Galeoto* de las otras obras de Echegaray que son consideradas de mucho menos valor, nos ha llevado a la decisión de no incluir la «obra maestra» en esta antología. Aquí, al contrario, quisiéramos mostrar que hay muchos otros dramas de Echegaray que podrían interesar al lector de hoy. El 9 de noviembre de 1876 se representó por primera vez en el Teatro Español el drama de Echegaray *Cómo empieza y cómo acaba*. Era en realidad la primera parte de una trilogía que incluiría *Lo que no puede decirse* (representada en el Teatro Español el 9 de octubre de 1877) y *Los dos curiosos impertinentes* (Teatro Español, 8 de abril de 1882). Reproducimos aquí el texto de las primeras cuatro escenas del primer acto de la primera parte de la trilogía, esperando que, de este modo, el curioso lector desee luego leer el resto de esta obra y las dos siguientes. *Cómo empieza y cómo acaba*, al igual que *El gran Galeoto*, es una obra donde los elementos intertextuales y de metateatro tienen gran importancia. Como en la obra maestra de Echegaray, encontramos en esta comedia más temprana una pasión que imita el modelo dantesco, sirviendo el Canto V del primer libro de «idea» no sólo a los personajes sino al autor también. Al comienzo de la obra, entra Magdalena leyendo ese canto que impulsa a la pasión en *La divina comedia*. Pero el «galeoto» aquí no es la obra de Dante directamente, sino un cuadro de Enrique de Torrente que vio Magdalena en la nueva exposición de este apasionado artista:

Y esa divina pintura
copia el instante tan sólo
en que Francesca y Paolo,
suspendiendo su lectura
se miran con ansia loca
(mostrando el libro)

temblando él de amor, la besa
por vez primera en la boca.[28]

El cuadro parece ser el «galeoto» que aflige el corazón de Magdalena y la impulsa a la pasión.[29] Tenemos así un metateatro icónico donde la pintura de Llorente reflejará la pintura de las pasiones dentro del drama de Echegaray. Andrés trata de aconsejar a Magdalena aludiendo al fin de la historia de estos amantes: «mas el cuadro peregrino / de lágrimas se manchó / y de sangre». Pero a Beatriz sólo le interesa el cuadro mismo: «pero en el cuadro no está; / allí tan sólo está el beso». A esta pintura de pasión prohibida que Andrés trata de transformar sin éxito también se le opone un segundo cuadro. La acción comienza en el gabinete de don Pablo de Aguilar, esposo de Magdalena, donde se halla «un retrato de medio cuerpo de don Pablo». Esta segunda pintura debe recordarle a Magdalena su deber y su amor matrimonial. Al escuchar que su esposo parte a América ella reacciona con «horror y alegría». Los dos cuadros tienen su efecto en las pasiones de Magdalena. El horror de sus futuras acciones y las consecuencias de dichas acciones se oponen a su alegría ante la pasión.

Lo irónico es que el esposo lleva el nombre del amante de Francesca en la obra de Dante. Puede muy bien preguntarse el lector / espectador: ¿A quién escogerá Magdalena? Es éste un «misterio» que preocupa a Pablo hasta el mismo final de la obra. Las futuras acciones de Pablo tampoco pueden vislumbrarse fácilmente, pues el esposo de Magdalena representa dos extremos: «o una paloma sin hiel / o una africana pantera». Ya que se trata de un buen drama de honor, el final es violento. Pero no es el típico fin calderoniano donde el marido mata a su esposa al sospechar su infidelidad. El desenlace totalmente inesperado de *Cómo empieza y cómo acaba* causó una gran polémica en Madrid y en el prólogo a su obra Echegaray explica por qué este drama no es «profundamente inmoral» y por qué los artificios que emplea no son «falsos» ni «inverosímiles». Para él, existe una «lógica de la fatalidad» que domina los eventos cuando «en el alma humana la libertad moral cede su puesto a la pasión». En este violento estudio de la pasión, el infierno dantesco no es algo del otro mundo. Al contrario, aquí brota de una acción muy de este mundo, donde Llorente siente «satánica alegría» en sus malvadas obras y donde la entrada a la casa de Pablo y Magdalena se transforma en «puerta del infierno». Los amores de Paolo y Francesca, el infierno de Dante y los cuadros del deber y de la pasión forman los intertextos fundamentales que se entrelazan en este violento, sombrío, mordaz y apasionante drama. En sus excesos, *Cómo empieza y como acaba* preserva la pureza de una idea vislumbrada bajo la luz de un quinqué, idea que proviene, como la de Ernesto en *El gran galeoto*, de Dante. Trazado con lucidez, el drama dirige al lector / espectador a una explosión final donde el horror lo separa de las pasiones, para que así pueda percibir el comienzo de la idea dramática, idea, que según Ernesto en *El gran galeoto*, se manifiesta en esas «luces y sombras»[30] que surgen del «espacio vacío» de «la nada»[31] donde coexisten los opuestos, espacio donde tal vez se inicia toda obra artística.[32]

NOTAS

1. Julio Mathias. *Echegaray* (Madrid: EPESA, 1970) 27.
2. Federico Carlos Sainz de Robles. *Ensayo de un diccionario de la literatura*, vol. 2 (Madrid: Aguilar, 1964) 339.
3. Benito Pérez Galdós. *Canovas* (Madrid: Alianza/Hernando, 1980) 75.
4. José Manuel Cabrales Arteaga. «El teatro neorromántico de Echegaray», *Revista de Literatura* 101 (1989): 77.
5. Según José Manuel Cabrales Arteaga, los discípulos de Echegaray incluyen a Eugenio Sellés, Joaquín Dicenta y Jacobo Cano, «El teatro neorromántico de Echegaray» 82.
6. Citado en el «Prólogo» de Amando Lázaro Ros a José Echegaray, *Teatro escogido* (Madrid: Aguilar, 1959) 12.
7. James H. Hoddie, ed.. *El gran Galeoto,* de José Echegaray (Madrid: Cátedra, 1989) 30.
8. José Echegaray. *Teatro escogido,* ed. Amando Lázaro Ros (Madrid: Aguilar, 1959) 378
9. Hoddie 22.
10. Angel Valbuena Prat. *Historia de la literatura española*, vol. 3 (Barcelona: Gustavo Gili, 1968) 229.
11. E. Orozco Díaz. *El teatro y la teatralidad del barroco* (Barcelona: Planeta, 1969).
12. Sainz de Robles 339.
13. Carmen Menéndez Onrubia y Julián Avila Arellano. *El neorromanticismo español y su época. Epistolario de José Echegaray a María Guerrero. Anejos de la revista Segismundo* 12 (Madrid: CSIC, 1987) 37.
14. G. G. Brown. «Siglo XX», *Historia de la literatura española* (Barcelona: Ariel, 1980) 174.
15. José Carlos Mainer. «Modernismo y 98», *Historia y crítica de la literatura española*, vol. 6, ed. Francisco Rico (Barcelona: Edición Crítica, 1980) 220.
16. Mainer 219.
17. Soneto citado por C. Eguía Ruiz en «Echegaray dramaturgo. El ocaso de su estrella», *Razón y Fe* 47 (1917): 26-37 y comentado por Gonzalo Sobejano, «Echegaray, Galdós y el melodrama», *Anales Galdosianos* (1978, anejo): 94-115, y por José Manuel Cabrales Arteaga en «El teatro neorromántico de Echegaray».
18. Cabrales Arteaga 84.
19. Echegaray. *Teatro escogido* 559.
20. Echegaray. *Teatro escogido* 559-60.
21. Menéndez Onrubia 37.

22. Wilma Newberry. *The Pirandellian Mode in Spanish Literature from Cervantes to Sastre* (Albany: State University of New York Press at Albany, 1973) 58.

23. Echegaray. *Teatro escogido* 67.

24. Echegaray. *Teatro escogido* 71.

25. Echegaray. *Teatro escogido* 75.

26. Echegaray. *Teatro escogido* 168.

27. Hoddie 55.

28. José Echegaray. *Cómo empieza y cómo acaba* (Madrid: Sociedad de Autores Españoles, 1912) 8[va.] ed.

29. Este amor tiene prehistoria pues Torrente y Magdalena se habrán conocido antes en Biarritz.

30. Echegaray. *Teatro escogido* 78.

31. Echegaray. *Teatro escogido* 68.

32. Este espacio desde el cual se manifiesta toda creación verbal recibe el nombre de *para* en la tradición védica. Véase Rhoda F. Orme-Johnson, «A Unified Theory of Literature», *Modern Science and Vedic Science* 1 (1987): 322-73.

Cómo empieza y cómo acaba

JOSÉ ECHEGARAY
PREMIO NÓBEL 1904

DRAMA TRÁGICO
en tres actos y en verso
(primera parte de una trilogía)

PERSONAJES:

DON PABLO DE AGUILAR, *esposo de*
MAGDALENA
MARÍA, *hija de ambos*
DON ANDRÉS, *tutor que fue de Magdalena*
DON ENRIQUE DE TORRENTE
LORETO
LEANDRA, *hija de*
BERNARDO, *colono*[1] *de ANDRÉS*
UN CRIADO, *que habla*
OTRO, *que no habla*

---

[1]Alguien que le arrienda una propiedad a otra persona.

La escena pasa en 18 . . . Los dos primeros actos en Madrid: casa de Aguilar. El último en una casa de campo de don Andrés, a pocas leguas de Madrid

ACTO PRIMERO

La escena representa un gabinete en casa de Aguilar; decoración de forma octógona, completamente cerrada, así en los muros como en el techo, y tan reducida como sea posible. A la izquierda del espectador, en primer término, un balcón; en segundo una puerta de escape o de servicio interior: de este mismo lado, y en el lienzo que corta o chaflana el ángulo principal, un retrato de medio cuerpo de don Pablo. La colocación de este retrato debe cumplir con dos condiciones: ser visible para el espectador y recibir de lleno la luz de la chimenea. A la derecha del espectador y en primer término[2]*, una chimenea: en segundo, una puerta, y en ella un gran cortinaje. En el fondo otra puerta, que es la de entrada. Cerca del balcón una pequeña mesa, y a su lado una butaca. Cerca de la chimenea un sofá o butacas. La sala amueblada con lujo severo y algo triste. En la puerta de escape y cubriéndola, otro cortinaje que haga juego con el de enfrente. En las hojas de cristal del balcón cortinillas blancas. Se supone que la casa de don Pablo es un hotel*[3] *de la Castellana*[4] *mirando a poniente,*[5] *y que la habitación en que pasa la escena está en el piso bajo. Es de día, a la caída de la tarde.*

ESCENA PRIMERA

UN CRIADO. El cortinaje de la puerta de escape está corrido, la puerta abierta, el Criado en ella y como hablando con gente que se halla fuera.

---

[2]La parte de la escena que está más cerca del espectador.

[3]Casa aislada de las colindantes y habitada por una familia.

[4]La calle Castellana.

[5]**A...** al oeste.

CRIADO:
De prisa, que se hace tarde.
De prisa, que Pedro espera
para sacar los billetes,
y los cofres y maletas
facturar, y no es muy grande
del buen viejo la paciencia.
Para bajar cuatro bultos
ocho escalones apenas,
una hora tardáis. ¡Qué
posmas![6]
Si cuarto tercero fuera,
en vez de ser cuarto bajo,
empleabais semana y media,
y quedo corto, tunantes,
en[7] dar fin a la faena.
(*Se separa de la puerta y se aproxima al balcón, en el que se detiene, mirando por algunos momentos.*)
Si siguen la Castellana
con ese paso que llevan,
lo que es hoy a la central
me parece que no llegan.

ESCENA II

DON PABLO, DON ANDRÉS, el CRIADO. Los dos primeros por el fondo.

PABLO:
¿Cumpliste todas mis
órdenes?
(*Al Criado, que se retira del balcón y viene al centro.*)

CRIADO:
Todas, señor; ya está fuera
el equipaje, y ninguno
lo notó ni lo sospecha.

PABLO:
¿Y la señora?

CRIADO:
Tampoco.
Hice yo con gran reserva
que a esta sala lo trajesen:
abrí después esa puerta,
(*Señalando a la puerta de escape.*)
y lo bajaron al patio
tres mozos por la escalera
interior. Descuide usted.
Ca, ni doña Magdalena,
ni la señorita, nadie
tiene ni la más ligera
noticia de que nos vamos.
¡Que nos vamos! ¡Y muy
cerca!
¡Como quien no dice nada!
¡A la vuelta; friolera![8]
Pero es la vuelta de abajo,
en frente de las Américas,
al otro lado del mar.
Y según lo que se cuenta,
no siempre dar es posible
desde tal *vuelta* la vuelta.

PABLO:
(*Que hasta aquí ha permanecido pensativo y triste, dirigiéndose al Criado.*)
Basta, vete, avisaré.

---

[6]Lentitud.

[7]**Quedo...** tengo muchas ganas, pícaros, de

[8]Nada menos.

CRIADO: (*Aparte*)
(Pues el viaje no le alegra.)
(*Extiende el cortinaje, cierra la puerta de escape y sale.*)

ESCENA III

DON PABLO, DON ANDRÉS

ANDRÉS:
¿Estás decidido?

PABLO:
Sí;
sería más que flaqueza,
sería crimen dudar.
A mi pobre Magdalena
a la hija del alma mía,
por quienes gustoso diera,
sin vacilar ni un instante,
cuanta sangre hay en mis venas,
hoy amenaza la ruina
y mañana la miseria.
No es posible ya la duda:
no es posible, no: me ordenan
a un tiempo amor y deber
en ese pleito mi hacienda
salvar, con mi buen derecho,
apoyado en claras pruebas.

ANDRÉS:
Entonces, Pablo, adelante
basta de inútil tristeza.
¡Valor! ¡Al tren! ¡Al Océano!
Y a la americana tierra.

PABLO:
¡Valor, y me dejo aquí
cuanto endulza mi existencia!
¡Valor, y han de separarme
cientos y cientos de leguas
de esos pedazos del alma
en que tengo el alma entera!
Te digo, Andrés, que este viaje
a la muerte se semeja.
¡En otro mundo distinto,
bajo otra distinta esfera,
ni secar podré sus lágrimas,
ni oír podré sus tristes quejas;
y al elevarse mis ojos
buscando en Dios fortaleza,
ni el mismo cielo veré
que María y Magdalena!
¡De la hija mía la frente
no he de besar en América
cuando, tras eterno día,
la hora del reposo venga;
y por extraño contraste,
de mis dolores afrenta,
veré la mitad del lecho
sobrarme en aquella tierra,
y faltarme la mitad
del alma en mi Magdalena!

ANDRÉS:
Con treinta y cuatro años, Pablo
si no es muy larga mi cuenta,
por un niño te tomara
quien ahora mismo te oyera.
Ten juicio, ten calma: el viaje
es fácil, corta la ausencia.
En tres meses a lo sumo. . .

PABLO:
¡Tres meses!

ANDRÉS:
Seis, si te empeñas.[9]

---

[9]**Si...** si insistes.

PABLO:
Sé que la partida es hoy;
ignoro cuándo la vuelta,
y ha de antojárseme largo
por breve que el tiempo sea,
que son horas de ventura
que roban mi existencia.
¡Y todo por la maldad
y la avaricia de Ortega!
¡Él, de mi querida esposa
él, de María me aleja!
¡Vive Dios, que si a mi
alcance
el vil pleitista estuviera,
el litigio se acabara
sin escribir ni una letra,
y en vez del oro que pide
hierro o plomo yo le diera!

ANDRÉS:
Hoy, Pablo, te desconozco.
Tú, modelo de paciencia,
¿qué has hecho de tu carácter
bondadoso? ¿Qué de aquella
dulzura, que siempre fue
tu constante compañera?

PABLO:
Bueno soy si bien me tratan;
mas mi sangre se subleva
cuando a los seres que adoro
hombres sin fe ni conciencia
amenazan. La injusticia,
la sinrazón, esa afrenta
que hace a mi honor un
malvado
suponiendo que quien lleva
el nombre que llevo yo
goza fortunas ajenas,
me irritan y me sonrojan
y a mi pesar me exasperan.

ANDRÉS:
Pues señor, te conocía
mejor que yo Magdalena.

PABLO:
(*Cambiando de tono, con dulzura y cariñoso interés.*)
¿Qué dice de mí? ¿Qué dice
la gloria de mi existencia?
Si ella lo afirma es verdad:
es tan justa como buena.

ANDRÉS:
Pues dice que eres ¡un santo!
(*Riendo.*)
¡un ángel! Que cuando
mueras,
en cuerpo y alma te vas
al cielo.

PABLO:
(*Sigue escuchando a don ANDRÉS con bondadosa sonrisa.*)
¡Mi cielo es ella!

ANDRÉS:
Mas que si estalla tu enojo
no hay nada que te contenga.

PABLO:
¿Eso dice? ¡Pobrecilla!
¡es tan tímida!

ANDRÉS:
Y agrega,
resumiendo, que don Pablo
de Aguilar y Salvatierra,
su noble esposo y señor,
siempre a los extremos llega:
o una paloma sin hiel
o una africana pantera.

PABLO:

¡Qué graciosa! Y es verdad:
me conoce. Mas para ella
sólo hubo en mi corazón
ternura, y ternura inmensa.
¡Y he de estar ausente un año!

ANDRÉS:
Pues ¿por qué no te la llevas?

PABLO:
¿A mi María? ¿a mi esposa?
¿Llevarlas yo y exponerlas
de aquel mortífero clima
a las destructoras fuerzas?

ANDRÉS:
Tú, sin embargo . . .

PABLO:
Es distinto:
que yo viva o que yo muera,
¿qué importa si al fin les dejo
con mi nombre mis riquezas?
¡Yo mil veces, no María!
¡Antes yo que Magdalena!
(*Pequeña pausa: queda otra vez triste y pensativo y parece dudar.*)
María . . . ¡Tan niña aún!

ANDRÉS:
Déjamela hasta que vuelvas.

PABLO:
Además, mi esposa ha tiempo
que sufre extrañas dolencias,
y esto acrece mis angustias,
y mis zozobras aumenta.
Un doctor dice: los nervios;
otro dice: la jaqueca;
y no sé quién se equivoca,
o si es que ninguno acierta.
Anoche mismo hasta el alba
pasó la infeliz en vela.

ANDRÉS:
¿Anoche?

PABLO:
Sí: se asustó
al salir de la Zarzuela,[10]
y como está tan nerviosa . . .

ANDRÉS:
¿Pues qué ocurrió?

PABLO:
Un calavera,[11]
un célebre duelista,
el vizconde de Nebreda,
ebrio casi, molestaba
con mil palabras groseras
a las damas que al salir,
pasaban de su insolencia
al alcance. No sé qué
también dijo a Magdalena
y aunque al pronto me contuve,
y aunque callé por prudencia,
después que quedó en el coche
volví a entrar. Siguióme ella . . .

ANDRÉS:
Vamos, Pablo, no lo niegues.
¿Tuvo el lance consecuencias?

PABLO:

---

[10]Teatro en que se representan obras dramáticas en que se declama y se canta.

[11]Hombre sin juicio o vicioso.

(*Con tono indiferente.*)
No encontré al vizconde ya.
Dicen que con entereza
reprendióle un caballero,
y habiendo hallado pendencia,
y contento del escándalo
fuese a dormir sus proezas.
Pero mi esposa . . .

ANDRÉS:
(*Mirando a la derecha.*)
Allí viene.

PABLO:
(*Hace un movimiento para salir; después se detiene.*)
Adiós, Andrés; no he de verla.
Mas no estrecharla en mis
brazos
al menos por vez postrera . . .
No, imposible . . .
(*A ANDRÉS*) La verdad.
Es necesario que sepa:
prepárala; no al tutor,
en ti a un padre ama y respeta.
Explícale que es preciso,
dile que mucho me cuesta,
pero que su porvenir,
el de María . . .

ANDRÉS: (*Mirando.*)
Ya llega.

PABLO:
Adiós.

ANDRÉS:
¡Adiós! ¿Volverás?

PABLO:
No volver acaso fuera
lo mejor . . . Mas volveré.
Volveré; que quiero verla.

(*Sale por el fondo.*)

ESCENA IV

DON ANDRÉS y MAGDALENA. Esta última entra por la derecha en traje de casa. Viene leyendo un libro, La divina comedia. *Camina lentamente: a veces se para, baja el libro y se queda pensativa. En toda esta escena, sobre todo en la primera parte, muestra una alegría forzada, un indiferencia aparente y una volubilidad artificiosa, bajo la que se traslucen una gran tristeza y una gran preocupación. La actriz interpretará todo esto como crea oportuno.*

MAGDALENA: (*Aparte*)
¡Qué bien pinta la pasión
de Francesca y de Paolo!

ANDRÉS:
¡Magdalena! . . .

MAGDALENA:
(*Levantando la cabeza al oír la voz de su tutor, acercándose a él cariñosamente y dándole la mano.*)
Usted . . . ¡tan solo!

ANDRÉS:
¿Qué lees?

MAGDALENA:

(*Algo turbada y después de vacilar un instante.*)
En la Exposición . . .
vi ese cuadro que la gente
tanto y tanto alaba . . .

ANDRÉS:
¿Cuál?
¿El de Francesca?

MAGDALENA:
Cabal.

ANDRÉS:
El de Enrique de Torrente.

MAGDALENA:
(*Separándose de modo que no le vea el rostro don ANDRÉS y con voz algo conmovida, aunque aparentando indiferencia.*)
No sé el nombre del autor.

ANDRÉS:
¿Y en el Dante la memoria
evocabas de esa historia
de lágrimas? (*Señalando al libro.*)

MAGDALENA:
No: ¡de amor!
(*Pronuncia esta frase con vehemencia; pero se contiene, cambia de tono y sigue hablando con naturalidad.*)
Al decir «de amor» hablaba
del lienzo y de su belleza;
que si es dicha cuando empieza,
sabido es que siempre acaba
por convertirse en tormento
eso que llama ¡amar! . . .
pero fuerza es respetar
del autor el pensamiento.
Y esa divina pintura
copia el instante tan sólo
en que Francesca y Paolo,
suspendiendo su lectura,
se miran con ansia loca,
(*Mostrando el libro.*)
y, según el Dante expresa,
temblando él de amor, la besa
por primera vez en la boca.

ANDRÉS:
La historia así comenzó,
según el Dante divino;
mas el cuadro peregrino
de lágrimas se manchó
y de sangre.

MAGDALENA:
(*Algo distraída y con cierto enojo mal comprimido.*)
Todo eso
sin duda verdad será;
pero en el cuadro no está.
Allí tan sólo el beso.

ANDRÉS:
Fue de Paolo el beso amante
criminal y eterno nudo,
que ni desatarse pudo
en el infierno del Dante.
Lee la *Comedia divina*
y verás el fin.

MAGDALENA:
(*Triste, distraída y dejando el libro sobre la mesa.*)
¡Funesto!
¡La dicha pasa tan presto! . . .
(*Pausa. Deja caer la cabeza*

con abatimiento y languidez.)
El cansancio me domina.

ANDRÉS:
(*Acercándose a Magdalena con interés.*)
¿Estás enferma?

MAGDALENA:
(*Fingiendo de nuevo indiferencia y aún alegría.*)
No tal.

ANDRÉS:
(*Cogiéndole una mano y mirándole el rostro con empeño.*)
¡Tienes fiebre!

MAGDALENA:
(*Burlándose cariñosamente de los temores de su tutor; pero procurando con dulzura separarse de él, desprender la mano y ocultar el rostro.*)
¡Padre mío!

ANDRÉS:
Fiebre, sí.

MAGDALENA:
Viene el estío,
y el calor primaveral,
fundiendo heladas cadenas,
la pulsación adelanta
de nueva savia en la planta
y de más sangre en las venas.

ANDRÉS:
Estás pálida.

MAGDALENA:
Tal vez.
Es que anoche no he dormido,
y el insomnio es bien sabido
que empalidece la tez.

ANDRÉS:
¿Te asustó Nebreda?

MAGDALENA:
Un poco.
Temí que Pablo . . . Llorosa
a casa vine y nerviosa . . .
Y todo al fin por un loco.
Mas ya le dio una lección
(*Hablando con calor.*)
a ese vizconde insolente
don Enrique de Torrente.

ANDRÉS:
¿Conque el héroe de esa
acción
osada y caballeresca,
resulta ser el laureado
autor del cuadro llamado
«El primer beso a Francesca»?

MAGDALENA:
(*Turbada y procurando huir de las miradas de su tutor.*)
Él fue... quien... retó al
duelista.

ANDRÉS:
Pero, ¿tú le conociste?
¿Pues ha poco, no dijiste . . . ?

MAGDALENA:
(*Riéndose con risa fingida; pero inquieta, nerviosa y sin poder contenerse.*)
¿A Torrente? Sí. De vista.
En Biarritz le conocí,
pero ignoraba que fuese
el autor del cuadro ese . . .

¿ni qué me importaba a mí?
(*Separándose de don ANDRÉS, volviéndole la espalda y haciendo como que busca algo sobre la mesa.*)

ANDRÉS: (*Siguiéndola.*)
¿Qué buscas?

MAGDALENA:
¿Yo?

ANDRÉS:
Magdalena . . .
pero, ¿qué tienes?
(*Magdalena, sin volverse hacia don ANDRÉS para que no le vea la cara, se dirige al balcón con afán.*)

MAGDALENA:
¡Qué hermoso
está el jardín! ¡Qué frondoso!
¡Y qué tarde tan serena!
(*Don ANDRÉS siguiendo a Magdalena, se acerca al balcón. Magdalena, por un movimiento rápido y natural, le deja pasar al primer término y queda a la espalda de don ANDRÉS, hablándole con animación, haciéndole mirar hacia fuera, apoyándole una mano sobre el hombro con dulzura, pero con insistencia y con la intimidad que entre ambos debe existir. De esta suerte, cada vez que don ANDRÉS quiere volverse, le obliga de nuevo a mirar hacia el exterior.*)
El sol, globo de topacio,
mire usted tras el ramaje . . .
Mire usted aquel celaje . . .
(*Aparte.*)
(¡La púrpura del espacio
mira una vez y otra vez,
que el mismo Dios la ha encendido
no mires la que ha teñido
de carmín mi palidez!)

ANDRÉS:
¡Magdalena! (*Queriendo volverse.*)

MAGDALENA:
(*Impidiéndoselo.*) ¿No le encanta
el concierto de las aves? . . .

ANDRÉS:
Magdalena, tú no sabes . . .

MAGDALENA:
¿Y el aroma de la planta?
(*Los mismos movimientos.*)

ANDRÉS:
¡Quisiera hablarte, hija mía!

MAGDALENA:
¡Con qué suprema belleza
despide Naturaleza
en su crepúsculo al día!
De la noche siento el paso;
su sombra observa en Oriente:
del sol la rojiza frente
hundirse ve en el ocaso,
y bebe desesperada,
porque agonizando está
de aquella luz que se va
la postrera llamarada.

ANDRÉS:
Una exacta descripción
has hecho de la mujer
su juventud al perder.

MAGDALENA:
(*Con cierta coquetería.*)
Lo he dicho sin intención.
Usted siempre ha de
encontrar. . .
(*Se separa de don ANDRÉS y viene al centro del escenario, dejando ya que se vuelva y le mire, porque tiene un pretexto, bueno o malo, para explicar el carmín de su rostro.*)

ANDRÉS:
(*Viene tras ella al centro.*)
Quiero hablarte Magdalena.
Lo estoy pensando con pena
ha rato . . . y no sé empezar.

MAGDALENA:
(*Acercándose con angustia mal contenida a ANDRÉS.*)
¿Por qué?

ANDRÉS:
Ya estás alarmada.
(*Pequeña pausa. Don ANDRÉS no se decide a hablar.*)

MAGDALENA:
Saber el motivo ansío.
¿En qué falté, padre mío?
¿En qué?

ANDRÉS:
¡Tú faltar! En nada.
No me entiendes. (*Nueva pausa.*)
Es que a Pablo
devora un hondo pesar;
es que no te quiere hablar,
y yo en su nombre te hablo.

MAGDALENA:
(*Sin poder contener su angustia.*)
¡Él!. . . ¡Mi esposo!. . .
¡Virgen santa!
¡En qué le pude ofender!
(*Aparte.*)
(Me siento desfallecer
siento un nudo en la
garganta.)

ANDRÉS:
¡Tú ofenderle, Magdalena!

MAGDALENA:
¿No está enojado conmigo?

ANDRÉS:
Explicarme no consigo.

MAGDALENA:
Entonces, ¿cuál es su pena?

ANDRÉS:
¿Tendrás valor?

MAGDALENA:
Lo tendré.

ANDRÉS:
¿Y juicio?

MAGDALENA:
Voy a perderlo
de impaciencia por saberlo.
Hable usted.

ANDRÉS:
(*Pequeña pausa.*)
Pues hablaré.
¿Recuerdas aquel litigio
que perdió en primera
instancia
a pesar de su constancia,
su derecho y su prestigio?

MAGDALENA:
(*Tranquilizándose.*)
¿Cómo no? Y ha sido una
injusticia nunca oída.

ANDRÉS:
Pues en él comprometida . . .

MAGDALENA:
(*Tristemente.*)
Tenemos nuestra fortuna.

ANDRÉS:
De la vejez el reposo . . .

MAGDALENA:
¡De María el porvenir!
Es verdad. (*Pensativa y dejando caer la cabeza.*)

ANDRÉS:
Pues quiere ir . . .(*Magdalena levanta la cabeza y da un paso hacia don ANDRÉS.*)
a América.

MAGDALENA:
¿Quién?
(*Con mirada de ansiedad y estupor.*)

ANDRÉS:
Tu esposo.

MAGDALENA:
¿Alejarse de mi lado!
(*En este grito hay a la vez horror y alegría.*)

ANDRÉS:
Es preciso, Magdalena . . .
No llores . . . Calma tu pena . . .
Un deber cumple sagrado.
(*Refiriéndose a don Pablo.*)

(*A pesar de lo que dice don ANDRÉS, Magdalena no llora. Se cubre, sí, el rostro con las manos; pero es para que su tutor no adivine algo de lo que pasa en su alma: se aleja de él, pero es porque no quisiera que nadie la viese en este instante: su turbación es inmensa, pero es porque en su espíritu luchan muy encontrados afectos. Una mezcla de deseo satánico de verse sola, inspirado por su pasión, y de miedo, de vergüenza y de remordimiento, inspirados por su conciencia: algo, en fin, que sería largo de explicar, pero que la actriz adivinará con su talento.*)

MAGDALENA:
(*Aparte y recatándose de don ANDRÉS.*)
(¿Qué me dices corazón?
¿Qué me dices pensamiento?
¡Habla tú, remordimiento!
¡Y calla tú, tentación!)

ANDRÉS:
Comprendo que el golpe es
rudo;
¡érais los tres tan felices!
Pero, en fin. . . vamos. . .
¿Qué dices?

MAGDALENA:
Tiene razón . . . no lo dudo. . .
cumple un sagrado deber.

ANDRÉS:
Y que el viaje será breve.

MAGDALENA: (*Aparte.*)
(¡Calla, pensamiento aleve!)

ANDRÉS:
Y en fin, ¿qué vamos a hacer?

MAGDALENA:
Olvidar fuera demencia
de María el porvenir.
¡Y la niña va a sentir
del pobre Pablo la ausencia!
¡Qué horas, padre, tan
amargas
María y yo pasaremos!
¡Qué cartas le escribiremos
tan cariñosas, tan largas!
Que vuelva pronto pedirle,
y de su viaje al volver
¡ay, padre, con qué placer
iremos a recibirle!
¡Con cuánto amor en mi seno
conservaré su memoria!
¡Porque es mi dicha, mi
gloria;
porque es tan bueno, tan
bueno!
(*Todo esto exige una breve explicación para que se comprenda el pensamiento del autor. En la lucha de buenas y malas pasiones que riñen terrible combate en el alma de Magdalena, la victoria ha quedado al parecer indecisa; sin embargo, aunque la misma Magdalena no sepa con claridad lo que quiere, la tentación ha vencido y quiere que parta su esposo, y busca razones para convencerse de que don Pablo ha de partir, y a sí misma se engaña, y llora, y promete escribirle cartas muy largas, y le llama su dicha, su amor y su gloria. El fondo de todo esto es la mentira: no a modo de grosera comedia, para engañar a don ANDRÉS, sino una comedia más sutil y de esencia más metafísica para engañarse a sí propia. --Hay, sin embargo, un grito verdadero, uno sólo, en los versos anteriores, grito que sale del corazón, impregnado de cariño y de agudísimo dolor; quizá grito de arrepentimiento; y es el último en que dice: «Tan bueno». Entre esto y todo lo demás, debe haber un abismo de verdad, de expresión y de sentimiento. Magdalena rompe a llorar: son las primeras lágrimas que derrama.*)

ANDRÉS:
Bien, Magdalena, valor.

MAGDALENA:
Lo ve usted . . . no he
vacilado.

ANDRÉS:
El sacrificio aceptado,
cuanto más pronto, mejor.
Pablo parte . . . parte hoy
mismo.
(*En este momento entra don Pablo por el fondo, y se acerca lentamente sin que Magdalena lo note.*)

Temas

1. ¿Cómo refleja la escena el carácter de Pablo? ¿Qué tipo de hombre es? ¿Es justificable su decisión de partir sin consultar con su esposa?

3. ¿Cuándo empezamos a sospechar que hay algo que anda mal con Magdalena? ¿Cómo se explica su reacción al salir de la Zarzuela? ¿En qué otras escenas revela la delicadeza de su estado de ánimo?

4. ¿Cuál es el significado del hecho que Magdalena esté leyendo *La divina comedia?*

5. Explique la importancia de los cuadros en esta obra. ¿Cómo se explica la reacción de Magdalena ante la pintura de Enrique de Torrente? ¿Quién es el pintor? ¿Por qué finge Magdalena que no lo conoce?

6. ¿Cómo y por qué evita las preguntas de don Andrés? ¿Cómo reacciona cuando don Andrés le menciona que quiere hablarle de Pablo? ¿Y cuando le dice que éste parte para América?

7. ¿Cómo vamos formando una imagen psicológica y moral de Magdalena? ¿Qué significado simbólo tiene su nombre y el de otros personajes? ¿Qué desafíos hay en el papel de Magdalena para la actriz que lo desempeña?

8. Explique la importancia de las acotaciones del dramaturgo.

Jacinto Benavente

FRANCISCO LARUBIA-PRADO
Georgetown University

Mientras esperaba un tren en la frontera entre Chile y Argentina, Jacinto Benavente tuvo noticia de que se le había otorgado el Premio Nóbel de literatura de 1922. Se acababa de premiar una vida plenamente dedicada a la literatura, especialmente al teatro. En sus ochenta y ocho años de existencia, Jacinto Benavente escribió poesía, periodismo y crítica literaria, fue celebrado y frecuente conferenciante, editó revistas como la conocida *Vida literaria*, adaptó obras dramáticas, tradujo a Shakespeare *(King Lear)*, a Molière *(Don Juan)* y a otros autores, y escribió unas ciento sesenta obras originales en los más variados subgéneros dramáticos.

Jacinto Benavente nació el 12 de agosto de 1866 en Madrid en una familia acomodada. Su padre, médico pediatra de gran reputación, era miembro de la Real Academia de Medicina. Como dice en sus *Memorias*, Benavente sintió una muy precoz afición hacia el drama; sus únicos juguetes, nos cuenta, eran pequeños teatrillos en donde él imitaba las voces de los más famosos actores de la época, españoles y extranjeros. A pesar de su temprana vocación dramática, Benavente empieza, bajo la influencia paterna, a estudiar Derecho a los dieciséis años. Tres años más tarde, en 1885, al fallecer su padre, Benavente deja la universidad y se dedica activamente a una vida de tertulias, lecturas y viajes. También será actor--su vocación fundamental por encima incluso de la de autor--y empresario teatral, para acabar, en fin, como autor dramático, faceta en la que conseguiría extraordinaria celebridad en su tiempo.

Benavente publicó su primera obra, *Teatro fantástico*, en 1892. Su primer estreno vendría en 1894 con *El nido ajeno*, un fracaso de público y crítica. El éxito tuvo que esperar hasta el estreno de *La noche del sábado*, en 1903. Esta fecha marca el comienzo de una etapa en la que Benavente producirá una serie de obras tan importantes como *Los intereses creados* (1907), *Señora Ama* (1908) y *La malquerida* (1913). A partir de esta época, la aprobación de Benavente por la crítica es un hecho--a pesar de tener también tremendos detractores como Ramón Pérez de Ayala. Unamuno, por ejemplo, escribió que «soy uno de los que creen que nuestro Benavente no tiene hoy quien le supere como autor dramático; que su obra vale tanto por lo menos como la de

Sudermann o Hauptmann» (4: 675); Ortega y Gasset, por su parte, dice que «hoy, por ejemplo, es imposible que una labor de alta literatura logre reunir público suficiente para sustentarse. Sólo el señor Benavente ha conseguido hacer algo discreto y, a la vez, gustar a un público» (1: 106).

La celebridad de Benavente llega a ser tal que en 1912 se le nombra miembro de la Real Academia de la Lengua para ocupar el sillón «1» dejado vacante por Marcelino Menéndez y Pelayo. Benavente, sin embargo, no será miembro activo de la Academia. En vista de ello, la rancia institución lo nombra miembro honorario en 1946. En 1918, Benavente es nombrado diputado a Cortes por Madrid, puesto en el que tampoco será miembro activo. Estos y otros honores concedidos a Benavente en su etapa estelar culminan con la concesión del Premio Nóbel de literatura correspondiente al año 1922, motivo de más homenajes y laureles.

Benavente viajó por los Estados Unidos--se le hizo hijo adoptivo de Nueva York--Egipto, Oriente Medio, y Rusia. Políticamente es un caso ejemplar de variabilidad en opiniones y actitudes, variabilidad ilustrada entre otros muchos ejemplos en, por una parte, la producción de una obra como *Santa Rusia* en 1932, en donde el dramaturgo hace una suerte de apología de Lenin y, por la otra, en su germanofilia durante la primera guerra mundial o en su aceptación de honores concedidos por el régimen del general Franco. Jacinto Benavente murió el 14 de julio de 1954.

Los intereses dramáticos y temas que atrajeron y preocuparon a Benavente se reflejan en la clasificación de sus obras que hace Marcelino Peñuelas en su libro *Jacinto Benavente*. Las obras se dividen en:

Satíricas *(Los intereses creados)*
Psicológicas *(Nieve en mayo)*
Rurales *(La malquerida)*
De fantasía *(Teatro fantástico*--ocho obras cortas)
Comedias *(El marido de su viuda)*
Obras sentimentales *(La propia estimación)*
Misceláneas *(La noche del sábado, Mannon Lescaut, Santa Rusia)*
Obras menores *(A las puertas del cielo, El criado de Don Juan, De cerca* --casi todas cortas, de un acto)
Teatro de niños (*El príncipe que todo lo aprendió de los libros, Y va de cuento...*

El teatro de Jacinto Benavente está enraizado tanto en la tradición española como en el drama europeo. El más grande dramaturgo español fue, para Benavente, Lope de Vega. Calderón, Cervantes, Leandro Fernández de Moratín, Echegaray, y Galdós se cuentan entre otras muchas influencias nacionales fácilmente detectables en su obra. Entre los clásicos extranjeros, le influyeron sobre todo Shakespeare y Molière. En relación al primero y a

Benavente, Walter Starkie ha llegado a decir que «hay algo de la sublime frialdad de Shakespeare en Benavente que le permite en alguna ocasión ascender a la cima y contemplar a la humanidad» (211; la traducción es mía). Asimismo, se han citado como influyentes en la obra de Benavente Henrik Ibsen y, sobre todo, los franceses André Antoine--el fundador del Théâtre Libre y, eventualmente, director del Théâtre Odéon de París--Alfred Capus, Maurice Donnay y Henry Lavedan.

En España, al surgir Benavente a la escena, la figura más importante de la misma es el Premio Nóbel de 1905 José Echegaray, heredero de los planteamientos dramáticos del Siglo de Oro español y del aspecto efectista del movimiento romántico. Frente al teatro folletinesco de Echegaray, que gira en torno al conflicto dramático que presenta, en el que se ventilan cuestiones de honor y pasiones que reclaman venganzas inapelables, Benavente introduce un «tono menor» dramático, sin aspavientos. Azorín, en un artículo sobre Benavente enfatiza los dos principios que, según él, constituyen el carácter innovador del teatro de Benavente frente al teatro anterior. En primer lugar, dice Azorín, Benavente prescinde en gran medida de la acción, frente a Echegaray que la hacía un pilar fundamental de su teatro; y en segundo lugar, Benavente encuentra deseable el que el orden de los actos pueda cambiarse (8: 893), lo que claramente atenta contra la noción de la trama bien trabada del teatro de Echegaray.

El teatro de Benavente incorpora mucho del realismo de Galdós con el que, en este sentido, se encuentra emparentado, si bien es cierto que el carácter comprometidamente político del teatro galdosiano brilla, en general, por su ausencia en la obra de Benavente. El teatro de éste, sin embargo, contiene una riqueza lingüística extraordinaria. El lenguaje que Benavente ofrece en sus obras tiende a evitar la afirmación explícita del conflicto en cuestión. La palabra, y no el gesto, construye el universo dramático de Benavente. El diálogo, pletórico de ritmo y viveza, crea ambiente, y este ambiente en el que se mueven los personajes, como dice Peñuelas, ocupa el lugar de una caracterización psicológica profunda de los mismos y presenta la tesis de la obra. Por otra parte, sin embargo, Benavente realizó extraordinarios estudios psicológicos de mujeres, como ocurre, por ejemplo, en *La gata de Angora* (1900), *La gobernadora* (1901), *La princesa Bebé* (1906), etc.

Pero, si en lo dicho, la oposición entre Echegaray y Benavente resulta clara, también se ha afirmado que el público al que ambos se dirigían era esencialmente el mismo: la burguesía que resultó del régimen político de la Restauración. Benavente no firmó el manifiesto de los escritores de la llamada Generación del noventa y ocho en protesta por la concesión del Premio Nóbel de literatura a José Echegaray. Los jóvenes del Noventa y ocho veían en Echegaray un representante del oscurantismo de la España tradicional, opuesta a cualquier esfuerzo renovador. Lázaro Carreter observa dos cosas con respecto a Benavente: la primera es la presencia habitual de valores normalmente asociados a la burguesía--dinero, honor, incomunicación, dignidad, anhelo de felicidad, etc., bajo el paraguas de un sistema socio-económico que no se cuestiona. La segunda, que la manera considerada típicamente burguesa de resolver los conflictos dramáticos, esto es, el recurso último al amor, es la que adopta Benavente para su teatro. Sin embargo, y como se verá al analizar el caso de *Los intereses creados*, estas dos observaciones sobre la obra de Benavente son típicas de una actitud tradicional hacia su obra. No se trata tanto de que sean falsas cuanto de que son simplistas y, tomadas como premisas, perpetúan mitos que impiden ver importantes elementos y realizaciones en las obras de Benavente.

Las relaciones de Jacinto Benavente con el Modernismo hispánico y con la llamada Generación del noventa y ocho son otra cuestión que ha preocupado a la crítica. A decir de Dámaso Alonso, mientras que el Modernismo es una técnica--basada, entre otras cosas, en el esteticismo, la musicalidad de la frase, la sensualidad, la ornamentación, etc.--la noción de Generación del noventa y ocho supone una visión del mundo, una *Weltanschauung*. En las obras de Benavente se materializan ambas nociones. Se encuentran abundantes rasgos modernistas en obras como *Teatro fantástico* (1892), *Figulinas* (1898), y *Vilanos* (1905). El mismo Rubén Darío llegó a decir que «el verdadero poder de Benavente consiste en que posee la intra- y supervisión de un poeta, y en que a todo lo que toca le comunica la virtud mágica de su secreto» (Citado por Buceta 212). Por otra parte, se considera que el primer éxito teatral de la generación del 98 es una obra de Benavente, *La noche del sábado* (1903). En este sentido, Azorín dijo que «En la generación de 1898... la figura de Benavente es acaso la primera», y que Benavente es «el gran creador del grupo» (8: 882).

Jacinto Benavente formó escuela. Entre sus seguidores se cuentan Manuel Linares Rivas (1878-1938), autor de *La garra*, 1914; Gregorio Martínez Sierra (1881-1948), *Canción de cuna*, 1911; Honorio Maura y Gamazo (1889-1953), *La condesita y su bailarín*, 1930; y los hermanos Serafín y Joaquín Alvarez Quintero (1871-1938 y 1873-1944), famosos saineteros.

* * *

Los intereses creados lleva el subtítulo de «Comedia de polichinelas en dos actos, tres cuadros y un prólogo». La obra se estrenó el 9 de diciembre de 1907 en el Teatro Lara de Madrid, con gran éxito de público y crítica. A partir de entonces ha sido la obra de Benavente que con más frecuencia se ha representado dentro y fuera de España. Su última representación importante en España comenzó en el Teatro Español de Madrid el 29 de enero de 1992.

Los intereses creados es, como el mismo Benavente nos anuncia en el Prólogo de la obra, una re-escritura o revisión de la «antigua farsa» (51). Por ello se ha de entender que *Los intereses creados* se inscribe en la línea de la *commedia dell'arte* tal y como ésta--que a su vez es descendiente de las comedias latinas--se transmite, a partir del siglo XVI italiano, a autores como Molière, Beaumarchais, Ben Jonson, y Shakespeare. La *commedia dell'arte* se caracteriza sobre todo por sus tramas amorosas en donde los personajes pertenecían a todas las clases sociales. También, la trama y el diálogo se improvisaban a menudo. Finalmente, los personajes eran fijos, esto es, solía haber un Arlequín, un Pantalón, un Capitán, un enamorado, una enamorada, etc. Además de los autores citados, que claramente utilizan la *commedia dell'arte*, han de sumarse, como documentados antecesores del texto de Benavente, en lo que se refiere al argumento, obras que no tienen que ver con tal subgénero dramático ni con la farsa como *El caballero de Illescas* de Lope de Vega y *El gato con botas* de Perrault.

La acción de *Los intereses creados* transcurre en el siglo XVII. Dos pícaros perseguidos por la justicia, Crispín y Leandro, llegan a una ciudad italiana a la que deciden «conquistar con provecho» (56). Para ello Crispín, cual dramaturgo en la elaboración de su propia comedia humana, traza un plan de conquista en el que a Leandro le corresponde el papel de galán que ha de enamorar a la hermosa hija del rico Polichinela, Silvia. Así, Leandro se convierte en un noble caballero con una misión importante en la ciudad, lo cual les da a Crispín y Leandro el crédito inicial necesario para empezar a establecer una maraña de intereses que implica a una extraordinaria variedad de sujetos. El resultado de tal proceder es que, al final de la obra, todos esos sujetos, para defender sus respectivos intereses, fuerzan al *status quo*, representado por Polichinela, a aceptar los designios con que Crispín trazó su plan.

La noción de «plan» resulta crucial para entender *Los intereses creados*. El ideador del plan de conquista, Crispín, opera desde los presupuestos epistemológicos de la Ilustración. Estos presupuestos parten de que el mundo es «un mecanismo vasto pero fundamentalmente simple» (Jones 1; la traducción es mía) en donde hay leyes que determinan todo lo existente, incluyendo la conducta humana (Jones 7). El universo tiene para la mente ilustrada un plan, y cuanto mejor se conozcan las leyes que rigen el universo, mejor se entenderá el plan con que fue trazado. Consecuentemente, de perseguirse un objetivo en consonancia con tales leyes, se tendrán mayores posibilidades de éxito. Pero el conocimiento en la Ilustración ha de venir a través de un procedimiento concreto: «sólo dividiendo un suceso aparentemente simple en los elementos que lo componen y reconstruyéndolo después a partir de ellos podemos llegar a entenderlo» (Cassirer 10; la traducción es mía). Esta es exactamente la clave del éxito de Crispín en su empresa, un procedimiento bifásico analítico-sintético por el que el conocimiento de una realidad le supone o procura la conquista de la ciudad--esto es, el poder--con provecho. Así, Crispín tiene que dividir la sociedad a la que llega que, como un fenómeno o ente cualquiera que se pretenda conocer, se le presenta compacta, opaca y refractaria al principio. Lo primero que hay que hacer es desglosar los simples. A esto responde el que Crispín divida, o contribuya a que resalten al máximo en su individualidad, los intereses que forman el todo compacto o tejido social de la ciudad a conquistar. Y una vez que ha desintegrado a las fuerzas sociales según sus respectivos y particulares intereses, Crispín, en un segundo momento sintético, provoca que todos esos intereses atomizados se reúnan. Es en este momento, correspondiente a las escenas VIII y IX del segundo acto, cuando Crispín tiene acceso al triunfo que es la conquista y que, en el plano epistemológico, sería el acceso al conocimiento del ente o fenómeno en cuestión. No debe extrañar que el postulado epistemológico que sirve de base al conocimiento científico, según la mente ilustrada, sirva como modelo de acción social. Según la filosofía de la Ilustración el mismo principio epistemológico rige para la ciencia social, la ciencia natural y la psicología (Cassirer 21).

Los intereses creados o implicados por el plan de Crispín son de dos tipos, económicos e «ideológicos» --por ideológicos quiero decir, en un sentido muy amplio, todos los demás intereses humanos que sean distintos de los económicos. Tanto los intereses económicos, como los ideológicos, los valores y la misma subjetividad se entienden en *Los intereses creados* como parte de un sistema de relaciones sociales, como se irá viendo. Intereses ideológicos serían, por ejemplo, el poder, el honor, el arte y el amor. El hostelero, Doña Sirena y Pantalón son personajes que arquetípicamente representan los intereses económicos en *Los intereses creados*; mientras que Arlequín (arte), el capitán (honor) y Silvia (amor) son ejemplos representativos de los intereses ideológicos.

El móvil inicial de Crispín y Leandro, móvil que pone en movimiento el proceso analítico-sintético de conquista, es fundamentalmente económico: conquistar la ciudad «con provecho» (56). En la persecución de ese móvil, se engendran o se refuerzan una serie de posibilidades o intereses entre los cuales el más notorio, pero no el único, es el amor. La dialéctica entre los intereses económicos y los ideológicos en la obra de Benavente funciona, *mutatis mutandis*, como las relaciones entre la infraestructura y superestructura en la terminología crítica marxista. El primero de ellos, «la infraestructura», correspondería al aspecto o intereses económicos en la obra de Benavente; la infraestructura *determina* la «superestructura», que correspondería al aspecto o los intereses que he denominado, de manera general, ideológicos. Según Engels, la superestructura no sería posible sin la infraestructura, lo cual no le quita realidad ni importancia a la superestructura sino que, simplemente, la convierte en subordinada al aspecto infraestructural, pero dentro de una *necesaria* interacción (Harnecker 87). La dialéctica que se establece entre estos dos términos es pues flexible y no existe un efecto unidireccional de la infraestructura sobre la superestructura, sin el efecto inverso correspondiente.

Esta mutua interacción nos va a explicar la victoria de Crispín sobre

Polichinela, a pesar de que los dos personajes son muy conscientes del papel preponderante de la economía en las relaciones sociales. Así, dice Polichinela: «Yo pienso que sin dinero no hay cosa que valga ni se estime en el mundo; que es el precio de todo» (84). Crispín sabe que Polichinela sabe esto: «Sí, al señor Polichinela no es fácil engañarle como a un hombre vulgar. A un zorro viejo como él, hay que engañarle con lealtad» (91). La ventaja de Crispín sobre Polichinela no es el saber que el poder viene de la capacidad económica del individuo, algo que, como se ha visto, Polichinela también sabe, sino que Polichinela, como los así llamados «marxistas vulgares» (Harnecker 92), comete el error doctrinario de no tomar en consideración los intereses ideológicos, el aspecto no económico, superestructural, de la realidad. Crispín, más sutil, da su parte a este segundo aspecto con lo que, según los criterios epistemológicos previamente considerados--los derivados de la Ilustración--se estaría más en consonancia con las leyes que constituyen el plan del universo. Así, Crispín no sólo se alía con doña Sirena, que fundamentalmente persigue intereses crematísticos, sino que también lo hace con las armas (capitán), con las letras (Arlequín) y con el amor (Silvia). «Yo di siempre su parte al ideal y conté con él siempre» (125), le dice Crispín a Leandro.

El uso de la razón ilustrada por parte de Crispín no supone, sin embargo, que ésta se entienda en *Los intereses creados* de manera dogmática y totalizante. La utilización de la razón por Crispín está al servicio de un esquema que reconoce la naturaleza compartida de los elementos que componen el universo y la vida, pero la razón le sirve de potente arma para conseguir su objetivo. Es la naturaleza común y vital de los fenómenos de que habló Ortega y Gasset en *El tema de nuestro tiempo*--que no por ello los hace impermeables al espíritu analítico--la que explica, no sólo el triunfo de Crispín sobre Polichinela, sino la crucial importancia que el aspecto superestructural tiene en la obra de Benavente; esto es lo que hace que Silvia tenga la última palabra en el texto (Véase el monólogo de Silvia que cierra la obra de Benavente al final de la selección de *Los intereses creados* incluida en este capítulo).

En que sea Silvia la que cierre la obra de Benavente, la crítica ha visto una solución dramática convencional, si no un defecto. Así, Lázaro Carreter dice que con ello se hace imposible el camino a una solución trágica (32, 42), y David George comenta que el final es una pena porque acaba con la ambigüedad que se consigue en el resto del texto (105). Sin embargo, la concesión de la última palabra a Silvia supone dos cosas: la primera, el ya comentado reconocimiento explícito del papel del ideal del que hablaba Crispín, esto es, del papel de la superestructura. Pero, en segundo lugar, las palabras de Silvia culminan la estrategia retórica y el planteamiento metafísico de *Los intereses creados*: si por lo que dice Silvia se entiende que el texto está expresando una suerte de ditirambo al triunfo del amor sobre todas las cosas, la consecuencia sería que la voz de Silvia se convertiría en el término mixtificado de un binomio irónico. El término desmixtificado o lúcido del binomio sería la visión de la realidad presente en el texto mismo que utiliza el amor para la consecución de sus propios fines.

Hay dos razones para considerar que la voz de Silvia es la voz ironizada en *Los intereses creados*. La primera es que su voz representa una concepción del amor de la que el resto de la obra se aparta. La segunda es que Silvia presenta una noción de la subjetividad humana de la que también se distancia el resto de la obra--y esta noción está relacionada a la manera en que concibe el amor. Comencemos por esta segunda razón. Mientras Silvia representaría una concepción notablemente monolítica y arcaica de entender la subjetividad, la obra como totalidad, y especialmente la voz de Crispín, muestra clara conciencia de la extraordinaria complejidad y fragmentación de dicha subjetividad. El monólogo final de Silvia nos presentaría una visión del ser humano que nos retrotrae a lo que el mismo Prólogo ya empieza negando. Así, el Prólogo advierte que las máscaras que son los seres humanos, en el momento en que se escribe *Los intereses creados*, «han meditado mucho en tanto tiempo» (53) y ya no son tan regocijadas como antaño, esto es, tan uniformes y simplistas. ¿Cuál es el resultado de esta reflexión en el tema de la subjetividad? Ni más ni menos que una regresión de la noción de «sujeto» a la de «hombre».

La noción de «hombre» es de origen renacentista, equivalente a la de «individuo», y atañe sólo al nivel de la conciencia, implicando la estabilidad y la autonomía de la misma. La noción de «hombre» se evade del mundo externo, creyendo romper las cadenas que la atan a las condiciones materiales y a la vida social--además, por supuesto, de las connotaciones sexistas del vocablo. Tal noción sólo se reconcilia con la presencia divina, con la que comparte la misma esencia. Esta concepción del ser humano la ilustra la visión de Silvia que, rechazando los indeseables «cordelillos groseros» que atan al individuo por su «condición», presenta como deseable una alternativa esencialista, abstracta, y nostálgica que rechaza el humor--la farsa--y asegura que «hay algo divino en nuestra vida que es verdad y que es eterno» (126). (De nuevo, véase el monólogo completo de Silvia que cierra la obra de Benavente al final de la selección de *Los intereses creados* incluida en este capítulo).

Frente a la noción de «hombre», implícita en las palabras de Silvia, está la de «sujeto», noción posterior y ligada a lo inconsciente, que es la que realmente se desarrolla en *Los intereses creados*. Esta visión la representa sobre todo en el texto de Benavente la manera en que Crispín entiende al ser humano. Crispín acepta la condición social-material del ser humano, la cual es la base de su plan de conquista. Para él, el ser humano no es un compartimento estanco cuyo único vínculo con lo que no sea su propio interés es su esencia compartida con la divinidad, como ocurría en el discurso de Silvia. Para realizar sus planes Crispín ha tenido que recurrir, no sólo a la conciencia privada de los individuos, sino a la fuerza social de las relaciones sociales que acaban imponiendo a Polichinela la aceptación de una solución que éste no desea.

La actividad psíquica del individuo muestra también una diversidad notable en *Los intereses creados*, puesto que divide claramente las varias instancias de la personalidad, con lo cual la subjetividad pierde la estabilidad unidimensional de la mera conciencia. Así, por ejemplo, cuando Leandro se cree enamorado de Silvia con un amor puro, Crispín le sugiere que esa pureza que lo lleva a querer ser totalmente sincero con Silvia y revelarle sus verdaderos planes es más cuestionable de lo que parece. Leandro le dice que pensar así son sutilezas, y Crispín le responde que, efectivamente, son sutilezas que «tú debiste hallar antes si tu amor fuera como dices. Amor es todo sutileza, y la mayor de todas no es engañar a los demás, sino engañarse a sí mismo» (103). Arnold Penuel comenta a este respecto que «sin ser consciente de ello, el deseo de Leandro de ser sincero en su amor está, en último término, al servicio de impulsos más profundos y menos nobles. La reacción positiva de Silvia a la confesión de Leandro sugiere que Leandro instintivamente entiende el valor positivo de la sinceridad» (76; la traducción es mía). Así, el texto--por boca de Crispín--muestra gran lucidez con respecto a los distintos niveles de conciencia del ser humano, más allá del mero nivel consciente que Silvia propone. Por ello, frente a la voz claramente antimoderna de Silvia se sitúa la voz de Crispín que, más que ser oscurecida por el cierre de Silvia a la obra, es un poderoso e irónico comentario a la manera en que Silvia entiende la subjetividad.

La segunda razón para pensar que la voz de Silvia es objeto de ironía en *Los intereses creados* está relacionada con la concepción del amor que en el texto de Benavente se propone. La voz de Silvia, que permanece sola, aislada, se oye expresando una concepción trascendentalista del amor tras las palabras de Crispín que anuncian «Y ahora se acabó la farsa» (125). Esta estrategia retórica desconecta lo que Silvia dice y representa del resto de la obra. Así, el texto, más que conducir orgánicamente al discurso de Silvia, facilita la sospecha de que lo que se está planteando realmente es todo lo contrario: las palabras de Silvia son un contrapunto a la obra y se muestran enfrentadas a las auténticas implicaciones de lo que la obra nos dice sobre el amor. Paradójicamente, entonces, el contenido esencialista y antifragmentarista que el mensaje de Silvia acarrea tiene que ser expresado de manera fragmentaria, esto es, «fuera» de la trama de la que dogmáticamente parece que se presenta como corolario.

Así, lo que el texto como totalidad está realmente haciendo es sustanciar un discurso *alternativo* del amor al que presenta Silvia--aunque, como se verá, es posible reabsorber parte de lo que dice Silvia como integrante de tal discurso. La concepción del amor que se presenta en *Los intereses creados* no tiene que ver con una afirmación dogmática del mismo que está desconectada del texto, sino que deriva de los sucesos mismos de la obra y eleva al amor a una situación de importancia real pero no absoluta. Tal concepción del amor conecta con la idea de la implicación mutua entre infraestructura y superestructura que ya se vio, así como con la naturaleza común y vital de los fenómenos que Ortega expresa en *El tema de nuestro tiempo*. Brevemente, la concepción dominante del amor que se presenta en *Los intereses creados* comparte la naturaleza del interés, sin existencia aparte del mismo y sin privilegio metafísico. Tal noción la expresa Crispín al decir «¿Y es poco interés ese amor?» (125). Así, por la importancia determinante que el elemento infraestructural tiene en la obra, junto a la *continuidad* que Crispín expresa entre interés y amor, a éste hay que extricarle su bagaje tradicional. El amor pierde aquí las características que en un esquema dualista, en donde se enfrentan amor e interés, lo hacen un sentimiento con claras pretensiones de superioridad moral sobre las demás facetas de la existencia y metafísicamente excluyente. Un concepto alternativo de amor, pues, no opone al interés y al amor. Todo lo contrario: amor e interés se implican mutuamente en *Los intereses creados*, ambos comparten la misma naturaleza y forman parte del mismo sistema monista--por «monismo» se entiende la doctrina filosófica que enfatiza la unidad de la realidad de lo existente.

Si se acepta que la valoración convencional, dualista y burguesa del amor que Silvia expone es la que triunfa en la obra de Benavente, la ironía es inevitable en el texto, puesto que tal visión, en su aislamiento final, no puede dejar de parecer dogmática e injustificada. Si, por el contrario, se acepta una versión alternativa del amor que lo haga parte de una visión monista del universo, el que Silvia cierre la obra tiene un sentido y validez indudables porque, primero--y como ya dije--se reconoce como crucial el papel del amor en los asuntos humanos y, segundo, al formar parte de un esquema de intereses, al que se subordina y cuya esencia comparte, cuanto más se reafirme el papel del amor, más se estará reafirmando el papel del interés. En consecuencia, afirmar que el texto de Benavente concede un privilegio metafísico especial al amor tradicional por boca de Silvia--consideración basada en el simple hecho de que a Silvia, fuera de la trama de la obra, le es concedida la última palabra--supone, paradójicamente, negar que el amor tenga en *Los intereses creados*ninguna importancia *real*; la tendría sí, pero como término mixtificado, como mera ilusión sobre la que se ironiza.

El análisis sugiere pues la necesidad de una re-evaluación de *Los intereses creados* y, por extensión, de los textos de Benavente. La afirmación de Lázaro Carreter de que la importancia de *Los intereses creados* es «inactual» (26) es un desafío para la utilización de nuevos lenguajes críticos que revelen las posibilidades «actuales» de esta obra--a lo que debe añadirse que las posibilidades de los textos de Benavente en los terrenos del lenguaje y el feminismo, por ejemplo, son grandes. Y, como se ha podido ver en este trabajo, *Los intereses creados* es un texto muy rico en el tratamiento que hace de cuestiones relativas a la epistemología como fuente de poder, la formación de la subjetividad, la unidad metafísica de los fenómenos y la ironía. Este tratamiento no sólo va más allá del interés del autor por cultivar a un público burgués, sino que sobrepasa en radicalidad los valores aceptables para ese público, incluyendo lo que, aparentemente, es parte esencial de esos valores--la disolución del amor convencional y su transformación en elemento de un esquema de interés. En el Prólogo a *Los intereses creados*, Benavente dice que «el mundo está viejo y chochea; el arte no se resigna a envejecer» (53). Mi valoración última es que Benavente hizo bastante para «hablar» incluso a lo que Jean-François Lyotard ha denominado la «condición postmoderna». Y si esto es cierto, de nuevo, se nos está emplazando a la realización de un análisis creativo y moderno de su obra.

Obras consultadas

Alonso, Dámaso. «De *El caballero de Illescas* a *Los intereses creados*». *Revista de Filología Española*. L (1967) 1-24.
Azorín, *Obras completas*. Madrid: Aguilar, 1948.
Benavente, Jacinto. *Los intereses creados*. Ed. Fernando Lázaro Carreter. 8va ed. Madrid: Cátedra, 1982.
---. *Obras completas*. 5ta ed. Madrid: Aguilar.
Buceta, Erasmo. «En torno a *Los intereses creados*». 5 (1921) 211-222.
Buero Vallejo, Antonio. «*Los intereses creados*, todavía». *Los intereses creados*. Ed. Gustavo Pérez Puig. Madrid: Teatro Español, 1992.
Cassirer, Ernst. *The Philosophy of the Enlightenment*. Princeton: Princeton UP, 1951.
Cuddon, J.A. *A Dictionary of Literary Terms*. New York: Penguin, 1986.
Encyclopedia of Philosophy. Ed. Paul Edwards. 6 vols. New York: McMillan, 1967.
George, David. «The *commedia dell'arte* and the Circus in the Work of Jacinto Benavente». *Theatre Research International*.
Harnecker, Marta. *Los conceptos fundamentales del materialismo histórico*. 36 ed. Madrid: Siglo XXI, 1976.
Jones, W.T. *Kant and the Nineteenth Century*. 2nd ed. revised. New York: Harcourt, 1975.
Lázaro Carreter, Fernando. «Introducción a *Los intereses creados*». 8va ed. Madrid: Cátedra, 1982.
Ortega y Gasset, José. *Obras completas*. 12 vols. Madrid: Alianza, 1987.
Penuel, Arnold. «Form, Function, and Freud in Benavente's *Los intereses creados*». *Hispanófila*. 84 (1985) 71-82.
Peñuelas, Marcelino. *Jacinto Benavente*. New York: Twayne, 1968.
Silverman, Kaja. *The Subject of Semiotics*. New York: Oxford UP, 1983.

Los intereses creados

Jacinto Benavente
Premio Nóbel 1922

PERSONAJES:

DOÑA SIRENA
SILVIA
LA SEÑORA DE POLICHINELA (SEÑORA)
COLOMBINA
LAURA
RISELA
LEANDRO
CRISPÍN
EL DOCTOR[1]
POLICHINELA ARLEQUÍN
EL CAPITÁN
PANTALÓN
EL HOSTELERO
EL SECRETARIO
MOZO 1º DE LA HOSTERÍA
MOZO 2º
ALGUACILILLO 1º
ALGUACILILLO 2º

La acción pasa en un país imaginario, a principios del siglo XVII.

---

[1]Hombre sabio. (Nótese que aquí *doctor* no quiere decir «médico».).

ACTO PRIMERO

PRÓLOGO

Telón corto[2] *en primer término*[3] *con puerta al foro, y en ésta un tapiz. Recitado por el personaje CRISPÍN.*

He aquí el tinglado de la antigua farsa, la que alivió en posadas aldeanas el cansancio de los trajinantes, la que embobó en las plazas de humildes lugares a los simples villanos,[4] la que juntó en ciudades populosas a los más variados concursos, como en París sobre el Puente Nuevo,[5] cuando Tabarín[6] desde su tablado de feria solicitaba la atención de todo transeúnte, desde el espetado[7] doctor que detiene un momento su docta cabalgadura para desarrugar por un instante la frente, siempre cargada de graves pensamientos, al escuchar algún donaire de la alegre farsa, hasta el pícaro hampón,[8] que allí divierte sus ocios horas y horas, engañando al hambre con la risa; y el prelado y la dama de calidad, y el gran señor desde sus carrozas, como la moza alegre y el soldado, y el mercader y el estudiante. Gente de toda condición, que en ningún otro lugar se hubiera reunido, comunicábase allí su regocijo, que muchas veces, más que de la farsa, reía el grave de ver reír al risueño, y el sabio al bobo, y los pobretes de ver reír a los grandes señores, ceñudos de ordinario, y los grandes de ver reír a los pobretes, tranquilizada su conciencia con pensar: ¡también los pobres ríen! Que nada prende tan pronto de unas almas en otras como esta simpatía de la risa. Alguna vez, también subió la farsa a palacios de príncipes, altísimos señores, por humorada de sus dueños, y no fue allí menos libre y despreocupada. Fue de todos y para todos. Del pueblo recogió burlas y malicias y dichos sentenciosos, de esa filosofía del pueblo, que siempre sufre, dulcificada por aquella resignación de los humildes de entonces, que no lo esperaban todo de este mundo, y por eso sabían reírse del mundo sin odio y sin amargura. Ilustró después su plebeyo origen con noble ejecutoria: Lope de

---

[2]**Telón...** el que deja visible sólo el primer término de la escena.

[3]Véase la página 13, nota 2.

[4]Persona que vive en una villa; aldeano.

[5]El *Pont Neuf*, o Puente Nuevo, atraviesa el río Sena, en París.

[6]Célebre mimo francés.

[7]Grave.

[8]Valentón, delincuente.

Rueda[9], Shakespeare, Molière[10], como enamorados príncipes de cuento de hadas, elevaron a Cenicienta al más alto trono de la Poesía y el Arte. No presume de tan gloriosa estirpe esta farsa, que, por curiosidad de su espíritu inquieto os presenta un poeta de ahora. Es una farsa *guiñolesca*[11], de asunto disparatado, sin realidad alguna. Pronto veréis cómo cuanto en ella sucede no pudo suceder nunca, que sus personajes no son ni semejan hombres y mujeres, sino muñecos o fantoches[12] de cartón y trapo, con groseros hilos, visibles a poca luz y al más corto de vista. Son las mismas grotescas máscaras de aquella Comedia del Arte[13] italiano, no tan regocijadas como solían, porque han meditado mucho en tanto tiempo. Bien conoce el autor que tan primitivo espectáculo no es el más digno de un culto auditorio de estos tiempos; así, de vuestra cultura tanto como de vuestra bondad se ampara. El autor sólo pide que aniñéis cuanto sea posible vuestro espíritu. El mundo está ya viejo y chochea; el Arte no se resigna a envejecer, y por parecer niño finge balbuceos. . . Y he aquí cómo estos viejos polichinelas[14] pretenden hoy divertiros con sus niñerías.

(MUTACIÓN)[15]

CUADRO PRIMERO

Plaza de una ciudad. A la derecha, en primer término, fachada de una hostería con puerta practicable[16] *y en ella un aldabón. Encima de la puerta un letrero que diga: «Hostería»*

ESCENA I

LEANDRO y CRISPÍN, que salen por la segunda izquierda

---

[9]**Lope de Rueda** (1500-1565), actor de autor sevillano conocido por sus *pasos*, obras populares de un acto.

[10]**Molière** (1622-1973), seudónimo de Jean-Baptiste Poquelin, conocido dramaturgo francés.

[11]De marionetas.

[12]Títere, marioneta.

[13]Forma de teatro italiano en que se improvisaba el diálogo; tenía ciertos personajes convencionales: Arlequín, Colombina, etc. Todos los actores llevaban máscaras excepto el galán y la dama.

[14]Nombre genérico que da el autor a sus personajes; Polichinela era el nombre de un personaje habitual de la «commedia dell'arte» italiana.

[15]Cambio escénico.

[16]Que se abre para que puedan entrar y salir los personajes.

LEANDRO:
Gran ciudad ha de ser esta, Crispín; en todo se advierte su señorío y riqueza.

CRISPÍN:
Dos ciudades hay. ¡Quiera el cielo que en la mejor hayamos dado!

LEANDRO:
¿Dos ciudades dices, Crispín? Ya entiendo: antigua y nueva, una de cada parte del río.

CRISPÍN:
¿Qué me importa el río, ni la vejez, ni la novedad? Digo dos ciudades como en toda ciudad del mundo: una para el que llega con dinero, y otra para el que llega como nosotros.

LEANDRO:
¡Harto es haber llegado sin tropezar con la justicia! Y bien quisiera detenerme aquí algún tiempo, que ya me cansa tanto correr tierras.

CRISPÍN:
A mí no, que es condición de los naturales,[17] como yo, del libre reino de Picardía[18], no hacer asien-to en parte alguna, si no es forzado y en galeras, que es duro asiento. Pero ya que sobre esta ciudad caímos y es plazo fuerte a lo que se descubre, tracemos como prudentes capitanes nuestro plan de batalla, si hemos de conquistarla con provecho.

LEANDRO:
¡Mal pertrechado[19] ejército venimos!

CRISPÍN:
Hombres somos, y con hombres hemos de vernos.

LEANDRO:
Por todo caudal, nuestra persona. No quisiste que nos desprendiéramos de estos vestidos, que, malvendiéndolos, hubiéramos podido juntar algún dinero.

CRISPÍN:
¡Antes me desprendiera y de la piel que de un buen vestido! Que nada importa tanto como parecer, según va el mundo, y el vestido es lo que antes parece.

LEANDRO:
¿Qué hemos de hacer, Crispín? Que el hambre y el cansancio me tienen abatido, y mal discurro.

CRISPÍN:
Aquí no hay sino valerse del ingenio y de la desvergüenza, que sin ella nada vale el ingenio. Lo que he pensado es que tú has de hablar poco y desabrido, para darte

---

[17] Nativos.

[18] **Picardía** es una región del norte de Francia, pero aquí el autor usa el nombre para referirse al reino imaginario de los pícaros, donde no se respetan reglas y leyes.

[19] **Mal...** Pobre, mal abastecido (es decir, sin municiones, armas y otras cosas necesarias).

aires de persona de calidad; de vez en cuando te permito que descargues algún golpe sobre mis costillas; a cuantos te pregunten, responde misterioso; y cuando hables por tu cuenta, sea con gravedad, como si sentenciaras. Eres joven, de buena presencia; hasta ahora sólo supiste malgastar tus cualidades; ya es hora de aprovecharse de ellas. Ponte en mis manos, que nada conviene tanto a un hombre como llevar a su lado quien haga notar sus méritos, que en uno mismo la modestia es necedad y la propia alabanza locura, y con las dos se pierde para el mundo. Somos los hombres como mercancía, que valemos más o menos según la habilidad del mercader que nos presenta. Yo te aseguro que, así fueras vidrio, a mi cargo corre que pases por diamante.[20] Y ahora llamemos a esta hostería, que lo primero es acampar a vista de la plaza.

LEANDRO:
¡A la hostería dices? ¿Y cómo pagaremos?

CRISPÍN:
Si por tan poco te acobardas, busquemos un hospital[21] o casa de misericordia, o pidamos limosna, si a lo piadoso nos acogemos; y si a lo bravo, volvamos al camino y salteemos al primer viandante; si a la verdad de nuestros recursos nos atenemos, no son otros nuestros recursos.[22]

LEANDRO:
Yo traigo cartas de introducción para personas de valimiento en esta ciudad, que podrán socorrernos.

CRISPÍN:
¡Rompe luego esas cartas y no pienses en tal bajeza! ¡Presentarnos a nadie como necesitados! ¡Buenas cartas de crédito son ésas! Hoy te recibirán con grandes cortesías, te dirán que su casa y su persona son tuyas, y a la segunda vez que llames a su puerta, ya te dirá el criado que su señor no está en casa ni para en ella; y a otra visita, ni te abrirán la puerta. Mundo es éste de toma y daca,[23] lonja de contratación, casa de cambio, y antes de pedir, ha de ofrecerse.

LEANDRO:
¿Y qué podré ofrecer yo, si nada tengo?

CRISPÍN:
¡En qué poco te estimas! Pues qué, un hombre por sí, ¿nada vale? Un

[20] **Así...** Aunque fueras vidrio, yo te haría pasar por diamante.

[21] Establecimiento donde recogen a pobres.

[22] **Si...** si nos dejamos guiar sólo por nuestros recursos, no hay otras posibilidades.

[23] **De...** donde uno le hace un favor a otra persona sólo para conseguir algo en recompensa. (Yo te doy algo a ti para que tú me dés algo a mí.).

hombre puede ser soldado, y con su valor decidir una victoria; puede ser galán o marido, y con dulce medicina curar a alguna dama de calidad o doncella de buen linaje que se sienta morir de melancolía; puede ser criado de algún señor poderoso que se aficione de él y le eleve hasta su privanza, y tantas cosas más que no he de enumerarte. Para subir, cualquier escalón es bueno.

LEANDRO:
¿Y si aun ese escalón me falta?

CRISPÍN:
Yo te ofrezco mis espaldas para encumbrarte. Tú te verás en alto.

LEANDRO:
¿Y si los dos damos en tierra?

CRISPÍN:
Que ella nos sea leve. *(Llamando a la hostería con el aldabón.)* ¡Ah de la hostería! ¡Hola, digo! ¡Hostelero o demonio! ¿Nadie responde? ¿Qué casa es esta?

LEANDRO:
¿Por qué esas voces, si apenas llamaste?

CRISPÍN:
¡Porque es ruindad hacer esperar de esemodo! *(Vuelve a llamar más fuerte.)* ¡Ah de la gente! ¡Ah de la casa! ¡Ah de todos los diablos!

HOSTELERO:
(Dentro.) ¿Quién va? ¿Qué voces y qué modos son estos? No hará tanto que esperan.

CRISPÍN:
¿Ya fue mucho! Y bien nos informaron que es ésta muy ruin posada para gente noble.

CUADRO II

ESCENA II

DICHOS, el HOSTELERO y dos mozos que salen de la hostería

HOSTELERO:
(Saliendo.) Poco a poco, que no es posada, sino hospedería, y muy grandes señores han pasado por ella.

CRISPÍN:
Quisiera yo ver a ésos que llamáis grandes señores. Gentecilla de poco más o menos. Bien se advierte en esos mozos, que no saben conocer a las personas de calidad, y se están ahí como pasmarotes sin atender a nuestro servicio.

HOSTELERO:
¡Por vida que sois impertinente!

LEANDRO:
Este criado mío siempre ha de extremar su celo. Buena es vuestra posada para el poco tiempo que he de parar en ella. Disponed luego un aposento para mí y otro para este criado, y ahorremos palabras.

HOSTELERO:
Perdonad, señor; si antes hubierais hablado. . . Siempre los señores

han de ser más comedidos que sus criados.

CRISPÍN:
Es que este buen señor mío a todo se acomoda; pero yo sé lo que conviene a su servicio, y no he de pasar por cosa mal hecha. Conducidnos ya al aposento.

HOSTELERO:
¿No traéis bagaje[24] alguno?

CRISPÍN:
¿Pensáis que nuestro bagaje es hatillo de soldado o de estudiante para traerlo a mano, ni que mi señor ha de traer aquí ocho carros, que tras nosotros vienen, ni que aquí ha de parar sino el tiempo preciso que conviene al secreto de los servicios que en esta ciudad le están encomendados. . . ?

LEANDRO:
¿No callarás? ¿Qué secreto ha de haber contigo? ¡Pues voto a . . .,[25] que si alguien me descubre por tu hablar sin medida. . . ! *(Le amenaza y le pega con la espada.)*

CRISPÍN:
¡Valedme, que me matará! *(Corriendo.)*

HOSTELERO:
(Interponiéndose entre LEANDRO y CRISPÍN.) ¡Teneos, señor!

[24]Valijas (galicismo).

[25]**Voto a Dios,** juramento común en el Siglo de Oro.

LEANDRO:
Dejad que le castigue, que no hay falta para mí como el hablar sin tino.

HOSTELERO:
¡No le castiguéis, señor!

LEANDRO:
¡Dejadme, dejadme, que no aprenderá nunca! *(Al ir a pegar a CRISPÍN, éste se esconde detrás del HOSTELERO, quien recibe los golpes.)*

CRISPÍN:
(Quejándose.) ¡Ay, ay, ay!

HOSTELERO:
¡Ay, digo yo, que me dio de plano!

LEANDRO:
(A CRISPÍN.) Ve a lo que diste lugar: a que este infeliz fuera golpeado. ¡Pídele perdón!

HOSTELERO:
No es menester. Yo le perdono gustoso. *(A los criados.)* ¿Qué hacéis ahí parados? Disponed los aposentos donde suele parar el embajador de Mantua, y preparad comida para este caballero.

CRISPÍN:
Dejad que yo les advierta de todo, que cometerán mil torpezas y pagaré yo luego, que mi señor, como veis, no perdona falta. . . Soy con vosotros, muchachos. . . Y tened en cuenta a quien servís, que la mayor fortuna o la mayor desdicha os entró por las puertas. *(Entran*

los criados y CRISPÍN en la hostería.)

HOSTELERO:
(A LEANDRO.) ¿Y podéis decirme vuestro nombre, de dónde venís, y a qué propósito. . . ?

LEANDRO:
(Al ver salir a CRISPÍN de la hostería.) Mi criado os lo dirá. . . Y aprended a no importunarme con preguntas. . . *(Entra en la hostería.)*

CRISPÍN:
¡Buena la hicisteis! ¿Atreverse a preguntar a mi señor? Si os importa tenerle una hora siquiera en vuestra casa, no volváis a dirigirle la palabra.

HOSTELERO:
Sabed que hay ordenanzas muy severas que así lo disponen.

CRISPÍN:
¡Veníos con ordenanzas a mi señor! ¡Callad, callad, que no sabéis a quién tenéis en vuestra casa, y si lo supierais no diríais tantas impertinencias!

HOSTELERO:
Pero, ¿no he de saber siquiera. . . ?

CRISPÍN:
¡Voto a . . . , que llamaré a mi señor y él os dirá lo que conviene, si no lo entendisteis! ¡Cuidad de que nada le falte y atendedle con vuestros cinco sentidos, que bien puede pesaros! ¿No sabéis conocer a las personas? ¿No visteis ya quién es mi señor? ¿Qué replicáis? ¡Vamos ya! *(Entra en la hostería empujando al HOSTELERO.)*

ESCENA II

COLOMBINA. Después CRISPÍN, que sale por la segunda derecha

COLOMBINA:
(Dirigiéndose a la segunda derecha y llamando.) ¡Arlequín! ¡Arlequín! *(Al ver salir a CRISPÍN.)* ¡No es él!

CRISPÍN:
No temáis, hermosa Colombina, amada del más soberano ingenio, que, por ser raro poeta en todo, no quiso extremar en sus versos las ponderaciones de vuestra belleza. Si de lo vivo a lo pintado fue siempre diferencia, es todo en esta ocasión ventaja de lo vivo, ¡con ser tal la pintura!

COLOMBINA:
Y vos, ¿sois también poeta, o sólo cortesano y lisonjero?

CRISPÍN:
Soy el mejor amigo de vuestro enamorado Arlequín, aunque sólo de hoy le conozco, pero tales pruebas tuvo de mi amistad en tan corto tiempo. Mi mayor deseo fue el de saludaros, y el señor Arlequín no anduviera tan discreto en complacerme a no fiar tanto de mi amistad, que, sin ella, fuera po-

nerme a riesgo de amaros sólo con haberme puesto en ocasión de veros.

COLOMBINA:
El señor Arlequín fiaba tanto en el amor que le tengo como en la amistad que le tenéis. No pongáis todo el mérito de vuestra parte, que es tan necia presunción perdonar la vida a los hombres como el corazón a las mujeres.

CRISPÍN:
Ahora advierto que no sois tan peligrosa al que os ve como al que llega a escucharos.

COLOMBINA:
Permitid; pero antes de la fiesta preparada para esta noche he de hablar con el señor Arlequín, y. . .

CRISPÍN:
No es preciso. A eso vine, enviado de su parte y de parte de mi señor, que os besa las manos.

COLOMBINA:
¿Y quién es vuestro señor, si puede saberse?

CRISPÍN:
El más noble caballero, el más poderoso... Permitid que por ahora calle su nombre; pronto habréis de conocerle. Mi señor desea saludar a doña Sirena y asistir a su fiesta esta noche.

COLOMBINA:
¡La fiesta! ¿No sabéis. . . ?

CRISPÍN:
Lo sé. Mi deber es averiguarlo todo. Sé que hubo inconvenientes que pudieron estorbarla; pero no habrá ninguno: todo está preparado.

COLOMBINA:
¿Cómo sabéis. . . ?

CRISPÍN:
Yo os aseguro que no faltará nada. Suntuoso agasajo, luminarias y fuegos de artificio, músicos y cantores. Será la más lucida fiesta del mundo. . .

COLOMBINA:
¿Sois algún encantador, por ventura?

CRISPÍN:
Ya me iréis conociendo. Sólo diré que por algo juntó hoy el destino a gente de tan buen entendimiento, incapaz de malograrlo con vanos escrúpulos. Mi señor sabe que esta noche asistirá a la fiesta el señor Polichinela, con su hija única, la hermosa Silvia, el mejor partido de esta ciudad. Mi señor ha de enamorarla, mi señor ha de casarse con ella y mi señor sabrá pagar como corresponde los buenos oficios de doña Sirena, y los vuestros también si os prestáis a favorecerle.

COLOMBINA:
No andáis con rodeos. Debiera ofenderme vuestro atrevimiento.

CRISPÍN:
El tiempo apremia y no me dio lugar a ser comedido.

COLOMBINA:
Si ha de juzgarse del amo por el criado. . .

CRISPÍN:
No temáis. A mi amo le hallaréis el más cortés y atento caballero. Mi desvergüenza le permite a él mostrarse vergonzoso. Duras necesidades de la vida pueden obligar al más noble caballero a empleos de rufián, como a la más noble dama a bajos oficios, y esta mezcla de ruindad y nobleza en un mismo sujeto desluce con el mundo. Habilidad es mostrar separado en dos sujetos lo que suele andar junto en uno solo. Mi señor y yo, con ser uno mismo, somos cada uno una parte del otro. ¡Si así fuera siempre! Todos llevamos en nosotros un gran señor de altivos pensamientos, capaz de todo lo grande y de todo lo bello. Y a su lado, el servidor humilde, el de las ruines obras, el que ha de emplearse en las bajas acciones a que obliga la vida. . . Todo el arte está en separarlos de tal modo, que cuando caemos en alguna bajeza podamos decir siempre: no fue mía, no fui yo, fue mi criado. En la mayor miseria de nuestra vida siempre hay algo en nosotros que quiere sentirse superior a nosotros mismos. Nos despreciaríamos demasiado si no creyésemos valer más que nuestra vida. . . Ya sabéis quién es mi señor: el de los altivos pensamientos, el de los bellos sueños. Ya sabéis quién soy yo: el de los ruines empleos, el que siempre, muy bajo, rastrea y socava entre toda mentira y toda indignidad y toda miseria. Sólo hay algo en mí que me redime y me eleva a mis propios ojos: esta lealtad que se humilla y se arrastra para que otro pueda volar y pueda ser siempre el señor de los altivos pensamientos, el de los bellos sueños. *(Se oye música dentro.)*

COLOMBINA:
¿Qué música es esa?

CRISPÍN:
La que mi señor trae a la fiesta, con todos sus pajes y todos sus criados y toda una corte de poetas y cantores presididos por el señor Arlequín, y toda una legión de soldados, con el capitán al frente, escoltándole con antorchas. . .

COLOMBINA:
¿Quién es vuestro señor, que tanto puede? Corro a prevenir a mi señora. . .

CRISPÍN:
No es preciso. Ella acude.

ESCENA III

DICHOS y DOÑA SIRENA, que sale por el pabellón

SIRENA:
¿Qué es esto? ¿Quién previno esa

música? ¿Qué tropel de gente llega a nuestra puerta?

COLOMBINA:
No preguntéis nada. Sabed que hoy llegó a esta ciudad un gran señor, y es él quien os ofrece la fiesta de esta noche. Su criado os informará de todo. Yo aún no sabré deciros si hablé con un gran loco o con un gran bribón. De cualquier modo, os aseguro que él es un hombre extraordinario. . .

SIRENA:
¿Luego no fue Arlequín?

COLOMBINA:
No preguntéis. . . Todo es como cosa de magia. . .

CRISPÍN:
Doña Sirena, mi señor os pide licencia para besaros las manos. Tan alta señora y tan noble señor no han de entender en intrigas impropias de su condición. Por eso, antes que él llegue a saludaros, yo he de decirlo todo. Yo sé de vuestra historia mil notables sucesos que, referidos, me asegurarían toda vuestra confianza. . . Pero fuera impertinencia puntualizarlos. Mi amo os asegura aquí *(entregándole un papel)*, con su firma, la obligación que ha de cumpliros si de vuestra parte sabéis cumplir lo que aquí os propone.

SIRENA:
¿Qué papel y qué obligación es esta. . . ? *(Leyendo el papel para sí.)* ¡Cómo! ¿Cien mil escudos de presente y otros tantos a la muerte del señor Polichinela, si llega a casarse con su hija? ¿Qué insolencia es esta? ¿A una dama? ¿Sabéis con quién habláis? ¿Sabéis qué casa es ésta?

CRISPÍN:
Doña Sirena. . . , ¡excusad la indignación! No hay nadie presente que pueda importaros. Guardad ese papel junto con otros. . . , y no se hable más del asunto. Mi señor no os propone nada indecoroso, ni vos consentiríais en ello. . . Cuanto aquí suceda será obra de la casualidad y del amor. Fui yo, el criado, el único que tramó estas cosas indignas. Vos sois siempre la noble dama, mi amo el noble señor, que al encontraros esta noche en la fiesta, hablaréis de mil cosas galantes y delicadas, mientras vuestros convidados pasean y conversan a vuestro alrededor, con admiraciones a la hermosura de las damas, al arte de sus galas, a la esplendidez del agasajo, a la dulzura de la música y a la gracia de los bailarines. . . ¿Y quién se atreverá a decir que no es esto todo? ¿No es así la vida, una fiesta en que la música sirve para disimular palabras y las palabras para disimular pensamientos? Que la música suene incesante, que la conversación se anime con alegres risas, que la cena esté bien servida. . . , es todo lo que importa a los convidados. Y ved aquí a mi señor, que llega a saludaros con toda gentileza.

ACTO SEGUNDO

CUADRO III

ESCENA VIII

CRISPÍN, el SEÑOR POLICHINELA, el HOSTELERO, el SEÑOR PANTALÓN, el CAPITÁN, ARLEQUÍN, el DOCTOR, el secretario y dos alguaciles con enormes protocolos de curia.[26] *Todos salen por la segunda derecha, o sea por el pasillo.*

POLICHINELA:
(Dentro, a gente que se supone fuera.) ¡Guardad bien las puertas, que nadie salga, hombre ni mujer, ni perro ni gato!

HOSTELERO:
¿Dónde están, dónde están esos bandoleros, esos asesinos?

PANTALÓN:
¡Justicia! ¡Justicia! ¡Mi dinero! ¡Mi dinero!

(Van saliendo todos por el orden que se indica. El DOCTOR y el secretario se dirigen a la mesa y se disponen a escribir. Los dos alguaciles, de pie, teniendo en las manos enormes protocolos del proceso.)

CAPITÁN:
Pero, ¿es posible lo que vemos, Crispín?

ARLEQUÍN:
¿Es posible lo que sucede?

PANTALÓN:
¡Justicia! ¡Justicia! ¡Mi dinero! ¡Mi dinero!

HOSTELERO:
¡Que los prendan. . . , que se aseguren de ellos!

PANTALÓN:
¡No escaparán. . . , no escaparán!

CRISPÍN:
Pero, ¿qué es esto? ¿Cómo se atropella así la mansión de un noble caballero? Agradezcan la ausencia de mi señor.

PANTALÓN:
¡Calla, calla, que tú eres su cómplice y has de pagar con él!

HOSTELERO:
¿Cómo cómplice? Tan delincuente como su pretendido señor. . . , que él fue quien me engañó.

CAPITÁN:
¿Qué significa esto, Crispín?

ARLEQUÍN:
¿Tiene razón esta gente?

POLICHINELA:
¿Qué dices ahora, Crispín? ¿Pensaste que habían de valerte tus enredos conmigo? ¿Conque yo pretendí asesinar a tu señor? ¿Conque yo soy un viejo avaro que

---

[26] **Protocolos...** libros en que un secretario o escribano guarda los registros de las escrituras que han pasado ante él.

sacrifica a su hija? ¿Conque toda la ciudad se levanta contra mí llenándome de insultos? Ahora veremos.

PANTALÓN:
Dejadle, señor Polichinela, que este es asunto nuestro, que al fin vos no habéis perdido nada. Pero yo..., ¡todo mi caudal, que lo presté sin garantía! ¡Perdido me veré para toda la vida! ¿Qué será de mí?

HOSTELERO:
¿Y yo, decidme, que gasté lo que no tenía y aun hube de empeñarme por servirle como creí correspondía a su calidad? ¡Esto es mi destrucción, mi ruina!

CAPITÁN:
¡Y nosotros también fuimos ruinmente engañados! ¿Qué se dirá de mí, que puse mi espada y mi valor a servicio de un aventurero?

ARLEQUÍN:
¿Y de mí, que le dediqué soneto tras soneto como al más noble señor?

POLICHINELA:
¡Ja, ja, ja!

HOSTELERO:
¡Como nada os robaron. . . !

PANTALÓN:
¡Pronto, pronto! ¿Dónde está el otro pícaro?

HOSTELERO:
Registradlo todo hasta dar con él.

CRISPÍN:
Poco a poco. Si dais un solo paso... *(Amenazando con la espada.)*

PANTALÓN:
¿Amenazas todavía? ¿Y esto ha de sufrirse? ¡Justicia, justicia!

HOSTELERO:
¡Eso es, justicia!

DOCTOR:
Señores. . . Si no me atendéis, nada conseguiremos. Nadie puede tomarse la justicia por su mano, que la justicia no es atropello ni venganza y *summum jus, summa injuria.*[27] La justicia es todo sabiduría, y la sabiduría es todo orden, y el orden es todo razón, y la razón es todo procedimiento, y el procedimiento es todo lógica. *Barbara, Celare, Darii, Ferioque, Baralipton*[28], depositad en mí vuestros agravios y querellas, que todo ha de unirse a este proceso que conmigo traigo.

CRISPÍN:
¡Horror! ¡Aún ha crecido!

DOCTOR:
Constan aquí otros muchos delitos de estos hombres, y a ellos han de

---

[27]Exceso de justicia, exceso de injusticia. Adagio latino citado por Cicerón (*De officiis,* I, 10, 36) que quiere decir que suelen cometerse iniquidades cuando se aplica la ley con demasiado rigor.

[28]**Barbara...** en lógica, figuras del silogismo.

sumarse éstos de que ahora les acusáis. Y yo seré parte en todos ellos; sólo así obtendréis la debida satisfacción y justicia. Escribid, señor secretario, y vayan deponiendo los querellantes.

PANTALÓN:
Dejadnos de embrollos, que bien conocemos vuestra justicia.

HOSTELERO:
No se escriba nada, que todo será poner lo blanco negro. Y quedaremos nosotros sin nuestro dinero y ellos sin castigar.

PANTALÓN:
Eso, eso. . . ¡Mi dinero, mi dinero! ¡Y después justicia!

DOCTOR:
¡Gente indocta, gente ignorante, gente incivil! ¿Qué idea tenéis de la justicia? No basta que os digáis perjudicados, si no pareciese bien claramente que hubo intención de causaros perjuicio, esto es, fraude o dolo,[29] que no es lo mismo. . . aunque la vulgar acepción los confunda. Pero sabed. . . , que en el caso. . .

PANTALÓN:
¡Basta! ¡Basta! Que acabaréis por decir que fuimos los culpables.

DOCTOR:
¡Y como pudiera ser si os obstináis en negar la verdad de los hechos...!

HOSTELERO:
¡Ésta es buena! Que fuimos robados. ¿Qué más verdad ni más claro delito?

DOCTOR:
Sabed que robo no es lo mismo que hurto; y mucho menos que fraude o dolo, como dije primero. Desde las Doce Tablas[30] hasta Justiniano, Triboniano, Emiliano y Triberiano. . .[31].

PANTALÓN:
Todo fue quedarnos sin nuestro dinero. . . Y de ahí no habrá quien nos saque.

POLICHINELA:
El señor doctor habla muy en razón. Confiad en él, y que todo conste en proceso.

DOCTOR:
Escribid, escribid luego, señor secretario.

CRISPÍN:
¿Quieren oírme?

PANTALÓN:
¡No, no! Calle el pícaro. . . , calle el desvergonzado.

HOSTELERO:
Ya hablaréis donde os pesará.

---

[29]Engaño, trampa.

[30]Las primeras leyes escritas del pueblo romano (siglo V a. de J.C.).

[31]Famosos juristas antiguos.

DOCTOR:
Ya hablará cuando le corresponda, que a todos ha de oírse en justcia. . . Escribid, escribid. En la ciudad de . . . a tantos . . . No sería malo proceder primeramente al inventario de cuanto hay en la casa.

CRISPÍN:
No dará tregua a la pluma. . .

DOCTOR:
Y proceder al depósito de fianza por parte de los querellantes, porque no pueda haber sospecha en su buena fe. Bastará con dos mil escudos de presente y caución[32] de todos sus bienes.

PANTALÓN:
¿Qué decís? ¡Nosotros dos mil escudos!

DOCTOR:
Ocho debieran ser; pero basta que seáis personas de algún crédito para que todo se tenga en cuenta, que nunca fui desconsiderado. . .

HOSTELERO:
¡Alto, y no se escriba más, que no hemos de pasar por eso!

DOCTOR:
¿Cómo? ¿Así se atropella a la justicia? Ábrase proceso separado por violencia y mano airada contra un ministro de justicia en funciones de su ministerio.

[32]Fianza.

PANTALÓN:
¡Ese hombre ha de perdernos!

HOSTELERO:
¡Está loco!

DOCTOR:
¿Hombre y loco, decís? Hablen con respeto. Escribid, escribid que hubo también ofensas de palabra..

CRISPÍN:
Bien os está por no escucharme.

PANTALÓN:
Habla, habla, que todo será mejor, según vemos.

CRISPÍN:
Pues atajen a ese hombre, que levantará monte con sus papelotes.

PANTALÓN:
¡Basta, basta ya, decimos!

HOSTELERO:
Deje la pluma. . .

DOCTOR:
Nadie sea osado a poner mano en nada.

CRISPÍN:
Señor capitán, sírvanos vuestra espada, que es también atributo de justicia.

CAPITÁN:
(Va a la mesa y da un fuerte golpe con la espada en los papeles que está escribiendo el DOCTOR.) Háganos la merced de no escribir más.

DOCTOR:
Ved lo que es pedir las cosas en razón. Suspended las actuaciones, que hay cuestión previa a dilucidar. . . Hablen las partes[33] entre sí. . . Bueno fuera, no obstante, proceder en el ínterin al inventario. . .

PANTALÓN:
¡No, no!

DOCTOR:
Es formalidad que no puede evitarse.

CRISPÍN:
Ya escribiréis cuando sea preciso. Dejadme ahora hablar aparte con estos honrados señores.

DOCTOR:
Si os conviene sacar testimonio de cuanto aquí les digáis. . .

CRISPÍN:
Por ningún modo. No se escriba una letra, o no hablaré palabra.

CAPITÁN:
Deje hablar al mozo.

CRISPÍN:
¿Y qué he de deciros? ¿De qué os quejáis? ¿De haber perdido vuestro dinero? ¿Qué pretendéis? ¿Recobrarlo?

PANTALÓN:
¡Eso, eso! ¡Mi dinero!

HOSTELERO:
¡Nuestro dinero!

CRISPÍN:
Pues escuchadme aquí. . . ¿De dónde habéis de cobrarlo si así quitáis crédito a mi señor y así hacéis imposible su boda con la hija del señor Polichinela? ¡Voto a . . . , que siempre pedí tratar con pícaros mejor que con necios! Ved lo que hicisteis y cómo se compondrá ahora con la Justicia de por medio. ¿Qué lograréis ahora si dan con nosotros en galeras o en sitio peor? ¿Será buena moneda para cobraros las túrdigas[34] de nuestro pellejo? ¿Seréis más ricos, más nobles o más grandes cuando nosotros estemos perdidos? En cambio, si no nos hubierais estorbado a tan mal tiempo, hoy, hoy mismo tendríais vuestro dinero, con todos sus intereses. . . , que ellos solos bastarían a llevaros a la horca, si la justicia no estuviera en esas manos y en esas plumas. . . Ahora haced lo que os plazca, que ya os dije lo que os convenía. . .

DOCTOR:
Quedaron suspensos. . .

CAPITÁN:
Yo aún no puedo creer que ellos sean tales bellacos.

POLICHINELA:
Este Crispín. . . capaz será de convencerlos.

---

[33]Litigantes.

[34]Tiras de piel.

PANTALÓN:
(Al HOSTELERO.) ¿Qué decís a esto? Bien mirado. . .

HOSTELERO:
¿Qué decís vos?

PANTALÓN:
Dices que hoy mismo se hubiera casado tu amo con la hija del señor Polichinela. ¿Y si él no da su consentimiento. . . ?

CRISPÍN:
De nada ha de servirle. Que su hija huyó con mi señor. . . y lo sabrá todo el mundo. . . y a él más que a nadie importa que nadie sepa cómo su hija se perdió por un hombre sin condición, perseguido por la justicia.

PANTALÓN:
Si así fuera. . . ¿Qué decís vos?

HOSTELERO:
No nos ablandaremos. Ved que el bellaco es maestro en embustes.

PANTALÓN:
Decís bien. No sé cómo pude creerlo. ¡Justicia! ¡Justicia!

CRISPÍN:
¡Ved que lo perdéis todo!

PANTALÓN:
Veamos todavía. . . Señor Polichinela, dos palabras.

POLICHINELA:
¿Qué me queréis?

PANTALÓN:
Suponed que nosotros no hubiéramos tenido razón para quejarnos. Suponed que el señor Leandro fuera, en efecto, el más noble caballero. . . , incapaz de una baja acción. . .

POLICHINELA:
¿Qué decís?

PANTALÓN:
Suponed que vuestra hija le amara con locura, hasta el punto de haber huido con él de vuestra casa.

POLICHINELA:
¿Que mi hija huyó de mi casa con ese hombre? ¿Quién lo dijo? ¿Quién fue el desvergonzado. . . ?

PANTALÓN:
No os alteréis. Todo es suposición.

POLICHINELA:
Pues aun así no he de tolerarlo.

PANTALÓN:
Escuchad con paciencia. Suponed que todo eso hubiera sucedido. ¿No os sería forzoso casarla?

POLICHINELA:
¿Casarla? ¡Antes la mataría! Pero es locura pensarlo. Y bien veo que eso quisierais para cobraros a costa mía, que sois otros tales bribones. Pero no será, no será. . .

PANTALÓN:
Ved lo que decís, y no se hable aquí de bribones cuando estáis presente.

HOSTELERO:
¡Eso, eso!

POLICHINELA:
¡Bribones, bribones, combinados para robarme! Pero no será, no será.

DOCTOR:
No hayáis cuidado, señor Polichinela, que aunque ellos renunciaren a perseguirle, ¿no es nada este proceso? ¿Creéis que puede borrarse nada de cuanto en él consta, que son cincuenta y dos delitos probados y otros tantos que no necesitan probarse. . .?

PANTALÓN:
¿Qué decís ahora, Crispín?

CRISPÍN:
Que todos esos delitos, si fueran tantos, son como estos otros. . . Dinero perdido que nunca se pagará si nunca le tenemos.

DOCTOR:
¡Eso no! Que yo he de cobrar lo que me corresponda de cualquier modo que sea.

CRISPÍN:
Pues será de los que se quejaron, que nosotros harto haremos en pagar con nuestras personas.

DOCTOR:
Los derechos de Justicia son sagrados, y lo primero será embargar para ellos cuanto hay en esta casa.

PANTALÓN:
¿Cómo es eso? Esto será para cobrarnos algo.

HOSTELERO:
Claro es; y de otro modo. . .

DOCTOR:
Escribid, escribid, que si hablan todos nunca entenderemos.

PANTALÓN y HOSTELERO:
¡No, no!

CRISPÍN:
Oídme aquí, señor doctor. Y si se os pagara de una vez, y sin escribir tanto, vuestros. . . , ¿cómo los llamáis? ¿Estipendios?

DOCTOR:
Derechos de Justicia.

CRISPÍN:
Como queráis. ¿Qué os parece?

DOCTOR:
En ese caso. . .

CRISPÍN:
Pues ved que mi amo puede ser hoy rico, poderoso, si el señor Polichinela consiente en casarle con su hija. Pensad que la joven es hija única del señor Polichinela; pensad en que mi señor ha de ser dueño de todo; pensad. . .

DOCTOR:
Puede, puede estudiarse.

PANTALÓN:
¿Qué os dijo?

HOSTELERO:
¿Qué resolvéis?

DOCTOR:
Dejadme reflexionar. El mozo no es lerdo y se ve que no ignora los procedimientos legales. Porque si consideramos que la ofensa que recibisteis fue puramente pecuniaria y que todo delito que puede ser reparado en la misma forma lleva en la reparación el más justo castigo; si consideramos que así en la ley bárbara y primitiva del Talión[35] se dijo: diente por diente, mas no diente por ojo ni ojo por diente. . . Bien puede decirse, en este caso, escudo por escudo. Porque, al fin, él no os quitó la vida para que podáis exigir la suya en pago. No os ofendió en vuestra persona, honor ni buena fama, para que podáis exigir otro tanto. La equidad es la suprema justicia. *Equitas justitia magna est.* Y desde las Pandectas[36] hasta Triboniano, con Emiliano, Triberiano. . .

PANTALÓN:
No digáis más. Si él nos pagara...

HOSTELERO:
Como él nos pagara. . .

[35]Según la ley del Talión, que se encuentra en el Antigüo Testamento, el delincuente debe sufrir el mismo daño que causó. (Ojo por ojo, diente por diente.).

[36]Recopilación de las decisiones de los juristas romanos, promovida por Justiniano (siglo VI).

POLICHINELA:
¡Qué disparates son éstos, y cómo ha de pagar, ni qué tratar ahora!

CRISPÍN:
Se trata de que todos estáis interesados en salvar a mi señor, en salvarnos por interés de todos. Vosotros, por no perder vuestro dinero; el señor doctor, por no perder toda esa suma de admirable doctrina que fuisteis depositando en esa balumba de sabiduría; el señor capitán, porque todos le vieron amigo de mi amo, y a su valor importa que no se murmure de su amistad con un aventurero; vos, señor Arlequín, porque vuestros ditirambos[37] de poeta perderían todo su mérito al saber que tan mal los empleasteis; vos, señor Polichinela. . . , antiguo amigo mío, porque vuestra hija es ya ante el cielo y ante los hombres la esposa del señor Leandro.

POLICHINELA:
¡Mientes, mientes! ¡Insolente, desvergonzado!

CRISPÍN:
Pues procédase al inventario de cuanto hay en la casa. Escribid, escribid, y sean todos estos señores testigos y empiécese por este aposento. *(Descorre el tapiz de la puerta del foro y aparecen formando grupo SILVIA, LEANDRO, DOÑA SIRENA, COLOMBINA y*

[37]Poemas exageradamente lisonjeros.

la SEÑORA DE POLICHINELA.)

ESCENA IX

DICHOS, SILVIA, LEANDRO, DOÑA SIRENA, COLOMBINA y la SEÑORA DE POLICHINELA, que aparecen por el foro.

PANTALÓN y HOSTELERO:
¡Silvia!

CAPITÁN y ARLEQUÍN:
¡Juntos! ¡Los dos!

POLICHINELA:
¿Conque era cierto? ¡Todos contra mí! ¡Y mi mujer y mi hija con ellos! ¡Todos conjurados para robarme! ¡Prended a ese hombre, a esas mujeres, a ese impostor, o yo mismo. . . !

PANTALÓN:
¡Estáis loco, señor Polichinela?

LEANDRO:
(Bajando al proscenio en compañía de los demás.) Vuestra hija vino aquí, creyéndome malherido, acompañada de doña Sirena, y yo mismo corrí al punto en busca de vuestra esposa para que también la acompañara. Silvia sabe quién soy, sabe toda mi vida de miserias, de engaños, de bajezas, y estoy seguro que de nuestro sueño de amor nada queda en su corazón. . . Llevadla de aquí, llevadla; yo os lo pido antes de entregarme a la justicia.

POLICHINELA:
El castigo de mi hija es cuenta mía; pero a ti. . . ¡Prendedle digo!

SILVIA:
¡Padre! Si no le salváis, será mi muerte. Le amo, le amé siempre, ahora más que nunca. Porque su corazón es noble y fue muy desdichado, y pudo hacerme suya con mentir, y no ha mentido.

POLICHINELA:
¡Calla, calla, loca, desvergonzada! Éstas son las enseñanzas de tu madre. . . , sus vanidades y fantasías. Éstas son las lecturas romancescas, las músicas a la luz de la luna.

SEÑORA:
Todo es preferible a que mi hija se case con un hombre como tú, para ser desdichada como su madre. ¿De qué me sirvió nunca la riqueza?

SIRENA:
Decís bien, señora Polichinela. ¿De qué sirven las riquezas sin amor?

COLOMBINA:
De lo mismo que el amor sin riquezas.

DOCTOR:
Señor Polichinela, nada os estará mejor que casarlos.

PANTALÓN:
Ved que esto ha de saberse en la ciudad.

HOSTELERO:
Ved que todo el mundo estará de su parte.

CAPITÁN:
Y no hemos de consentir que hagáis violencia a vuestra hija.

DOCTOR:
Y ha de constar en el proceso que fue hallada aquí, junto con él.

CRISPÍN:
Y en mi señor no hubo más falta que carecer de dinero, pero a él nadie le aventajará en nobleza. . ., y vuestros nietos serán caballeros..., si no dan en salir al abuelo. . .

TODOS:
¡Casadlos! ¡Casadlos!

PANTALÓN:
O todos caeremos sobre vos.

HOSTELERO:
Y saldrá a relucir vuestra historia...

ARLEQUÍN:
Y nada iréis ganando. . .

SIRENA:
Os lo pide una dama, conmovida por este amor tan fuera de estos tiempos.

COLOMBINA:
Que más parece de novela.

TODOS:
¡Casadlos! ¡Casadlos!

POLICHINELA:
Cásense enhoramala. Pero mi hija quedará sin dote y desheredada. . . Y arruinaré toda mi hacienda antes que ese bergante. . .

DOCTOR:
Eso sí que no lo haréis, señor Polichinela.

PANTALÓN:
¿Qué disparates son éstos?

HOSTELERO:
¡No lo penséis siquiera!

ARLEQUÍN:
¿Qué se diría?

CAPITÁN:
No lo consentiremos.

SILVIA:
No, padre mío; soy yo la que nada acepto, soy yo la que ha de compartir su suerte. Así le amo.

LEANDRO:
Y sólo así puedo aceptar tu amor...

(Todos corren hacia SILVIA y LEANDRO.)

DOCTOR:
¿Qué dicen? ¿Están locos?

PANTALÓN:
¡Eso no puede ser!

HOSTELERO:
¡Lo aceptaréis todo!

ARLEQUÍN:
Seréis felices y seréis ricos.

SEÑORA:
¡Mi hija en la miseria! ¡Ese hombre es un verdugo!

SIRENA:
Ved que el amor es niño[38] delicado y resiste pocas privaciones.

DOCTOR:
¡No ha de ser! Que el señor Polichinela firmará aquí mismo espléndida donación, como corresponde a una persona de su calidad y a un padre amantísimo. Escribid, escribid, señor secretario, que a esto no ha de oponerse nadie.

TODOS:
(Menos POLICHINELA.)
¡Escribid, escribid!

DOCTOR:
Y vosotros, jóvenes enamorados..., resignaos con las riquezas, que no conviene extremar escrúpulos que nadie agradece.

PANTALÓN:
(A CRISPÍN.) ¿Seremos pagados?

CRISPÍN:
¿Quién lo duda? Pero habéis de proclamar que el señor Leandro nunca os engañó. . . Ved cómo se sacrifica por satisfaceros, aceptando esa riqueza que ha de repugnar sus sentimientos.

PANTALÓN:
Siempre le creímos un noble caballero.

HOSTELERO:
Siempre.

ARLEQUÍN:
Todos lo creímos.

CAPITÁN:
Y lo sostendremos siempre.

CRISPÍN:
Y ahora, doctor, ese proceso, ¿habrá tierra bastante en la tierra para echarle encima?

DOCTOR:
Mi previsión se anticipa a todo. Bastará con puntuar debidamente algún concepto. . . Ved aquí: donde dice. . . «Y resultando que si no declaró. . . », basta una coma, y dice: «Y resultando que sí, no declaró. . .» Y aquí: «Y resultando que no, debe condenársele. . . », fuera la coma, y dice: «Y resultando que no debe condenársele. . . »

CRISPÍN:
¡Oh, admirable coma! ¡Maravillosa coma! ¡Genio de la justicia! ¡Oráculo de la ley! ¡Monstruo de la jurisprudencia!

DOCTOR:
Ahora confío en la grandeza de tu señor.

CRISPÍN:
Descuidad. Nadie mejor que vos sabe cómo el dinero puede cambiar a un hombre.

---

[38] En la mitología, el niño Cupido es el dios del amor. Se representa en el arte con los ojos vendados (porque el amor es ciego) y con un arco y flechas.

SECRETARIO:
Yo fui el que puso y quitó esas comas. . .

CRISPÍN:
En espera de algo mejor. . . Tomad esta cadena. Es de oro.

SECRETARIO:
¿De ley?[39]

CRISPÍN:
Vos lo sabréis, que entendéis de leyes.

POLICHINELA:
Sólo impondré una condición: que este pícaro deje para siempre de estar a tu servicio.

CRISPÍN:
No necesitas pedirlo, señor Polichinela. ¡Pensáis que soy tan pobre de ambiciones como mi señor?

LEANDRO:
¿Quieres dejarme, Crispín? No será sin tristeza de mi parte.

CRISPÍN:
No la tengáis, que ya de nada puedo serviros y conmigo dejáis la piel del hombre viejo[40]. . . ¿Qué os dije, señor? Que entre todos habían de salvarnos. . . Creedlo. Para salir adelante con todo, mejor que crear afectos es crear intereses...

LEANDRO:
Te engañas, que sin el amor de Silvia nunca me hubiera salvado.

CRISPÍN:
¿Y es poco interés ese amor? Yo di siempre su parte al ideal y conté con él siempre. Y ahora acabó la farsa.

SILVIA:
(Al público.) Y en ella visteis, como en las farsas de la vida, que a estos muñecos, como a los humanos, muévenlos cordelillos groseros, que son los intereses, las pasioncillas, los engaños y todas las miserias de su condición: tiran unos de sus pies y los llevan a tristes andanzas; tiran otros de sus manos, que trabajan con pena, luchan con rabia, hurtan con astucia, matan con violencia. Pero, entre todos ellos, desciende a veces del cielo al corazón un hilo sutil, como tejido con luz de sol y con luz de luna: el hilo del amor, que a los humanos, como a esos muñecos que semejan humanos, les hace parecer divinos, y trae a nuestra frente resplandores de aurora, y pone alas en nuestro corazón, y nos dice que no todo es farsa en la farsa, que hay algo divino en nuestra vida que es verdad y es eterno, y no puede acabar cuando la farsa acaba. *(Telón.)*

FIN DE LA COMEDIA

---

[39]**De...** de calidad, peso y medida de los metales según la ley.

[40]**Dejáis**... dejáis de ser lo que fuiste para convertirte en un hombre nuevo.

Temas

1. Según el Prólogo de Crispín, ¿en qué sentido es el teatro una fuerza unificadora en la sociedad? Considerando el tema de la obra, ¿hay un elemento de ironía en sus comentarios sobre la farsa? ¿Cómo podemos interpretar su observación que «en ella sucede lo que no pudo suceder nunca»?

2. ¿Por qué colocó Benavente su farsa en el siglo XVII? ¿Por qué la hizo una comedia de títeres, usando «las mismas grotescas máscaras de aquella Comedia del Arte italiano? ¿Qué sugiere con respecto a la sociedad moderna?

3. ¿Cómo introduce Crispín el tema de la obra en la primera escena del Cuadro Primero? ¿Por qué dice que hay «dos ciudades»? ¿Cómo ayuda esta observación a definir el concepto del mundo de este personaje?

4. ¿Por qué dice Crispín, «Hombres somos, y con hombres hemos de vernos»? ¿En qué sentidos es Crispín una persona muy astuta que comprende bien cómo funciona la sociedad? ¿Qué observaciones hace acerca de la ropa, el lenguaje, el dinero y la clase social? ¿Es Crispín un personaje positivo o negativo?

5. ¿Cuál es el papel de la moralidad en *Los intereses creados*?

6. Explique el significado del título de la obra. ¿Cuáles son los intereses económicos e ideológicos que menciona LaRubia-Prado en su introducción? Explique la dialéctica entre los intereses económicos e ideológicos. ¿Cuál es la relación entre lo que LaRubia-Prado llama la «infraestructura» y la «superestructura» de la obra?

7. ¿Qué arquetipos sociales representan el Doctor, Arlequín y Polichinela? ¿Qué otros arquetipos se representan en la obra? ¿De qué se burla Benavente a través de ellos?

8. Explique la importancia del monólogo de Silvia al final de la obra.

Gabriela Mistral

SILVIA M. NAGY
The Catholic University of America

Gabriela Mistral nació marcada por un signo extraño--algunos dicen que era el «pathos» de los antiguos griegos[1]--y su vida entera fue una herida que sangraba lentamente. Su obra, que se nutría de esta herida, es un largo y armonioso lamento.

En su existencia «signos de astros había» y por tanto hubo de sufrir. Sin embargo, sus fuerzas espirituales eran tan inmensas, que la mantenían activa, tanto en el ámbito social y político, como en su creación artística. Fue maestra de niños, predicó el amor, del que ella careció, defendió la dignidad del dolor que forma la vertiente más profunda de su obra.

Gabriela Mistral es un seudónimo que ella había tomado en vez de su nombre, Lucila Godoy Alcayaga, por varias razones:

> La primera, por devoción a Federico Mistral,[2] al que me gustó sentir hombre de la tierra; la segunda, porque dicho nombre me agrada eufóricamente, pero, además de eso y por sobre eso, hay otra razón principal. (....) Siento un gran amor por el viento.[3] Lo considero como uno de los elementos más espirituales--más espiritual que el agua. Deseaba, pues, tomar un nombre de viento que no fuese huracán ni brisa, y un día, enseñando geografía en mi escuela, me impresionó la descripción que hace Reclus,[4] del viento, en su célebre obra, y en ella encontré ese nombre: Mistral. Lo adopté en seguida como seudónimo, y ésa es la verdadera explicación de por qué llevo el apellido del cantor de la Provenza.[5]

Su nombre, escribe Fernando Alegría,[6] «no (es) Lucila Godoy, en sí un nombre incuestionablemente poético, sino Gabriela Mistral, nombre de plaza, de escuela, de himno escolar; es decir, nombre de monumento».

La poeta[7] nació el 7 de abril de 1889 en Vicuña, pequeña ciudad del Norte Chico en Chile, en el semitropical valle de Elqui, famoso por sus uvas y vinos. Gabriela siempre insistió en que su nacimiento en Vicuña fue *casual*, que ella era del valle frutero de Monte Grande, y que a Vicuña sólo *la llevaron* a nacer.

> Yo nací en Vicuña por accidente. Mi madre tuvo miedo de dar a luz en el pueblecito de La Unión, donde mi padre era profesor de escuela, y donde

había sólo una meica.[8] A caballo fue trasladada a Vicuña, y allí nací...[9]

En esta anécdota se manifiesta su deseo por el campo, que ella igualaba con la pureza y sencillez, que fueron, a la vez, características de su misma personalidad. Ella siempre quiso ser del campo, no de la ciudad.

Gabriela creció en una modesta familia. Su padre, don Jerónimo Godoy Villanueva, casado con doña Petronila Alcayaga, era profesor primario y poeta popular. Cantaba décimas glosadas a lo humano y a lo divino, y componía poesías cultas de cierto mérito, como la que sigue:

Oh dulce Lucila,
que en días amargos
piadosos los cielos
te hicieron nacer,
quizá te prepara
para ti, hija mía,
el bien que a tus padres
no quiso ceder...

Cuando al cielo elevas
tus ojos celestes
¿quién te llama, dime,
para allá tornar?
¿con quién te sonríes,
piadosa inocente,
cuando alzas alegre
tus ojos allá?[10]

Gabriela tenía una media hermana, Emelina, hija del primer matrimonio de doña Petronila, que fue también profesora, la primera maestra de Lucila, antes de que ésta se convirtiera en Gabriela. Su infancia la pasó en una pequeña aldea, en Monte Grande. «Fui dichosa hasta que salí de Monte Grande; y ya no lo fui nunca más»--llegó a confesar alguna vez.[11] Después de terminar sus estudios elementales en una escuela pública de Vicuña, decidió estudiar por su cuenta. Ha sido una entusiasta y constante autodidacta hasta el fin de su vida. De su infancia recuerda: «Yo era una niña triste... una niña huraña como son los grillos oscuros cuando es de día, como es el lagarto verde, bebedor del sol».[12] Esta tristeza, esta tendencia a lo nostálgico y trágico, la pena suave que mata poco a poco, ya se dejaban notar en ella desde muy temprana edad. Según atestigua su amiga, Matilde Ladrón de Guevara; Gabriela al evocar un recuerdo «feliz» de su infancia, recuenta un incidente, en el cual casi perdió la vida.

Hay algunos recuerdos de mi infancia feliz. Una vez en Montegrande salí a fantasear a orillas de un riachuelo. Al menos eso parecía entonces porque yo lo encontraba hondo y tremendo. Puede ser que ahora no sea sino una gran acequia. Empecé a rondar las orillas y me fascinó el ruido de la corriente y un sauce llorón, que dibujaba movimientos en la superficie de las ramas. Todo eso es vago, pero hay un apresameinto de la memoria que atrapa los momentos de la violenta emoción. Sí. Recuerdo la emoción y también la sensación que me produjo resbalar y caer en esas aguas. Mis manos se aferraron a los hilos de los sauces. (....) Si cierro los ojos, escucho el chapotear de mis manos y de las ramas de los sauces en el agua; revivo el momento interminable que floté, luché, hasta que, cuando me creía ahogada, una mano poderosa me sacó. Caí sobre la tierra. Estaba viva y lloraba.[13]

A los dieciséis años, en 1905, Gabriela fue nombrada maestra primaria, ayudante en la Escuela de La Compañía, aldea vecina a La Serena, y, posteriormente en Caldera. De 1908 datan los primeros artículos en prosa que publicó en el diario *La Voz de Elqui*. Ejerció su profesión de maestra en muchos lugares. Los años venideros la encuentran en Barrancas, en Santiago, y en Traiguén. En 1914 gana un certamen poético con sus *Sonetos de la Muerte*. Sus triunfos literarios le ayudan en su carrera y, consecuentemente, recibe una serie de nombramientos como directora de Liceos en Punta Arenas, luego en Temuco y, más tarde en Santiago.

En 1922, José Vasconcelos, que en ese entonces era Ministro de Educación, la invita a México para colaborar en una reforma extensa de educación. Gabriela demostró su cariño a México y a los mexicanos publicando su libro *Lecturas para mujeres;* y más tarde *México maravilloso,* prologado por Andrés Henestrosa, que se compone de una serie de artículos y poemas aparecidos en la revista *El maestro*. Rafael Heliodoro Valle, profesor de la Universidad Nacional Autónoma de México, la recuerda así:

No era poeta de ocasión, porque escribía cuando la oleada tumultuosa de la sangre la atormentaba y la emoción la hería profundamente. Sus versos eran broncos y no le interesaba que fueran asonantados; eran versos entrañables y muchos de ellos eran halos de oro para la frente de los niños. Ella era, a veces una gran niña, con el corazón de mujer fuerte de la Biblia.[14]

La poeta era profundamente religiosa, llevaba a Dios en el fondo de su alma, y el símbolo máximo de la religión cristiana le era esencial. «La Biblia es para mí EL LIBRO. No comprendo cómo alguien pueda vivir sin ella, sin que se empobrezca, ni cómo uno pueda ser fuerte sin esa substancia, ni dulce sin esa miel».[15]

Durante su estadía en México fue publicado *Desolación* en Nueva York, gracias a las diligencias del Dr. Federico de Onís, y ella dedicó esta primera edición a las profesoras de español. En este tomo aparecen poemas que ya definen el carácter temático de su poesía, y contribuyen a su fama de poeta de niños y de poeta religiosa. El tono de este libro es agridulce, como la mayoría de sus escritos. La poeta habla de su vocación de maestra y, al mismo tiempo, del sacrificio de su vida personal.

La maestra era pobre. Su reino no es humano.
(Así en el doloroso sembrador de Israel.)
Vestía sayas pardas, no enjoyaba su mano
¡y era todo su espíritu un inmenso joyel!

* * *

¡Dulce ser! En su río de mieles, caudaloso,
largamente abrevaba sus tigres el dolor.
Los hierros que le abrieron el pecho generoso
¡más anchas le dejaron las cuencas del amor! (52)

Al concluir el libro, Gabriela rogó a Dios que le perdonara por haber escrito un libro tan amargo. Juró que en el futuro trataría de escribir palabras de esperanza brindando consolación a los humanos.

Al poco tiempo de aparecer *Desolación* llamó la atención de los mejores críticos de América y España. El mismo Onís comenta: «Alma tremendamente apasionada, grande en todo. Después de vaciar en unas cuantas poesías el dolor de su desolación íntima, ha llenado este vacío con sus preocupaciones por la educación de los niños, la redención de los humildes y el destino de los pueblos hispánicos».[16]

En 1924 Gabriela visita por primera vez los Estados Unidos y Europa. El 14 de mayo fue invitada por La Unión Panamericana en Washington, DC, donde la recibió la Sra. H.A. Coleman, presidenta de la Liga Nacional de Escritoras de los Estados Unidos. Como tema literario en su obra los Estados Unidos apareció por primera vez ese mismo año en su artículo «México y los Estados Unidos» publicado en el *Reportorio Americano* en Costa Rica. En este artículo dedicado a los estudiantes norteamericanos cursando sus estudios en la Universidad Nacional Autónoma de México, Gabriela les rogaba que llevaran México en el alma y que lo dieran a conocer a sus compatriotas después de su regreso, porque México es la mano que América Hispana extiende hacia los Estados Unidos en su deseo por la justicia y el entendimiento.

Este mismo año publica además, su segundo tomo de poesía en España, y el Pen Club de Madrid celebró la publicación con un banquete en su honor. Este tomo, *Ternura*, es una colección de poemas para niños dedicados a su madre y a su «santa hermana» Emelina, que tuvo influencia decisiva para que

Gabriela optara por ser maestra. *Ternura* contiene siete secciones que llevan diferentes títulos. En «Canciones de cuna» se encuentran maternales coloquios íntimos con su propia alma y con su hijo, que nunca ha llegado a tener. Cuando *Ternura* apareció, en América Latina no existían libros sobre y para niños. De acuerdo a Doris Dana,[17] en cada plazuela desde México hasta la Patagonía los niños de todas las razas se toman de las manos y bailan al compás de las «Rondas».

La creciente gloria literaria de Gabriela la obliga a viajar de nuevo, esta vez a Europa, pasa los próximos tres años viajando por Francia, Italia y Suiza. El gobierno chileno la nombró su representante en el Instituto Internacional de Cooperación Intelectual. Ésta era una organización que formaba parte de la Liga de las Naciones y su sede se encontraba en París. Gabriela era la encargada de la sección de Literatura Hispanoamericana. Pese a sus numerosas tareas de preparar traducciones, no deja de escribir. Sus obras en prosa son también de alta calidad estética, de acuerdo al peruano Luis Alberto Sánchez.[18] Sus temas eran diversos: escribía sobre artesanos y sus obras, artistas que amaban su vocación, sobre Bernard Palissy, uno de los creadores de la cerámica francesa, sobre Frédéric Mistral, uno de los fundadores del Museo del Arte. Entre sus artículos de tono meditativo se destacan sus escritos sobre la vida de San Francisco y de Santa Teresa.

A fines de 1930 le toca visitar los Estados Unidos otra vez. En Columbia University, que le había invitado para dictar un curso de Literatura Hispanoamericana, renueva su amistad con Federico de Onís. Aceptó ofertas similares para enseñar en Vassar College y en Middlebury College en Vermont. Le fascinaba el carácter energético e informal de las alumnas americanas.

El año 1932 marca una nueva etapa en la vida de Gabriela. El gobierno chileno la nombra Cónsul General de Chile en Nápoles. Trabajó apenas tres meses en su nuevo cargo, al cabo de los cuales tuvo que renunciar, ya que Mussolini negó su aprobación por causa de sus artículos anti-fascistas. Sin embargo, su carrera diplomática quedó intacta, y seguía sirviendo a su patria como cónsul en Madrid, Lisboa, Río de Janeiro, Petrópolis, Los Ángeles, Veracruz y Rapallo.

Entretanto, seguía escribiendo, y las numerosas experiencias de su vida errante se manifiestan en la madurez de su obra maestra publicada en 1938 con el título *Tala*, cuyos derechos de autor entrega a los niños víctimas de la guerra civil española. Ella misma dice de este tomo: *Tala* es mi verdadera obra... Mucho más interesante que *Desolación*. (...) Es la raíz de lo indoamericano...[19] De acuerdo al crítico chileno, Cedomil Goic,

> *Tala* es en el conjunto de la obra poética de la Mistral su libro más notable, el más original y el que mejor singulariza su voz poética. A diferencia de *Desolación*, que se caracteriza por la oposición a la afectación modernista y que registra los primeros atisbos de su conocimiento de la

poesía de la vanguardia, *Tala* está de lleno dentro de las formas de la poesía contemporánea con rasgos absolutamente inconfundibles.[20]

En *Tala* la poeta se inclina hacia la utilización de un lenguaje más inventivo y visionario. Uno de los grandes poemas en este tomo es parte de los «Dos Himnos», y se titula «Cordillera». En su afán de pintar la visión de la América vernacular, de trazar el origen de los pueblos en el suelo americano, la poeta emplea imágenes apasionadas, entre las cuales se destaca la continua referencia alegórica a la cordillera.

Extendida como una amante
y en los soles reverberada,
punzas al indio y al venado
con el gengibre y con la salvia;
en las carnes vivas te oyes
lento hormiguero, sorda vizcacha;
oyes al puma ayuntamiento
y a la nevera, despeñada
y te escuchas al propio amor
en tumbo y tumbo de tu lava...
Bajan de ti, bajan cantando,
como de nupcias consumadas,
tumbadores de las caobas
y rompedor de araucarias.[21]

La riqueza de la enumeración poética de las muchas formas de vida en la «Cordillera» posteriormente tiene su eco en «Alturas de Machu Picchu» de Pablo Neruda:

Besa conmigo las piedras secretas
La plata torrencial del Urubamba
hace volar el polen a su copa amarilla,
Vuela el vacío de la enredadera,
la planta pétrea, la guirnalda dura
sobre el silencio del cajón serrano.
Ven, minúscula vida entre las alas
de la tierra, mientras
--cristal y frío, aire golpeado--
apartando esmeraldas combatidas,
oh, agua salvaje, bajas la nieve.[22]

La cordillera sagrada, la madre de todos sus habitantes, representa la unidad y la autenticidad de los pueblos de la América andina. Este himno es una reivindicación de identidad para el hombre sudamericano. La poeta es capaz de elevar un tema ordinario a un nivel simbólico, haciendo de ello algo singular y peculiar.

La vida de Gabriela no corrió suavemente en los años siguientes. Tuvo que dejar Europa por la amenaza de la guerra, y se estableció en Brasil como diplomática. Allí le tocó sufrir una de las tragedias más profundas de su vida. Su sobrino, Juan Miguel, que ella solía llamar Yin-Yin, vivía con ella desde los cuatro años. Este sobrino no se adaptaba bien en Brasil y, finalmente, se suicidó.

> Mi Yin, mi 'niñito', ahora más 'niñito' que nunca, por la locura que me lo llevó, no se fue por dolencia, (...) se me mató. Y escribir estas tres palabras todavía me parece un sueño.[23]

En su poesía se acumula el dolor y la soledad. De este ensimismamiento la sacó la noticia del Premio Nobel, y la impulsó a viajar una vez más. En 1945, en Estocolmo se le entrega el supremo Premio. Un miembro de la Academia Sueca dirigió las siguientes palabras a la poeta:

> Gabriela Mistral, you have made a very long voyage in order to hear a short speech. Within a few minutes I have related for the countrymen of Selma Lagerlöf, as if it were a story, the amazing journey that has taken you from the desk of schoolmistress to the throne of poetry. It is to render homage to the riches of South American literature that we address ourselves today, especially to its queen, the poet of *Desolación*, who has become the great singer of mercy and motherhood. From the hands of His Royal Majesty, I beg you to receive the Nobel Prize for Literature which the Swedish Academy awards you.

> (Gabriela Mistral, usted ha hecho un largo viaje para oír una charla breve. En unos minutos voy a relatar a los compatriotas de Selma Lagerlöf, como si fuera un cuento, el increible viaje que la llevó a usted del escritorio de maestra al trono de la poesía. Hoy nos toca rendir homenaje a la riqueza de la literatura sudamericana y, en especial, a su reina, a la poeta de *Desolación,* quien se ha convertido en la gran cantante de la misericordia y de la maternidad. Le ruego que acepte de las manos de Su Majestad Real el Premio Nóbel de Literatura, el cual le es otorgada por La Academia Real de Suecia.)[24]

y la respuesta de Gabriela:

> ...es el nuevo mundo que ha sido honrado por mi intermedio; la victoria no es mía, sino de América.[25]

Al año siguiente pasa una vez más a los Estados Unidos, ahora como delegada de Chile en las Naciones Unidas, para participar en la Comisión de Condiciones Sociales y Jurídicas de las Mujeres. Sin embargo, en 1946 renunció a su cargo, pues no estaba de acuerdo con los objetivos de la Comisión. Ella no creía que las mujeres iban a obtener mediante cambios legislativos los mismos derechos que los hombres tenían garantizados. Pensaba que esto no alentaba la igualdad, sino más bien perjudicaría el estatuto de las mujeres. Finalmente declaró que no se consideraba femenista «oficial». No es de sorprender que, al principio, se pensara en Gabriela como «feminista», como campeona de una nueva era social. En esta época en la poesía hispanoamericana ocurría algo revolucionario: las poetas como Alfonsina Storni y Delmira Agustini, entre otras, han expresado un mensaje de crítica social, su poesía llegó más allá de los límites retóricos y sociales del puritanismo decimonónico. Se creaba una poesía dramática y sensual, escrita con sinceridad desgarradora, que resultó chocante en los ojos de los críticos y académicos. En este sentido la revolución literaria y ética podía conferirle a Gabriela un papel de militancia, que ella no llegó a aceptar enteramente.

En 1948 Gabriela vuelve a su cargo de cónsul de Chile en Veracruz, México, y en 1950 a Nápoles. En 1953 regresa a Nueva York, esta vez como cónsul, y al año siguiente retorna a su patria donde es cordialmente acogida por el gobierno del presidente Ibáñez y por el fervor popular. Este mismo año publica su libro *Lagar*. En este tomo la poeta vuelve, con renovada ansiedad, al estilo transcendental de los poemas mayores de *Desolación*. Se trasluce la congoja en estos poemas: Gabriela ha perdido las esperanzas, se entrega a la vejez. Su tragedia se confunde con la tragedia de los demás. Los quince poemas de *Locas Mujeres* revelan su angustia, en ellos pinta autorretratos con pinceladas delicadas. Su sensibilidad y su deseo de morir se hacen evidentes en «La Muerte del Mar»:

Se murió el Mar una noche,
de una orilla a la otra orilla:
se arrugó, se recogió,
como manto que retiran.

* * *

Y si estás muerto, que sople
el viento color de Erinna
y nos tome y nos arroje
sobre otra costa bendita,
para contarle los golfos
y morir sobre sus islas.

El 10 de enero de 1957 fallece en el Hospital General de Hampstead, Nueva

York, de cáncer al páncreas. Sus restos fúnebres fueron trasladados a Santiago, y velados en la Casa Central de la Universidad de Chile, luego depositados transitoriamente en el Cementerio General para llevarlos más tarde a Monte Grande, en donde, desde una de sus colinas, hoy mira el paisaje de Elqui.

> Y a su valle ha regresado; en su valle duerme el gran sueño, esperando el día de la resurrección. Mientras ella está muda y quieta, sus versos van por el mundo cantando los secretos de aquella alma entregada y fiel. [26]

Póstumamente fueron publicados diversos escritos suyos, agrupados en numerosos libros, editados y ordenados por diferentes personas. Entre estas publicaciones aparece *Recados: Cantando a Chile*, ordenado por el padre Alfonso Escudero, y *Poema de Chile*, dispuesto por Doris Dana. En 1978 aparecieron *Cartas de amor de Gabriela Mistral* editadas por Sergio Fernández Larraín, luego *Materias*, antología de prosa poética, seleccionada por Alfonso Calderón. *Gabriela anda por el mundo*, y *Gabriela piensa en...* son prosas seleccionadas por Roque Esteban Scarpa, y *Gabriela Mistral* en el *Repertorio Americano* publicado en Costa Rica, preparado por Mario Céspedes, y *Prosa religiosa de Gabriela Mistral*, recogida por Luis Vargas Saavedra. Más tarde, a fines de los años setenta aparecieron dos libros más: *Grandeza de los oficios*, selección de Roque Esteban Scarpa, y *Croquis Mexicanos*, selección de Alfonso Calderón. Gracias al trabajo de los editores, estos escritos se salvaron del olvido, en que aun yace gran parte de la obra inédita o dispersa de la poeta.

Como prosista, Gabriela Mistral era de altísima calidad, su prosa es de mucho color y carácter. Sus famosos y elogiados recados «están perdidos» en una multitud de revistas y periódicos de Chile y de otras partes del mundo. Algo de su prosa se ha salvado, gracias a los esfuerzos de Roque Esteban Scarpa y Alfonso Calderón. Es una prosa finísima, en que se manifiesta el profundo humanismo de la escritora.

Gabriela Mistral era una mujer de dos mundos, el mundo decimonónico, al cual pertenecía por su nacimiento y educación. No obstante, se vio obligada a vivir una vida del siglo veinte: viajar, ser profesional, ganarse el pan, enfrentar al mundo sola. Quizás por este conflicto se detectan en su poesía huellas de frustración, de desdicha, y su profunda soledad, y en ella se emplea un lenguaje que corresponde al registro formal de la época moderna, pero lleva rasgos e imágenes de la época contemporánea. Gabriela Mistral vivía en un mundo en que realmente no pertenecía, sus valores eran del siglo pasado.

NOTAS

1. Juan Marín. «Recuerdo de Gabriela Mistral», *Gabriela Mistral* (Washington DC: Pan American Union, 1958) 9.

2. Poeta provenzal (1830-1914) que compartió el Premio Nóbel con José Echegaray en 1904.

3.«Mistral» es el nombre del viento frío y seco que sobla del Norte en la costa Mediterránea.

4. Eliseo Reclus (1830-1905), geógrafo francés, autor de *Geografía universal.*

5. Alfonso Calderón. «Entrevista con Gabriela Mistral», *Antología poética de Gabriela Mistral.* (Santiago de Chile: Editorial Universitaria, 1974) 22.

6. Fernando Alegría. *Genio y figura de Gabriela Mistral* (Buenos Aires: Universitaria, 1966) 10.

7. El empleo del vocablo «poeta» en vez de «poetisa» se debe a las nuevas pautas en la evaluación de la escritura femenina y, a la vez, es una referencia al capítulo «Poetas, no poetisas» en *La Scherezada Criolla: Ensayos sobre escritura femenina latinoamericana* de Helena Araujo. (Bogotá: Universidad Nacional de Colombia, 1989).

8. Partera.

9. Calderón. «Entrevista..... » 13.

10. Norberto Pinilla. *Biografía de Gabriela Mistral* (Santiago: Tegualda, 1946) 16.

11. Matilde Ladrón de Guevara cita a Gabriela Mistral en *Gabriela Mistral, rebelde magnífica* (Buenos Aires: Losada, 1962) 32.

12. Calderón. «Entrevista...» 13.

13. Ladrón de Guevara 31.

14. Rafael Heliodoro Valle. «Alabanza de Gabriela Mistral», *Gabriela Mistral* (Washington DC: Pan American Union, 1958) 34.

15. Calderón. «Entrevista... » 18.

16. Juan Uribe Echevarria. «Gabriela Mistral: Aspectos de su vida y de su obra», *Gabriela Mistral* (Washington DC: Pan American Union, 1958) 23.

17. Doris Dana, *Selected Poems of Gabriela Mistral* (Baltimore: John Hopkins U P, 1971) 41.

18. Luis Alberto Sánchez. *Nueva historia de la literatura americana.* (Buenos Aires: Guarania, 1950) 79.

19. Calderón. «Entrevista...» 28.

20. Cedomil Goic. «Himnos americanos y extravío: 'Cordillera' de Gabriela Mistral» *Gabriela Mistral Cuadernos de Texto Crítico # 9,* eds. Marcelo Coddou y Mirella Servodidio (Xalapa: Universidad Veracruzana, 1980) 140.

21. Gabriela Mistral. *Poesías completas* (Madrid: Aguilar, 1966) 465.

22. Pablo Neruda, *Alturas de Machu Picchu* VII, Edición Bilingüe (New York: Jonathan Cape Ltd., 1966) 38.

23. Fernando Alegría cita una carta de Gabriela Mistral en *Genio y figura de Gabriela Mistral* 72.

24. Langston Hughes, *Selected Poems of Gabriela Mistral* (Bloomington: Indiana U P, 1957) 16. (La traducción es hecha por S. Nagy.)

25. Alegría 80.

26. Esther de Cáceres. «Alma y poesía de Gabriela Mistral», *Poesías completas de Gabriela Mistral* 91.

Poesía

GABRIELA MISTRAL
PREMIO NÓBEL 1945

CREDO

Creo en mi corazón, ramo de aromas
que mi Señor como una fronda agita,
perfumando de amor toda la vida
y haciéndola bendita.

Creo en mi corazón, el que no pide
nada porque es capaz del sumo ensueño
y abraza en el ensueño lo creado
¡inmenso dueño!

Creo en mi corazón, que cuando canta
hunde en el Dios profundo el flanco herido,
para subir de la piscina viva
como recién nacido.

Creo en mi corazón, el que tremola
porque lo hizo el que turbó los mares,
y en el que da la Vida orquestraciones
como de pleamares.

Creo en mi corazón, el que yo exprimo
para teñir el lienzo de la vida
de rojez o palor, y que le ha hecho
veste encendida.

Creo en mi corazón, el que en la siembra
por el surco sin fin fue acrecentado.
Creo en mi corazón siempre vertido,
pero nunca vaciado.

Creo en mi corazón en que el gusano
no ha de morder, pues mellará a la muerte;
creo en mi corazón, el reclinado
en el pecho de Dios terrible y fuerte.

Desolación

EL ENCUENTRO

a su sombra

Le he encontrado en el sendero.
No turbó su sueño el agua
ni se abrieron más las rosas;
pero abrió el asombro mi alma.
Y una pobre mujer tiene
su cara llena de lágrimas!

Llevaba un canto ligero
en la boca descuidada,
y al mirarme se le ha vuelto
hondo el canto que entonaba.
Miré la senda, la hallé
extraña y como soñada.
¡Y en el alba de diamante
tuve mi cara con lágrimas!

Siguió su marcha cantando
y se llevó mis miradas...
Detrás de él no fueron más
azules y altas las salvias.
¡No importa! Quedó en el aire
estremecida mi alma.
¡Y aunque ninguno me ha herido
tengo la cara con lágrimas!

Esta noche no ha velado
como yo junto a la lámpara;
como él ignora, no punza
su pecho de nardo mi ansia;
pero tal vez por su sueño
pase un dolor de retamas,
¡porque una pobre mujer
tiene su cara con lágrimas!

Iba sola y no temía;
con hambre y sed no lloraba;
desde que lo vi cruzar,
mi Dios me vistó de llagas.
Mi madre en su lecho reza
por mí su oración confiada.
¡Pero yo tal vez por siempre
tendré mi cara con lágrimas!

Desolación

ÍNTIMA

Tú no oprimías mis manos.
Llegará el duradero
tiempo de reposar con mucho
polvo
y sombra en los entretejidos
dedos.

Y dirías: --«No puedo
amarla, porque ya se desgranaron
como mieses sus dedos».

Tú no beses mi boca.
Vendrá el instante lleno
de luz menguada, en que estaré
sin labios
sobre un mojado suelo.

Y dirías: --«La amé, pero no
puedo
amarla más, ahora que no aspira
el olor de retamas de mi beso».

Y se angustiara oyéndote,
y hablaras loco y ciego,
que mi mano será sobre tu frente
cuando rompan mis dedos,
y bajará sobre tu cara llena
de ansia mi aliento.

No me toques, por tanto. Mentiría
al decir que te entrego
mi amor en esos brazos exten-
didos,
en mi boca, en mi cuello,
y tú, al creer que lo bebiste todo,
te engañarías como un niño
ciego.

Porque mi amor no es sólo esta
gavilla
reacia y fatigada de mi cuerpo,
que tiembla entera al roce del
cilicio
y que se me rezaga en todo vuelo.

Es lo que está en el beso, y no es
el labio;
lo que rompe la voz, y no es el
pecho;
¡es un viento de Dios, que pasa
hendiéndome
el gajo de las carnes, volandero!

Desolación

DESVELADA

Como soy reina y fui mendiga,
ahora
vivo en puro temblor de que me
dejes,
y te pregunto, pálida, a cada hora:
«¿Estás conmigo aún? ¡Ay! ¡no te
alejes!»

Quisiera hacer las marchas
sonriendo
y confiando ahora que has
venido;
pero hasta en el dormir estoy
temiendo
y pregunto entre sueños: --«¿No
te has ido?»

Desolación

BALADA

Él pasó con otra;
yo le vi pasar.
Siempre dulce el viento
y el camino en paz.
¡Y estos ojos míseros
le vieron pasar!

Él va amando a otra
por la tierra en flor.
Han abierto el espino;
pasa una canción.
¡Y él va amando a otra
por la tierra en flor!

Él besó a la otra
a orillas del mar;
resbaló en las olas
la luna de azahar.
¡Y no untó mi sangre
la extensión del mar!

Él irá con otra
por la eternidad.
Habrá cielos dulces.
(Dios quiere callar.)
¡Y él irá con otra
por la eternidad!

Desolación

INTERROGACIONES

¿Cómo quedan, Señor, durmiendo los suicidas?
¿Un cuajo entre la boca, las dos sienes vaciadas,
las lunas de los ojos albas y engrandccidas,
hacia un ancla invisible las manos orientadas?

¿O Tú llegas después que los hombre se han ido,
y les bajas el párpado sobre el ojo cegado,
acomodas las vísceras sin dolor y sin ruido
y entrecruzas las manos sobre el pecho callado?

El rosal que los vivos riegan sobre su huesa
¿no le pinta a sus rosas unas formas de heridas?
¿no tiene acre el olor, siniestra la belleza
y las frondas menguadas de serpientes tejidas?

Y responde, Señor: cuando se fuga el alma,
por la mojada puerta de las hondas heridas,
¿entra en la zona tuya hendiendo el aire en calma
o se oye un crepitar de alas enloquecidas?

¿Angosto cerco lívido se aprieta en torno suyo?
¿El éter es un campo de monstruos florecidos?
¿En el pavor no aciertan ni con el nombre tuyo?
¿O lo gritan, y sigue tu corazón dormido?

¿No hay un rayo de sol que los alcance un día?
¿No hay agua que los lave de sus estigmas rojos?
¿Para ellos solamente queda tu entraña fría,
sordo tu oído fino y apretados tus ojos?

Tal el hombre asegura, por error o malicia;
mas yo, que te he gustado, como un vino, Señor,
mientras los otros siguen llamándote Justicia,
¡no te llamaré nunca otra cosa que Amor!

Yo sé que como el hombre fue siempre zarpa dura;
la catarata, vértigo; aspereza, la sierra,
¡Tú eres el vaso donde se esponjan de dulzura
los nectarios de todos los huertos de la Tierra!

Desolación

LÁPIDA FILIAL

Apegada a la seca fisura
del nicho, déjame que te diga:
--Amados pechos que me nu-
trieron
con una leche más que otra viva;
parados ojos que me miraron
con tal mirada que me ceñía;
rezago ancho que calentó
con una hornaza que no se enfría;
mano pequeña que me tocaba
con un contacto que me fundía;
¡resucitad, resucitad,
si existe la hora, si es cierto el
día,
para que Cristo os reconozca
y a otro país deis alegría,
para que pague ya mi Arcángel
formas y sangre y leche mía,
y que por fin os recupere
la vasta y santa sinfonía
de viejas madres: la Macabea,
Ana, Isabel, Raquel y Lía![1]

Tala

DOS HIMNOS

a don Eduardo Santos

II.

CORDILLERA

¡Cordillera de los Andes,
Madre yacente y Madre que anda,
que de niños nos enloquece
y hace morir cuando nos falta;
que en los metales y el amianto
nos aupaste las entrañas;
hallazgo de los primogénitos,
de Mama Ocllo y Manco Cápac,[2]
tremendo amor y alzado cuerno
del hidromiel[3] de la esperanza!

* * *

Caminas, madre, sin rodillas,
dura de ímpetu y confianza;
con tus siete pueblos caminas
en tus faldas acigüeñadas;
caminas la noche y el día,
desde mi Estrecho a Santa Marta,[4]
y subes de las aguas últimas
la cornamenta del Anconcagua.[5]
Pasas el valle de mis leches,
amoratando la higuerada;
cruzas el cíngulo de fuego
y los ríos Dioscuros lanzas;[6]
pruebas Sargazos[7] de salmuera[8]
y desciendes alucinada...

---

[1]Famosas madres de los Antiguo y Nuevo Testamentos.

[2]Según la mitología incaica, Manco Cápac, hijo del Sol, fue el fundador del Imperio incaico y de la ciudad de Cuzco. Mama Ocllo fue su hermana y esposa.

[3]Hidromel, bebida hecha con agua y miel.

[4]El estrecho de Magallanes separa el continente de América del Sur de la isla Grande de Tierra del Fuego y de otras islas menores. Santa Marta es una ciudad de Colombia, capital del departamento de Magdalena.

[5]El cerro Anconcagua, en Argentina, es el punto más alto de los Andes.

[6]El Cauca y el Magdalena.

[7]Algas.

[8]Agua salada.

Viboreas de las señales
del camino del Inca Huayna,[9]
veteada de ingenierías
y tropeles de alpaca y llama,
de la hebra del indio atónito
y del ¡ay! de la quena mágica.
Donde son valles, son dulzuras;
donde repechas, das el ansia;
donde azurea el altiplano
es la anchura de la alabanza.

* * *

¡Carne de piedra de la América,
halalí de piedras rodadas,
sueño de piedra que soñamos,
piedras del mundo pastoreadas;
enderezarse de las piedras
para juntarse con sus almas!
¡En el cerro del valle Elqui,
en luna llena de fantasma,
no sabemos si somos hombres
o somos peñas arrobadas!

* * *

¡Anduvimos como los hijos
que perdieron signo y palabra,
como beduino o ismaelita,
como las peñas hondeadas,
vagabundos envilecidos,
gajos pisados de vid santa,
hasta el día de recobrarnos
como amantes que se encontraran!

Otra vez somos los que fuimos,
cinta de hombres, anillo que anda,
viejo tropel, larga costumbre
en derechura a la peana,
donde quedó la madre-augur
que desde cuatro siglos llama,
en toda noche de los Andes
y con el grito que es lanzada.

Otra vez suben nuestros coros
y el roto anillo de la danza,
por caminos que eran de chasquis[10]
y el pespunte de llamaradas.
Son otra vez adoratorios
jaloneando la montaña,
y la espiral en que columpian
mirra-copal, mirra-copaiba,
¡para tu gozo y nuestro gozo
balsámica y embalsamada!

Al fueguino sube al Caribe
por tus punas espejadas;
a criaturas de salares
y de pinar lleva a las palmas.
Nos devuelves al Quetzalcóatl[11]
acarreándonos al maya,
y en las mesetas cansa-cielos,
donde es la luz transfigurada,
braceadora, ata tus pueblos
como juncales de sabana.

¡Suelde el caldo de tus metales
los pueblos rotos de tus abras;
cose tus ríos vagabundos,
tus vertientes acainadas.
Puño de hielo, palma de fuego,
a hielo y fuego purifícanos!

---

[9]Huayna Cápac, Inca del antiguo Perú, extendió el Imperio y mandó construir muchos caminos. Murió en 1525.

[10]Mensajero quechua en el Imperio Inca.

[11]La «serpiente emplumada», divinidad de los maya y aztecas. Según la leyenda, enseñó a los pueblos creyentes la agricultura, el trabajo de los metales y las artes y les dio el calendario.

¡Te llamemos en aleluya
y en letanía arrebatada:
¡Especie eterna y suspendida,
Alta-ciudad--Torres-doradas,
Pascual Arribo[12] *de tu gente,*
Arca tendida de la Alianza!

Tala

HALLAZGO

Me encontré este niño
cuando al campo iba;
dormido lo he hallado
en unas espigas...

O tal vez ha sido
cruzando la viña;
buscando los pámpanos
topé su mejilla...

Y por eso temo,
al quedar dormida,
se evapore como
la helada en las viñas...

Ternura

CANCIÓN AMARGA

¡Ay! ¡Juguemos, hijo mío,
a la reina con el rey!

Este verde campo es tuyo.
¿De quién más podría ser?
Las oleadas de alfalfas
para ti se han de mecer.

Este valle es todo tuyo.
¿De quién más podría ser?
Para que los disfrutemos
los pomares se hacen miel.

(¡Ay! ¡No es cierto que tiritas
como el Niño de Belén
y que el seno de tu madre
se secó de padecer!)

El cordero está espesando
el vellón que he de tejer,
y son tuyas las majadas.
¿De quién más podrían ser?

Y la leche del establo
que en la urbe ha de correr,
y el manojo de las mieses,
¿de quién más podrían ser?

(¡Ay! ¡No es cierto que tiritas
como el Niño de Belén
y que el seno de tu madre
se secó de padecer!)

¡Sí! ¡Juguemos, hijo mío,
a la reina con el rey!

Ternura

EL PAPAGAYO

El papagayo verde y amarillo,
el papagayo verde y azafrán,
me dijo «fea» con su habla gangosa
y con su pico que es de Satanás.

Yo no soy fea, que si fuese fea,
fea es mi madre parecida al sol,
fea la luz en que mira mi madre

---

[12]El nombre que Mistral da a la Cordillera misma. A través del poema Mistral usa nombres bíblicos. Pascual es el adjetivo que corresponde a Pascua. Se refiere a la Resurrección de Cristo y la resusitación de uno cuando llega (Arribo) a la Cordillera y se siente renovado.

y feo el viento en que pone su voz,
y fea el agua en que cae su cuerpo
y feo el mundo y Él que lo crió...

El papagayo verde y amarillo
el papagayo verde y tornasol,
me dijo «fea» porque no ha comido
y el pan con vino se lo llevo yo,
que ya me voy cansando de mirarlo
siempre colgado y siempre tornasol...

Ternura

EL PAVO REAL

Que sopló el viento y se llevó las nubes
y que en las nubes iba un pavo real,
que el pavo real era para mi mano
y que la mano se me va a secar,
y que la mano le di esta mañana
al rey que vino para desposar.

¡Ay que el cielo, ay que el viento, y la nube
que se van con el pavo real!

Ternura

BIOBÍO[13]

--Paremos que no hay novedad.
¡Mira, mira el Biobío!

--¡Ah¡ mamá, párate, loca,
para, que nunca lo he visto.
¿Y para dónde es que va?
No para y habla bajito,
y no me asusta como el mar
y tiene nombre bonito.

--¡No te acerques tanto, no!
Échate aquí, loco mío,
y óyelo no más.
Podemos quedar con él
una semana si quieres,
si no me asustas así.

--¿Cómo dices que se llama?
Repite el nombre bonito.

--Bíobío, Bíobío,
qué dulce que lo llamaron
por quererle nuestros indios.

--Mama, ¿por qué no me dejas
aquí, por si habla conmigo?
Él casi habla. Si tú paras
y si me dejas contigo,
yo sabré lo que nos dice,
por si se me vuelve amigo.
¡Qué de malo va a pasarme,
Mamá! Corre tan tranquilo.

--No, no chiquito, él ahoga,
a veces gente y ganados.
Óyelo, sí, todo el día,
loquito mío, antojero.

Yo no quiero que me atajen
sin que vea el río lento
que cuchichea dos sílabas
como quien fía secreto.
Dice Biobío, y dícelo
en dos estremecimientos.
Me he de tender a beberlo
hasta que corra en mis tuétanos.

Poco lo tuve de viva;
ahora lo recupero
la eterna canción de cuna

[13]El río más caudaloso de Chile.

abajada a balbuceo.
Agua mayor de nosotros,
red en que nos envolvemos,
nos bautizas como Juan,
y nos llevas sobre el pecho.

Lava y lava piedrecillas
cabra herida, puma enfermo.
Así Dios «dice» y responde,
a puro estremecimiento,
con suspiro susurrado
que no le levanta el pecho.
Y así los tres le miramos,
quedados como sin tiempo,
hijos amantes que beben
el tu pasar sempiterno.

Y así te oímos los tres,
tirados en pastos crespos
y en arenillas que sumen
pies de niño y pies de ciervo.

* * *

--Dime tú que has visto cosas
¿hay otro más grande y lindo?

--No lo hay en tierra chilena,
pero hay unos que no he dicho,
hay más lejos unos lagos
que acompañan sin decirlo
y hacia ellos vamos llegando
y ya pronto llegaremos.

Poema de Chile

MONTE ACONCAGUA

Yo he visto, yo he visto
mi monte Aconcagua.
Me dura para siempre
su loca llamarada
y desde que le vimos
la muerte no nos mata.
Manda la noche grande,
suelta las montañas,
se esconde en las nubes,
bórrase, acaba....
y sigue pastoreando
detrás de la nublada.

Parado está en el sueño
de su cuerpo y de su alma,
ni sube ni desciende,
de lo absorto no avanza;
su adoración perenne
no se rinde y relaja,
pero nos pastorea
con lomos y llamarada
aunque le corran cuatro
metales las entrañas.
La sombra grave y dulce
rueda como medalla;
ella cae a las puertas,
las mesas y las caras,
los ojos hace amianto,
los dorsos vuelve plata,
conforta, llama, urge,
nos aúpa y abrasa,
Elías,[14] carro ardiendo
¡Monte Aconcagua!

Cebrea los pastales,
tornea las manzanas,
enmiela los racimos,
enjoroba las parvas,
hace en turno de Jove,[15]
tempestad y bonanzas
cuenta y recuenta hijos
y de contar no acaba...

---

[14]Profeta del Antiguo Testamento.

[15]Júpiter.

Le aguardan espinales
a la primer jornada;
después, salvias y boldos
con reveses de plata,
y a más y a más que sube
el pecho se le aclara:
arrebatado Elías,
¡Elohim[16] Aconcagua!

A veces las aldeas
son de su ardor mesadas
y caen desgranándose
en uvas rebanadas.
Mas nunca renegamos
su pecho que nos salva,
parece sueño nuestro,
parece fábula
el que tras de las nubes
su rostro guarda.
¡Elohim abrasado,
viejo Aconcagua!

Yo veo, yo veo,
mi Padre Aconcagua
de nuestro claro arcángel
desciende toda gracia.
ya se oyen sus cascadas,
por las espumas blancas
la madre mía baja
y después se va yendo
por faldas y quebradas.
¡Demiurgo que nos haces,
viejo Aconcagua!

Di su nombre, dilo a voces
para que te ensanche el pecho
y te labre la garganta
y se te baje a los sueños.
Aconcagua «padre de aguas»,
Aconcagua, duro gesto,
besado del Dios eterno
y del arrebol postrero.
Algo ha en tus manos, algo
que invoca por tus dos pueblos.
«Paz para los hombres, paz»,
bendición para el pequeño
que está naciendo, dulzura
para el que muere...

Poema de Chile

---

[16]Nuestro Dios (en hebreo).

Temas

1. ¿Expresa Mistral un concepto convencional de la religión o no? Explique.

2. ¿Cómo expresa la poeta su frustración e inseguridad con respecto al amor? En poemas como «El encuentro» e «Íntimo», cómo comunica la distancia que siente entre ella y el amado? ¿Cómo expresa su sensualidad?

3. ¿En qué poemas revela su preocupación con la muerte? ¿Cómo utiliza la imagen gráfica en «Interrogaciones» para hacernos sentir el horror del suicidio? Contraste estas imágenes con las de «Lápida filial».

4. ¿Cómo expresa la poeta el amor a su tierra y a la naturaleza?

5. ¿En qué poemas habla del niño y de la maternidad? ¿Qué ansias y angustias revela en estos poetas?

7. ¿Cómo usa Gabriela Mistral las alusiones bíblicas?

8. ¿Cómo emplea los ritmos y las formas de canciones infantiles para expresar ideas complejas y profundas?

Juan Ramón Jiménez

GRACIELA PALAU DE NEMES
University of Maryland

A partir de la revisión de «los modernismos» de Europa y las dos Américas, llevada a cabo en la segunda mitad del siglo XX, cabe examinar el papel del poeta español Juan Ramón Jiménez dentro de la literatura hispánica y la del mundo occidental. Uno de los muchos aciertos del crítico español Federico de Onís, fue notar desde temprano, que si por Rubén Darío entraba definitivamente la poesía hispánica en el Modernismo, por Juan Ramón Jiménez salía definitivamente de él, viniendo a ser los dos polos en torno a los cuales giraba toda la poesía contemporánea.[1] Esta valoración es válida para toda la producción poética de la primera mitad del siglo. Jiménez fue el maestro del más distinguido núcleo poético de la España del siglo XX, la llamada Generación o Grupo del '27; influyó, no solamente en su tierra, sino en la América Hispana y es autor de uno de los libros de prosa más populares en lengua española, *Platero y yo* (1914), descripción de Moguer, pueblo andaluz del poeta que allí nació en 1881. *Platero* está escrito en prosa poemática modernista.

Dada las peculiares características del Modernismo en lengua española, para poder destacar el papel de Juan Ramón en relación a la época histórica en que le tocó vivir, la época moderna, es necesario hacer un breve repaso de los conceptos «Modernismo» y «modernidad» como los entiende hoy la crítica literaria.

Cualesquiera que sean las características de los movimientos modernistas de Europa y América, se es de opinión de que se trata de una ruptura entre el artista y la burguesía, con más precisión entre el artista y las fuerzas sociales que le rodean, o las tradiciones culturales de su arte, que esta ruptura tiene su origen en el Romanticismo, adquiere un carácter muy particular hacia la década de 1880 y hacia el último tercio del siglo XIX las distintas tendencias se unen en una especie de síntesis con las peculiares características de cada país.[2] El historiador Robert Wohl concibe el Modernismo como el producto de una cultura hecha de muchas etapas en el proceso de desintegración y recomposición. En su visión caben todas las tendencias literarias de fin de siglo, pues él ve a un lado, la combinación de las culturas populares con una cultura oficial superior hecha de valores aristocráticos y burgueses, pero según se acerca el fin del siglo XX se empieza a notar el perfil de una cultura-masa de consumo que debe su existencia a cambios sociales y económicos. Entre la cultura que pasa y la que se avecina sitúa él las literaturas de vanguardia que quieren una reforma radical.[3] Ya Matei Calinescu, en su conocido estudio *Faces of Modernity*, había hablado del nuevo orden social de la era moderna, que data del Renacimiento, orden basado en los valores humanos y no en los divinos, pero sin rechazar a éstos, y que dura hasta principios del siglo XIX, cuando ocurre una ruptura entre el concepto de la modernidad, como un estado en la historia de la civilización occidental y la modernidad como un concepto estético, porque la modernidad estética rechaza la escala de valores de la clase media, y esto ocurre durante el primer Romanticismo, cuando la palabra «romántico» era sinónimo de moderno.[4]

Calinescu nos recuerda que para Stendhal, (Henri Beyle, 1783-1842), el primer gran escritor europeo que se llamó a sí mismo romántico, el Romanticismo no fue ni un período ni un estilo particular, sino consecuencia de la vida contemporánea, de la modernidad en su sentido inmediato[5] ; que el concepto encarnaba para él la noción de cambio, relatividad y sobre todo, presente (40), nociones que reiteraría Baudelaire casi veinte años después, al identificar el Romanticismo con el arte moderno, poniendo un énfasis nuevo y radical en la idea de la modernidad y en el valor de la novedad. En su crítica, «El Salón de 1846», Baudelaire dijo que hablar del Romanticismo era hablar del arte moderno, de la intimidad, espiritualidad, color, aspiración al infinito, expresado por todos los medios disponibles al arte, y en el muy citado artículo de 1863 sobre Constantine Guys, titulado «El pintor de la vida moderna», Baudelaire habla de la característica más destacada de la modernidad como la tendencia hacia lo inmediato, el querer identificarse con un presente de los sentidos captado en su mismo carácter transitorio y opuesto por su naturaleza espontánea a un pasado endurecido en congeladas tradiciones, sugerente de una quietud sin vida, y resume: «La modernidad es lo transitorio, lo fugitivo, lo contingente, la mitad del arte, del que la otra mitad es lo eterno e inmutable».[6]

Esta manera de sentir no fue parte del Romanticismo en las letras hispanas. En *Los hijos del limo*, Octavio Paz propone que el Modernismo fue nuestro verdadero Romanticismo, que ni España ni América tuvieron un Romanticismo del calibre del europeo.[7] Paz repasa las razones histórico-literarias que determinaron el peculiar carácter de dicho Romanticismo. Sus grandes figuras, el Duque de Rivas, Larra, Espronceda, Zorrilla en España no son comparables a las grandes figuras románticas del resto de Europa y sabemos que Bécquer fue una excepción. En Hispanoamérica, el Romanticismo fue socio-político y costumbrista, como en la obra de Echeverría, Sarmiento, Hernández, Palma. Otros como Heredia o la Avellaneda fueron también excepciones.

Si en las letras hispanas el Romanticismo fue relativamente pobre, el Modernismo compensó con creces sus fallas. A partir de la obra de la Generación del '98 en España y con Darío como estandarte en Hispanoamérica se sintetizaron las tendencias literarias europeas de a fines del siglo XIX y se anticiparon las grandes tendencias del resto del siglo. En esta labor se destaca

Juan Ramón Jiménez por haber dado en su poesía, de manera sostenida y progresiva, con ritmo histórico, las tendencias y la sensibilidad del siglo, buscando y consiguiendo una resolución para el conflicto estético existencial del hombre moderno, conflicto nacido de la dialéctica contradictoria que ocasionara el Renacimiento al poner la fe para el mejoramiento social en la vida terrenal, los recursos humanos y la razón. Picón Garfield y Schulman, en sus estudios sobre el Modernismo y la modernidad, notan que el humanismo renacentista dio el primer paso hacia la angustia metafísica y que el barroco fue la prueba más grande del arraigo de esta angustia, que se acrecienta hacia fines del siglo XIX, época de gran progreso científico y tecnológico.[8]

En España, Krause (1781-1832) y sus seguidores en la Institución Libre de Enseñanza hacen menos traumático el conflicto de la modernidad con su filosofía intermedia de fuertes raíces religiosas y éticas. Los krausistas se esforzaron por conciliar el teísmo con las tendencias dominantes de la época en un panteismo que afirmaba que todas las cosas son en Dios, insistiendo en el destino y el valor de la persona entendida de un modo moral, y desde ese punto de vista interpretaban el derecho y la propiedad, como tan sencillamente lo explica Julián Marías.[9] que también nos habla de la falsía de la filosofía del siglo XIX al afirmar que la realidad son los hechos sensibles, error que invalida el Positivismo, porque la realidad es real, pero también es real la idea; se pasa por alto «la esfera de los objetos ideales y la realidad de la vida humana con sus peculiares modos de ser y todas sus consecuencias ontológicas»[10].

La Institución Libre de Enseñanza con su sistema de educación en armonía con el krausismo, cultivó la sensibilidad y el gusto artístico, la elevación espiritual y el sentido austero y moral de la vida, al mismo tiempo que promovió la técnica y su desarrollo. De ahí que la concepción de la belleza, punto de partida de lo estético no haya sufrido en España la violenta metamórfosis que sufrió en algunas partes de Europa durante el Romanticismo.

Mario Praz habla de la belleza medusea, tipo relacionado con lo horrendo, que aparece en el siglo XVIII y toma auge en el XIX, durante el Romanticismo.[11] En España hay atisbos de belleza medusea en la obra de los primeros modernistas, entre ellos Villaespesa y el Juan Ramón de *Ninfeas* (1990), uno de sus dos primeros libros, de un tardío Romanticismo de imitación. Calinescu sugiere que lo horrendo irrumpe en la concepción de la belleza en la literatura europea porque la dicotomía cristiana, la oposición alma-cuerpo, virtud-pecado, eternidad-tiempo hacen un papel dualista vasto y complejo, y que en Baudelaire hay una visión dualista de la belleza, una eterna y una moderna que siguen el mismo impulso contradictorio de toda su obra hacia lo divino y lo satánico.[12]

En la literatura modernista hispanoamericana, esta belleza medusea aparece en la obra primeriza de Lugones y en la de Herrera y Reissig, pero la mayor parte de los modernistas, con Darío a la cabeza, convierten la belleza en un arma de combate contra el materialismo. En España, Juan Ramón moderniza el concepto de la belleza; él no cree en la perfección de lo bello, su obra está repleta de aforismos a este respecto, como el temprano: «Era casi perfecta. Su mayor encanto estaba en el 'casi'».[13] Su aporte artístico, dentro de la modernidad, es el buscar y conseguir una resolución a la moderna contradicción entre lo humano y lo divino a través de la poesía con asistencia plena de la belleza. Esta búsqueda es una experiencia artística personal cuya realización él transmite con excelencia en su verso.

«La poesía es un juego en que baja a jugar lo divino con lo humano», dijo Juan Ramón Jiménez en la época de su maestría (1916-1936).[14] Ese juego es patente en la poesía modernista, que la captaba en el espacio de las realidades positivas, porque constituía una verdad innegable para los sentidos, porque era un elemento al alcance de cualquier ser y sobre todo del poeta. En la obra de Juan Ramón, la belleza se convierte en un principio. En el exilio, en Cuba, en 1936 escribe: «En su duda severa y a medida que van llegando a la mayor conciencia de sus ceñudos poderes conceptuales, el teólogo, el místico, el metafísico pueden seguir discutiendo todavía, sobre sus escasos y mudables fundamentos de juicio, si 'en el principio' eran el caos, el verbo, la acción u otra apremiante fantasía cualquiera... Pero el poeta, con su profunda, fija y feliz intuición, sabe seguramente hoy como ayer, y no se le ocurre dudarlo ni discutirlo, ni que nadie pueda reírse de su alegría o su pena superiores, que en el principio era la Belleza».[15] Pese a los aspectos platónicos de este concepto, no se trata de la Belleza absoluta y en esto consiste la modernización del concepto. En el fragmento titulado «La belleza», del que citamos, después de reiterar que «La Belleza es el único todo verdadero», Juan Ramón propone (y la cursiva es nuestra): «Todos tenemos que ir descubriendo sucesivamente hasta serlo, esta primera y última verdad, con los elementos que nuestros destinos (*patria, lengua, cultivo, costumbres*) nos ofrecen para ello. Todos tenemos que ir llegando a nuestra vez a la posibilidad de '*nuestra* Belleza'».[16]

En su valioso estudio *Poesía y filosofía en Juan Ramón Jiménez*, María Luisa Amigo explica el proceso por el que este poeta llegó a su concepto de la belleza.[17] Muestra que en *Eternidades*, de 1916, asistimos al «nacimiento» o autoconciencia del yo poético, y que la obra que le sigue, *Piedra y cielo* (1917-1918), plantea la cuestión «del lugar óntico de poeta, y muestra el *proceso de reafirmación del ser del yo poético en el mundo del poeta*, como lugar ontogénico de contacto mutuo entre el hombre y la naturaleza».[18] Entendemos que el poeta encuentra su lugar, descubre su mundo cuando el yo cuestionado (el ente de carne y hueso, diríamos) se reencuentra con el ser poético. Entonces, como dice Amigo, «el poeta concreta el ámbito abstracto... [el que ha sido rechazado por la modernidad, diríamos] en el medio sucesivo de lo temporal, reconociendo la 'belleza próxima' [y] el tiempo deja de ser obsesión por el pasado para integrarse como factor constitutivo de la valoración de lo real presente».[19] De esta manera mantiene el poeta su concepto de la unidad. Dice Amigo que el ser temporal se ha fundido con el ser poeta y se caracteriza por la conciencia de ser poeta. «Es un yo autoconsciente, sabedor de su tarea de nombrar, y como tal un yo dado a la belleza ... El poeta inicia un proceso de fusión del yo de su Obra, proceso que conlleva la muerte del yo no poético... El hallazgo del nuevo lugar ontogénico trae consigo la superación del temor a la muerte y el nacimiento a la 'eternidad' propia del ser poético»).[20] La Obra, en la que se funden el ser temporal y el ser poeta, pasa a ser *un nuevo espacio* del poeta, su «cielo», y en cuanto a la belleza: «El reencuentro del yo poético... patentiza el paso de una concepción objetivista, contemplativa de la belleza, a una concepción relacional y fenoménica. La belleza surge como belleza creada por el poeta, cuya autoconciencia se destaca como polo activo del fenómeno poético».[21]

En un plano no filosófico, el lector común entiende que en la modernidad, en el momento del entronizamiento excesivo de lo humano, la poesía puede aún afirmar la belleza. Belleza es armonía y armonía es unión y correspondencia de las partes de un todo. Por la belleza se puede salvar la discordancia de la modernidad. El poeta, en su yo sensible, puede captar y recrear belleza en el espacio de las realidades sensibles y temporales. El fenómeno poético es un hacer temporal, dinámico, pero la poesía *per se* no es un hacer, es una esencia. En la unidad del ser poético y la poesía está esa unidad sensible de lo material y lo no-material, lo esencial, que busca el hombre moderno en el plano de lo humano. No se da otro escritor de la época que la haya procurado, alcanzado y expresado en los términos que Juan Ramón Jiménez.

La obra de Juan Ramón Jiménez ha merecido profundos estudios filosóficos. María Luisa Amigo celebra la intuición metafísica de poeta. Él mismo declaró: «Poesía metafísica, no filosófica».[22] La metafísica ha estado muy presente en las mejores obras literarias del Siglo XX. Cleanth Brooks, que ha estudiado este tema en *El misticismo latente en la literatura moderna*, en la obra de los mejores escritores en lengua inglesa--Hemingway, Faulkner, Yeats, Eliot y Warren--concluye que este misticismo se reduce a dramatizar la resistencia a ser sometido por las tendencias de la modernidad histórica que tiende a convertir al hombre en objeto.[23] Y dice que estos escritores trataron, sin conseguirlo, de «hacer una síntesis de la historia y la naturaleza. Para ellos el individuo domina y no domina el mundo espiritual, en el cual, a pesar de su belleza y de la condición humana de criatura, el hombre permanece, en cierto modo, ajeno a él».[24] En cuanto a la literatura en francés, que tanto ha aportado a la modernidad estética, no ha aportado en la misma medida a la mística de la modernidad.

Helmut Hatzfeld, uno de los más preclaros estudiosos del misticismo, dijo que el francés no está dotado para la fusión de lo sensible y lo suprasensible, que en vez de imágenes, usa conceptos, y en lugar de fantasía, causalidad.[25] Hatzfeld llama al francés un tipo «discursivo y razonador».[26]

La obra de los poetas hispanoamericanos es testimonio de una búsqueda metafísica por caminos muy parecidos a los de la poesía juanramoniana. Su espacio es la naturaleza, sus vías, amor y belleza. El ansia de pureza, un elemento común al yo poético de la primera y segunda generación modernista hispanoamericana, también se encuentra en la poesía del Juan Ramón de la primera época; pero la trascendencia unitiva no tiene lugar. En el ensayo sobre Darío y los modernistas hispanoamericanos, «El caracol y la sirena», escrito por Octavio Paz recordando una frase de Juan Ramón, Paz propone que Darío no aspiraba a la unidad sino a «disolverse en cuerpo y alma en el cuerpo y alma del mundo».[27] En *Prosas profanas* dice Darío: «La celeste unidad que presupones / hará brotar en ti mundos diversos». La poesía de Darío es una repetición de esta experiencia.

En otra ocasión he tratado de demostrar que en poemas claves comparables de la época de la maestría de Darío y Juan Ramón, en los que el objeto de que se habla es la belleza, con la que se anhela una unión, el yo poético de Darío es un ser escindido que quiere ir a buscar la belleza a otro espacio que el propio, fracasando en su intento, mientras que el yo poético de Juan Ramón se reconoce como una totalidad hecha de entidades opuestas, pero poseído por la belleza en su espacio temporal y aspirando a que la belleza se sienta, se sepa, poseída por él.[28] Esta unión, cima de los anhelos estéticos de los escritores de la primera mitad del siglo, tendrá lugar en los poemas de *Animal de fondo*, de Juan Ramón, de 1948.

Para llegar a su meta, Juan Ramón o su yo poético sigue la vía del misticismo español, vía clásica, típica y normativa tanto para el teólogo como para el historiador de la literatura.[29] No es que Juan Ramón quiera competir con la religión tradicional, ni es su función la del sacerdote o el filósofo. Lo que Juan Ramón tiene de típico y normativo son rasgos característicos de su cultura. Los tres períodos que se reconocen en su obra corresponden en intención y conducta poética a la vía purgativa, la vía iluminativa y la vía unitiva del misticismo español clásico representado por San Juan de la Cruz. Algunos críticos han visto en la poesía juanramoniana influencias de la mística oriental o del pseudo-misticismo anglosajón. El estudio de la vida y la obra de este poeta demuestra que la psicología de su yo poético es peculiar a su cultura, que los poemas de la primera época, de 1900 a 1915, muestran el choque entre su sensualidad y su ansia de pureza. Ésta es su vía purgativa que llega a su término con el descubrimiento de *la poesía desnuda* en 1916, a raíz de su matrimonio con Zenobia Camprubí. Y el poema de la poesía desnuda es, hasta cierto punto, la alegoría de una experiencia vital para significar la purificación de la carne por el amor. En la unión con la mujer ideal la desnudez pasa a ser también un atributo ideal. La poesía desnuda es poesía en su esencia, desprovista de artificios, sostenida por el verbo y el substantivo, con escasa adjetivización, sin rima externa, ni pie ni metro de igual duración. Éste fue el estilo de la segunda época juanramoniana.

Encontrada la vía iluminativa, la de la poesía desnuda, poeta y poesía coexisten en un espacio creador de belleza. Esto es evidente hasta en los títulos de algunas de las obras de esa fecha (1916-1936), como *Poesía* y *belleza*, de 1917-1923. Pero en plena vía iluminativa, viviendo Juan Ramón fuera de su patria, en los Estados Unidos, el yo poético sufre su noche oscura del alma, evidente en el poema «Del fondo de la vida», publicado en 1948.[30]

En el Modernismo español, Valle Inclán, en los ensayos de *La lámpara maravillosa*, nos habla de una forma de trascendencia por una vía mística que comprende etapas otras que las del clásico San Juan de la Cruz, admirado y preferido por Jiménez: un estado de contemplación, uno de quietud y uno de amor. Partiendo de la contemplación de lo bello se pasa a un estado de quietud en el que se trata de acaparar la pureza y esencia de las cosas. Es decir, por la contemplación se depuran los sentidos y por la belleza, que es amor, se eternizan. Pero esta obra de Valle Inclán es de descripción y no de participación plena en la búsqueda trascendental. Unamuno, contemplador, no de las cosas sino de su espíritu, en su inquieto apasionamiento no pudo escoger entre esto y aquello, no le valieron ni la fe ni la razón para resolver su sentimiento trágico de la vida. Juan Ramón, fiel a su lema: «Como el astro, sin precipitación y sin descanso», consiguió su trascendencia, resolución a la dialéctica modernista del ser escindido.

Una de las imágenes más notables en la obra de la tercera y última época de Juan Ramón (1937-1957), es la del río, de alta calidad tradicional desde que Jorge Manrique la usara en el Siglo XV, en las «Coplas para la muerte de su padre»: «Nuestras vidas son los ríos / que van a dar en la mar, / qu'es el morir...». Juan Ramón moderniza la imagen, la amplía, le da un valor múltiple y positivo. En la conferencia, «El romance, río de la lengua española», de 1954, el verso, el ser sensible y su espacio vital terrestre, quedan fundidos y confundidos en la imagen del río: «El verso es como un río de agua de la tierra, río de agua que es, a su vez, como un río de la sangre de nuestra carne, nuestro barro; el río de esta sangre que respiramos del mar del aire y la echamos, con el ritmo del corazón y del pulmón nuestros al aire de la tierra y del mar».[31] Y en la última obra de su segunda época: *La estación total con las Canciones de la nueva luz* (1923-1936) en el poema «Mi reino» habla del *doble río mío*: «Solo en lo eterno podría / yo realizar esta ansia / de la belleza completa / . . . / (Donde el doble río mío / del vivir y del soñar / cambiara azul y oro».[32] Entonces, el *doble río mío* es «el doble ser mío», el ente real y el ideal. En «Vivienda y morienda», trozos en prosa publicado en 1949 en *La Nación* de Buenos Aires, está reiterada la asociación río-vida-sangre-sueño: «Mis días se van río abajo, salidos de mí hacia la mar, como las ondas iguales y distintas (siempre) de la corriente de mi vida: sangres y sueños. / Pero yo, río en conciencia, sé que siempre me estoy volviendo a mi fuente».[33] Y esa fuente es la de su existencia terrena, la que en la gran obra final de su mística búsqueda, le permite la unión con lo divino en el ámbito de lo terreno. En el poema «Rio-mar-desierto» de *Animal de fondo* dice el yo poético: "Por ti / desierto mar del río de mi vida, / hago tierra mi mar, . . .// Por mí, mi río mar desierto, / la imagen de mi obra en dios final,/ no es ya la ola detenida / sino la tierra sólo detenida / que fue inquieta, inquieta, inquieta».[34] El mar del hablante es el de su vida y de su muerte, ya no el agua, sino la tierra, espacio de su doble existencia.

Importantísimas para la clarificación de este concepto son las obras «Tiempo» y «Espacio» que están ya en la coordenada transcendental de *Animal de fondo*. Es decir, que son su anticipo. El «Prologuillo», de «Tiempo», es muy significativo. Juan Ramón dice que la Florida es «toda espacio, buena de volar» y «tierra llana (baja) buena de andar» y concluye: «Dos profundidades, otra vertical al cenit y al nadir, y una, ésta, horizontal, a los cuatro sinfines».[35] Juan Ramón piensa en el sublimado espacio celestial con su equivalente vertical en la tierra, puesto que eso es el cenit «punto del firmamento que corresponde verticalmente a un lugar de la tierra» y el nadir es el punto celeste opuesto al cenit. Pero cuando se refiere a la profundidad horizontal, en vez de usar la palabra confín (límite, término), usa la palabra sinfín (infinidad): entonces, la dimensión horizontal no lleva a nada, la que tiene su correspondencia en la tierra es la vertical. En *Animal de fondo*, Juan Ramón resuelve su ansia de transcendencia en un neomisticismo que duplica, en su fondo humano y terrestre, el sublimado ámbito de lo divino, es decir, que encuentra en él el nadir del cenit al que ha querido llegar. Este neomisticismo no rompe del todo con el de su tradición cultural, lo que ocurre es una permutación de espacios míticos, lo divino está en el fondo de su alma, en su conciencia. El neomisticismo de la otra literatura hispánica, la de América, rompe con la propia tradición, la española, para crear una tradición propia, la hispanoamericana. El gran poema «Blanco» de Octavio Paz, equivale a *Animal de fondo* en la resolución del conflicto ontológico de la transcendencia, pero en el poema de Paz queda abolida la profundidad o dirección vertical, su transcendencia es horizontal, «un salto a la otra orilla» y para comprobar que esta ocurrencia de Paz no es única en la literatura hispanoamericana, podemos acudir a *Rayuela*, la novela de Cortázar, obra en la que también desaparece cualquier intento de transcendencia vertical. Como dice el personaje Horacio, el cielo está en la misma acera roñosa de la tierra.

Otro aspecto interesante de la obra «Tiempo» es el epígrafe, derivado de los aforismos de Heráclito. Es ésta una de las raras veces que Juan Ramón cita de este filósofo, tan recurrido en la segunda mitad del siglo XX, y otra vez me refiero a Cortázar, que tiene páginas sobre él en *Rayuela* y a Octavio Paz, cuya poética *El arco y la lira,* lleva título de inspiración heraclitana. Pero Juan Ramón se vale de Heráclito a lo Borges, cito:

> ... Lo vivo y lo muerto son una cosa misma en nosotros, lo despierto y lo dormido, lo joven y lo viejo: lo uno, movido de su lugar, es lo otro, y lo otro, a su lugar devuelto, es lo uno...[36]

Nótese que Juan Ramón escoge, no ya el metafórico «nunca nos bañamos dos veces en el mismo río», tan citado en la literatura contemporánea para significar el devenir de la realidad, sino que acentúa que todos los estados del ser, aunque cambiables, son parte de la unidad: *Son una cosa misma, [son] lo uno, es lo uno*. Además, hay una tácita admisión de que la existencia no está solamente en lo despierto. Las obras «Espacio» y «Tiempo» encarnan estos conceptos. «Espacio» es mayormente sobre *lo vivo* y *lo muerto*, sobre la materia y el espíritu, es decir, el cuerpo y la conciencia, un cuerpo que le pide a la conciencia que lo lleve con ella cuando vaya a integrarse en otro dios que el que son, en su unidad, cuerpo y conciencia. «Tiempo», como anuncia el epígrafe heraclitano, trata de *lo despierto* y *lo dormido*, de *lo joven* y *lo viejo*, de *lo movido de su lugar* y *a su lugar devuelto*. El texto se va creando a base de la experiencia del hablante durante el sueño y la vigilia; de las memorias de su vida en España, lo que sería *lo uno*, *movido de su lugar* y de su residencia en un lugar afín a su nativa Andalucía (la Florida), que sería *lo otro*, *a su lugar devuelto*. Lo que Juan Ramón escribe en la Florida está lleno de la nostalgia de su región nativa. Andalucía es uno de los motivos o temas de «Tiempo» y de «Espacio». En la Florida el poeta volvió a escribir romances, como en sus primeros años, los *Romances de Coral Gables*, de 1939-1942. Todo esto es volver *a su lugar*.

Heraclitano es también el circularismo de «Tiempo». «Espacio» es también una obra circular, que empieza y termina con la cita «Los dioses no tuvieron más sustancia que la que tengo yo», frase que es el núcleo del texto. «Tiempo», fiel a la primera parte del epígrafe de Heráclito que dice que lo dormido y lo despierto es lo uno, empieza con un comentario sobre los sueños y pesadillas del hablante, que a veces él trata de descifrar en la vigilia y termina hablando de una pesadilla basada en esta frase que oyó por radio: «el gobierno ha encargado un millón quinientos mil ataúdes», noticia sin duda relacionada a la Segunda Guerra Mundial. Los estados de entresueño, dice el hablante de «Tiempo» en las primeras páginas, le traen monólogos interiores y sus monólogos son universos. Pasa entonces a hablar del universo que son él y la amada, sin mencionar esa palabra; pero en sus frases hay anticipos de los últimos poemas que habría de escribir en su vida, diez años después, a su mujer Zenobia, los «De ríos que se van», previendo la muerte de ambos. Ella murió en 1956 y él en 1958.

En la obra de Juan Ramón se cumple la trayectoria estética de la modernidad. Hoy vamos por otros caminos, la modernidad agoniza, el «camp» y el «kitsch» son los últimos estertores de lo que fue un noble concepto de la belleza. Como dice Octavio Paz en *Los hijos del limo*, se niega el tiempo cíclico, las cosas suceden sólo una vez, son irrepetibles,[37] la paradoja intelectual y poética de la muerte de Dios, del Romanticismo, se convierte en hecho innegable, se destruye el pasado y se construye en su lugar una sociedad nueva violenta y revolucionaria. Pero cuando se haga el inventario de la modernidad, quedará la obra de Juan Ramón Jiménez como ejemplo digno de la fiel resolución del conflicto del hombre moderno, salvado del caos y de la fragmentación por la noble utilización de sus dotes humanos en su ser poético y la firme creencia en la básica unidad del ser y de la creación.

NOTAS

1. Federico de Onís. Introducción, *Antología de la poesía española e hispanoamericana (1882-1932)*, 2da. ed. (Nueva York: Las Américas, 1961) xviii.

2. Ver Ricardo Quiñones, «Previews and Provocations» y Michael Décaudin, «Being Modern in 1885 or Variations on 'Modern', 'Modernism', 'Modernité'», *Modernism. Challenges and Perspectives*. ed. Monique Chedfor, Ricardo Quiñones y Albert Wachtel (Urbana and Chicago: U Illinois P, 1986) 14, 25-32.

3. Robert Wohl. «The Generation of 1914 and Modernism», *Modernism. Challenges and Perspectives*. ed. Monique Chedfor, Ricardo Quiñones y Albert Wachtel (Urbana and Chicago: U Illinois P, 1986) 68.

4. Matei Calinescu. «The Two Modernities», *Faces of Modernity: Avant Garde. Decadence, Kitsch* (Bloomington and London: Indiana UP, 1977) 41-46.

5. Calinescu 38.

6. Charles Baudelaire. *Oeuvres complètes* (Paris: Gallimard, 1961) 296, 879 citado en Calinescu, «Baudelaire and the Paradoxes of Aesthetic Modernity», *Faces of Modernity: Avant Garde. Decadence, Kitsch,* 46-58.

7. Octavio Paz. *Los hijos del limo. Del Romanticismo a la vanguardia* (Barcelona: Seix Barral, 1976) 126.

8. Evelyn Picón Garfield e Iván A. Schulman. «Historia y modernidad», *«Las entrañas del vacío»: ensayos sobre la modernidad hispanoamericana* (México, D.C.: Cuadernos Americanos, 1984). 35 y ss.

9. Julián Marías. *Historia de la filosofía*, 2da. ed. (Madrid: Revista de Occidente, 1941) 324-325.

10. Marías 332-333.

11. Mario Praz. *La carne, la muerte y el diablo (en la literatura romántica)*, trans. Jorge Cruz (Caracas: Monte Avila, 1969).

12. Calinescu, «Baudelaire» 53.

13. «(1919-1929) Actual; es decir clásico; es decir eterno», Juan Ramón Jiménez, *Ideolojía (1897-1957)* Libro inédito, reconstrucción, estudio y notas de Antonio Sánchez Romeralo (Barcelona: Anthropos, 1990) num. 884, 171. Abreviaremos a *I* dando el número del aforismo y la página, ej.: Jiménez *I*, num. 884, 171.

14. Jiménez, *I*, num. 634, 129.

15. *Estética y ética estética*, selección, ordenación y prólogo de Francisco Garfias (Madrid: Aguilar, 1967) 192. Incluida también en Juan Ramón Jiménez. *Política poética*, presentación de Germán Bleiberg (Madrid: Alianza, 1982) 315-317. Citamos del primero, abreviando a *E y EE*, y del segundo, abreviando a *PP*.

16. *E y EE* 193.

17. María Luisa Amigo Fernández de Arroyaba. *Poesía y filosofía en Juan Ramón Jiménez* (Bilbao: U de Deusto, 1987).

18. Fernández de Arroyaba 222.

19. Fernández de Arroyaba 222.

20. Fernández de Arroyaba 222-223.

21. Fernández de Arroyaba 223.

22. *E y EE* 318.

23. Cleanth Brooks. *El misticismo latente en la literatura moderna*, trans. Estela M. Hechart, *The Hidden God.* (1963; Buenos Aires: Nova, 1970) 166.

24. Brooks 168.

25. Helmut Hatzfeld. *Estudios literarios sobre mística española* (Madrid: Gredos, 1955) 257.

26. Hatzfeld 256.

27. Octavio Paz. «El caracol y la sirena», *Cuadrivio* (México, D.F.: Joaquín Mortiz, 1965) 56. Sobre la frase de Juan Ramón Jiménez, ver la p. 64.

28. Ver «Intentos de trascendencia espacialista en Darío y Jiménez: 'Venus' y 'Eternidad, belleza . . .'», *Cuadernos de Investigación de la Literatura Hispánica* (Madrid: Fundación Universitaria Española, 1982) num. 4, 173-179.

29. Hatzfeld 17.

30. Juan Ramón Jiménez. *Tercera antolojía poética (1898-1953)* (Madrid: Biblioteca Nueva, 1957) 925-992. Este fue el último libro publicado por Juan Ramón Jiménez. Citaremos abreviando a *TAP*.

31. Jiménez, *PP* 252.

32. Jiménez, *TAP* 794.

33. Jiménez, *I,* num. 3242, 548.

34. Jiménez, *TAP* 1001.

35. Juan Ramón Jiménez. *Tiempo y Espacio*, ed. Arturo del Villar (Madrid: EDAF, 1986) 55. Citaremos abreviando a *T y E.*

36. Jiménez, *T y E* 57.

37. Paz, *Los hijos del limo* 50.

Verso y prosa

JUAN RAMÓN JIMÉNEZ
PREMIO NÓBEL 1956

YO NO VOLVERÉ. . .

Yo no volveré. Y la noche
tibia, serena y callada,
dormirá el mundo, a los rayos
de su luna solitaria.

Mi cuerpo no estará allí,
y por la abierta ventana,
entrará una brisa fresca,
preguntando por mi alma.

No sé si habrá quien me
aguarde
de mi doble ausencia larga,
o quien bese mi recuerdo,
entre caricias y lágrimas.

Pero habrá estrellas y flores
y suspiros y esperanzas,
y amor en las avenidas,
a la sombra de las ramas.

Y sonará ese piano
como en esta noche plácida,
y no tendrá quien lo escuche,
pensativo, en mi ventana.

Arias tristes, 1902-1903

BAJO AL JARDÍN. . .

Bajo al jardín. ¡Son mujeres!
¡Espera, espera! . . . Mi amor
coje un brazo. ¡Ven! ¿Quién
eres?
¡Y miro que es una flor!

¡Por la fuente; sí, son ellas!
¡Espera, espera, mujer!
. . . Cojo el agua. ¡Son
estrellas,
que no se pueden cojer!

Jardines lejanos, 1903-1904

MAÑANA DE LA CRUZ

Dios está azul. La flauta y el tambor
anuncian ya la cruz de primavera.
¡Vivan las rosas, las rosas del amor,
entre el verdor con sol de la pradera!

Vámonos al campo por romero;
vámonos, vámonos
por romero y por amor. . .

Le pregunté: «¿Me dejas que te quiera?»
Me respondió, radiante de pasión:
«Cuando florezca la cruz de primavera,
yo te querré con todo el corazón».

Vámonos al campo por romero;
vámonos, vámonos
por romero y por amor. . .

Baladas de primavera, 1907

¡OH TRISTE COCHE VIEJO...

¡Oh triste coche viejo, que en mi memoria ruedas!
¡Pueblo, que en un recodo de mi alma te pierdes!
¡Lágrima grande y pura, lucero que te quedas,
temblando, en la colina, sobre los campos verdes!

Verde el cielo profundo, despertaba el camino,
fresco y fragante del encanto de la hora;
cantaba un ruiseñor despierto, y el molino
rumiaba un son eterno, rosa frente a la aurora.

Y en el alma, un recuerdo, una lágrima, una
mano alzando un visillo blanco al pasar un coche. . .
la calle de la víspera, azul bajo la luna
solitaria, los besos de la última noche. . .

¡Oh triste coche viejo, que en mi memoria ruedas!
¡Pueblo, que en un recodo de mi alma te pierdes!

¡Lágrima grande y pura, lucero que te quedas,
temblando, en la colina, sobre los campos verdes!

Elejías, 1907-1908

LA COJITA

La niña sonríe: «¡Espera,
voy a cojer la muleta»!

Sol y rosas. La arboleda
movida y fresca, dardea
limpias luces verdes. Gresca
de pájaros, brisas nuevas.
La niña sonríe: «¡Espera,
voy a cojer la muleta»!

Un cielo de ensueño y seda,
hasta el corazón se entra.
Los niños, de blanco, juegan,
chillan, sudan, llegan:
«. . . menaaa»!
La niña sonríe: «¡Espeeera,
voy a cojer la muleta»!

Saltan sus ojos. Le cuelga,
jirando, falsa, la pierna.
Le duele el hombro. Jadea
contra los chopos. Se sienta.
Ríe y llora y ríe: «¡Espera,
voy a cojer la muleta»!

Mas los pájaros no esperan;
los niños no esperan! Yerra
la primavera. Es la fiesta
del que corre y del que vuela . . .
La niña sonríe: «¡Espera,
voy a cojer la muleta»!

Historias, 1909-1912

TÚ

Pasan todas, verdes, granas. . . Tú
estás allá arriba, blanca.

Todas, bullangueras, agrias. . .
Tú estás allá arriba, plácida.

Pasan arteras, livianas . . .
Tú estás allá arriba, casta.

Estío, 1915

PLATERO[1] Y YO (1914)

Capítulo diecisiete

El niño tonto

Siempre que volvíamos por la calle de San José estaba el niño tonto a la puerta de su casa, sentado en su sillita, mirando el pasar de los otros. Era uno de esos pobres niños a quienes no llega nunca el don de la palabra ni el regalo de la gracia; niño alegre él y triste de ver; todo para su madre, nada para los demás.

Un día, cuando pasó por la calle blanca aquel mal viento ne-

---

[1]Platero es el burro del narrador. *Platero y yo* narra las andanzas de Juan Ramón y Platero.

gro, no vi ya al niño en su puerta. Cantaba un pájaro en el solitario umbral, y yo me acordé de Curros, padre más que poeta, que, cuando se quedó sin su niño, le preguntaba por él a la mariposa gallega:

Volvoreta d'aliñas douradas . . .

Ahora que viene la primavera, pienso en el niño tonto, que desde la calle de San José se fue al cielo. Estará sentado en su sillita, al lado de las rosas únicas, viendo con sus ojos, abiertos otra vez, el dorado pasar de los gloriosos.

Capítulo treinta y ocho

El pan

Te he dicho, Platero, que el alma de Moguer[2] es el vino, ¿verdad? No; el alma de Moguer es el pan. Moguer es igual que un pan de trigo, blanco por dentro, como el migajón, y dorado en torno --¡oh sol moreno!-- como la blanda corteza.

A mediodía, cuando el sol quema más, el pueblo entero empieza a humear y a oler a pino y a pan calentito. A todo el pueblo se le abre la boca. Es como una gran boca que come un gran pan. El pan se entra en todo: en el aceite, en el gazpacho, en el queso y la uva, para dar sabor a beso, en el vino, en el caldo, en el jamón, en él mismo, pan con pan. También solo, como la esperanza, o con una ilusión . . .

Los panaderos llegan trotando en sus caballos, se paran en cada puerta entornada, tocan las palmas y gritan: «¡El panaderooo . . . !» Se oye el duro ruido tierno de los cuarterones que, al caer en los canastos que brazos desnudos levantan, chocan con los bollos, de las hogazas con las roscas . . .

Y los niños pobres llaman, al punto, a las campanillas de las cancelas o a los picaportes de los portones, y lloran largamente hacia adentro: ¡un poquiiito de paaan. . .!

Capítulo ciento tres

La fuente vieja

Blanca siempre sobre el pinar siempre verde; rosa o azul, siendo blanca, en la aurora; de oro o malva en la tarde, siendo blanca; verde o celeste, siendo blanca, en la noche; la Fuente vieja, Platero, donde tantas veces me has visto parado tanto tiempo, encierra en sí, como una clave o una tumba, toda la elegía del mundo, es decir, el sentimiento de la vida verdadera.

En ella he visto el Partenón, las Pirámides, las catedrales todas. Cada vez que una fuente, un mausoleo, un pórtico me desvelaron con la insistente permanencia de su belleza, alternaba en mi duermevela su imagen con la imagen de la Fuente vieja.

De ella fui a todo. De todo

---

[2]Ciudad de España (Huelva), conocida por sus vinos, donde nació Juan Ramón Jiménez.

torné a ella. De tal manera está en su sitio, tal armoniosa sencillez la eterniza, el color y la luz son suyos tan por entero, que casi se podría coger de ella en la mano, como su agua, el caudal completo de la vida. La pintó Böcklin[3] sobre Grecia; fray Luis[4] la tradujo; Beethoven la inundó de alegre llanto; Miguel Angel[5] se la dio a Rodin.[6]

Es la cuna y es la boda; es la canción y es el soneto; es la realidad y es la alegría; es la muerte. Muerta está ahí, Platero, esta noche, como una carne de mármol entre el oscuro y blanco verdor rumoroso; muerta manando de mi alma el agua de mi eternidad.

---

[3]Arnold Böcklin (1827-1901), pintor suizo que tuvo mucha influencia en el desarrollo del romanticismo alemán en el siglo XIX y en el surrealismo en en siglo XX.

[4]Fray Luis de León (1527-1591), poeta y moralista español cuyos versos revelan la influencia del humanismo renacentista y de escritores clásicos como Horacio.

[5]Miguel Ángel Buonaroti (1475-1564), escultor, arquitecto y uno de los más grandes pintores del Renacimiento.

[6]Auguste Rodin (1840-1917), escultor francés cuyas obras más conocidas son *El beso, La puerta del infierno, El pensador* y *Los burgueses de Calais.*

EN UNA VEZ ME HA EMBRIAGADO. . .

En una vez e ha embriagado
todo tu perfume;
todo tu perfume eres
en mi sueño dulce.

A otro le olerás, si lo amas,
a otra entera esencia,
y le serás, en su sueño,
tu esencia completa.

Si me quisieras por siempre
infiel te sería.
No da dos veces un mismo
perfume la vida.

Estío, 1915

(BIRKENDENE, CALDWELL,
20 de febrero)

TE DESHOJÉ, COMO UNA ROSA. . .

Te deshojé, como una rosa,
para verte tu alma,
y no la vi.
Mas todo en torno
--horizontes de tierras y de mares--
todo, hasta el infinito,
se colmó de una esencia
inmensa y viva.

Diario de un poeta reciéncasado, 1916[7]

---

[7]Título cambiado después a *Diario de poeta y mar.*

(NEW YORK, 27 de marzo)

TODO DISPUESTO YA, EN SU PUNTO. . .

Todo dispuesto ya, en su punto,
para la eternidad.

--¡Qué bien! ¡Cuán bello!
¡Guirnalda cotidiana de mi vida,
reverdecida siempre por el método!
¡Qué trabajo tan fácil y tan dulce
para un estado eterno!

. . .¡Qué trabajo tan largo--
dices tú--
para sólo un momento!

Diario de un poeta reciéncasado, 1916

¡INTELIJENCIA, DAME. . .

¡Intelijencia, dame
el nombre exacto de las cosas!
. . .Que mi palabra sea
la cosa misma,
creada por mi alma nuevamente.
Que por mí vayan todos
los que no las conocen, a las
cosas;
que por mí vayan todos
los que ya las olvidan, a las cosas;
que por mí vayan todos
los mismos que las aman, a las
cosas. . .
¡Intelijencia, dame
el nombre exacto, y tuyo,
y suyo, y mío, de las cosas.

Eternidades, 1916-1917

VINO, PRIMERO, PURA

Vino, primero, pura,
vestida de inocencia;
y la amé como un niño.

Luego se fue vistiendo
de no sé qué ropajes;
y la fui odiando, sin saberlo.

Llegó a ser una reina,
fastuosa de tesoros. . .
Qué iracundia de yel y sin
sentido!

. . .Mas se fue desnudando.
Y yo le sonreía.

Se quedó con la túnica
de su inocencia antigua.
Creí de nuevo en ella.

Y se quitó la túnica,
y apareció desnuda toda. . .
¡Oh pasión de mi vida, poesía
desnuda, mía para siempre!

Eternidades, 1916-1917

ETERNIDAD, BELLEZA. . .

Eternidad, belleza
sola, ¡si yo pudiese,
en tu corazón único,cantarte,
igual que tú me cantas en el mío,
las tardes claras de alegría en paz!

¡Si en tus éstasis últimos,
tú me sintieras dentro,
embriagándote toda,
como me embriagas todo tú!

¡Si yo fuese---inefable--

olor, frescura, música, revuelo
en la infinita primavera pura
de tu interior totalidad sin fin!
Piedra y cielo, 1917-1918

MARIPOSA DE LUZ

Mariposa de luz,
la belleza se va cuando yo llego
a su rosa.

Corro, ciego, tras ella . . .
La medio cojo aquí y allá . . .

¡Sólo queda en mi mano
la forma de su huída!
Piedra y cielo, 1917-1918

ARRAIGADO. . .

Arraigado;
pero que no se vea
tu raíz.
¡Sólo, en el día nuevo,
lo verde, el pájaro, la flor!
Poesía, 1917-1923

SU SITIO FIEL

Las nubes y los árboles se funden
y el sol les trasparenta su honda
paz.
Tan grande es la armonía del
abrazo,
que la quiere gozar también el
mar,
el mar que está tan lejos, que se
acerca,
que ya se oye latir, que huele ya.

El cerco universal se va apre-
tando,
y ya en toda la hora azul no hay
más
que la nube, que el árbol, que la
ola,
síntesis de la gloria cenital.
El fin está en el centro. Y se ha
sentado
aquí, su sitio fiel, la eternidad.

Para esto hemos venido. (Cae
todo
lo otro, que era luz provisional.)
Y todos los destinos aquí salen,
aquí entran, aquí suben, aquí
están.
Tiene el alma un descanso de
caminos
que han llegado a su único final.
La estación final, 1923-1936

RENACERÉ YO

Renaceré yo piedra,
y aún te amaré mujer a ti.

Renaceré yo viento,
y aún te amaré mujer a ti.

Renaceré yo ola,
y aún te amaré mujer a ti.

Renaceré yo fuego,
y aún te amaré mujer a ti.

Renaceré yo hombre,
y aún te amaré mujer a ti.
La estación total, 1923-1936

ESPAÑOLES DE TRES MUNDOS

EUSEBIA COSME[8]
(1937)

En fotografía y desde España, Eusebia Cosme me pareció una empinada ola negra salvaje, una especia dc Josefinita Baker[9] de la declamación desgarrada. Cuando vine a Cuba y la vi en «presencia y figura», vi que lo mulato auténtico era también suave y delicioso, deslizante, escapado; vi que Eusebia Cosme era la rosa canela cultivada.

Bien está la suave rosa mulata, la rosa Eusebia, repleta todavía de gracia primera y sentido orijinal. Tiene aún, por fortuna para ella, todas las ventajas y los derechos de su raza. Puede hacer de nuevo, y por lo tanto, lo que quiera ante todos y estar siempre a salvo por sí misma. Que no lo olvide (y me perdone) esta rosa de corazón canela.

El futuro humano y estético de Eusebia Cosme está, a mi parecer, en mantenerse en el tallo verde de su tierra libre, al aire siempre vivo y puro, con vida negra y pureza propia; en no soportar el mal ejemplo del recitador obtuso ni el mimo del dengue blanco; en no ser nunca rosa rosa ni rosa té; en no dejarse cojer, por nada de este mundo, ¡huye, rosa Eusebia!, para el cristal lamido del salón.

[8]Recitadora cubana de la poesía afroantillana muy popular durante los años 30. Juan Ramón vivió en Cuba en 1937-38.

[9]Josephine Baker (1906-1975) fue una cantante negra norteamericana que tuvo gran éxito en París durante los años 20.

PABLO CASALS[10]
viene.

No he oído en sala llena silencio más puro que el que emana de (circunda a) Pablo Casals cuando toca; porque, cuando toca, se oye, con su música lo que se oye en el silencio pleno (el silencio verdadero).

Él mismo sobrio, casto, echada la cabeza atrás, contra el infinito, parece tocar el silencio tanto como su música, que tiene, hermana desnuda, de plata, toda la calidad del silencio de oro.

Así un manantial puro en una honda soledad divina, o en el sueño. Último prestijio de la música suprema: el sonar, sin ser imitativa, a natural.

Se le encaja a uno el corazón porque como Pablo Casals toca en realidad (realmente) sobre su corazón, sacado fuera, parece --*si*

[10]Célebre violoncelista (1876-1973) catalán, considerado uno de los más grandes músicos del siglo XX. Como Juan Ramón, Casals pasó sus últimos años en Puerto Rico, donde había nacido su madre.

vis me flere[11]--que en vez de poner el arco en su violoncelo, lo poneen nuestro corazón.[12]

EL MÁS FIEL

Cantaron los gallos tristes
como señal del destino;
el hombre se puso en pie,
miró sin sueño al abismo.

Pero, ante la luz rojiza
que recortó el roto pino,
uno, que era diferente,
siguió tendido lo mismo.

Habló el otro que llegó,
vino el animal sumiso,
un humo olía a mujer,
abrió la puerta el camino.

El pájaro, el trigo, el agua,
todo se erguía en lo limpio;
pero no se levantaba
uno, el que era distinto.

(¿Dónde saludaba al pájaro,
dónde oía el arroyillo,
desde dónde se miraba,
como otra espiga, tendido?)

Pero no se levantaba
uno, el que era distinto,
pero no se levantó
uno que estaba en su sitio.

(Donde el que tendido está
está de pie, como un río,
sed una hecha agua una,
sólo leal espejismo.)

Pero no se levantaba
uno que ya estaba fijo,
uno, el que estaba ya en él,
uno, el fiel definitivo.

Romances de Coral Gables,
1939-1942

TIEMPO

FRAGMENTO 2

Y ¿quién puede vijilar siempre su pensamiento? La conciencia también duerme, como Homero. Tengo sueño. Se me abre la boca. ¿Hambre, aburrimiento, cansancio, sueño? Pero ¡qué hermosa noche de luna! La luna está ahí casi pinchada en la palma, como estuvo en Francia tras el laurel. Desde que estoy en América, esta luna eterna que desde niño ha sido tanto para mí (la novia, la hermana, la madre, de mi romántica adolescencia, la mujer desnuda de mi juventud, el desierto de yeso que la astronomía luego me definió) me trae

---

[11]Si quieres que llore. Este dicho, originalmente de la *Ars poetica* de Horacio, ha pasado a la tradición oral española. La frase entera es *si uis me flere, dolendum est primum ipsi tibi*; aparece en una discusión sobre las técnicas que un actor debe emplear para conmover a su público.

[12]Copiado del borrador autógrafo. Las palabras entre paréntesis figuran en el texto como versión alternativa de las que las preceden.

en su superficie la vista de España. Veo la luna como nuestra tierra, nuestro planeta visto desde fuera, desde el saliente a la nada del desterrado para quien su patria lejana hace lejano todo el mundo. Y en ella (la luna, la tierra, el mundo, la bola del mundo) perfectamente definida en gris rojizo sobre blanco, la hermosa figura de España. Ahora la luna no es la luna de otros tiempos de mi vida, sino el espejo alto de mi España lejana. Ya no es más que un espejo. Ahora la luna, al fin, me es de veras consoladora. Cuántas presencias muertas, vivas y muertas me trae. No, ¿ya no se unirán nunca esos pedazos tuyos para ser tú, ya el sol no te dará nunca en tu cara escueta, yo no se alzará tu mano fina y fuerte a tu cabeza? Y tú, España, ahí siempre, allí enmedio de la tierra, el planeta, con todo el mar, enmedio del mundo, exacta de lugar y forma, piel del toro de Europa, locura y razón de Europa; España única, España para mí. Mi madre viva, de quien yo lo aprendí todo, hablaba como toda España. Y España toda me habla ahora a mí, desde lejos, como mi madre lejana. Mi madre muerta, desde dentro de España, enterrada, es abono de la vida eterna e interna de España. Su muerte viva. España, cómo te oigo al dormirme, despierto, desvelado, en sueños. Los malos pies estraños que te pisan la vida y la muerte, mi vida y mi muerte, pasarán pisándote, España. Y entonces te incorporarás tú en la flor y el fruto nuevos del futuro paraíso donde yo, vivo o muerto, viviré y moriré sin destierro voluntario. No se me van del oído, fijadas en él como en un disco, las espléndidas altisonancias de la *Heroica* de Beethoven, tocada ayer por Bruno Walter. Nunca he oído la *Heroica* como ayer. Qué color, qué plástica, qué contraste en la «Marcha fúnebre» [,] que siempre me había parecido monótona y larga. Qué unidad tan bien compartida. Estaba yo embriagado. La música verdadera tiene para mí más vitaminas de todas las letras que todos los preparados del mundo. Como que está hecha de la vida exhalada del que la crea y el que la toca. ¿No ha de internar vida en el que la recibe, exhalando vida, en el espíritu, por los poros todos del cuerpo abierto? Vida. Esta mañana el sol me hizo adorarlo. Tenía, tras los pinos chorreantes, esa brillantez oriental, naranja y carmín, de ser vivo, rosa y manzana en fusión física e ideal de verdadero paraíso diario. Qué poco se mira al sol saliente, poder verdaderamente primero y único. Comprendo la adoración, bendición o maldición del sol; la idolatría del sol. Es nuestro principio único visible. [¿]Cómo olvidar ni dudar que hemos salido de él y que él nos «sostiene» y nos «mantiene» en todos los sentidos de la palabra? Equilibrio, ritmo, luz, calor, alimento, alegría, serenidad, locura. Caminando contra el sol, caminando . . . El zorro destripado en la noche por un auto cegador, el conejo yerto enmedio del camino, con la boca y los ojos más que vivos. Las auras negras volando en el aire aún de agua, cerca, por ellos, conejo y zorro. Hambre cerca, de cabaña astrosa de indio pringoso, de negro costroso, con olores que no van en mí con la naranja ni el pan tostado. Espejismos inmensos en el cielo. Las grullas blancas que se levantan volando elásticas, blandas como flores. La serpiente que pasa en ondas rápidas, y la matamos con la rueda. La pareja de lentas tortugas. La mariposa ocre muerta como una flor, contra el cristal. El cangrejo que corre con la boca abierta. Paludismo. Nubes rosas en el mediodía. Confusión de cerebro y sol. Nos detenemos. ¿Alguien, o algo me ha llamado? Salgo al aire libre. Lejanos rumores de día libre. De pronto, todo el rumoroso silencio y nosotros solos. Todo fundido, vida, muerte, verdor, hambre, asco; presente y lejanísimo estado de armonía total de la que soy a un tiempo centro y distancia infinita. Seguimos caminando. ¿Todo se ha de resolver en la mujer? ¿Por qué la garza, el zorro, la choza, el pantano, la nube, el espejismo, el viento en el cristal del coche no son nada en sí ni en mí? ¿Dónde está lo que son? ¿La mujer universal? ¿Me llamaste? ¿Quién? Nos paramos otra vez. De nuevo yo, vertical y ruidoso de entraña ardiente enmedio del inmenso coro callado y palpitante, en una melodía remota y al lado, coro de ranas y de estrellas ocultas en la luz del sol, pero allí, allí. Qué presencia obsesionante de mi vida las estrellas presentes ocultas en la luz del sol. Todo parece que me desconoce. Qué estraño me siento caminando vestido por este camino de las marismas inmensas. Y yo lo reconozco todo. A nadie, a nada le intereso y a mí me interesa todo. Veo toda la naturaleza como algo mío y ella me mira toda como algo ajeno, la flor, el vuelo, el mal olor, el mosquito. La sombra, la luz, la huida ¿la llegada? ¿De quién huyo, qué me espera, a quién voy, naturaleza? No, no hay detalle. La armonía infinita, lo total de que soy una nota, como el pico del aura carnicera y el ala de la florecilla blanca. Este estar enmedio de todo y fuera de todo, esto ¿soy yo? Ahora, en la casa abrigada, isla cerrada cúbicamente por paredes blancas enmedio de la misma naturaleza, casas entre árboles que siguen siendo ajenos, el radio nos da, como un tiro, su sorpresa en la forma más inesperada. Hoy, la muerte de Joyce[13] en Zurich,

---

[13]Se refiere a James Joyce (1882-1941), autor irlandés. Su novela *Ulisis* se considera revolucionaria por su uso del monólogo interior.

donde él escribió durante la otra guerra su *Ulises* y donde sin duda quiso refujiarse en ésta, como en su mismo libro antiguo. Me hubiera gustado ver a Joyce muerto, el reposo definitivo de su cabeza sumida y disminuida, en una hipertrofia concéntrica como la de mi corazón, por el trabajo, sus ojos bien gastados, como deben ir los ojos y los sentidos todos a la muerte, ojos gastados después de los sucesivos arreglos de la óptica. Del centro de la muerte colectiva, muerte de tantos que no podemos evocar separados, de Oxford, me llega hoy también el nuevo *Oxford Book of Spanish Verse*, impreso y encuadernado con el cuidado y el esmero de siempre en esta bella Oxford Press. Qué lección. En España también se hacía lo mismo, se imprimieron los libros de la paz enmedio del desorden, los libros del silencio enmedio del estrépito. Trend, que los gases envenenaron en la otra guerra y que sigue en su sitio en ésta, Christ College, al reeditar el libro que editó primero Fitzmaurice-Kelly[14] le ha suprimido, por fortuna, el sonetito de Leopoldo Díaz a Santiago Pérez Triana, «por el amor que los dos profesamos a la lengua castellana», antes al frente del libro. Pérez Triana fue un hombre bondadoso y sonriente, un héroe de la enfermedad. Me acuerdo de los ratos agradables pasados en su casa de Madrid con ellos, de su señora americana que nos daba aquellas comidas de colores sobre las que yo publiqué un artículo, de su hijo Sonny al que yo le escribí unos versos. Pero ¿por qué poner al frente del libro de Oxford aquel soneto tan fuera de lugar, de valor y de asunto? También ha cambiado Trend los poemas míos que escojió Fitzmaurice-Kelly, sin contar conmigo y con titulitos inventados por él («Espinas perfumadas», «Hastío de sufrir»), en los que no lo tenían. En la selección de los poemas posteriores a los míos (el libro anterior terminaba en mí) y en el prólogo y notas nuevas se ve que Trend está muy influido por la guerra de España y de Inglaterra, cosa perfectamente natural, al fin y al cabo. Como apéndice de los poemas ha puesto Trend unas breves pájinas, ejemplo de la poesía tradicional y la barroca españolas, muy útiles y exactas para el lector inglés. Maravilloso lector inglés. Londres, hace unas semanas, nos trasmitió a todos una conferencia sobre la paz eglójica de Virjilio[15]; también

---

[14] James Fitzmaurice-Kelly (1857-1923), célebre hispanista inglés, autor de *Historia de la literatura española.*

[15] Virgilio (70-19 antes de Cristo), poeta latino, autor de *Las Bucólicas*, serie de diez églogas de inspiración pastoril.

una conversación de Eliot[16] sobre la perdurancia de la lengua en la desaparición de todo lo demás.

(Por La Florida, 1941)

ESPACIO

FRAGMENTO SEGUNDO

«Y para recordar porqué he vivido», vengo a ti, río Hudson de mi mar. «Dulce como esta luz era el amor . . . » «Y por debajo de Washington Bridge (el puente más con más de esta New York) pasa el campo amarillo de mi infancia». Infancia, niño vuelvo a ser y soy, perdido, tan mayor, en lo más grande. Leyenda inesperada: «dulce como la luz es el amor», y esta New York es igual que Moguer, es igual que Sevilla y que Madrid. Puede el viento, en la esquina de Broadway, como en la Esquina de las Pulmonías de mi calle Rascón, conmigo; y tengo abierta la puerta donde vivo, con sol dentro. «Dulce como este sol era el amor». Me encontré al instalado, le reí, y me subí al rincón provisional, otra vez, de mi soledad y mi silencio, tan igual en el piso 9 y sol, al cuarto bajo de mi calle y cielo. «Dulce como este sol es el amor». Me miraron ventanas conocidas con cuadros de Murillo.[17] En el alambre de lo azul, el gorrión universal cantaba, el gorrión y yo cantábamos, hablábamos; y lo oía la voz de la mujer en el viento del mundo. ¡Qué rincón ya para suceder mi fantasía! El sol quemaba el sur del rincón mío, y en el lunar menguante de la estera, crecía dulcemente mi ilusión, queriendo huir de la dorada mengua. «Y por debajo de Washington Bridge, el puente más amigo de New York, corre el campo dorado de mi infancia . . . » Bajé lleno a la calle, me abrió el viento la ropa, el corazón; vi caras buenas. En el jardín de St. John the Divine, los chopos verdes eran de Madrid; hablé con un perro y un gato en español; y los niños del coro, lengua eterna, igual del paraíso y de la luna, cantaban, con campanas de San Juan, en el rayo de sol derecho, vivo, donde el cielo flotaba hecho armonía violeta y oro; iris ideal que bajaba y subía, que bajaba . . . «Dulce como este sol era al amor». Salí por Amsterdam,[18] estaba allí la luna (Morningside[19]); el aire ¡era tan puro! frío no, fresco, fresco; en él venía vida de primavera nocturna, y el sol estaba dentro de la

---

[16]T. S. Eliot (1888-1965), autor inglés de origen norteamericano que ganó el Premio Nóbel en 1948.

[17]Bartolomé Esteban Murillo (1617-1682), pintor español conocido por sus cuadros religiosos y escenas populares.

[18]Amsterdam Avenue, en Nueva York.

[19]Zona de Nueva York.

luna y de mi cuerpo, el sol
presente, el sol que nunca más
me dejaría los huesos solos, sol
en sangre y él. Y entré cantando
ausente en la arboleda de la
noche, y el río que se iba bajo
Washington Bridge, con sol aún,
hacia mi España por mi oriente,
a mi oriente de mayo de Madrid;
un sol ya muerto, pero vivo; un
sol presente, pero ausente; un sol
rescoldo de vital carmín; un sol
carmín vital en el verdor; un sol
vital en el verdor ya negro; un
sol en el negror ya luna; un sol
en la gran luna de carmín; un sol
de gloria nueva, nueva en otro
este; un sol de amor y de trabajo
hermoso; un sol como el amor...
«Dulce como este sol era el
amor».

(CANTADA)

(Por La Florida, 1941-1942-
1954)

RIOMÍO DE MI HUIR

Riomío de mi huir,
salido son de mis venas,
que con mi sangre has regado
parajes de tanta tierra,
¡cómo me gusta dejarte
ir con lo que te me llevas,
verte perderme en el mar
que se apropia mi leyenda,
en un fundirnos que es
aumento de dos presencias,
mar que recibe mi sangre,
yo que subo en su marea!

¡Cómo me gusta tu entrarme
en la armonía perpetua,
elemento que no apaga
la pesantez de la piedra;
que si soy un ser de fondo
de aire, una bestia presa
por las plantas de los pies
que me sientan la cabeza,
compensarán las espumas
de mi sangre que corriera
al mustioso amapolar
que cubra mi parte quieta!

Una colina meridiana, 1942-
1950

DEL FONDO DE LA VIDA

En el pedral, un sol sobre un espino, mío.
Y mirándolo ¿yo?
Oasis de sequera vejetal
del mineral, en medio de los otros (naturales
y artificiales, todas las especies)
de una especie diversa, y de otra especie
que tú, mujer, y que yo, hombre;
y que va a vivir menos,
mucho menos que tú, mujer, si no lo miro.

Déjame que lo mire yo, este espino (y lo oiga)
de gritante sol fúljido, fuego sofocante
silencioso,
que ha sacado del fondo de la tierra
ese ser natural (tronco, hoja, espina)
de seca condición aguda;
sin más anhelo ni cuidado
que su color, su olor, su forma; y su sustancia,
y su esencia (que es su vida y su conciencia.)
Una espresión distinta, que en el sol
grita en silencio lo que yo oigo, oigo.

Déjame que lo mire y considere.
Porque yo he sacado, diverso
también, del fondo de la tierra,
mi forma, mi color, mi olor; y mi sustancia,
y mi esencia (que es mi vida y mi conciencia)
carne y hueso (con ojos indudables)
sin más cuidado ni ansia
que una palabra iluminada,
que una palabra fuljidente,
que una palabra fogueante,
una espresión distinta, que en el sol está gritando
silenciosa;
que quizás algo o alguien oiga, oiga.

Y, hombre frente a espino, aquí estoy, con el sol
(que no sé de qué especie puedo ser,
si un sol desierto me traspasa)
un sol, un igual sol, sobre dos sueños.
Déjanos a los dos que nos miremos.

Una colina meridiana, 1942-1950

LA TRASPARENCIA, DIOS, LA TRASPARENCIA

Dios del venir, te siento entre mis manos,
aquí estás enredado conmigo, en lucha hermosa
de amor, lo mismo
que un fuego con su aire.

No eres mi redentor, ni eres mi ejemplo,
ni mi padre, ni mi hijo, ni mi hermano;
eres igual y uno, eres distinto y todo;
eres dios de lo hermoso conseguido,
conciencia mía de lo hermoso.

Yo nada tengo que purgar.
Toda mi impedimenta
ni es sino fundación para este hoy
en que, al fin, te deseo;
porque estás ya a mi lado,
en mi eléctrica zona,
como está en el amor el amor lleno.

Todos los nombres que yo puse
al universo que por ti me recreaba yo,
se me están convirtiendo en uno y en un dios.

El dios que es siempre al fin,
el dios creado y recreado y recreado
por gracia y sin esfuerzo.
El Dios. El nombre conseguido de los nombres.

Animal de fondo, 1949

SOY ANIMAL DE FONDO

«En fondo de aire» (dije) «estoy»,
(dije) «soy animal de fondo de aire» (sobre tierra),
ahora sobre mar; pasado, como el aire, por un sol
que es carbón allá arriba, mi fuera, y me ilumina
con su carbón el ámbito segundo destinado.

Pero tú, dios, también estás en este fondo
y a esta luz ves, venida de otro astro;
tú estás y eres

lo grande y lo pequeño que yo soy,
en una proporción que es ésta mía,
infinita hacia un fondo
que es el pozo sagrado de mí mismo.

Y en este pozo estabas antes tú
con la flor, con la golondrina, el toro
y el agua; con la aurora
en un llegar carmín de vida renovada;
con el poniente, en un huir de oro de gloria.

En este pozo diario estabas tú conmigo,
conmigo niño, joven, mayor, y yo me ahogaba
sin saberte, me ahogaba sin pensar en ti.
Este pozo que era, sólo y nada más ni menos,
que el centro de la tierra y de su vida.

Y tú eras en el pozo májico el destino
de todos los destinos de la sensualidad hermosa
que sabe que el gozar en plenitud
de conciencia amadora,
es la virtud mayor que nos trasciende.

Lo eras para hacerme pensar que tú eras tú,
para hacerme sentir que yo era tú,
para hacerme gozar que tú eras yo,
para hacerme gritar que yo era yo
en el fondo de aire en donde estoy,
donde soy animal de fondo de aire
con alas que no vuelan en el aire,
que vuelan en la luz de la conciencia
mayor que todo el sueño
de eternidades e infinitos
que están después, sin más que ahora yo, del aire.

Animal de fondo, 1949

ANIMAL DE FONDO

NOTAS

Estos poemas son una anticipación de mi libro «Dios deseante y deseado», lo último que he escrito en verso, posterior a «Lírica de una Atlántida», «Hacia otra desnudez» y «Los olmos de Riverdale».

Para mí la poesía ha estado siempre íntimamente fundida con toda mi existencia y no ha sido poesía objetiva casi nunca. Y ¿cómo no había de estarlo en lo místico panteísta la forma suprema de lo bello para mí? No que yo haga poesía relijiosa usual; al revés, lo poético lo considero como profundamente relijioso, esa relijión inmanente sin credo absoluto que yo siempre he profesado. Es curioso que, al dividir yo ahora toda mi escritura de verso y prosa en seis volúmenes cronolójicos, por tiempos o épocas mías, y que publicaré con el título jeneral de «Destino», el final de cada época o tiempo, el final de cada volumen sea con sentido relijioso.

Es decir, que la evolución, la sucesión, el devenir de lo poético mío ha sido y es una sucesión de encuentro con una idea de dios. Al final de mi primera época, hacia mis 28 años, dios se me apareció como en mutua entrega sensitiva; al final de la segunda, cuando yo tenía unos 40 años, pasó dios por mí como un fenómeno intelectual, con acento de conquista mutua; ahora que entro en lo penúltimo de mi destinada época tercera, que supone las otras dos, se me ha atesorado dios como un hallazgo, como una realidad de lo verdadero suficiente y justo. Si en la primera época fue éstasis de amor, y en la segunda avidez de eternidad, en esta tercera es necesidad de conciencia interior y ambiente en lo limitado de nuestro moderado nombre. Hoy concreto yo lo divino como una conciencia única, justa, universal de la belleza que está dentro de nosotros y fuera también y al mismo tiempo. Porque nos une, nos unifica a todos, la conciencia del hombre cultivado único sería una forma de deísmo bastante. Y esta conciencia tercera integra el amor contemplativo y el heroísmo eterno y los supera en totalidad.

Los poemas místicos finales de mi primera y mi segunda época están publicados, en síntesis, en mis libros particulares y en mi «Segunda antolojía poética». Y estoy tan lejos ahora de ellos como de mis presentes vitales de esos tiempos, aunque los acepto como recuerdos de días que de cualquier manera son de mi vida.

La escritura poética relijiosa (como la política, la militar, la agrícola, etc.) está para mí en el encuentro después del hallazgo. No se puede escribir esa poesía llamada comunista, por ejemplo, de la que tanto se escribe hoy, sin haber vivido mucho el comunismo, ni desde fuera de un país comunista. Una poesía de programa y propaganda de algo que aún no se ha asimilado, por extraordinaria que sea, me parecerá siempre falsa.

Estos poemas los escribí yo mientras pensaba, ya en estas penúltimas de mi vida, repito, en lo que había yo hecho en este mundo para encontrar un dios posible por la poesía. Y pensé entonces que el camino hacia un dios era el mismo que cualquier camino vocativo, el mío de escritor poético, en este caso; que todo mi avance poético en la poesía era avance hacia dios, porque estaba creando un mundo del cual había de ser el fin un dios. Y comprendí que el fin de mi vocación y de mi vida era esta aludida conciencia mejor bella, es decir jeneral, puesto que para mí todo es o puede ser belleza y poesía, espresión de la belleza.

Mis tres normas vocativas de toda mi vida: la mujer, la obra, la muerte se me resolvían en conciencia, en comprensión del «hasta qué» punto divino podía llegar lo humano de la gracia del hombre; qué era lo divino que podía venir por el cultivo; cómo el hombre puede ser hombre último con los dones que hemos supuesto a la divinidad encarnada, es decir enformada.

Hoy pienso que yo no he trabajado en vano en dios, que he trabajado en dios tanto cuanto he trabajado en poesía. Y yo sé que las dos jeneraciones que están ahora tras de mí, están encuadradas en la limitación del realismo mayor; pero también sé que otras jeneraciones más jóvenes han tomado el camino abandonado en nombre de tales virtuosismos asfixiantes; el camino que siguió mi jeneración y que venía ya de la anterior a la mía, camino mucho más real en el sentido más verdadero, camino real de todo lo real. Con la diferencia de que ésta es la realidad que está integrada en lo espiritual, como un hueso semillero en la carne de un fruto; y que no escluye un dios vivido por el hombre en forma de conciencia inmanente resuelta en su limitación destinada; conciencia de uno mismo, de su órbita y de su ámbito.

CONCIERTO

Echada en otro hombro una cabeza,
funden palpitación, calor, aroma,
y a cuatro ojos en llena fe se asoma
el amor con su más noble franqueza.

¡Unión de una verdad a una belleza,
que calma y que detiene la carcoma
cuyo hondo roer lento desmorona
por dentro la minada fortaleza!

Momento salvador por un olvido
fiel como lo anteterno del descanso:
la paz de dos en uno.

Y que convierte

el tiempo y el espacio, con latido
de ríos que se van, en el remanso
que aparta a dos que viven en la muerte.

De ríos que se van, 1951-1954

EL COLOR DE TU ALMA

Mientras que yo te beso, su rumor
nos da el árbol que mece al sol de oro
que el sol le da al huir, fugaz tesoro
del árbol que es el árbol de mi amor.

No es fulgor, no es ardor, y no es altor
lo que me da de ti lo que te adoro,
con la luz que se va; es el oro, el oro,
es el oro hecho sombra: tu color.

El color de tu alma, pues tus ojos
se van haciendo ella, y a medida
que el sol cambia sus oros por sus rojos
y tú te quedas pálida y fundida,
sale el oro hecho tú de tus dos ojos
que son mi paz, mi fe, mi sol: ¡mi vida!

De ríos que se van, 1951-1954

IDEOLOJÍA

NOTAS *SOBRE POESÍA Y POETAS*

Creo en la poesía como en un milagro; pero no creo en el milagro intelijente, voluntario, sino en el natural o instintivo.

¿Cómo realizarlo, entonces? . . . Pero nadie me quitará la esperanza mientras yo viva.

¿La poesía? ¿Poesía, una vez más? Siempre lo mismo: Misterio y encanto en la suficiente intensidad.

La poesía (como todo lo esencial y absoluto) es siempre la misma, pero la poesía tiene mucho que ver y comprender y no está agotada, es decir, no es necesario que sea siempre espresada del mismo modo.

Antonio Machado,[20] por ejemplo, es un verdadero poeta tradicional y ve la poesía desde Soria, Baeza, Segovia, como Unamuno[21] desde Salamanca. Pero Unamuno, más universal que Antonio Machado, es más futuro. Porque no es la ciudad limitada lo que limita sino la percepción limitada.

La pintura impresionista (un ejemplo claro y distinto de ver) pintó el paisaje y todo lo demás de una manera distinta que Velázquez[22] por ejemplo y Velázquez de una manera distinta que Leonardo[23] y Leonardo de una manera distinta que Giotto.[24] Pues la poesía de hoy puede ser espresada también de una manera distinta que la anterior. Y esto es lo que me diferencia a mí, por ejemplo, de Unamuno y de Antonio Machado.

Es claro que el crítico puede, como el poeta en su poesía, ser limitado en su crítica [. . .], puede no ser comprensivo de su época. Y siempre habrá la preferencia de un crítico tradicional por la poesía tradicional.

Poetas de su tiempo, y hoy es un tiempo como otro cualquiera, como Yeats[25] en el suyo, como Rilke,[26] como Eliot, desde el romanticismo hasta hoy, son comprendidos por críticos que, es claro, pueden ser de gran calidad.

Pocos han dicho mi [variación] constante en mi tiempo sucesivo, pero todos la han sentido y se han acomodado a ella gritándome a veces por si acaso «ellos» se equivocaban conmigo.

TIEMPO Y MUERTE

EL PEOR NEGOCIO

Encontrarse en el tiempo cualquier ser o cosa es un mal negocio, el peor

---

[20]Antonio de Machado (1875-1939) se considera el poeta más importante de la generación del 98.

[21]Miguel de Unamuno (1864-1936), poeta, ensayista, novelista y dramaturgo, se considera el intelectual que mejor articuló las preocupaciones de la generación del 98.

[22]Diego Velázquez (1599-1660), el pintor más destacado del Siglo de Oro.

[23]Leonardo da Vinci (1452-1519), célebre pintor de la escuela florentina; fue también escultor, arquitecto, científico, ingeniero, escritor y músico.

[24]Giotto di Bondone (1266-1337), uno de los grandes pintores de la escuela florentina.

[25]William Butler Yeats (1865-1939), poeta y dramaturgo irlandés; fue una figura central del renacimiento literario irlandés. Recibió el Premio Nóbel en 1923.

[26]Rainer María Rilke (1875-1926), escritor austríaco, conocido por su bella poesía de índole mística y sus obras en prosa.

negocio del hombre, porque el tiempo lo estropea todo.

No debiera haber tiempo sino sólo presente esencial total.

¡Y maldito el calendario y el reló!

El problema de la muerte no pertenece al muerto sino al vivo. El vivo es el que tiene que decidir de acuerdo con el tiempo y con el espacio limitados de la vida del muerto, y sin límites definidos de espacio y de tiempo mejor, su intemporal habitación.

Le dije a una niña ¿cuántos años tienes? Me contestó: 7. Y volví a decir ¿dónde los tienes? Me volvió a contestar: Eso lo sabe el tiempo.

DIOS

LAS DOS ETERNIDADES DE CADA HOMBRE

Yo no creo necesario (insisto) que nuestro Dios esté fuera de nuestro mundo ni, sobre todo, de nosotros hombres. ¿Para qué? Cada mundo y cada hombre pueden tener su dios, su concepción y su uso de Dios. ¿Por qué no, si todos los mundos no son lo mismo, ni todos los hombres de este mundo nuestro fuimos, somos, seremos iguales?

Nuestro Dios, esto es, el dios mío hombre, hombre de este planeta tierra con esta atmósfera de aires, quiere decir, me parece a mí, la conciencia superior que un hombre igual o parecido a mí crea con su sensibilidad y su intelijencia más o menos claripensante, clarisintiente. Dios, para mí, quiere decir conciencia universal presente e íntima; como un gran diamante de innumerables facetas en las que todos podemos espejarnos lo nuestro diferente o igual, con semejante luz; entendernos por encima de todo lo demás; digo por encima, porque todo lo demás no puede ser sino el fundamento de este Dios.

Si el fin del hombre no es crear una conciencia única superior, el Dios de cada hombre, un Dios de cada hombre con el nombre supuesto de Dios, yo no sé lo que es.

Pero sí, yo sé lo que es. Que nuestro Dios no es sino nuestra conciencia. Por ella, por él, podemos ser desgraciados o felices en nuestra vida; tener Dios o no tenerlo; tenerlo de modo más o menos conciente; junto o separado, solo o dividido. Y esta conciencia nuestra puede darnos la eternidad figurada primero; luego, la real, con nuestra alegría de poder permanecer, por Dios, en nuestra acción y nuestra obra a través de lo posible venidero.

RÉPLICA

Que yo diga que Dios no existe, amigo, podría ser lo mismo que si un ciego dijera que no existe la luz.

(«El andarín de su órbita», 1949-1954)

Temas

1. ¿Cómo idealiza el poeta su niñez y su pueblo en sus obras tempranas?

2. ¿Qué tipo de niño retrata el poeta? ¿Por qué cree usted que le atrae este tipo de personaje?

3. Se ha comparado la poesía de Juan Ramón Jiménez con la pintura impresionista. ¿Es válida esta comparación o no? ¿Cómo describe los paisajes? ¿Cómo describe a las personas?

4. ¿Cómo expresa el poeta sus sentimientos eróticos?

5. ¿Cuál es la actitud del poeta hacia las religiones tradicionales? ¿Cómo articula su deseo de encontrar una auténtica expresión de su espíritu? ¿Cómo explica la evolución de sus sentimientos religiosos en *Animal de fondo*?

5. ¿Cómo expresa su angustia con respecto al tiempo? ¿Qué sentimientos expresa con respecto a la muerte?

6. La crítca ha hablado de la tensión que existe en la obra de Juan Ramón entre la realidad corrupta y el sueño, entre la desilusión y la nostalgia. ¿En qué obras se encuentra esta tensión?

7. ¿Cómo demuestra el poeta su afecto a las Américas y a su tierra natal?

8. ¿En qué sentido reflejan la anomalías ortográficas del poeta su deseo que encontrar la expresión más pura y exacta de las cosas?

9. ¿Qué ideas expresa en «Intelijencia, dame...?

10. ¿Por qué compara la poesía con la magia?

Miguel Ángel Asturias

NANCY GRAY DÍAZ
Rutgers University

La obra de Miguel Ángel Asturias representa, entre muchas otras cosas, el florecimiento del realismo mágico en la literatura latinoamericana. Criado entre los indígenas de Guatemala, estudioso por toda su vida de las culturas maya y nahua, y poeta hermético de extraordinario talento, Asturias infundió en sus obras una perspectiva basada en la experiencia de las tradiciones autóctonas, de la naturaleza guatemalteca, del Surrealismo francés experimentado a primera mano en los años veinte, de una lectura a lo largo de su vida de los clásicos españoles, y de la historia vivida de la opresión en su país. En años recientes muchos críticos e historiadores de la literatura hispanoamericana coinciden en considerar que la publicación de *Hombres de maíz*, la segunda novela de Asturias, y de *El reino de este mundo* de Alejo Carpentier en 1949, da comienzo al movimiento más profundamente americano en la historia de esa literatura. No obstante, aunque el realismo mágico no puede ser entendido sin el estudio de Asturias, dicha obra rebasa y supera cualquier clasificación intelectual por su extraordinaria originalidad, su riqueza verbal y esa perspectiva frecuentemente esotérica que esconde una concepción y un plan riguroso de elementos complejamente relacionados. Dice Luis Harss que Asturias es «tal vez el novelista que ha penetrado más a fondo en lo latente e irracional de nuestra cultura», pero hay que añadir que en las mejores de sus obras lo irracional se estructura de un modo sumamente racional. (1973)

Al otorgarle a Asturias el Premio Nóbel en 1967, el secretario permanente de la Academia Sueca, Anders Osterling, citó su amor característicamente guatemalteco a la naturaleza y al mundo mítico y su espíritu liberador («libertarian spirit»). (*Nobel Prize Library:* 3) Osterling habla de la novela *El señor Presidente* (1946) como «una magnífica y trágica sátira» que critica el prototipo de un dictador latinoamericano cuya existencia es sostenida por un mecanismo de tiranía, de *Hombres de maíz* como una «acumulación de pesadillas y fantasmas totémicos» expresada en una poesía rara y espantosa, de la trilogía bananera (*Viento fuerte* [1950], *El papa verde* [1954] y *Los ojos de los enterrados* [1960]) como expresión de la lucha contra el imperialismo norteamericano ejemplicado por la United Fruit Company, y del impresionante ciclo poético *Clarivigilia primaveral* (1965) como la temática de la génesis de las artes y de la creación poética vistiéndose en un lenguaje que asume «el resplandeciente esplendor de las plumas del quetzal mágico» (3-4). Es evidente en los comentarios de este discurso de presentación que la Academia Sueca quiso reconocer las varias vertientes de la obra de Asturias: la mítica y folclórica, la estética y la socio-política.

Miguel Ángel Asturias nació en 1899 en la Ciudad de Guatemala un año después de que el dictador Estrada Cabrera se había apoderado del gobierno de Guatemala.[1] Cuando Miguel Ángel tenía cuatro años, su familia tuvo que trasladarse a Salamá, un pueblo aislado de las provincias, como resultado de un conflicto entre su padre, quien era juez, y el dictador. Su padre había perdido su puesto al igual que su madre, la cual trabajaba como maestra de una escuela primaria. En Salamá Asturias comenzó sus estudios y también tuvo contacto con la gente indígena de esa región, y decía después, que a partir de ahí su destino quedó muy pegado a la raza indígena, aunque admitía que no aprendió ninguna de las lenguas indígenas de su país. En el año 1907 su familia lo trasladó a la capital para continuar sus estudios, primero en la escuela primaria católica y después en una secundaria liberal donde predominaba el pensamiento positivista. En aquella época comenzaron a perfilarse su conciencia política, su oposición activa contra el gobierno de Estrada Cabrera, y el futuro autor también comenzó a escribir sus impresiones de acontecimientos actuales, particularmente el catastrófico terremoto de 1917, el cual destruyó la Ciudad de Guatemala.

Asturias se graduó de la Escuela de Derecho de la Universidad de Guatemala. Su tesis, «El problema social del indio», fue publicada en 1923 y fue otorgada el Premio Gálvez. En el mismo año Asturias salió para Europa no solamente para continuar su educación formal sino también para refugiarse de las persecuciones de las fuerzas militares. Durante sus años de estudiante Asturias había participado en el movimiento estudiantil contra la dictadura que ayudó en el derrocamiento de Estrada Cabrera. También formó parte de la Unión Centroamericana que luchaba para establecer una federación entre los estados centroamericanos, y ayudó en la fundación de la Universidad Popular.

Vivió en París por diez años. Ahí estudió antropología maya en la Sorbona y colaboró en la traducción del francés al español del *Popol Vuh*, el libro sagrado de los Maya-Quiché, bajo la dirección del distinguido antropólogo Georges Raynaud. Asturias conoció a muchos de los intelectuales y artistas de renombre que habitaban el París de esa época: a los españoles Picasso, Unamuno, quienes ejercieron una influencia profunda por ser «de nuesta carne, de nuestra sangre, de nuestra manera de ser y de pensar» (López Álvarez, 82); a los surrealistas franceses André Breton, Louis Aragon y su amigo Robert Desnos; y a los hispanoamericanos César Vallejo, Alejo Carpentier, Vicente Huidobro, Alfonso Reyes, Arturo Uslar Pietri, y otros.

Durante esta época Asturias publicó su primer libro de ficción, *Leyendas de*

Guatemala (1930). Se trata de una colección de leyendas indígenas narradas en un estilo claramente influido por el Modernismo hispanoamericano, el cual crea un mundo estético lleno de una belleza exótica. Paul Valéry elogió el libro en una carta sobre la traducción al francés llamando la leyendas «historias-sueños-poemas donde se confunden tan graciosamente las creencias, los cuentos y todas las edades de un pueblo de orden compuesto» (*Leyendas*, 9).

En París Asturias trabajó como periodista, contribuyendo artículos sobre la actualidad europea a varios periódicos latinoamericanos. Volvió a Guatemala en 1933 y ahí dirigió un programa radial de noticias transmitido dos veces al día bajo la censura de la dictadura de Jorge Ubico. Se casó por primera vez y tuvo dos hijos. En 1945 se trasladó a México como agregado cultural, y ahí publicó su primera novela, *El señor Presidente* (1946). Luego se mudó a Buenos Aires, donde la novela fue publicada en una edición más numerosa y comenzó a tener éxito.

El señor Presidente es una de las novelas más celebradas y populares de la literatura latinoamericana por su aguda exploración de las operaciones del poder y del terrorismo de una dictadura. El dictador en la novela es una figura casi mítica, pero muchos de los episodios están basados en acontecimientos verdaderos ocurridos en Guatemala bajo la dictadura de Estrada Cabrera. Resonancias míticas suenan a lo largo de la novela y culminan en una pesadilla en que Tohil, el primer dios de los Maya-Quiché aparece delante del protagonista, Miguel Cara de Ángel. Esta escena ocurre inmediatamente antes de la captura y condena perpetua de Cara de Ángel. La vitalidad poética del lenguaje y el dinamismo de la acción compensan cierto sentimentalismo y melodrama en la pintura de la historia amorosa de Cara de Ángel y Camila, la hija de un general, víctima del dictador. Sobre todo, son la inteligencia del análisis político y el vigor de la protesta contra la tiranía los elementos que contribuyen a la importancia de esta novela.

En Buenos Aires Asturias se casó con su segunda esposa, Blanca, y en 1949, por invitación del presidente Juan José Arévalo, regresó a Guatemala. En ese mismo año publicó dos novelas importantes: *Viento fuerte*, la primera de su trilogía sobre la intervención política y económica de la United Fruit Co. en Guatemala, y *Hombres de maíz*, tal vez su obra maestra.

Asturias prestó un apoyo a la presidencia de Jacobo Arbenz, a sus reformas agrarias y a sus tentativas de liberar el gobierno de Guatemala de la manipulación de los Estados Unidos. Sirvió como embajador a El Salvador con el propósito de impedir que ese país funcionara como base militar estadounidense para una invasión de Guatemala. La invasión, que se llevó a cabo en 1954, se dirigió desde Honduras y derrocó el gobierno legítimo de Arbenz, dejando a Asturias en el exilio y sin pasaporte. La década de los 1950 fue una época itinerante para los Asturias. Viajaron a la Argentina, donde Miguel Ángel escribió *Weekend en Guatemala* (1956) como protesta contra la más reciente agresión norteamericana en su país. Las novelas de esta década forman el *corpus* más significativo de la literatura de denuncia de Asturias después de *El señor Presidente*. La trilogía bananera--incluyendo *Viento fuerte*, *El papa verde* y *Los ojos de los enterrados*--pertenece a este período, además de *Weekend en Guatemala* (1956). *Viento fuerte* trata de las incursiones de una compañía frutera, La Tropical Platanera, S. A., contra los derechos propietarios de los dueños de parcelas pequeñas y la lucha de los indígenas no solamente contra la compañía sino también contra un gobierno que sostiene la empresa imperialista, pisando los derechos de sus propios ciudadanos. Paradójicamente, uno de los protagonistas es un norteamericano, Lester Mead, quien establece una cooperativa con los indígenas para competir con la Tropical y quien se revela al final como uno de los accionistas mayores de la misma Tropical. El viento fuerte del título es el huracán que al final de la novela arrasa los campos de la compañía frutera en una venganza primordial y cósmica. *El papa verde* regresa a la fundación de la Tropical en Guatemala y pinta el retrato del fundador Geo Maker Thompson, hombre dominante y corrupto, quien al mismo tiempo que lleva a cabo sus proyectos crueles sin preocuparse por sus víctimas guatemaltecas, se compromete personal y emocionalmente con el país, enamorándose de Mayarí, una joven indígena. Después del suicidio de ésta, Thompson se casa con la madre de Mayarí y tiene una hija con ella. En *Los ojos de los enterrados* Asturias termina el ciclo bananero con la narración del origen y del proceso de una huelga general que resulta en la caída de la dictadura y la rendición de la Frutera.

En estas novelas la exploración literaria de procesos histórico-sociales y económicos marca un paso importante en la tradición de la literatura comprometida latinoamericana. Sin embargo, muchos críticos encuentran en ellas defectos de estructura y de caracterización. Desde el punto de vista estético, una de las denuncias más eficaces es la colección de cuentos *Week-end en Guatemala,* en la cual Asturias narra una serie de acontecimientos grotescas que manifiestan la magnitud del horror y de la crueldad de la invasión de Guatemala.

Al partir de la Argentina, Asturias hizo un viaje con su esposa a Asia donde participó en el Congreso Panasiático y pasó tres meses de excursión en China. Después pasaron a la Unión Soviética y a París. El escritor celebró con profundo agrado la revolución cubana y fue a Cuba por invitación de Fidel Castro en 1959 y de nuevo en 1960. Otra vez en Buenos Aires, al caer el gobierno de Arturo Frondizi, Asturias fue detenido y encarcelado entre muchos otros intelectuales por el nuevo gobierno militar. Al salir de la cárcel pasó a Rumania e Italia. En 1966 le concedieron el Premio Lenín y también fue nombrado embajador guatemalteco a Francia. En 1967 recibió el Premio Nóbel. En los últimos años de su vida publicó varias obras que demuestran su continuado interés en la cultura indígena guatemalteca y en la política: *El alhajadito* (1961), *Mulata de tal* (1963), *El espejo de Lida Sal* (1967), *Maladrón* (1969), *Tres de cuatro soles* (1971), *Viernes de dolores* (1972), y

Dos veces bastardo, publicado postumamente. Miguel Ángel Asturias murió en Madrid en 1974.

Aunque Asturias es conocido principalmente como novelista, escribió poesía a lo largo de su vida y publicó varias obras de teatro. Sus dos colecciones más importantes de poesía son *Sien de alondra* (1949), la que recoge los versos escritos entre 1918 y 1948, y *Clarivigilia primaveral*. Los versos de *Sien de alondra*, intensamente personales e íntimos, exhiben la misma sonoridad, gusto por la naturaleza guatemalteca, y temática mitológica que encontramos en sus novelas. La bellísima *Clarivigilia primaveral*, narrada como un sueño mítico, recuerda la creación de las artes por los dioses. Especialmente interesantes entre sus obras de teatro son *Soluna*, la cual está basada en una leyenda indígena sobre un choque del sol con la luna, y *La audiencia de los confines* sobre la resistencia oficial contra la reformas en las Leyes de las Indias promulgadas por Fray Bartolomé de las Casas en Guatemala y la derrota del fraile.

La obra narrativa de Asturias generalmente se divide en dos vertientes: la de las narraciones de mitos, leyendas y creencias indígenas y la que se enfoca en acontecimientos contemporáneos y especialmente en los conflictos políticos de su país. Sin embargo, no es una división rígida. Las narrativas indigenistas a menudo tocan las condiciones sociales y políticas opresivas que resultan en la miseria y la impotencia, y las obras más evidentemente políticas contienen momentos de sueño y de magia, y contienen los tótemes típicos de la literatura indigenista.

La selección de la obra de Asturias que se presenta aquí es la primera de seis partes de *Hombres de maíz*. Se ofrece esta pieza por varias razones. Algunos de los mejores críticos de la obras de Asturias han reconocido esta novela como su obra maestra de, y el autor mismo dijo en varias ocasiones que era su novela favorita.[2] Sin embargo, Asturias admite que aquí no ha hecho ninguna concesión al lector con respecto a los simbolismos indígenas, y por esto la novela resulta bastante difícil de entender sin alguna orientación. La historia de la crítica de la novela incluye varios comentarios superficiales que ignoran la estructura cuidadosamente concebida y la profunda complejidad epistemólogica de la novela. Sin embargo, *Hombres de maíz* es la novela en que Asturias logra la más completa fusión de los elementos que hacen sus obras tan atrayentes e importantes.

«Gaspar Ilóm» puede leerse aparte de la novela como unidad completa porque abre y cierra el primer ciclo histórico y mítico de la novela. Este episodio trata del conflicto entre la gente de Ilóm, una comunidad indígena que habita un bosque en el monte, y los maiceros, hombres *ladinos* (o sea pertenecientes a la cultura hispanizada y dominante del país) que están limpiando el monte de los árboles para sembrar maíz. Para los indígenas el maíz es sagrado, pues forma una parte central de su dieta y de su sistema de creencias religiosas. Creen que el ser humano fue creado de maíz por los dioses. El ciclo de la siembra y la cosecha del maíz constituye una serie de ritos y para ellos vender el maíz como mercancía es una blasfemia. Además la limpieza del bosque por medio de las rozas es una violación de la tierra sagrada. En este trozo Gaspar Ilóm, el cacique del pueblo de Ilóm, tiene un sueño en que los brujos de las luciérnagas lo acusan de permitir que los maiceros destruyan la tierra. Gaspar Ilóm se despierta en la noche y se prepara ritual y psicológicamente para la guerra. Se emborracha con aguardiente, razona que tiene que abandonar su trabajo en la milpa y en un acto ritual tiene relaciones carnales con su mujer, la Piojosa Grande, así concibiendo al que será su hijo Martín.

Gaspar Ilóm emprende la guerra con el asesinato de los maiceros, uno por uno, y un día llega al pueblo de Pisiguilito una montada encabezada por el coronel Chalo Godoy. Una comisión sale a darle la bienvenida y hacerle una serenata a Godoy. Al ver un perro agonizando, Godoy manda a saber del boticario qué veneno ha ingerido el perro, y durante otra serenata Godoy le pasa el mismo veneno a la Vaca Manuela para que ella se la administre a Gaspar Ilóm. La Vaca Manuela es una mujer ladina casada con el Sr. Tomás Machojón, quien ha abandonado a su gente, los indios, para hacer su vida con ella en el pueblo. En el segundo capítulo de esta parte los indios se reúnen en una fiesta para celebrar los ritos del verano y ahí la Vaca Manuela envenena a Gaspar Ilóm. La Piojosa Grande, su mujer, presiente la catástrofe recordando un sueño en que vio a un hombre asistiendo a un convite bajo la tierra. El hombre bebió un líquido sin ver en él el reflejo de dos raíces blancas y cayó al suelo cambiando de aspecto y padeciendo agonía. En la fiesta la Piojosa Grande ve el reflejo de las raíces blancas en la espuma que comienza a salir de la boca de su marido. Ella huye, Gaspar la alcanza, y cuando ella rehusa detenerse, él levanta su escopeta. Pero no dispara porque entrevé la sombra de su hijo sostenido en la espalda de la mujer. La Piojosa Grande desaparece. Durante la noche Gaspar Ilóm lucha contra la muerte y sólo cuando se entera de que la montada ha acabado con todos sus guerrilleros, se da por vencido y se arroja al río.

Esta narrativa es una fusión concentrada de mito e historia novelada. El personaje de Gaspar Ilóm está basado en un personaje histórico, Gaspar Hijóm, cacique de unas «tierras de Ilóm», localizadas en la frontera entre Guatemala y México. (Martin: 279) En el año 1900 este cacique encabezó una lucha contra un grupo de ladinos que vinieron a apoderarse de las tierras indígenas que el Ministerio de Fomento les había concedido.[3] Esta acción era posible después de que el presidente Rufino Barrios aboliera la tenencia comunera en 1877. Hijóm fue envenenado y derrocado en el mismo año. Al mismo tiempo que reconocemos la base histórica de la acción, notamos que la narración consiste en una perspectiva colectiva indígena que surge de la conciencia histórica y de la inconciencia que transmite los conocimientos secretos de los brujos que realmente rigen y mueven la acción.

En las cinco partes siguientes de la novela se revelará que Gaspar Ilóm ha desempeñado el papel del héroe cultural. Los brujos de las luciérnagas tomarán su venganza por la muerte del cacique contra los Machojones, contra Chalo Godoy, y contra la familia del boticario que preparó el veneno. Algunos críticos han interpretado *Hombres de maíz* con referencia al *Popol Vuh* y han visto a Gaspar Ilóm como una encarnación de Hunahpú, el dios cuyas aventuras simbolizan la siembra del maíz y abren el camino para la creación del hombre.[4] Gerald Martin, en cambio, basa su interpretación en una lectura mucho más amplia de la mitología y antropología mesoamericana y relaciona a Gaspar Ilóm al dios azteca del sol y de la guerra, Huitzilopochtli. (*Edición crítica*) Al final de *Hombres* nos enteramos que la Piojosa Grande se ha transformado y ya es la lluvia y su hijo Martín es el maíz. Es evidente que Gaspar Ilóm comprende los dos aspectos del héroe cultural, pues es el guerrero y también el engendrador del maíz

Al desaparecer Gaspar Ilóm, se termina una etapa en la historia socioeconómica del pueblo de Ilóm porque el capitalismo se implanta firmemente, lo cual llega a ser muy evidente en la quinta parte de la novela. También se cierra una época en la historia mítica, la cual Emilio García considera una revuelta a una edad oscura, lunar, en que los hombres ya no son los de maíz sino los de madera. (Antes dc crear los hombres de maíz en el *Popol Vuh*, los dioses crearon los seres de barro y los de madera.) La huida de la mujer--y la Piojosa Grande es la primera de varias mujeres desaparecidas en la novela--sugiere la pérdida no solamente de la fertilidad del suelo sino también la destrucción de la comunidad, la que entiende el significado de su existencia por medio de su relación con la tierra y sus frutos.

Este episodio comienza con el sueño de Gaspar Ilóm («El Gaspar Ilóm deja que a la tierra de Ilóm le roben el sueño de los ojos...») y llega a su punto culminante en la narración del sueño de la Piojosa Grande. En la obra de Asturias el sueño permite la penetración de otro nivel de la realidad, no sólo la realidad del inconsciente sino también la realidad sobrenatural que hace funcionar y da significado a la realidad terrestre. Asturias creía que este aspecto de su obra era una imitación de la narrativa indígena. Según él, la narrativa indígena se despliega en dos niveles, el de la realidad y el dcl sueño; los textos indígenas captan la realidad cotidiana de los sentidos, pero al mismo tiempo comunican una realidad onírica, fabulosa e imaginaria. En los dos sueños de los protagonistas de «Gaspar Ilóm» esa segunda realidad irrumpe y hace aparente su relación integral con la realidad de los sentidos.

En su lucha contra los maiceros Gaspar Ilóm tiene como aliados los conejos amarillos, seres sobrenaturales que manifiestan la transcendencia de la palabra en *Hombres de maíz*.

> Conejos amarillos en el cielo, conejos amarillos en el monte, conejos amarillos en el agua guerrearán con el Gaspar. (5)

> La palabra del suelo hecha llama solar estuvo a punto de quemarles las orejas de tuza a los conejos amarillos en el cielo, a los conejos amarillos en el monte, a los conejos amarillos en el agua; pero el Gaspar se fue volviendo tierra que cae de donde cae la tierra, es decir, sueño que no encuentra sombra para soñar en el suelo de Ilóm y nada pudo la llama solar de la voz burlada por los conejos amarillos que se pegaron a mamar en un papayal, convertidos en papayas del monte, que se pegaron al cielo, convertidos en estrellas y se disiparon en el agua como reflejos con orejas. (5-6)

Notamos primero la repetición encantatoria de la frase «los conejos amarillos», cada vez colocándolos dentro de otro elemento natural. La asociación más fundamental de los conejos amarillos es con la mazorca y sus hojas, las «orejas de tuza». En otras partes de la novela se relacionarán con las llamas de la roza que quema la plantación de Tomás Machojón, con la luna y con los brujos de las luciérnagas. Gerald Martin sugiere que pueden ser los nahuales de los brujos de las luciérnagas (*Edición crítica*: 285). Habitantes del cielo, se asocian con las estrellas, con el mundo del sueño, con la fertilidad y la muerte. En el monte se relacionan con la tierra, son lo amarillo del maíz entre todo lo verde y viviente del bosque. En el agua, el elemento de la purificación y la fertilidad, representan el reflejo de un espejo, el espejo siendo una figura muy poderosa en la obra de Asturias sugiriendo la imagen de un plano de la realidad reflejando otro. En todas estas asociaciones percibimos a los conejos como chispas de luz, brillando con dinamismo y energía.

«La palabra del suelo hecha llama solar» demuestra la potencia de la palabra al adquirir significado trascendente. Es la palabra encarnada que asume vida y potencia creativa y que llega a ser una metáfora viviente. En el *Popol Vuh* la palabra aparece en el mito etiológico en el momento en que los dioses crean la luz. Asturias ha explicado su idea de la trascendencia de la palabra poética.

> La poesía, magia de los dioses, según los mayas y los nahuatles, era el arte de endiosar las cosas. El poeta «endiosa» las cosas que dice y las dice, ni despierto ni dormido, «clarivigilante», es decir, en estado de piedra mágica, de madera mágica, de animal mágico, de fuerza mágica. (López Álvarez: 168)

Fundamentalmente, la palabra es la herramienta de la transformación. Entonces los conejos amarillos funcionan no solamente como seres-personajes en la narrativa sino también como encargadores metafóricos de una serie compleja y potente de significados y asociaciones míticos, históricos y políticos.

Yo he sostenido en mi trabajo sobre Asturias que no se debe juzgar su obra sin la necesaria orientación en sus fuentes mitológicas y culturales. El realismo mágico en general infunde en sus obras las perspectivas de pueblos cuyas concepciones del mundo se distinguen radicalmente de las de la gran mayoría de los lectores. Así los magicorealistas representan una ruptura epistemológica con el *logos* occidental y desafían al lector a adaptarse a nuevos modos de percibir y conocer el mundo. El caso de Asturias es un desafío especialmente exigente por la complejidad y el sintetismo casi inagotables de las mejores de sus obras. En *Hombres de maíz* Asturias rivaliza con Lévi-Strauss en la revelación de la suprema inteligencia, razón y sintetismo de la mentalidad indígena en su concepción de la realidad. Hay que reconocer también la innovación linguística de la obra asturiana. La magia de la palabra asturiana está en su voz específicamente americana y guatemalteca. Los juegos metafóricos y sintácticos representan una ampliación de las posibilidades del lenguaje literario latinoamericano. Su integración de regionalismos y de jitanjáforas, las onomatopoeias, repeticiones, aliteraciones y otros juegos con el ritmo y el sonido tienen una resonancia inmediatamente reconocibles como obra suya. Nadie en las literaturas hispánicas ha logrado mejor que él la creación de mundos ficticios integrados a base de un lenguaje tan radicalmente original. Asturias mismo no teoriza sobre su propia obra, pero esa obra representa una experimentación con las técnicas narrativas y poéticas tan complicada que la crítica, con algunas pocas excepciones, ni ha comenzado a entenderla o explicarla. Por todo esto y por la integridad de su compromiso social, la obra de Miguel Ángel Asturias es fundamental en la historia intelectual y literaria de Latinoamérica y se reconoce la justicia de su selección como ganador del Premio Nóbel.

NOTAS

1. Las obras biográficas que he utilizado para este capítulo son la narración de Asturias mismo en Luis López Álvarez, *Conversaciones con Miguel Ángel Asturias* (Madrid: Editorial Magisterio Español, 1974); Richard J. Callan, *Miguel Ángel Asturias* (New York: Twayne, 1970); Carlos Meneses, *Miguel Ángel Asturias* (Barcelona: Ediciones Júcar, 1975); Jimena Sáenz, *Genio y figura de Miguel Ángel Asturias* (Buenos Aires: Editorial Universitaria de Buenos Aires, 1974); y el magnífico trabajo de Gerald Martin, ed., *Miguel Ángel Asturias, Hombres de maíz (Edición crítica)* (México, D. F.: Fondo de Cultura Económica, 1981).

2. Dice Ariel Dorfman, «Aunque sus orígenes se pierden en remotas regiones y sus coordenadas socioculturales todavía se discuten, la novela hispano-americana actual tiene una fecha de nacimiento bastante precisa. Es el año 1949 cuando salen a luz pública *El reino de este mundo*, de Alejo Carpentier, y *Hombres de maíz*, de Miguel Ángel Asturias. A esta última obra, vertiente y vértebra de todo lo que hoy se escribe en nuestro continente, le ha cabido un extraño destino, como tanta obra que abre una época y clausura el pasado». «*Hombres de maíz:* el mito como tiempo y palabra», en *Imaginación y violencia en América* (Santiago de Chile: Editorial Universitaria, 1970), 65. Además véase el comentario de Gerald Martin sobre la importancia de la novela, *Edición crítica*: xxx-xxxii; y el de Luis Harss, *Los nuestros*: 102-113.

3. Gerald Martin, citando a Asturias, *Edición crítica*: clxxi-ii.

4. Véase Emilio García, *Hombres de maíz: Unidad y sentido a través de sus símbolos mitológicos* (Miami: Ediciones Universal, 1978); y Nancy Gray Díaz, «Metamorphosis as Integration: *Hombres de maíz*», in *The Radical Self: Metamorphosis to Animal Form in Modern Latin American Narrative* (Columbia: University of Missouri Press, 1988), pp. 34-50.

Hombres de maíz

MIGUEL ÁNGEL ASTURIAS
PREMIO NÓBEL 1967

GASPAR ILÓM

I

--El Gaspar Ilóm deja que a la tierra de Ilóm le roben el sueño de los ojos.

--El Gaspar Ilóm deja que a la tierra de Ilóm le boten los párpados con hacha...

--El Gaspar Ilóm deja que a la tierra de Ilóm le chamusquen la ramazón de las pestañas con las quemas que ponen la luna color de hormiga vieja...

El Gaspar Ilóm movía la cabeza de un lado a otro. Negar, moler la acusación del suelo en que estaba dormido con su petate, su sombra y su mujer y enterrado con sus muertos y su ombligo, sin poder deshacerse de una culebra de seiscientas mil vueltas de lodo, luna, bosques, aguaceros, montañas, pájaros y retumbos que sentía alrededor del cuerpo.

--La tierra cae soñando de las estrellas, pero despierta en las que fueron montañas, hoy cerros pelados de Ilóm, donde el guarda canta con lloro de barranco, vuela de cabeza el gavilán, anda el zompopo,[1] gime la espumuy[2] y duerme con su petate, su sombra y su mujer el que debía trozar los párpados a los que hachan los árboles, quemar las pestañas a los que chamuscan el monte y enfriar el cuerpo a los que atajan el agua de los ríos que corriendo duerme y no ve nada pero atajada en las pozas abre los ojos y lo ve todo con mirada honda...

El Gaspar se estiró, se encogió, volvió a mover la cabeza de un lado a otro para moler la acusación del suelo, atado de sueño y muerte por la culebra de seiscientas mil vueltas de lodo, luna, bosques, aguaceros, montañas, lagos, pájaros y retumbos que le martajaba los huesos hasta convertirlo en una masa de frijol negro; goteaba noche de profundidades.

Y oyó, con los hoyos de sus orejas oyó:

--Conejos amarillos en el cielo, conejos amarillos en el monte, conejos amarillos en el agua guerrearán con el Gaspar. Empezará la guerra el Gaspar Ilóm arrastrado por su sangre, por su río, por su habla de ñudos ciegos...

La palabra del suelo hecha llama solar estuvo a punto de quemarles las orejas de tuza a los conejos amarillos en el cielo, a los conejos amarillos en el

---

[1]Hormiga grande.

[2]Paloma de plumas muy finas.

monte, a los conejos amarillos en el agua; pero el Gaspar se fue volviendo tierra que cae de donde cae la tierra, es decir, sueño que no encuentra sombra para soñar en el suelo de Ilóm y nada pudo la llama solar de la voz burlada por los conejos amarillos que se pegaron a mamar en un papayal, convertidos en papayas del monte, que se pegaron al cielo, convertidos en estrellas, y se disiparon en el agua como reflejos con orejas.

Tierra desnuda, tierra despierta, tierra maicera con sueño, el Gaspar que caía de donde cae la tierra, tierra maicera bañada por ríos de agua hedionda de tanto estar despierta, de agua verde en el desvelo de las selvas sacrificadas por el maíz hecho hombre sembrador de maíz. De entrada se llevaron los maiceros por delante con sus quemas y sus hachas en selvas abuelas de la sombra, doscientas mil jóvenes ceibas de mil años.

En el pasto había un mulo, sobre el mulo había un hombre y en el hombre había un muerto. Sus ojos eran sus ojos, sus manos eran sus manos, su voz era su voz, sus piernas eran sus piernas y sus pies eran sus pies para la guerra en cuanto escapara a la culebra de seiscientas mil vueltas de lodo, luna, bosques, aguaceros, montañas, lagos, pájaros y retumbos que se le había enroscado en el cuerpo. Pero cómo soltarse, cómo desatarse de la siembra, de la mujer, de los hijos, del rancho; cómo romper con el gentío alegre de los campos; cómo arrancarse para la guerra con los frijolares a media flor en los brazos, las puntas de güisquil[3] calientitas alrededor del cuello y los pies enredados en el lazo de la faina.

El aire de Ilóm olía a tronco de árbol recién cortado con hacha, a ceniza de árbol recién quemado por la roza.

Un remolino de lodo, luna, bosques, aguaceros, montañas, lagos, pájaros y retumbos dio vueltas y vueltas y vueltas y vueltas en torno al cacique de Ilóm y mientras le pegaba el viento en las carnes y la cara y mientras la tierra que levantaba el viento le pegaba se lo tragó una media luna sin dientes, sin morderlo, sorbido del aire, como un pez pequeño.

La tierra de Ilóm olía a tronco de árbol recién cortado con hacha, a ceniza de árbol recién quemado por la roza.

Conejos amarillos en el cielo, conejos amarillos en el agua, conejos amarillos en el monte.

No abrió los ojos. Los tenía abiertos, amontonados entre las pestañas. Lo golpeaba la tumbazón de los latidos. No se atrevía a moverse, a tragar saliva, a palparse el cuerpo desnudo temeroso de encontrarse el pellejo frío y en el pellejo frío los profundos barrancos que le había babeado la serpiente.

---

[3]Chayote, tipo de fruta.

La claridad de la noche goteaba copal[4] entre las cañas del rancho. Su mujer apenas hacía bulto en el petate. Respiraba boca abajo, como si soplara el fuego dormida.

El Gaspar se arrancó babeado de barrancos en busca de su tecomate,[5] a gatas, sin más ruido que el de las coyunturas de sus huesos que le dolían como si hubiera efecto de luna, y en la oscuridad, rayada igual que un poncho por la luz luciérnaga de la noche que se colaba a través de las cañas del rancho, se le vio la cara de ídolo sediento, pegarse al tecomate como a un pezón y beber aguardiente a tragos grandes con voracidad de criatura que ha estado mucho tiempo sin mamar.

Una llamarada de tuza[6] le agarró la cara al acabarse el tecomate de aguardiente. El sol que pega en los cañales lo quemó por dentro: le quemó la cabeza en la que ya no sentía el pelo como pelo, sino como ceniza de pellejo y le quemó, en la curva de la boca, el murciélago de la campanilla, para que durante el sueño no dejara escapar las palabras del sueño, la lengua que ya no sentía como lengua sino como mecate, y le quemó los dientes que ya no sentía como dientes, sino como machetes filudos.

En el suelo pegajoso de frío topó sus manos medio enterradas, sus dedos adheridos a lo hondo, a lo duro, a lo sin resonancia y sus uñas con peso de postas de escopeta.

Y siguió escarbando a su pequeño alrededor, como animal que se alimenta de cadáveres, en busca de su cuerpo que sentía desprendido de su cabeza. Sentía la cabeza llena de aguardiente colgando como tecomate de un horcón del rancho.

Pero la cara no se la quemó el aguardiente. El pelo no se lo quemó el aguardiente. No lo enterró el aguardiente. No lo decapitó el aguardiente por aguardiente sino por agua de la guerra. Bebió para sentirse quemado, enterrado, decapitado, que es como se debe ir a la guerra para no tener miedo: sin cabeza, sin cuerpo, sin pellejo.

Así pensaba el Gaspar. Así lo hablaba con la cabeza separada del cuerpo, picuda, caliente, envuelta en estropajo canoso de luna. Envejeció el Gaspar, mientras hablaba. Su cabeza había caído al suelo como un tiesto sembrado de piecitos de pensamientos. Lo que hablaba el Gaspar ya viejo, era monte. Lo que pensaba era monte recordado, no era pelo nuevo. De las orejas le salía el pensamiento a oír el ganado que le pasaba encima. Una partida de nubes sobre pezuñas. Cientos de pezuñas. Miles de pezuñas. El botín de los conejos amarillos.

---

[4]Resina aromática que se masca como chicle.

[5]Vaso de calabaza.

[6]Hoja que envuelve la mazorca de maíz.

La Piojosa Grande manoteó bajo el cuerpo del Gaspar, bajo la humedad caliente de maíz chonete[7] del Gaspar. Se la llevaba en los pulsos cada vez más lejos. Habían pasado de sus pulsos más allá de él, más allá de ella, donde él empezaba a dejar de ser solo él y ella sola ella y se volvían especie, tribu, chorrera de sentidos. La apretó de repente. Manoteó la Piojosa. Gritos y peñascos. Su sueño regado en el petate como su mata de pelo con los dientes del Gaspar como peinetas. Nada vieron sus pupilas de sangre enlutada. Se encogió como gallina ciega. Un puño de semillas de girasol en las entrañas. Olor a hombre. Olor a respiración.

Y al día siguiente:

--Ve, Piojosa, diacún[8] rato va a empezar la bulla. Hay que limpiar la tierra de Ilóm de los que botan los árboles con hacha, de los que chamuscan el monte con las quemas, de los que atajan el agua del río que corriendo duerme y en las pozas abre los ojos y se pugre de sueño... los maiceros... ésos que han acabado con la sombra, porque la tierra que cae de las estrellas incuentra onde[9] seguir soñando su sueño en el suelo de Ilóm, o a mí me duermen para siempre. Arrejuntá[10] unos trapos viejos pa[11] amarrar a los trozados, que no falte totoposte,[12] tasajo,[13] sal, chile, lo que se lleva a la guerra.

Gaspar se rascó el hormiguero de las barbas con los dedos que le quedaban en la mano derecha, descolgó la escopeta, bajó al río y desde un matocho hizo fuego sobre el primer maicero que pasó. Un tal Igiño. El día siguiente, en otro lugar, venadeó al segundo maicero. Uno llamádose Domingo. Y un día con otro el Igiño, el Domingo, el Cleto, el Bautista, el Chalío, hasta limpiar el monte de maiceros.

El mata-palo[14] es malo, pero el maicero es peor. El mata-palo seca un árbol en años. El maicero con sólo pegarle fuego a la roza acaba con el palerío en pocas horas. Y qué palerío. Maderas preciosas por lo preciosas. Palos medicinales en montón. Como la guerrilla con los hombres en la guerra, así acaba el maicero con los palos. Humo, brasa, cenizal. Y si fuera por comer. Por negocio. Y si fuera por cuenta propia, pero a medias en la ganancia con el patrón y a veces ni siquiera a medias. El maíz empobrece la tierra y no enriquece a ninguno. Ni al patrón ni al mediero. Sembrado para comer es sagrado sustento del hombre que fue hecho de maíz. Sembrado por negocio es

---

[7]Cortado tierno.

[8]De acá un rato, dentro de poco.

[9]Encuentra donde.

[10]Junta.

[11]Para.

[12]Tortilla de maíz preparada especialmente para que se pueda comer fría.

[13]Pedazo de carne seca.

[14]Parásito que seca los árboles.

hambre del hombre que fue hecho de maíz. El bastón rojo del Lugar de los Mantenimientos, mujeres con niños y hombres con mujeres, no echará nunca raíz en los maizales, aunque levanten en vicio. Desmerecerá la tierra y el maicero se marchará con el maicito a otra parte, hasta acabar él mismo como un maicito descolorido en medio de tierras opulentas, propias para siembras que lo harían pistudazo y no ningunero que al ir ruineando la tierra por donde pasa siempre pobre, le pierde el gusto a lo que podría tener: caña en las bajeras caliente, donde el aire se achaparra sobre los platanares y sube el árbol de cacao, cohete en la altura, que, sin estallido, suelta bayas de almendras deliciosas, sin contar el café, tierras majas pringaditas de sangre, ni el alumbrado de los trigales.

Cielos de natas y ríos mantequillosos, verdes, desplayados, se confundieron con el primer aguacero de un invierno que fue puro baldío aguaje sobre las rapadas tierras prietas, hora un año milpeando, todas milpeando. Daba lástima ver caer el chayerío[15] del cielo en la sed caliente de los terrenos abandonados. Ni una siembra, ni un surco, ni un maicero. Indios con ojos de agua llovida espiaban las casas de los ladinos[16] desde la montaña. Cuarenta casas formaban el pueblo. En los aguasoles de la mañana sólo uno que otro habitante se aventuraba por la calle empedrada, por miedo de que los mataran. El Gaspar y sus hombre divisaban los bultos y si el viento era favorable alcanzaban a oír la bulla de los sanates[17] peleoneros en la ceiba de la plaza.

El Gaspar es invencible, decían los ancianos del pueblo. Los conejos de las orejas de tuza lo protegen al Gaspar, y para los conejos amarillos de las orejas de tuza no hay secreto, ni peligro, ni distancia. Cáscara de mamey es el pellejo del Gaspar y oro su sangre --«grande es su fuerza», «grande es su danza»-- y sus dientes, piedra pómez si se ríe y piedra de rayo si muerde o los rechina, son su corazón en la boca, como sus carcañales son su corazón en sus pies. La huella de sus dientes en las frutas y la huella de sus pies en los caminos sólo la conocen los conejos amarillos. Palabra por palabra, esto decían los ancianos del pueblo. Se oye que andan cuando anda el Gaspar. Se oye que hablan cuando habla el Gaspar. El Gaspar anda por todos los que anduvieron, todos los que andan y todos los que andarán. El Gaspar habla por todos los que hablaron, todos los que hablan y todos los que hablarán. Esto decían los ancianos del pueblo a los maiceros. La tempestad aporreaba sus tambores en la mansión de las palomas azules y bajo las sábanas de las nubes en las sabanas.

---

[15]Abundancia de pedazos de vidrio. (El chayé es obsidiana negra; por extensión la palabra se refiere a cualquier vidrio.).

[16]Los que no son indios.

[17]Pájaros de plumaje oscuro y largos picos negros.

Pero un día después de un día, el habla ñudosa de los ancianos anunció que de nuevo se acercaba la montada. El campo sembrado de flores amarillas advertía sus peligros al protegido de los conejos amarillos.

A qué hora entró la montada en el pueblo? A los ladinos amenazados de muerte por los indios les parecía un sueño. No se hablaban, no se movían, no se veían en la sombra dura como las paredes. Los caballos pasaban ante sus ojos como gusanos negros, los jinetes se adivinaban con caras de alfajor quemado. Había dejado de llover, pero asonsaba el olor de la tierra mojada y el pestazo del zorrillo.

El Gaspar se mudó de escondite. En el azul profundo de la noche de Ilóm se paseaban conejillos rutilantes de estrella en estrella, señal de peligro, y olía la montaña a pericón amarillo. Mudó de escondite el Gaspar Ilóm con la escopeta bien cargada de semillita de oscurana[18]--eso es la pólvora--, semillita de oscurana mortal, el machete desnudo al cinto, el tecomate con aguardiente, un paño con tabaco, chile, sal y totoposte, dos hojitas de laurel pegadas con saliva a los sentidos sustosos, un vidrio con aceite de almendras y una cajita con pomada de león. Grande era su fuerza, grande era su danza. Su fuerza eran las flores. Su danza eran las nubes.

El corredor del Cabildo quedaba en alto. Abajo se veía la plaza panzona de agua llovida. Cabeceaban en la humedad humosa de sus alientos las bestias ensilladas, con los frenos amarrados en las arciones[19] y la cincha floja. Desde que llegó la montada olía el aire a caballo mojado.

El jefe de la montada iba y venía por el corredor. Una tagarnina[20] encendida en la boca, la guerrera[21] desabrochada, alrededor del pescuezo un pañuelo de burato blanco, pantalón de fatiga caído en las polainas y zapatos de campo.

En el pueblo ya sólo se veía el monte. La gente que no huyó fue diezmada por los indios que bajaban de las montañas de Ilóm, al mando de un cacique pulsudo y traicionero, y la que se aguantó en el pueblo vivía surdida en sus casas y cuando cruzaba la calle los hacía con carrerita de lagartija.

La noticia del bando los sacó a todos de sus casas. De esquina en esquina oían el bando. «Gonzalo Godoy, Coronel del Ejército y Jefe de la Expedicionaria en Campaña, hace saber que, rehechas sus fuerzas y recibidas órdenes y efectivos, anoche hizo su entrada a Pisigüilito, con ciento cincuenta hombres de a caballo buenos para el chispero y cien de a pie, flor para el machete, todos dispuestos a echar plomo y filo contra los indios de la montaña...»

---

[18]La oscuridad que precede una tempestad.

[19]Aciones (correas que sostienen el estribo).

[20]Cigarrillo de mala calidad.

[21]Chaqueta ajustada que se abrocha hasta el cuello.

Sombra de nubes oscuras. Remoto sol. La montaña aceitunada. El cielo, la atmósfera, las casas, todo color de tuna. El que leía el bando, el grupo de vecinos que escuchaba de esquina en esquina --casi siempre el mismo grupo--, los soldados que lo escoltaban con tambor y corneta, no parecían de carne, sino de miltomate,[22] cosas vegetales, comestibles...

Los principales del pueblo estuvieron después del bando a visitar al coronel Godoy. Pasadito el bando llegaron en comisión. Don Chalo, sin quitarse la tranca de la boca, sentado en una hamaca que colgaba de las vigas del corredor del Cabildo, fijó sus redondos ojos zarcos en todas las cosas, menos en la comisión, hasta que uno de ellos, tras tantearse mucho, dio un paso al frente y empezó como a querer hablar.

El coronel le echó la mirada encima. Venían a ofrecerle una serenata con marimba y guitarras para celebrar su llegada a Pisigüilito.

--Y ya que lo brusqueamos, mi coronel --dijo el que hablaba--, juiceye el programa: «Mucha mostaza», primera pieza de la primera parte; «Cerveza negra», segunda pieza de la primera parte; «Murió criatura», tercera pieza...

--¿Y la segunda parte? --cortó el coronel Godoy en seco.

--Asegunda parte nu hay --intervino el más viejo de los que ofrecían la serenata, dando un paso al frente--. Aquí en propio Pisigüilito sólo son esas piezas las que se tocan dende[23] tiempo y toditas son mías. La última que compuse fue «Murió criatura», cuando el cielo recogió tiernita a la hija de la niña Crisanta y no tiene otro mérito.

--Pues, amigo, ya debía usted ir solfeando para componer una pieza que se llame «Nací de nuevo», porque si nosotros no llegamos anoche, los indios de la montaña bajan al pueblo hoy en la madrugada y no amanece un baboso de ustedes ni para remedio. Los rodajean a todos.

El compositor con la cara de cáscara de palo viejo, el pelo en la frente pitudo como de punta de mango chupado y las pupilas apenas visibles entre las rendijas de los párpados, se quedó mirando al coronel Godoy, silencio de enredadera por el que todos sintieron deslizarse las indiadas que al mando del Gaspar Ilóm no le habían perdido el gusto a lo que no tenían y le llevaban ganas al ganado, al aguardiente, a los chuchos[24] y al pachulí[25] de la botica para esconder el sudor.

El guerrero indio huele al animal que lo protege y el olor que se aplica: pachulí, agua aromática, unto maravilloso, zumo de fruta, le sirve para borrarse

---

[22]Tomate que se siembra en la milpa, es decir, en la tierra destinada al cultivo del maíz.

[23]Desde hace.

[24]Perros.

[25]Perfume del pachulí, planta aromática.

esa presencia mágica y despistar el olfato de los que le buscan para hacerle daño.

El guerrero que transpira a cochemonte,[26] despista y se agracia con raíz de violeta. El agua de heliotropo esconde el olor del venado y la usa el guerrero que despide por sus poros venaditos de sudor. Más penetrante el olor del nardo, propio para los protegidos en la guerra por aves nocturnas, sudorosas y heladas; así como la esencia de jazmín del cabo es para los protegidos de las culebras, los que casi no tienen olor, los que no sudan en los combates. Aroma de palo rosa esconde al guerrero con olor de cenzontle.[27] El huele de noche oculta al guerrero que huele a colibrí. La diamela al que transpira a micoleón.[28] Los que sudan a jaguar deben sentir a lirio silvestre. A ruda los que saben a guacamayo.[29] A tabaco los que sudando se visten de charla de loro. Al guerrero-danta[30] lo disimula la hoja de higo. El romero al guerrero-pájaro. El licor de azahar al guerrero-cangrejo.

El Gaspar, flor amarilla en el vaivén del tiempo, y las indiadas, carcañales que eran corazones en las piedras, seguían pasando por el silencio de enredadera que se tramó entre el coronel y el músico de Pisigüilito.

--Pero, eso sí --avivó la voz el coronel Godoy--, los matan a todos los rodajean y no se pierde nada. ¡Un pueblo en que no hay cómo herrar una bestia, me lleva la gran puta!

Los hombres del coronel Godoy, acurrucados entre las caballerías, se pararon casi al mismo tiempo, espantándose ese como sueño despierto en que caían a fuerza de estar en cuclillas. Un chucho tinto de jiote[31] corría por la plaza como buscaniguas,[32] de fuera la lengua, de fuera los ojos, acecidos y babas.

Los hombres volvieron a caer en su desgana. Sentándose sobre sus talones para seguir horas y horas inmóviles en su sueño despierto. Chucho que busca el agua no tiene rabia y el pobre animal se revolcaba en los charcos de donde saltaba, negro de lodo, a restregarse en la parte baja de las paredes de las casas que daban a la plaza, en el tronco de la ceiba, en el palo desgastado del poste.

--¿Y ese chucho...? --preguntó el coronel desde la hamaca, atarraya de pita que en todos los pueblos lo pescaba a la hora de la siesta.

--Ta accidentado --contestó el asistente, sin perderle movimiento al perro, pie sobre pie, atrancado a uno de los pilares del corredor del Cabildo, cerca de

---

[26]Jabalí.

[27]Sinsonte, ave americana de canto armonioso.

[28]Coatí, pequeño mamífero carnicero de América.

[29]Especie de papagayo.

[30]Tapir, mamífero que tiene el hocico alargado en forma de trompeta.

[31]Cierta clase de herpes muy frecuente en los perros.

[32]Cohete que corre por el suelo.

la hamaca donde estaba echado el coronel, y después de buen rato, sin moverse de aquella postura, dijo--: Pa mí que comió sapillo y se atarantó.[33]

--Anda averiguar, casual vaya a ser rabia...

--¿Y ónde se podrá averiguar?

--En la botica, jodido, si aquí no hay otra parte.

El asistente se metió los caites[34] y corrió a la botica. Como decir el Cabildo de este lado, en frente quedaba la botica.

El chucho seguía desatado. Sus ladridos astillaban el silencio cabeceador de los caballos mechudos y el como sueño despierto de los hombres en cuclillas. De repente se quedó sin pasos. Rascó la tierra como si hubiera enterrado andares y los buscara ahora que tenía que andar. Un sacudón de cabeza, otro y otro, para arrancarse con la cabeza y todo lo que llevaba trabado en el galillo. Baba, espuma y una masa blanquizca escupida del galillo al suelo, sin tocarle los dientes ni la lengua. Se limpió el hocico con ladridos y echó a correr husmeando la huella de algún zacate[35] medicinal que en el trastorno culebreante de su paso se le volvía sombra, piedra, árbol, hipo, basca, bocado de cal viva en el suelo. Y otra vez en carrera, como chorro de agua que el golpe del aire pandea, hasta caer de canto. Se lo llevaba el cuerpo. Consiguió pararse. Los ojos pepitosos, la lengua colgante, el latiguillo de la cola entre las piernas atenazadas, quebradizas, friolentas. Pero al querer dar el primer paso trastabilló como maneado y el tatarateo de la agonía, en rápida media vuelta, lo echó al suelo con las patas para arriba, fuerceando con todas sus fuerzas por no irse de la vida.

--Pué dejó de vultear, pué... --dijo uno de los hombres encuclillados entre las caballerías. Imponían estos hombres. El que habló tenía la cara color de nata de vinagre y un chajazo de machete directamente en la ceja.

El chucho sacudía los dientes con tastaseo de matraca, pegado a la jaula de sus costillas, a su jiote, a sus tripas, a su sexo, a su sieso. Parece mentira, pero es a lo más ruin del cuerpo a lo que se agarra la existencia con más fuerza en la desesperada de la muerte, cuando todo se va apagando en ese dolor sin dolor que, como la oscuridad, es la muerte. Así pensaba otro de los hombres acurrucados entre las caballerías. Y no se aguantó y dijo:

--Entuavía se medio mueve. ¡Cuesta que se acabe el ajigolón de la vida. ¡Bueno Dios nos hizo perecederos sin más cuentos..., pa qué nos hubiera hecho eternos! De sólo pensarlo me basquea el sentido.

--Por eso digo yo que no es pior castigo el que lo afusilen a uno --adujo el del chajazo en la ceja.

---

[33]**Comió...** tiene sapillo (una enfermedad de la boca) y se aturdió.

[34]Sandalias.

[35]Hierba.

--No es castigo, es remedio. Castigo sería que lo pudieran dejar a uno vivo para toda la vida,[36] pa muestra...

Ésa sería pura condenación.

El asistente volvió al corredor del Cabildo. El coronel Godoy seguía trepado en la hamaca, bigotudo y con los ojos abiertos, puro pescado en atarraya.

--Que es que le dio bocado,[37] dice el boticario, mi coronel, porque es que estaba pinto de jiote.

--¿Y no le preguntaste qué le dio el fregado?

--Bocado, dice...

--Bocado, pero ¿con qué se lo dio?

--Con vigrio[38] molido y veneno.

--Pero, ¿qué veneno le echó?

--Disimule que ya le vo[39] a preguntar.

--¡Mejor que vas vos,[40] Chalo malo! --se dijo el coronel Godoy, apeándose de la hamaca, los ojos zarcos como de vidrio molido y el veneno para el cacique de Ilóm, en el pensamiento.

--Y vos --ordenó Godoy al asistente-- andame a buscar a los que vinieron a ofrecer una serenata y les decís que digo yo que la traigan esta noche.

Gran amarilla se puso la tarde. El cerro de los sordos cortaba los nubarrones que pronto quemaría la tempestad como si fuera polvo de olote.[41] Llanto de espinas en los cactos. Pericas gemidoras en los barrancos. ¡Ay, si caen en la trampa los conejos amarillos! ¡Ay, si la flor del chilindrón,[42] color de estrella en el día, no borra con su perfume el olor del Gaspar, la huella de sus dientes en las frutas, la huella de sus pies en los caminos, sólo conocida de los conejos amarillos!

El perro pataleaba en el retozo de la agonía, sin levantar la cabeza, meándose por poquitos, hinchada la barriga, erizo el espinazo, el sexo como en brama, la nariz con espuma de jaboncillo. De lejos se oía que venían parejeando los aguaceros. El animal cerró los ojos y se pegó a la tierra.

De una sola patada tumbó el coronel Jefe de la Expedicionaria los tres pies de caña que sostenían un tiesto de tinaja, donde acababan de encender ocote,[43] frente al Cabildo, para anunciar la serenata. El que lo había prendido alcanzó

---

[36]**Para...** para siempre.

[37]Veneno en la comida.

[38]Vidrio.

[39]Voy.

[40]**Que...** que vayas tú.

[41]El corazón de la mazorca de maíz, la parte a la cual va adherido el grano.

[42]Árbol euforbiáceo de Centro América.

[43]Madera de pino muy resinosa que produce llamas en forma de hachones.

parte del golpe y el asistente que salía al corredor con un quinqué encendido, un fuetazo en la espalda. Esto hizo pensar a los principales. Voces corridas de «apaguen el fuego», «échenle tierra». Y como raíces, granjeada nuevamente la voluntad del coronel, movieron los brazos para saludarlo. Se dieron a conocer. El que más cerca estaba del coronel era el señor Tomás Machojón. Entre el coronel, la autoridad militar, y su mujer, la autoridad máxima, la Vaca Manuela Machojón.

Machojón y el coronel se alejaron hablando en voz baja. El señor Tomás había sido de las indiadas del Gaspar Ilóm. Era indio, pero su mujer, la Vaca Manuela Machojón, lo había untado de ladino. La mujer ladina tiene una baba de iguana que atonta a los hombres. Sólo colgándolas de los pies echarían por la boca esa viscosa labiosidad de alabanciosas y sometidas que las hace siempre salirse con lo que quieren. Así se ganó la Vaca Manuela al señor Tomás para los maiceros.

Llovía. Las montañas bajo la lluvia de la noche sueltan olor a brasas apagadas. Sobre el techo del Cabildo tronaba el aguacero, como el lamento de todos los maiceros muertos por los indios, cadáveres de tinieblas que dejaban caer del cielo fanegas de maíz en lluvia torrencial que no ahogaba el sonido de la marimba.

El coronel alzó la voz para llamar al músico.

--Vea, maistro, a esa su piecita que le puso «Cerveza negra», cámbiele nombre, póngale «Santo remedio». Y la vamos a bailar con doña Manuelita.

--Pues si lo ordena, el cambio es de acuerdo, y bailen, vamos a tocar «Santo remedio».

Ña[44] Vaca Manuela y el coronel Godoy se sangoloteaban en la oscuridad, al compás de la marimba, como esos fantasmas que salen de los ríos cuando llueve de noche. En la mano de su compañera dejó el Jefe de la Expedicionaria en campaña, un frasquito, santo remedio, dijo, para el jiote de indio.

II

Al sol le salió el pelo. El verano fue recibido en los dominios del cacique de Ilóm con miel de panal untada en las ramas de los árboles frutales, para que las frutas fueran dulces; tocoyales[45] de siemprevivas en las cabezas de las mujeres, para que las mujeres fueran fecundas; y mapaches muertos colgados en las puertas de los ranchos, para que los hombres fueran viriles.

Los brujos de las luciérnagas, descendientes de los grandes entrechocadores de pedernales, hicieron siembra de luces con chispas en el aire negro de la noche para que no faltaran estrellas guiadoras en el invierno. Los brujos de las

---

[44]Doña.

[45]Adornos que las mujeres llevan en la cabeza.

luciérnagas con chispas de piedra de rayo. Los brujos de las luciérnagas, los que moraban en tiendas de piel de venada virgen.

Luego se encendieron fogarones con quien conversar del calor que agostaría las tierras si venía pegando con la fuerza amarilla, de las garrapatas[46] que enflaquecían el ganado, del chapulín[47] que secaba la humedad del cielo, de las quebradas sin agua, donde el barro se arruga año con año y pone cara de viejo.

Alrededor de los fogarones, la noche se veía como un vuelo tupido de pajarillos de pecho negro y alas azules, los mismos que los guerreros llevaron como tributo al Lugar de la Abundancia, y hombres cruzados por cananas,[48] las posaderas[49] sobre los talones. Sin hablar, pensaban: la guerra en el verano es siempre más dura para los de la montaña que para los de la montada, pero en el otro invierno vendrá el desquite, y alimentaban la hoguera con espineros de grandes shutes,[50] porque en el fuego de los guerreros, que es el fuego de la guerra, lloran hasta las espinas.

Cerca de los fogarones otros hombres se escarbaban las uñas de los pies con sus machetes, la punta del machete en la uña endurecida como roca por el barro de las jornadas, y las mujeres se contaban los lunares, risa y risa, o contaban las estrellas.

La que más lunares tenía era la nana de Martín Ilóm, el recién parido hijo del cacique Gaspar Ilóm. La que más lunares y más piojos tenía. La Piojosa Grande, la nana de Martín Ilóm.

En su regazo de tortera caliente, en sus trapos finos de tan viejos, dormía su hijo como una cosa de barro nuevecita y bajo el coxpi, cofia de tejido ralo que le cubría la cabeza y la cara para que no le hicieran mal ojo, se oía su alentar con ruido de agua que cae en tierra porosa.

Mujeres con niños y hombres con mujeres. Claridad y calor de los fogarones. Las mujeres lejos en la claridad y cerca en la sombra. Los hombres cerca en la claridad y lejos en la sombra. Todos en el alboroto de las llamas, en el fuego de los guerreros, fuego de la guerra que hará llorar a las espinas.

Así decían los indios más viejos, con el movimiento senil de sus cabezas bajo las avispas. O bien decían, sin perder su compás de viejos: Antes que la primera cuerda de maguey fuera trenzada se trenzaron el pelo las mujeres. O bien: Antes que hombre y mujer se entrelazaran por delante hubo los que se entrelazaron del otro lado de la faz. O: El Avilantaro arrancó los aretes de oro de las orejas de los señores. Los señores gimieron ante la brutalidad. Y le

---

[46]Arácnido parácito de ciertos animales; causa enfermedades que pueden transmitirse al hombre.

[47]Insecto con dos pares de alas y tres de patas.

[48]Cintos para llevar cartuchos.

[49]Nalgas.

[50]Espinas.

fueron dadas piedras preciosas al que arrancó los aretes de oro de las orejas de los señores. O: Eran atroces. Un hombre para una mujer, decían. Una mujer para un hombre, decían. Atroces. La bestia era mejor. La serpiente era mejor. El peor animal era mejor que el hombre que negaba su simiente a la que no era su mujer y se quedaba con su simiente a la temperatura de la vida que negaba.

Adolescentes con cara de bucul[51] sin pintar jugaban entre los ancianos, entre las mujeres, entre los hombres, entre las fogatas, entre los brujos de las luciérnagas, entre los guerreros, entre las cocineras que hundían los cucharones de jícara en las ollas de los puliques, de los sancochos, del caldo da gallina, de los pepianes,[52] para colmar las escudillas de loza vidriada que les iban pasando y pasando y pasando y pasando los invitados, sin confundir los pedidos que les hacían, si pepián, si caldo, si pulique. Las encargadas del chile colorado rociaban con sangre de chile huaque las escudillas de caldo leonado, en el que nadaban medios güisquiles espinudos, con cáscara, carne gorda, pacayas,[53] papas deshaciéndose, y güicoyes[54] en forma de conchas, y manojitos de ejotes,[55] y trozaduras de ichintal,[56] todo con su gracia de culantro, sal, ajo y tomate. También rociaban con chile colorado las escudillas de arroz y caldo de gallina, de siete gallinas, de nueve gallinas blancas. Las tamaleras, zambas de llevar fuego, sacaban los envoltorios de hoja de plátano amarrados con cibaque[57] de los apastes aborbollantes y los abrían en un dos por tres. Las que servían los tamales abiertos, listos para comerse, sudaban como asoleadas de tanto recibir en la cara el vaho quemante de la masa de maíz cocido, del recado de vivísimo rojo y de sus carnes interiores, tropezones para los que en comenzando a comer el tamal, hasta chúpanse los dedos y entran en confianza con los vecinos, porque se come con los dedos. El convidado se familiariza alrededor de donde se comen los tamales, a tal punto que sin miramiento prueba el del compañero o pide la repetición, como los muy confianzudos de los guerrilleros del Gaspar que decían a las pasadoras, no sin alargar la mano para tocarles las carnes, manoseos que aquéllas rehuían o contestaban a chipotazos: ¡Treme otro, mija[58]!... Tamales mayores, rojos y negros, los rojos salados, los negros de chumpipe,[59] dulces y con almendras; y tamalitos, acólitos en roquetes de tuza

---

[51]Calabaza redonda que se limpia y que corta por la parte superior para guardar en ella las tortillas.

[52]Vianda de carne con salsa.

[53]Planta semejante a la palmera.

[54]Tipo de calabaza.

[55]Habichuelas verdes.

[56]La raíz del güisquil, que es comestible.

[57]Médula fibrosa de una especie de tule que se usa para amarrar tamales.

[58]**Treme...** Tráeme otro, mi hija.

[59]Pavo.

blanca, de bledos, choreques,[60] lorocos,[61] pitos o flor de ayote[62] ; y tamalitos con anís, y tamalitos de elote, como carne de muchachito de maíz sin endurecer. ¡Treme otro, mija!... Las mujeres comían unas como manzanarrosas de masa de maíz raleada con leche, tamalitos coloreados con grana y adornados con olor. ¡Treme otro, mija!... Las cocineras se pasaban el envés de la mano por la frente para subirse el pelo. A veces le echaban mano a la mano para restregarse las narices moquientas de humo y tamal. Las encargadas de los asados le gozaban el primer olor a la cecina: carne de res seca compuesta con naranja agria, mucha sal y mucho sol, carne que en el fuego, como si reviviera la bestia, hacía contorsiones de animal que se quema. Otros ojos se comían otros platos. Güiras[63] asadas. Yuca con queso. Rabo con salsa picante que por lo meloso del hueso parece miel de bolita. Fritangas con sudor de sietecaldos. Los bebedores de chilate[64] acababan con el guacal[65] en que bebían como si se lo fueran a poner de máscara, para saborear así hasta el último poquito de puzunque salobre. En tazas de bola servían el atol shuco,[66] ligeramente morado, ligeramente ácido. A eloatol[67] sabía el atol de suero de queso y maíz, y a rapadura, el atol quebrantado. La manteca caliente ensayaba burbujas de lluvia en las torteras que se iban quedando sin la gloria de los plátanos fritos, servidos enteros y con aguamiel a mujeres que además cotorreaban por probar el arroz en leche con rajitas de canela, los jocotes[68] en dulce y los coyoles en miel.

La Vaca Manuela Machojón se levantó de la pila de ropas en que estaba sentada, usaba muchas naguas[69] y muchos fustanes desde que bajó con su marido, el señor Tomás Machojón, a vivir a Pisigüilito, de donde habían subido a la fiesta del Gaspar. Se levantó para agradecer el convite a la Piojosa Grande que seguía con el hijo del Gaspar Ilóm en el regazo.

La Vaca Manuela Machojón dobló la rodilla ligeramente y con la cabeza agachada dijo:

--Debajo de mi sobaco te pondré, porque tienes blanco el corazón de tortolita. Te pondré en mi frente, por donde voló la golondrina de mi pensamiento, y no te mataré en la estera blanca de mi uña aunque te coja en la

---

[60]Florcitas rosadas.

[61]Semillitas.

[62]Calabaza.

[63]Fruta parecida a la calabaza.

[64]Bebida hecha con maíz tostado, chile y cacao.

[65]Vasija mediana o grande hecha con el fruto del árbol que se llama guacal.

[66]Bebida hecha con maíz mezclado con leche, azúcar y otros ingredientes.

[67]Atol de elote o maíz tierno.

[68]Fruta parecida a la ciruela.

[69]Enaguas.

montaña negra de mi cabello, porque mi boca comió y oyó mi oreja agrados de tu compañía de sombra y agua, de estrella granicera, de palo de la vida que da color de sangre.

Batido en jícaras que no se podían tener en los dedos, tan quemante era el líquido oloroso a pinol que contenían, agua con rosicler en vasos ordinarios, café en pocillo, chicha en batidor, aguardiente a guacalazos[70] mantenían libres los gaznates para la conversación periquera y la comida.

La Vaca Manuela Machojón no repitió sus frases de agradecimiento. Como un pedazo de montaña, con su hijo entre los brazos, se perdió en lo oscuro la Piojosa Grande.

--La Piojosa Grande se juyó[71] con tu hijo... --corrió a decir la Vaca Manuela Machojón al Gaspar que comía entre los brujos de las luciérnagas, los que moraban en tiendas de piel de venada virgen y se alimentaban de tepezcuintle.[72]

Y el que veía en la sombra mejor que gato de monte, tenía los ojos amarillos en la noche, se levantó, dejó la conversación de los brujos que era martillito de platero y. . .

--Con licencia. . . --dijo al señor Tomás Machojón y a la Vaca Manuela Machojón, que habían subido a la fiesta con noticias de Pisigüilito.

De un salto alcanzó a la Piojosa Grande. La Piojosa Grande le oyó saltar entre los árboles como su corazón entre sus trapos y caer frente a su camino de miel negra, con los dedos como flechas de punta para dar la muerte, viéndola con los ojos cerrados de cuyas junturas mal cosidas por las pestañas salían mariposas (no estaba muerto y los gusanos de sus lágrimas ya eran mariposas), hablándola con su silencio, poseyéndola en un amor de diente y pitahaya. [73] Él era su diente y ella su encía de pitahaya.

La Piojosa Grande hizo el gesto de tomar el guacal que el Gaspar llevaba en las manos. Ya lo habían alcanzado los brujos de las luciérnagas y los guerrilleros. Pero sólo el gesto, porque en el aire detuvo los dedos dormidos al ver al cacique de Ilóm con la boca húmeda de aquel aguardiente infame, líquido con peso de plomo en el que se reflejaban dos raíces blancas, y echó a correr otra vez como agua que se despeña.

El pavor apagó las palabras. Caras de hombres y mujeres temblaban como se sacuden las hojas de los árboles macheteados. Gaspar levantó la escopeta, se la afianzó en el hombro, apuntó certero y. . . no disparó. Una joroba a la espalda de su mujer. Su hijo. Algo así como un gusano enroscado a la espalda de la Piojosa Grande.

---

[70]Golpe dado con el guacal o su contenido.

[71]Huyó.

[72]Paca, animal de carne muy delicada.

[73]Bellísima fruta encarnada de la familia de los cactos.

Al acercársele la Vaca Manuela Machojón a darle afectos recordó la Piojosa Grande que había soñado, despertó llorando como lloraba ahora que ya no podía despertar, que dos raíces blancas con movimiento de reflejos en el agua golpeada, penetraban de la tierra verde a la tierra negra, de la superficie del sol al fondo de un mundo oscuro. Bajo la tierra, en ese mundo oscuro, un hombre asistía, al parecer, a un convite. No les vio la cara a los invitados. Rociaban ruido de espuelas, de látigos, de salivazos. Las dos raíces blancas teñían el líquido ambarino del guacal que tenía en las manos el hombre del festín subterráneo. El hombre no vio el reflejo de las raíces blancas y al beber su contenido, palideció, gesticuló, se tiró al suelo, pataleó, sintiendo que las tripas se le hacián pedazos, espumante la boca, morada la lengua, fijos los ojos, las uñas casi negras en los dedos amarillos de luna.

A la Piojosa Grande le faltaban carcañales para huir más a prisa, para quebrar los senderos más a prisa, los tallos de los senderos, los troncos de los caminos tendidos sobre la noche sin corazón que se iba tragando el lejano resplandor de los fogarones fiesteros, las voces de los convidados.

El Gaspar Ilóm apareció con el alba después de beberse el río para apagarse la sed del veneno en las entrañas. Se lavó las tripas, se lavó la sangre, se deshizo de su muerte, se la sacó por la cabeza, por los brazos igual que ropa sucia y la dejó ir en el río. Vomitaba, lloraba, escupía al nadar entre las piedras cabeza adentro, bajo del agua, cabeza afuera temerario, sollozante. Qué asco la muerte, su muerte. El frío repugnante, la paralización del vientre, el cosquilleo en los tobillos, en las muñecas, tras las orejas, al lado de las narices, que forman terribles desfiladeros por donde corren hacia los barrancos el sudor y el llanto.

Vivo, alto, la cara de barro limón, el pelo de nige lustroso, los dientes de coco granudos, blancos, la camisa y calzón pegados al cuerpo, destilando mazorcas líquidas de lluvia lodosa, algas y hojas, apareció con el alba el Gaspar Ilóm, superior a la muerte, superior al veneno, pero sus hombres habían sido sorprendidos y aniquilados por la montada.

En el suave resplandor celeste de la madrugada, la luna dormilona, la luna de la desaparición con el conejo amarillo en la cara, el conejo padre de todos los conejos amarillos en la cara de la luna muerta, las montañas azafranadas, baño de trementina hacia los valles, y el lucero del alba, el Nixtamalero.[74]

Los maiceros entraban de nuevo a las montañas de Ilóm. Se oía el golpe de sus lenguas de hierro en los troncos de los árboles. Otros preparaban las quemas para la siembra, meñiques de una voluntad oscura que pugna, después de milenios, por libertar al cautivo del colibrí blanco, prisionero del hombre en la piedra y en el ojo del grano de maíz. Pero el cautivo puede escapar de las entrañas de la tierra, al calor y resplandor de las rozas y la guerra. Su cárcel es

---

[74]Lucero del alba. Tiene este nombre porque es a esa hora que se saca del fuego el nixtamal, es decir, la olla en que se cuece el maíz con agua de cal, para suavizarlo.

frágil y si escapa el fuego, ¿qué corazón de varón impávido luchará contra él, si hace huir a todos despavoridos?

El Gaspar, al verse perdido, se arrojó al río. El agua que le dio la vida contra el veneno, le daría la muerte contra la montada que disparó sin hacer blanco. Después sólo se oyó el zumbar de los insectos.

Temas

1. ¿Cómo se expresa en este fragmento de *Hombres de maíz* los sentimientos del indio por la tierra?

2. ¿Qué imágenes tomadas del mundo natural emplea Asturias?

3. ¿Cómo expresa el concepto indígena de la unidad cósmica, es decir, la idea que lo humano y lo no humano son elementos de una totalidad?

4. ¿Cómo usa la repetición? ¿Qué elementos poéticos se encuentran en esta selección? ¿En qué consiste la musicalidad de la prosa de Asturias?

5. ¿Cómo aumenta el autor la tensión? ¿Cómo crea una sensación de peligro?

6. ¿Cuál es la importancia del episodio del perro envenenado? ¿En qué sentido es un presagio?

7. ¿Cómo comunica Asturias la oposición que existe entre los indios y los maiceros? ¿Cómo describe a Gaspar Ilóm? ¿Y al coronel Godoy? ¿Cómo subraya la diferencia que existe entre los valores de los indios y los de los maiceros?

8. Compare a las dos mujeres, Vaca Manuela y Piojosa.

9. ¿Cómo describe el autor la vida familiar de los indios?

10. ¿Cómo enriquece la prosa de Asturias el uso de palabras indígenas?

11. ¿Por qué huye la Piojosa? ¿Por qué no la mata Gaspar cuando ella intenta huir? ¿Qué revela este episodio acerca del carácter del cacique?

12. ¿Cómo muere Gaspar? ¿Por qué es significativo el hecho de que no lo matan, sino que él se entrega al río?

Pablo Neruda

Enrico Mario Santí
Georgetown University

De pocos escritores se puede decir que la historia de la literatura no sería la misma sin su obra. Tal es el caso de la de Pablo Neruda (1904-1973), Premio Nóbel de 1971 y el poeta hispánico más célebre de este siglo. De ella se podría decir lo que T.S. Eliot (otro gran poeta contemporáneo) comentó cierta vez sobre la grandeza de un poeta. Ésta incluía, según Eliot, tres cualidades: abundancia, excelencia y variedad. La bibliografía de Neruda incluye 47 libros, 35 de los cuales son colecciones de poemas, sin contar una enorme cantidad de textos aún no recogidos en forma de libro. Descontando igualmente conocidas excepciones, la obra de Neruda mantiene una alta calidad lírica que ha influido en no pocos poetas en el mundo. No es menor ni menos importante la variedad de su obra: durante los cincuenta años que le dedicó a la poesía pasó tantas etapas de estilo e ideología que él mismo llegó a decir que había vivido varias vidas. «Las vidas del poeta» fue el título que le dio a la primera versión de sus memorias.

Neftalí Ricardo Eliecer Reyes Basoalto (*Pablo Neruda* es el pseudónimo que en 1945 asumió como nombre y apellido legal) nació en Parral, un villorrio del sur de Chile el 12 de julio de 1904. Al mes de nacido, huérfano de madre, su familia se muda a Temuco, un pueblo que si bien algo más grande que Parral no era menos perdido que aquél en el húmedo y vasto sur chileno. A muy temprana edad, empezó a escribir poemas escondido del padre, hombre inculto y hostil a la poesía. Pero en el cultivo de esa temprana vocación sí contó, en cambio, con el aliento personal de la poeta Gabriela Mistral, entonces directora del liceo de escuela en Temuco, no menos que con el idílico ambiente rural en que se crió. «La naturaleza allí me daba una especie de embriaguez», recordó en *Infancia y poesía* (1954), una de sus más célebres y conmovedoras conferencias. «Yo tendría unos diez años, pero ya era poeta. No escribía versos, pero me atraían los pájaros, los escarabajos, los huevos de perdiz».

Si ya a los 17 años Neruda gana el primer premio en los Juegos Florales de la Federación de Estudiantes de Santiago, no será hasta 1923, a los 19, una vez que se haya incorporado a la vida bohemia de Santiago de Chile, que publique *Crepusculario*, su primer libro. Y al año siguiente mostrará una decidida innovación con su célebre *Veinte poemas de amor y una canción desesperada*, su primera obra maestra y uno de los más grandes *best-sellers* de todos los tiempos, con poemas que muestran esa extraña síntesis de tristeza, felicidad y melancolía que le caracteriza. Con ese primer triunfo, Neruda explorará otros tipos de literatura durante sus primicias como escritor: entre ellos, un extenso poema vanguardista (*Tentativa del hombre infinito*, 1925), y hasta una pequeña novela (*El habitante y su esperanza*, 1926). Pero no será hasta mucho después, en 1931, una vez que regrese a Chile tras una penosa y dilatada estancia en Oriente, que dará a conocer *Residencia en la tierra*, la gran obra que cierra esta primera etapa y que a la vez marca una cima en la poesía hispánica de este siglo.

Neruda vive en Oriente, como cónsul chileno, entre 1927 y 1931: dos años en Colombo, Ceilán; uno en Rangún, otro en Batavia y uno más en Singapur. Pero en ninguna de las cuatro se sintió a gusto (a pesar de contraer matrimonio, en Batavia, con María Antonieta Hagenaar, de extracción holandesa). En su obra tampoco hicieron mella ni la religión ni la literatura oriental a las que se expuso durante esos años. En cambio, sin la soledad y enajenación que padeció en estos remotos lugares--a los que viajó voluntariamente, en una suerte de ruptura con su ambiente chileno--lejos de su cultura y sobre todo de su idioma, su obra (y en concreto los poemas de *Residencia en la tierra*) resultan sencillamente inconcebibles. Todo ello lo reflejan sus imágenes chocantes, con su característica síntesis de caos, destrucción y lucidez que los acercan a la estética surrealista. Es esa afinidad la que a su vez lo acercará a Federico García Lorca, el espíritu poético más afín al Neruda de esos años, a quien conoce en Buenos Aires en 1934, durante su época como cónsul chileno en la capital argentina. Y es también lo que le hará uno de los poetas más innovadores en el ambiente de la España de pre-guerra (adonde acude como cónsul chileno) como autor de una segunda edición aumentada de *Residencia en la tierra* y como director de la importante revista de vanguardia, *Caballo verde para la poesía*.

Fue decisiva la reacción de Neruda en contra del golpe franquista de 1936, tal como demuestra su inmediata organización del Segundo Congreso Internacional de Escritores para la Defensa de la Cultura, celebrado en plena guerra en España. Pero es sobre todo la publicación de los poemas de *España en el corazón* los que mostrarán su conversión, personal y poética, a una poesía civil. El poema clave, en este sentido, es «Reunión bajo las nuevas banderas», pero el libro todo es un muestrario de la nueva dicción y estilo--conocido con el nombre de *nerudismo*--que a partir de entonces ejerce influencia entre los poetas más jóvenes. Se trata de una poesía «impura», por oposición deliberada a la estética de la «poesía pura» que, años antes, había promovido el poeta andaluz Juan Ramón Jiménez, tal vez su detractor más importante. Desde el punto de vista político, además, fue con ese libro que Neruda se unió a la pléyade de escritores del mundo hispánico--como Nicolás Guillén, César Vallejo u Octavio Paz-- cuya obra conjunta se oponía al golpe contra la joven

República española. No menos importante fue su trabajo político en esos años, toda vez que Neruda, de regreso en Chile, se une al Frente Popular Chileno, se incorpora a la campaña de Don Pedro Aguirre Cerda, y tras la victoria de éste, ayuda a emigrar a su país a cientos de refugiados españoles.

A partir de esta crisis histórica Neruda ya no es el mismo. Al cambio político se une un cambio personal: se separa de su esposa y se une a la pintora argentina Delia del Carril, la célebre «Hormiguita». Cuando menos no será ya el mismo escritor, ya que muchas tragedias--entre ellas, la pérdida de amigos íntimos como García Lorca--se interponían entre él y su pasado. Así, no sólo cambia el poeta, sino que rechaza lo que había sido: sufre una conversión. Si al poeta neo-romántico de los *Veinte poemas* había sucedido el surrealista de *Residencia en la tierra*, éste se convierte, a su vez, al poeta civil, anti-fascista y «comprometido» (al decir de la época), de *España en el corazón*. A la guerra de España le sucederá otra, aún mayor: la Segunda Mundial que verá el ascenso del fascismo y a la que Neruda reaccionará con igual vehemencia. Para entonces ya ha echado su suerte con los Aliados y, más particularmente, con la Unión Soviética, de la cual se declarará ferviente admirador en poemas como *Canto de amor a Stalingrado*.

Todo ello coincide con el «descubrimiento de América» (para decirlo con una expresión que a él seguramente le habría gustado) que Neruda hará poco después. El motivo inmediato será su nombramiento como Cónsul General de Chile en México, entonces aún bajo el mando del presidente socialista Lázaro Cárdenas. El México de 1940 era entonces único en el mundo por su liberal generosidad: su gobierno había ayudado a la República Española y acogido a sus refugiados, pero junto a ellos también recoge a «herejes» del estalinismo, como León Trotsky o Víctor Serge. Para Neruda, sin embargo, la significación fue algo distinta. «México, con su nopal y su serpiente; México florido y espinudo, seco y huracanado, violento de dibujo y de color, violento de erupción y creación, me cubrió con su sortilegio y su luz sorpresiva», dice en sus *Memorias*. Con los años Neruda había conocido Europa y Oriente, pero aún a estas alturas conocía mal a la América Latina, salvo Chile y la Argentina, los únicos países en que había vivido. Durante los tres años que pasa en México descubre el mundo indígena con ayuda de no pocos amigos, como los pintores muralistas Diego Rivera y David Alfaro Siquieros. El indio era una importante dimensión del vasto continente latinoamericano que él mismo no había conocido en el extremo sur de donde era oriundo. Desde México también visita países vecinos, como Cuba y Guatemala; y una vez de regreso a Chile, visitará Panamá, Colombia y Perú. A ese descubrimiento de América, por tanto, sucede una nueva poesía de aliento americano, igualmente civil y «comprometida», pero con una decidida temática americanista que tomará forma primero, en un *Canto general de Chile*, lo que con el tiempo se convertirá en un *Canto general* de toda América.

Los años mexicanos terminan a mediados de 1943 luego de una serie de polémicas públicas. Ya para entonces Neruda era un decidido estalinista (aún cuando no era todavía miembro del Partido) y a su vehemencia, que expresa tanto en público como en verso, le llovieron críticas severas. Un enfrentamiento abierto con el embajador brasileño en México (por motivo de una defensa suya al líder comunista Luiz Carlos Prestes, entonces encarcelado) finalmente le gana la reprobación de su gobierno y su retiro del consulado mexicano. De su abrupta partida recordó en sus *Memorias*: «México vive en mi vida como una pequeña águila equivocada que circula en mis venas. Sólo la muerte le doblará las alas sobre mi corazón de soldado dormido». En tales circunstancias, su regreso a Chile, luego de esta última crisis, no podía dejar de ser una verdadera peregrinación a escalas, dilatada a lo largo de dos meses y cuatro días: visitas a varios países latinoamericanos repletas de banquetes de estado y recitales públicos, y cuyo punto culminante será su visita a las ruinas pre-incáicas de Machu Picchu el 31 de octubre de 1943. «Desde la ciudad carcomida y roída por el paso de los siglos se despeñaban torrentes», recordó años después. «Me sentí infinitamente pequeño en el centro de aquel ombligo de piedra; ombligo de un mundo deshabitado, orgulloso y eminente, al que de algún modo yo pertenecía». Será esa visita la que, tres años después, recogerá metafóricamente en el extenso poema *Alturas de Macchu Picchu* (título que él siempre escribió con esa peculiar ortografía), tal vez su mejor poema y verdadera obra maestra de la poesía universal.

El segundo regreso a Chile en cinco años enfrenta a Neruda a otro país y lo aboca a nuevas causas políticas. Desaparecido el Frente Popular en el que había militado, se afilia al Partido Comunista, (del que termina haciéndose miembro en julio de 1945), y bajo ese manto gana las elecciones como senador por las provincias mineras de Antofagasta y Tarapacá. El triunfo electoral coincide con otro literario, pues el mismo año sus colegas chilenos le otorgan el prestigioso Premio Nacional de Literatura. Poco después, se une a la campaña presidencial de Gabriel González Videla, el candidato del Partido Radical que los comunistas favorecen dentro de una amplia coalición, y funge en la campaña como Jefe Nacional de Propaganda. Faltará poco para que los tribunales chilenos (el 28 de diciembre de 1946) cambien su nombre legal al de *Pablo Neruda*.

Y sin embargo, las cosas pronto tomarán un rumbo inesperado. Una vez que González Videla resulta electo, disuelve la alianza con los comunistas (cuyas habilidades sindicalistas resultan una amenaza política para su gobierno), y hace que el Congreso, con ayuda de los otros partidos, declare una *Ley en Defensa de la Democracia* por la que se declara ilegal al Partido Comunista y se encarcela a sus miembros. Primera batalla, en el cerrado ámbito chileno, de la «Guerra Fría» que el mundo entero empezará a vivir a partir de entonces. Neruda reacciona a la ruptura política (que él no puede sino ver también como traición personal por parte de González Videla) con repetidas denuncias públicas al Presidente, y éste, a su vez, responde con una orden de desafuero (disolviendo así la inmunidad de Neruda como senador) que ordena su arresto.

A partir de entonces, el poeta se sumerge en la clandestinidad, ayudado en parte por la red de contactos del Partido en todo el país. Y es durante trece meses de vida fugitiva que termina de escribir *Canto genera*l, libro suyo que él mismo llamó «el más importante». «Cambiaba de casa diariamente. En todas partes se abría una puerta para resguardarme», contó él sobre su período de clandestinidad. «Siempre era gente que de alguna manera había expresado su deseo de cobijarme por varios días». Y sobre la redacción del libro en estas difíciles circunstancias: «Por primera vez me vi obligado a escribir versos en forma continuada durante 8 o más horas al día. . . A menudo no tenía comodidades. Lo hacía sobre una tabla, un tronco de árbol, una piedra».

Libro monumental de quince secciones, más de 230 poemas y unos quince mil versos, verdadera enciclopedia poética de América, *Canto general* provee una visión sinóptica y polémica de la historia latinoamericana, a veces bajo la inspiración del materialismo histórico, las más bajo los postulados oscilantes de la Guerra Fría. El libro, cuya vastedad y visión ambiciosa le ha ganado comparaciones con *Hojas de hierba* de Whitman y hasta con la *Divina Comedia*, recoge desde la poesía americanista que Neruda venía escribiendo y publicando durante sus años en México, incluyendo *Alturas de Macchu Picchu*, hasta poemas aún en tinta fresca como *Coral de año nuevo para la patria en tinieblas* o *Que despierte el leñador*, que el poeta-fugitivo viene publicando en la clandestinidad. Aunque muchos de estos poemas ya han envejecido y su estridencia hoy nos hace dudar de su calidad poética, su autor siempre los defendió por tratarse de secciones de una crónica americana: «No hay material antipoético si se trata de nuestras realidades», reponía él ante tales críticas. Para cuando el libro entero se publique en México el 3 de abril de 1950 (otra primera edición clandestina, preparada por el Partido Comunista Chileno se publica en Chile por las mismas fechas), Neruda ya habrá escapado de Chile para empezar un exilio que habría de durar dos años más, lo que el resto de la presidencia de González Videla.

Neruda pasó su exilio en Europa y Asia, viajando semi-oficialmente a lo largo y ancho del llamado mundo socialista y escribiendo lo que acaso es su peor libro de poemas, *Las uvas y el viento*, suerte de *Canto general* del mundo socialista y el único de sus libros escrito dentro de los estrictos cánones del realismo socialista. El regreso a Chile, en 1952, coincide con su unión a Matilde Urrutia, su tercera esposa y la única chilena, a quien le dedica *Los versos del Capitán*, una hermosa colección de poemas de amor. Y aunque ese Neruda cuarentón y poeta consagrado que regresa a su país para refugiarse a escribir en su casa de playa de Isla Negra sigue siendo un estalinista ortodoxo (en 1953, por ejemplo, recibe el Premio Stalin de la Paz), ya ha perdido algo de su estridencia. De esa actitud más tierna surgirán sus *Odas elementales*--poesía sencilla sobre cosas sencillas, como indica su ambiguo título--que publicadas en cuatro tomos (entre 1954 y 1959) cerrarán esta etapa en su vida y obra.

Nuevos tiempos se avecinaban. Para esos años ya Nikita Kruschov habrá denunciado los crímenes del régimen estalinista en su célebre «informe secreto» al XX° Congreso del Partido Comunista soviético. Y los efectos del conocido deshielo del mundo socialista pronto aparecerán en *Estravagario* (1958), uno de sus mejores libros, que recoge poemas de un humor, ironía, desengaño y abierta humanidad francamente infrecuentes en su obra desde la lejana *Residencia en la tierra*, como si las críticas hechas al estalinismo desde dentro del Partido ahora permitiesen un margen más amplio de creación dentro del cual la duda y el humor ya no son herejías. De hecho, *Estravagario* constituye el primer capítulo de una última época en la obra de Neruda que Jorge Edwards, el célebre escritor chileno y amigo íntimo del poeta, ha llamado con razón de «reconversión»--en el sentido de que invierte la trayectoria «comprometida» que se advierte en su poesía a partir de *España en el corazón*. Las notas de solemnidad y ortodoxia que caracterizan al Neruda canónico abren paso ahora a las de una poesía conversacional, y no pocas veces hasta frívola, que de hecho critican la imagen canónica del poeta «comprometido», o al menos esa *persona* poética, junto a la ideología de esa poesía anterior.

Lo cual no querrá decir que Neruda abandone las causas que le apasionan. En 1960, con el triunfo de Fidel Castro en Cuba, por ejemplo, visita ese país y le dedica un pequeño libro, *Canción de gesta*, a la joven revolución. Al final de la misma década, acude a la palestra como candidato presidencial del Partido Comunista Chileno. Y en 1970, ya en pleno gobierno de Salvador Allende y la Unidad Popular, asumirá el puesto de embajador de Chile en París. Pero no siempre fueron estables, durante sus últimos años, sus relaciones políticas con la llamada izquierda internacional. En 1966, con motivo del viaje que Neruda hace a New York para asistir al Congreso del PEN Club Internacional, un grupo de escritores cubanos firman y circulan una carta acusándole de hacerle el juego al imperialismo norteamericano. Son los años de la guerra de Vietnam, en Cuba misma se lucha por establecer el régimen de Fidel Castro a la cabeza de una agresiva política tercermundista, y el propio Neruda acepta para esas fechas una condecoración de manos del presidente peruano Fernando Belaúnde Terry, de filiación conservadora. «No me toca a mí», dejó dicho de aquel penoso incidente en sus *Memorias*, «los motivos de aquel arrebato: la falsedad política, las debilidades ideológicas, los resentimientos y las envidias literarias, qué sé yo, cuántas cosas determinaron esta batalla de tantos contra uno».

Ninguna de esas escaramuzas hicieron mella, sin embargo, en el Neruda creador. Sólo en los seis años entre 1958, fecha en que publica *Estravagario*, y 1964, cuando cumple sesenta años, publica nada menos que seis nuevas colecciones de poemas, sin contar la otra obra inmensa que culmina estos años: *Memorial de Isla Negra*, una autobiografía en verso de cinco tomos. Más que un libro de memorias (que por entonces aparecen en su primera versión en prosa), el *Memorial* de Neruda es un libro de *recuerdos* autobiográficos, sujetos al olvido y la distorsión temporal: «Andar hacia el recuerdo cuando éste se hizo humo», dice en el prólogo al primer tomo, «es navegar en el humo. Y mi infancia vista en el año 1962, desde Valparaíso, después de haber andado tanto, es sólo lluvia y humareda». Figurarán en esos recuerdos desde las experiencias más remotas de la infancia, pasando por sus amores con distintas mujeres en su vida, hasta la crítica del estalinismo (su propio pasado político), a la que el poeta llega tarde pero no muy seguro.

Para cuando Neruda reciba el Premio Nóbel de Literatura en 1971, con la aprobación del mundo entero, ya habrá publicado otros seis libros de poemas, casi todos escritos en la misma veta de ternura irónica que se inaugura con *Estravagario*. (La excepción definitiva será *Incitación al nixonicidio y alabanza de la revolución chilena*, pequeño libro sátiro-político de 1973, que escribe para uso en la campaña congresista de la Unidad Popular de ese año.) Dentro de la obra de esos años hay grandes poemas-- como «El campanario de Authenay» (de *Geografía infructuosa*); pero acaso los dos libros más interesantes sean *Fin de mundo* (1969) y *La espada encendida* (1970) que junto a *2000*, un pequeño libro póstumo, constituyen lo que se podría llamar la modalidad apocalíptica en su obra. Neruda siempre fue un poeta profético, en el sentido de que su obra estaba anclada dentro de la tradición romántica occidental. Dentro de esa imaginación profética que su obra exploró en diversas dimensiones, siempre hubo, a su vez, un importante componente apocalíptico-- la narración de un «fin de mundo» que abre paso a la creación de otro «nuevo mundo», ya sea en visiones insólitas, como ocurre en muchos de los poemas de *Residencia en la tierra*, o en el paraíso materialista que anuncian (si bien no llegan a cumplir) las secuencias líricas de *Canto general*. Esos dos libros de título apocalíptico (el segundo de los cuales hasta contiene una cita bíblica) y que Neruda escribió conjuntamente, exploran en clave diversa el final del mundo actual--como si al llegar a su sexta década de vida y anticipar su propia muerte, el poeta quisiese ofrecer una visión totalizante. Por eso los dos libros, unidos por ese tema común, son también distintos: *Fin de mundo* es una crónica del siglo XX, escrita a la manera de un diario acontecer; *La espada encendida* es el relato mítico sobre la última pareja. Dos caras, dos modos distintos, del mismo final.

Porque de un final justamente se trataba. Neruda regresó a Chile por última vez en 1972, ya enfermo de cáncer y preocupado tanto por el futuro de su obra como por el de su país, entonces en plena crisis política. Faltaría apenas un año para que el golpe del 11 de setiembre de 1973 lo sorprendiese en su casa de Isla Negra y que, doce días después, muriese en un hospital en Santiago. A su muerte se publicaron ocho libros de poemas y *Confieso que he vivido*, la versión definitiva de sus memorias, cerrando así, con inmenso broche de oro, su obra monumental.

Toda la obra de Neruda se caracteriza por dos rasgos que la definen. Primero, y como hemos visto, sus numerosos cambios de estilo y dicción, casi siempre en reacción a cambios en la circunstancias vitales del poeta. Esos cambios caben, a su vez, dentro de tres grandes etapas: una primera etapa neo-romántica desde principios de la década de los 20 hasta la publicación de *Residencia en la tierra*; una segunda de poesía civil y «comprometida» a partir de 1938, fecha de *España en el corazón*, hasta la serie de *Odas elementales*; y una tercera y última etapa que se inicia en 1958 con *Estravagario* y se agota con la poesía póstuma. Todos esos cambios, sin embargo, tienen un rasgo en común: el tipo de poeta que era Neruda. A diferencia de Jorge Luis Borges u Octavio Paz, por ejemplo--para limitarnos a dos de sus contemporáneos--no era un poeta intelectual. Es raro en su obra, por ejemplo, el ensayo filosófico o literario paralelo al poema--aún cuando nunca dejara de escribir mucha prosa sobre temas políticos y sociales. Antes bien, Neruda siempre se esforzó por cultivar su propia imagen como mago de lo inmediato poético--lo que en una carta de los años 30 él mismo describiese, apuntando sus diferencias con Borges, como su «absorción directa de las cosas», o que estaba «más cerca de la muerte que de la filosofía», como cierta vez dijera también sobre García Lorca.

«Fui el más abandonado de los poetas», dijo Neruda hacia el final de su discurso de aceptación del Premio Nóbel casi como apuntando esa peculiaridad suya como escritor. «Y mi poesía fue regional, dolorosa y lluviosa». «Pero tuve siempre confianza en el hombre», añadiría después. «No perdí jamás la esperanza». Es esa conmovedora fe humana, más allá de cualquier definición ideológica, la que en última instancia caracteriza la calidad de la lírica de Pablo Neruda y lo que asegura su lugar en el cánon de la poesía universal.

Poesía

Pablo Neruda
Premio Nóbel 1971

De *Veinte poemas de amor y una canción desesperada* (1924):

XV

Me gustas cuando callas porque estás como ausente,
y me oyes desde lejos, y mi voz no te toca.
Parece que los ojos se te hubieran volado
y parece que un beso te cerrara la boca.

Como todas las cosas están llenas de mi alma
emerges de las cosas, llena del alma mía.
Mariposa de sueño, te pareces a mi alma,
y te pareces a la palabra melancolía.

Me gustas cuando callas y estás como distante.
Y estás como quejándote, mariposa en arrullo.
Y me oyes desde lejos, y mi voz no te alcanza:
déjame que me calle con el silencio tuyo.

Déjame que te hable también con tu silencio
claro como una lámpara, simple como un anillo.
Eres como la noche, callada y constelada.
Tu silencio es de estrella, tan lejano y sencillo.

Me gustas cuando callas porque estás como ausente.
Distante y dolorosa como si hubieras muerto.
Una palabra entonces, una sonrisa bastan.
Y estoy alegre, alegre de que no sea cierto.

Residencia en la tierra I (1933). Los dos ocupan el centro físico del libro y resumen la poética, los principios generadores, de estos poemas.

ARTE POÉTICA

Entre sombra y espacio, entre guarniciones y doncellas,
dotado de corazón singular y sueños funestos,
precipitadamente pálido, marchito en la frente
y con luto de viudo furioso por cada día de vida,
ay, para cada agua invisible que bebo soñolientamente
y de todo sonido que acojo temblando,
tengo la misma sed ausente y la misma fiebre fría
un oído que nace, una angustia indirecta,
como si llegaran ladrones o fantasmas,
y en una cáscara de extensión fija y profunda,
como un camarero humillado, como una campana un poco ronca,
como un espejo viejo, como un olor de casa sola
en la que los huéspedes entran de noche perdidamente ebrios,
y hay un olor de ropa tirada al suelo, y una ausencia de flores
--posiblemente de otro modo aún menos melancólico--,
pero, la verdad, de pronto, el viento que azota mi pecho,
las noches de substancia infinita caídas en mi dormitorio,
el ruido de un día que arde con sacrificio
me piden lo profético que hay en mí, con melancolía
y un golpe de objetos que llaman sin ser respondidos
hay, y un movimiento sin tregua, y un nombre confuso.

De la sección IV de *Residencia en la tierra II* (1935), que consta de «Tres cantos materiales», es el siguiente poema:

ENTRADA A LA MADERA

Con mi razón apenas, con mis dedos,
con lentas aguas lentas inundadas,
caigo al imperio de los nomeolvides,
a una tenaz atmósfera de luto,
a una olvidada sala decaída,
a un racimo de tréboles amargos.

Caigo en la sombra, en medio

de destruidas cosas,
y miro arañas, y apaciento bosques
de secretas maderas inconclusas,
y ando entre húmedas fibras arrancadas
al vivo ser de substancia y silencio.

Dulce materia, oh rosa de alas secas,
en mi hundimiento tus pétalos subo
con pies pesados de roja fatiga,
y en tu catedral dura me arrodillo
golpeándome los labios con un ángel.

Es que soy yo ante tu color de mundo,
ante tus pálidas espadas muertas,
ante tus corazones reunidos,
ante tu silenciosa multitud.

Soy yo ante tu ola de olores muriendo,
envueltos en otoño y resistencia:
soy yo emprendiendo un viaje funerario
entre sus cicatrices amarillas:

soy yo con mis lamentos sin origen,
sin alimentos, desvelado, solo,
entrando oscurecidos corredores,
llegando a tu materia misteriosa.

Veo moverse tus corrientes secas,
veo crecer manos interrumpidas,
oigo tus vegetales oceánicos
crujir de noche y furia sacudidos,
y siento morir hojas hacia adentro,
incorporando materiales verdes
a tu inmovilidad desamparada.

Poros, vetas, círculos de dulzura,
peso, temperatura silenciosa,
flechas pegadas a tu alma caída,
seres dormidos en tu boca espesa,
polvo de dulce pulpa consumida,
ceniza llena de apagadas almas,
venid a mí, a mi sueño sin medida,
caed en mi alcoba en que la noche cae

y a vuestra vida, a vuestra muerte asidme,
a vuestros materiales sometidos,
a vuestras muertas palomas neutrales,
y hagamos fuego, y silencio, y sonido,
y ardamos, y callemos, y campanas.

Los siguientes dos poemas son de *España en el corazón* (1938); en el primero de ellos se explica la conversión de la estética de *Residencia en la tierra* a la poesía civil.

REUNIÓN BAJO LAS NUEVAS BANDERAS

¿Quién ha mentido? El pie de la azucena
roto, insondable, oscurecido, todo
lleno de herida y resplandor oscuro!
Todo, la norma de ola en ola en ola,
el impreciso túmulo del ámbar
y las ásperas gotas de la espiga!
Fundé mi pecho en esto, escuché toda
la sal funesta: de noche
fui a plantar mis raíces:
averigüé lo amargo de la tierra:
todo fue para mí noche o relámpago:
cera secreta cupo en mi cabeza
y derramó cenizas en mis huellas.

¿Y para quién busqué este pulso frío
sino para una muerte?
Y ¿qué instrumento perdí en las tinieblas
desamparadas, donde nadie me oye?
No,
ya era tiempo, huid,
sombras de sangre,
hielos de estrella, retroceded al paso de los pasos humanos
y alejad de mis pies la negra sombra!

Yo de los hombres tengo la misma mano herida,
yo sostengo la misma copa roja
e igual asombro enfurecido:
un día
palpitante de sueños
humanos, un salvaje

cereal ha llegado
a mi devoradora noche
para que junte mis pasos de lobo
a los pasos del hombre.
Y así, reunido,
duramente central, no busco asilo
en los huecos del llanto: muestro
la cepa de la abeja: pan radiante
para el hijo del hombre: en el misterio el azul se prepara
para mirar un trigo lejano de la sangre.
¿Dónde está tu sitio en la rosa?
¿En dónde está tu párpado de estrella?
¿Olvidaste esos dedos de sudor que enloquecen
por alcanzar la arena?
Paz para ti, sol sombrío,
paz para ti, frente ciega,
hay un quemante sitio para ti en los caminos,
hay piedras sin misterio que te miran,
hay silencios de cárcel con una estrella loca,
desnuda, desbocada, contemplando el infierno.

Juntos, frente al sollozo!
Es la hora
alta de tierra y de perfume, mirad este rostro
recién salido de la sal terrible,
mirad esta boca amarga que sonríe,
mirad este nuevo corazón que os saluda
con su flor desbordante, determinada y áurea.

EL GENERAL FRANCO[1] EN LOS INFIERNOS

Desventurado, ni el fuego ni el vinagre caliente
en un nido de brujas volcánicas ni el hielo devorante,
ni la tortuga pútrida que ladrando y llorando con voz
de mujer muerta te escarbe la barriga
buscando una sortija nupcial y un juguete de niño degollado,
serán para ti nada sino una puerta oscura, arrasada.
En efecto.

---

[1]Francisco Franco (1892-1975), dictador de España que llegó al poder con la derrota de las fuerzas republicanas en la Guerra Civil.

De infierno a infierno, ¿qué hay? En el aullido
de tus legiones, en la santa leche
de las madres de España, en la leche y los senos pisoteados
por los caminos, hay una aldea más, un silencio más,
una puerta rota.

Aquí estás. Triste párpado, estiércol
de siniestras gallinas de sepulcro, pesado esputo, cifra
de traición que la sangre no borra. Quién, quién eres,
oh miserable hoja de sal, oh perro de la tierra,
oh mal nacida palidez de sombra.

Retrocede la llama sin ceniza,
la sed salina del infierno, los círculos
del dolor palidecen.

Maldito, que sólo lo humano
te persiga, que dentro del absoluto fuego de las cosas,
no te consumas, que no te pierdas
en la escala del tiempo, y que no te taladre el vidrio ardiendo
ni la feroz espuma.
Solo, solo, para las lágrimas
todas reunidas, para una eternidad de manos muertas
y ojos podridos, solo en una cueva
de tu infierno, comiendo silenciosa pus y sangre
por una eternidad maldita y sola.
No mereces dormir
aunque sea clavados de alfileres los ojos: debes estar
despierto, General, despierto eternamente
entre la podredumbre de las recién paridas,
ametralladas en Otoño. Todas, todos los triste niños descuartizados,
tiesos, están colgados, esperando en tu infierno
ese día de fiesta fría: tu llegada.
Niños negros por la explosión,
trozos rojos de seso, corredores
de dulces intestinos, te esperan todos, todos, en la
misma actitud
de atravesar la calle, de patear la pelota,
de tragar una fruta, de sonreír o nacer.

Sonreír. Hay sonrisas
ya demolidas por la sangre
que esperan con dispersos dientes exterminados,

y máscaras de confusa materia, rostros huecos
de pólvora perpetua, y los fantasmas
sin nombre, los oscuros
escondidos, los que nunca salieron
de su cama de escombros. Todos te esperan para pasar la noche.

Llenan los corredores
como algas corrompidas.
Son nuestros, fueron nuestra
carne, nuestra salud, nuestra
paz de herrerías, nuestro océano
de aire y pulmones. A través de ellos
las secas tierras florecían. Ahora, más allá de la tierra,
hechos substancia
destruida, materia asesinada, harina muerta,
te esperan en tu infierno.

Como el agudo espanto o el dolor se consumen,
ni espanto ni dolor te aguardan. Solo y maldito seas,
solo y despierto seas entre todos los muertos,
y que la sangre caiga en ti como la lluvia,
y que un agonizante río de ojos cortados
te resbale y recorra mirándote sin término.

De *Alturas de Macchu Picchu* (1946), poema extenso en doce cantos son las siguientes selecciones. Los poemas de esta sección trazan, en sucesión, la con-frontación del poeta con la muerte, su ascenso a las ruinas y consiguiente iden-tificación con su sentido histórico, y la invocación del *genius loci*, o espíritu de lugar:

IV

La poderosa muerte me invitó muchas veces:
era como la sal invisible en las olas,
y lo que su invisible sabor diseminaba
era como mitades de hundimientos y altura
o vastas construcciones de viento y ventisquero.[2]

---

[2]Altura del monte que está expuesta a borrascas. Sitio de los montes donde se conserva la nieve.

Yo al férreo filo vine, a la angostura
del aire, a la mortaja de agricultura y piedra,
al estelar vacío de los pasos finales
y a la vertiginosa carretera espiral:
pero, ancho mar, oh muerte!, de ola en ola no vienes,
sino como un galope de claridad nocturna
o como los totales números de la noche.

Nunca llegaste a hurgar en el bolsillo, no era
posible tu visita sin vestimenta roja:
sin auroral alfombra de cercado silencio:
sin altos y enterrados patrimonios de lágrimas

No pude amar en cada ser un árbol
con su pequeño otoño a cuestas (la muerte de mil hojas),
todas las falsas muertes y las resurrecciones
sin tierra, sin abismo:
quise nadar en las más anchas vidas,
en las más sueltas desembocaduras,
y cuando poco a poco el hombre fue negándome
y fue cerrando paso y puerta para que no tocaran
mis manos manantiales su inexistencia herida,
entonces fui por calle y calle y río y río,
y ciudad y ciudad y cama y cama,
y atravesó el desierto mi máscara salobre,
y en las últimas casas humilladas, sin lámpara, sin fuego,
sin pan, sin piedra, sin silencio, solo,
rodé muriendo de mi propia muerte.

VIII

Sube conmigo, amor americano.

Besa conmigo las piedras secretas.
La plata torrencial del Urubamba[3]
hace volar el polen a su copa amarilla.

---

[3]Río del Perú en el departamento del Cuzco y el nombre del valle por donde corre.

Vuela el vacío de la enredadera,
la planta pétrea, la guirnalda dura
sobre el silencio del cajón serrano.
Ven, minúscula vida, entre las alas
de la tierra, mientras --cristal y frío, aire golpeado
apartando esmeraldas combatidas,
oh agua salvaje, bajas de la nieve.

Amor, amor, hasta la noche abrupta,
desde el sonoro pedernal andino,
hacia la aurora de rodillas rojas,
contempla el hijo ciego de la nieve.

Oh, Wilkamayu[4] de sonoros hilos,
cuando rompes tus truenos lineales
en blanca espuma, como herida nieve,
cuando tu vendaval acantilado
canta y castiga despertando al cielo,
¿qué idioma traes a la oreja apenas
desarraigada de tu espuma andina?

Quién apresó el relámpago del frío
y lo dejó en la altura encadenado,
repartido en sus lágrimas glaciales,
sacudido en sus rápidas espadas,
golpeando sus estambres aguerridos,
conducido en su cama de guerrero,
sobresaltado en su final de roca?

¿Qué dicen tus destellos acosados?
¿Tu secreto relámpago rebelde
antes viajó poblado de palabras?
¿Quién va rompiendo sílabas heladas,
idiomas negros, estandartes de oro,
bocas profundas, gritos sometidos,
en tus delgadas aguas arteriales?

¿Quién va cortando párpados florales
que vienen a mirar desde la tierra?
¿Quién precipita los racimos muertos

---

[4]Nombre antiguo del río Urumbamba.

que bajan en tus manos de cascada
a desgranar su noche desgranada
en el carbón de la geología?

¿Quién despeña la rama de los vínculos?
¿Quién otra vez sepulta los adioses?

Amor, amor, no toques la frontera,
ni adores la cabeza sumergida:
deja que el tiempo cumpla su estatura
en su salón de manantiales rotos,
y, entre el agua veloz y las murallas,
recoge el aire del desfiladero,
las paralelas láminas del viento,
el canal ciego de las cordilleras,
el áspero saludo del rocío,
y sube, flor a flor, por la espesura,
pisando la serpiente despeñada.

En la escarpada zona, piedra y bosque,
polvo de estrellas verdes, selva clara,
Mantur estalla como un lago vivo
y como un nuevo piso del silencio.

Ven a mi propio ser, al alba mía,
hasta las soledades coronadas.
El reino muerto vive todavía.

Y en el Reloj la sombra sanguinaria
del cóndor cruza como una nave negra.

En «Canto a Stalingrado» (1942), uno de los poemas más célebres de *Tercera residencia* (1947), Neruda canta la resistencia y victoria militar soviéticas contra la invasión nazi.

CANTO A STALINGRADO

En la noche el labriego duerme, despierta y hunde
su mano en las tinieblas preguntando a la aurora:
alba, sol de mañana, luz del día que viene,
dime si aún las manos más puras de los hombres

defienden el castillo del honor, dime, aurora,
si el acero en tu frente rompe su poderío,
si el hombre está en su sitio, si el trueno está en su sitio,
dime, dice el labriego, si no escucha la tierra
cómo cae la sangre de los enrojecidos
héroes, en la grandeza de la noche terrestre,
dime si sobre el árbol todavía está el cielo,
dime si aún la pólvora suena en Stalingrado.

Y el marinero en medio del mar terrible mira
buscando entre las húmedas constelaciones
una, la roja estrella de la ciudad ardente,
y halla en su corazón esa estrella que quema,
esa estrella de orgullo quieren tocar sus manos,
esa estrella de llanto la construyen sus ojos.

Ciudad, estrella roja, dicen el mar y el hombre,
ciudad, cierra tus rayos, cierra tus puertas duras,
cierra, ciudad, tu ilustre laurel ensangrentado,
y que la noche tiemble con el brillo sombrío
de tus ojos detrás de un planeta de espadas.

Y el español recuerda Madrid y dice: hermana,
resiste, capital de la gloria, resiste:
del suelo se alza toda la sangre derramada
de España, y por España se levanta de nuevo,
y el español pregunta junto al muro
de los fusilamientos, si Stalingrado vive:
y hay en la cárcel una cadena de ojos negros
que horadan las paredes con tu nombre,
y España se sacude con tu sangre y tus muertos,
porque tú le tendiste, Stalingrado, el alma
cuando España paría héroes como los tuyos.
Ella conoce la soledad, España,
como hoy, Stalingrado, tú conoces la tuya.
España desgarró la tierra con sus uñas
cuando París estaba más bonita que nunca.
España desangraba su inmenso árbol de sangre
cuando Londres peinaba, como nos cuenta Pedro

Garfias,[5] su césped y sus lagos de cisnes.

Hoy ya conoces eso, recia virgen.
hoy ya conoces, Rusia, la soledad y el frío.
Cuando miles de obuses tu corazón destrozan,
cuando los escorpiones con crimen y veneno,
Stalingrado, acuden a morder tus entrañas,
Nueva York baila, Londres medita, y yo digo «merde»,
porque mi corazón no puede más y nuestros corazones
no pueden más, no pueden
en un mundo que deja morir solos sus héroes.

¿Los dejáis solos? ¡Ya vendrán por vosotros!
¿Los dejáis solos?
¿Queréis que la vida
huya a la tumba, y la sonrisa de los hombres
sea borrada por la letrina y el calvario?
¿Por qué no respondéis?
¿Queréis más muertos en el frente del Este
hasta que llenen totalmente el cielo vuestro?
Pero entonces no os va a quedar sino el infierno.
El mundo está cansándose de pequeñas hazañas,
de que en Madagascar los generales
maten con heroísmo cincuenta y cinco monos.

El mundo está cansado de otoñales reuniones
presididas aún por un paraguas.

Ciudad, Stalingrado, no podemos
llegar a tus murallas, estamos lejos.
Somos los mexicanos, somos los araucanos,
somos los patagones, somos los guaraníes,
somos los uruguayos, somos los chilenos,
somos millones de hombres.

Ya tenemos por suerte deudos en la familia,
pero aún no llegamos a defenderte, madre.
Ciudad, ciudad de fuego, resiste hasta que un día
lleguemos, indios náufragos, a tocar tus murallas

---

[5]Poeta español (1901-1967). Comunista como Neruda, Garfias huyó a Londres en 1939, después de recibir el Premio Nacional de Literatura por sus *Poesías de la guerra* (1938). De allí fue a México, donde continuó escribiendo.

con un beso de hijos que esperaban llegar.

Stalingrado, aún no hay Segundo Frente,
pero no caerás aunque el hierro y el fuego
te muerdan día y noche.

¡Aunque mueras, no mueres!

Porque los hombres ya no tienen muerte
y tienen que seguir luchando desde el sitio en que caen
hasta que la victoria no esté sino en tus manos
aunque estén fatigadas y horadadas y muertas,
porque otras manos rojas, cuando las vuestras caigan,
sembrarán por el mundo los huesos de tus héroes
para que tu semilla llene toda la tierra.

Del enciclopédico *Canto general* (1950) son los siguientes tres poemas. Los primeros dos, de «Los conquistadores» (sección III), se basan en anécdotas históricas de la Conquista de América por los españoles. El tercero es de «La arena traicionada» (seccion V), que trata de los dictadores, oligarquías y compañías transnacionales que azotaban el entonces presente latinoamericano.

XII

XIMÉNEZ DE QUESADA[6]
(1536)

Ya van, ya van, ya llegan,
corazón mío, mira las naves,
las naves por el Magdalena,
las naves de Gonzalo Jiménez
ya llegan, ya llegan las naves,
deténlas, río, cierra
tus márgenes devoradoras,
sumérgelas en tu latido,
arrebátales la codicia,
échales tu trompa de fuego,
tus vertebrados sanguinarios,
tus anguilas comedoras de ojos,
atraviesa el caimán espeso
con sus dientes color de légamo
y su primordial armadura,
extiéndelo como un puente
sobre tus aguas arenosas,
dispara el fuego del jaguar
desde tus árboles, nacidos
de tus semillas, río madre,
arrójales moscas de sangre,
ciégalos con estiércol negro,
húndelos en tu hemisferio,
sujétalos entre las raíces
en la oscuridad de tu cama,
y púdreles toda la sangre

[6]Gonzalo Jiménez de Quesada (¿1509?-1579), conquistador español que exploró el río Magdalena. Entabló batallas contra los indios chibcha y fundó la ciudad de Santa Fe de Bogotá.

devorándoles los pulmones
y los labios con tus cangrejos.

Ya entraron en la floresta:
ya roban, ya muerden, ya matan.
¡Oh Colombia! Defiende el velo
de tu secreta selva roja.

Ya levantaron el cuchillo
sobre el oratorio de Iraka,[7]
ahora agarran al zipa,[8]
ahora lo amarran. «Entrega
las alhajas del dios antiguo»,
las alhajas que florecían
y brillaban con el rocío
de la mañana de Colombia.
Ahora atormentan al príncipe.
Lo han degollado, su cabeza
me mira con ojos que nadie
puede cerrar, ojos amados
de mi patria verde y desnuda.
Ahora queman la casa solemne,
ahora siguen los caballos,
los tormentos, las espadas,
ahora quedan unas brasas
y entre las cenizas los ojos
del príncipe que no se han
cerrado.

XIII

CITA DE CUERVOS[9]

En Panamá se unieron los
demonios.
Allí fue el pacto de los hurones.
Una bujía apenas alumbraba
cuando los tres llegaron uno a
uno.
Primero llegó Almagro antiguo y
tuerto,
Pizarro, el mayoral porcino
y el fraile Luque, canónigo
entendido
en tinieblas. Cada uno
escondía el puñal para la espalda
del asociado, cada uno
con mugrienta mirada en las
oscuras
paredes adivinaba sangre,
y el oro del lejano imperio los
atraía
como la luna a las piedras
malditas.
Cuando pactaron, Luque levantó
la hostia en la eucaristía,
los tres ladrones amasaron
la oblea con torva sonrisa.
«Dios ha sido dividido, hermanos,
entre nosotros», sostuvo el
canónigo,
y los carniceros de dientes
morados dijeron «Amén».
Golpearon la mesa escupiendo.
Como no sabían de letras
llenaron de cruces la mesa,

---

[7]Población de Colombia que, junto con Bogotá y Tunja fue sometida por el conquistador Jiménez de Quesada.

[8]Cacique chibcha.

[9]«El poema se basa en el pacto trabado, en Panamá, el 10 de marzo de 1526, entre Francisco Pizarro (1475-1541), conquistador del Perú, Diego de Almagro (1475-1538), compañero de Pizarro en dicha conquista, y el clérigo Fray Hernando de Luque (¿?-1532), vicario de Panamá y luego obispo del Perú. Por el contrato los tres se comprometían al descubrimiento y conquista del Peru». Nota de Enrico Mario Santí en su edición de *Canto general* (Madrid: Cátedra, 1990), 160.

el papel, los bancos, los muros.

El Perú oscuro, sumergido,
estaba señalado y las cruces,
pequeñas, negras, negras cruces,
al Sur salieron navegando:
cruces para las agonías,
cruces peludas y filudas,
cruces con ganchos de reptil,
cruces salpicadas de pústulas,
cruces como piernas de araña,
sombrías cruces cazadoras.

LA UNITED FRUIT Co.

Cuando sonó la trompeta, estuvo
todo preparado en la tierra
y Jehová repartió el mundo
a Coca-Cola Inc., Anaconda,
Ford Motors, y otras entidades:
la Compañía Frutera Inc.
se reservó lo más jugoso,
la costa central de mi tierra,
la dulce cintura de América.
Bautizó de nuevo sus tierras
como «Repúblicas Bananas»,[10]
y sobre los muertos dormidos,
sobre los héroes inquietos
que conquistaron la grandeza,
la libertad y las banderas,
estableció la ópera bufa:
enajenó los albedríos,
regaló coronas de César,
desenvainó la envidia, atrajo
la dictadura de las moscas,
moscas Trujillo,[11] moscas
Tachos,[12]
moscas Carías, moscas Martínez,
moscas Ubico,[13] moscas húmedas
de sangre humilde y mermelada,
moscas borrachas que zumban
sobre las tumbas populares,
moscas de circo, sabias moscas
entendidas en tiranía.
Entre las moscas sanguinarias
la Frutera desembarca,
arrasando el café y las frutas
en sus barcos que deslizaron
como bandejas el tesoro
de nuestras tierras sumergidas.

Mientras tanto, por los abismos
azucarados de los puertos,
caían indios sepultados
en el vapor de la mañana:
un cuerpo rueda, una cosa
sin nombre, un número caído,
un racimo de fruta muerta
derramada en el pudridero.

De *Odas elementales* (1954) y *Nuevas odas elementales* (1956):

ODA A LA CEBOLLA

Cebolla,
luminosa redoma,
pétalo a pétalo

---

[10]Traducción literal de «Banana Republics», nombre que se les daba a los países en que se cultivaban plátanos y otras frutas que las compañías fruteras norteamericanas explotaban comercialmente.

[11]Rafael Trujillo (1891-1961), dictador de la República Dominicana.

[12]Apodo de Anastasio Somoza Debayle (1922-1967), dictador de Nicaragua.

[13]Tiburcio Carías fue dictador de Honduras; Maximiliano Hernández Martínez, de El Salvador; Jorge Ubico, de Guatemala.

se formó tu hermosura,
escamas de cristal te acrecentaron
y en el secreto de la tierra oscura
se redondeó tu vientre de rocío.
Bajo la tierra
fue el milagro
y cuando apareció
tu torpe tallo verde,
y nacieron
tus hojas como espadas en el
huerto,
la tierra acumuló su poderío
mostrando tu desnuda
transparencia,
y como en Afrodita el mar
remoto
duplicó la magnolia
levantando sus senos,
la tierra
así te hizo,
cebolla,
clara como un planeta,
y destinada
a relucir,
constelación constante,
redonda rosa de agua,
sobre
la mesa
de las pobres gentes.

Generosa
deshaces
tu globo de frescura
en la consumación
ferviente de la olla,
y el jirón de cristal
al calor encendido del aceite
se transforma en rizada pluma de
oro

También recordaré como fecunda
tu influencia el amor de la en-
salada
y parece que el cielo contribuye
dándote fina forma de granizo
a celebrar tu claridad picada
sobre los hemisferios de un tomate.
Pero al alcance
de las manos del pueblo,
regada con aceite,
espolvoreada
con un poco de sal,
matas el hambre
del jornalero en el duro camino.
Estrella de los pobres,
hada madrina
envuelta
en delicado
papel, sales del suelo,
eterna, intacta, pura
como semilla de astro,
y al cortarte
el cuchillo en la cocina
sube la única lágrima
sin pena.
Nos hiciste llorar sin afligirnos.

Yo cuanto existe celebré, cebolla,
pero para mí eres
más hermosa que un ave
de plumas cegadoras,
eres para mis ojos
globo celeste, copa de platino,
baile inmóvil
de anémona nevada
y vive la fragancia de la tierra
en tu naturaleza cristalina.

ODA A LOS CALCETINES

Me trajo Maru Mori
un par
de calcetines
que tejió con sus manos

de pastora,
dos calcetines suaves
como liebres.
En ellos
metí los pies
como en
dos
estuches
tejidos
con hebras del
crepúsculo
y pellejo de ovejas.
Violentos calcetines,
mis pies fueron
dos pescados
de lana,
dos largos tiburones
de azul ultramarino
atravesados
por una trenza de oro,
dos gigantescos mirlos,
dos cañones:
mis pies
fueron honrados
de este modo
por
estos
celestiales
calcetines.
Eran
tan hermosos
que por primera vez
mis pies me parecieron
inaceptables
como dos decrépitos
bomberos, bomberos,
indignos
de aquel fuego
bordado,
de aquellos luminosos
calcetines.

Sin embargo
resistí
la tentación aguda
de guardarlos
como los colegiales
preservan
las luciérnagas
como los eruditos
coleccionan
documentos sagrados,
resistí
el impulso furioso
de ponerlos
en una jaula
de oro
y darles cada día
al piste
y pulpa de melón rosado.
Como descubridores
que en la selva
entregan el rarísimo
venado verde
al asador
y se lo comen
con remordimiento,
estiré
los pies
y me enfundé
los
bellos
calcetines
y
luego los zapatos.

Y es ésta
la moral de mi oda:
dos veces es belleza
la belleza
y lo que es bueno es doblemente
bueno
cuando se trata de dos calcetines
de lana
en el invierno.

De *Estravagario* (1958):

FÁBULA DE LA SIRENA Y LOS BORRACHOS

Todos estos señores estaban dentro
cuando ella entró completamente desnuda
ellos habían bebido y comenzaron a escupirla
ella no entendía nada recién salía del río
era una sirena que se había extraviado
los insultos corrían sobre su carne lisa
la inmundicia cubrió sus pechos de oro
ella no sabía llorar por eso no lloraba
no sabía vestirse por eso no se vestía
la tatuaron con cigarrillos y con corchos quemados
y reían hasta caer al suelo de la taberna
ella no hablaba porque no sabía hablar
sus ojos eran color de amor distante
sus brazos construidos de topacios gemelos
sus labios se cortaron en la luz del coral
y de pronto salió por esa puerta
apenas entró al río quedó limpia
relució como una piedra blanca en la lluvia
y sin mirar atrás nadó de nuevo
nadó hacia nunca más hacia morir.

De *Memorial de Isla Negra* (1964) son los siguientes poemas. Los primeros dos, que pertenecen al primer libro, «Donde nace la lluvia», narran escenas de la niñez del poeta y el descubrimiento de la poesía. Los demás son extractos de «El episodio», poema extenso donde Neruda recuerda y critica el culto a la personalidad del dictador soviético Josef Stalin.

LA POESÍA

Y fue a esa edad . . . Llegó la
poesía
a buscarme. No sé, no sé de
dónde
salió, de invierno o río.
No sé cómo ni cuándo,
no, no eran voces, no eran
palabras, ni silencio,
pero desde una calle me llamaba,
desde las ramas de la noche,
de pronto entre los otros,
entre fuegos violentos
o regresando solo,
allí estaba sin rostro
y me tocaba.

Yo no sabía qué decir, mi boca
no sabía
nombrar,

mis ojos eran ciegos,
y algo golpeaba en mi alma,
fiebre o alas perdidas.
y me fui haciendo solo,
descifrando
aquella quemadura,
y escribí la primera línea vaga,
vaga, sin cuerpo, pura
tontería,
pura sabiduría
del que no sabe nada,
y vi de pronto
el cielo
desgranado
y abierto,
planetas,
plantaciones palpitantes,
la sombra perforada,
acribillada
por flechas, fuego y flores,
la noche arrolladora, el universo.

Y yo, mínimo ser,
ebrio del gran vacío
constelado,
a semejanza, a imagen
del misterio,
me sentí parte pura
del abismo,
rodé con las estrellas,
mi corazón se desató en el viento.

LA TIMIDEZ

Apenas supe, solo, que existía
y que podría ser, ir continuando,
tuve miedo de aquello, de la vida,
quise que no me vieran,
que no se conociera mi existencia.
Me puse flaco, pálido y ausente,
no quise hablar para que no pudieran
reconocer mi voz, no quise ver
para que no me vieran,
andando, me pegué contra el muro
como una sombra que se resbalara.

Yo me hubiera vestido
de tejas rotas, de humo,
para seguir allí, pero invisible,
estar presente en todo, pero lejos,
guardar mi propia identidad oscura
atada al ritmo de la primavera.

Un rostro de muchacha, el golpe puro
de una risa partiendo en dos el día
como en dos hemisferios de naranja,
y yo cambié de calle,
ansioso de la vida y temeroso,
cerca del agua sin beber el frío,
cerca del fuego sin besar la llama,
y me cubrió una máscara de orgullo,
y fui delgado, hostil como una lanza,
sin que escuchara nadie
--porque yo lo impedía--
mi lamento
encerrado
como la voz de un perro herido
desde el fondo de un pozo.

EL EPISODIO

Hoy otra vez buenos días, razón,
como un antepasado y sin duda tal vez
como los que vendrán al trabajo mañana
con una mano toman la herramienta
y con todas las manos el decoro.

Sin ellos tambaleaban los navíos,
las torres no ocultaban su amenaza,
los pies se le enredaban al viajero:
ay, esta humanidad que pierde el rumbo
y vocifera el muerto, tirándola hacia atrás,
hacia la ineptitud de la codicia,
mientras el equilibrio se cubre con la cólera
para restituir la razón del camino.

Hoy otra vez, aquí me tienes, compañero:
con un sueño más dulce que un racimo
atado a ti, a tu suerte, a tu congoja.

Debo abolir orgullo, soledad, desvarío,
atenerme al recinto comunal y volver
a sostener el palio común de los deberes.

Yo sé que puedo abrir el delirio inocente
del casto ser perdido entre palabras
que dispone de entradas falsas al infierno,
pero para ese juego nacieron los saciados:
mi poesía es aún un camino en la lluvia
por donde pasan niños descalzos a la escuela
y no tengo remedio sino cuando me callo:
si me dan la guitarra canto cosas amargas.

Todos se preguntaron, ¿qué pasó?

EL GRAN SILENCIO

Sin preguntar se preguntaban todos
y comenzó a vivirse en el veneno
sin saber cómo, de la noche al día.
Se resbalaba en el silencio como
si fuera nieve negra el pavimento,
los hambrientos oídos esperaban
un signo, y no se oía
sino un sordo rumor, y numeroso:
eran tantas ausencias que se unían
unas a otras como un agujero:
y otro agujero, y otro y otro y otro
van haciendo una red, y ésa es la patria:
Sí, de pronto la patria fue una red,
todos fueron envueltos en vacío,
en una red sin hilos que amarraba
los ojos, los oídos y la boca
y ya nadie sintió porque no había
con qué sentir, la boca
no tenía derecho a tener lengua,
los ojos no debían ver la ausencia,
el corazón vivía emparedado.

Yo fui, yo estuve, yo toqué las manos,
alcé la copa de color de río,
comí el pan defendido por la sangre:
bajo la sombra del honor humano
dormí y eran espléndidas las hojas

como si un solo árbol resumiera
todos los crecimientos de la tierra
y fui, de hermano a hermano, recibido
con la nobleza nueva y verdadera
de los que con las manos en la harina
amasaron el nuevo pan del mundo.

Sin embargo, allí estaba en ese tiempo
la presencia pugnaz, aquella herida
de sangre y sombra que nos acompaña:
lo que pasó, el silencio y la pregunta
que no se abrió en la boca, que murió
en la casa, en la calle y en la usina.
Alguien fallaba, pero no podía
la madre, el padre, el hermano, la hermana,
mirar el hueco de la ausencia atroz:
el sitio del ausente era un estigma:
no podía mirar el compañero
o preguntar, sin convertirse en aire,
y pasar el vacío, de repente,
sin que nadie notara ni supiese.

LA TRISTEZA

Oh gran dolor de una victoria
muerta
en cada corazón! Estrangulados
por las lianas del miedo
que enlazaban la Torre del Reloj,
descendían los muros almenados
y entraban con la sombra a cada
casa.

Ah tiempo parecido al agua cruel
de la ciénaga, al abierto pozo
de noche que se traga un niño:
y no se sabe y no se escucha el
grito.
Y siguen en su sitio las estrellas.

EL TERROR

La criatura del terror esconde
el eclipse, la luna, el sol maldito
de su progenitura ensangrentada
y el Dios demente incuba los
castigos:
un ejército pálido de larvas
corren con ciegos ojos y puñales
a ejercitar el odio y la agonía,
y allí donde pasaron no quedó
ni libro, ni retrato, ni recuerdo:
hasta al niño sin voz le fue
ordenado
nuevo nombre y escuela de
suplicios.

Mientras tanto en su torre y en su
estatua
el hombre del pavor sentía miedo:
sentía sombra dura y amenaza:
sentía la silbante soledad.

De *Fin de mundo* (1969):

EL SIGLO MUERE

Treinta y dos años entrarán
trayendo el siglo venidero,
treinta y dos trompetas heroicas,
treinta y dos fuegos derrotados,
y el mundo seguirá tosiendo
envuelto en su sueño y su crimen.

Tan pocas hojas que le faltan
al árbol de las amarguras
para los cien años de otoño
que destruyeron el follaje:
lo regaron con sangre blanca,
con sangre negra y amarilla,
y ahora quiere una medalla
en su pechera de sargento
el siglo que cumple cien años
de picotear ojos heridos
con sus herramientas de hierro
y sus garras condecoradas.

Me dice el cemento en la calle,
me canta el pájaro enramado,
me advierte la cárcel nombrando
los justos allí ajusticiados,
me lo declaran mis parientes,
mis intranquilos compañeros,
secretarios de la pobreza:
siguen podridos estos años
parados en medio del tiempo
como los huesos de una res
que devoran los roedores
y salen de la pestilencia
libros escritos por las moscas.

De *La espada encendida* (1970):

LXIX

LA HISTORIA

Oh amor, pensó el acongojado
que por primera vez sobre la
lengua
sintió el sabor de la muerte,
oh amor, manzana del
conocimiento,
miel desdichada, flor de la
agonía,
por qué debo morir si ahora nací,
si recién confundíanse las venas,
si sueño y sangre se
determinaron,
si volví a ser injusto como el
amontonado,
el pobre hombre, el hermano, el
todavía,
y cuando ya me despojé de Dios,
cuando la claridad de la pobre
mujer,
Rosía, predilecta de los árboles,
Rosía, rosa de la mordedura,
Rosía, araña de las cordilleras,
cuando me sorprendió la sencillez
y desde fundador de un triste
reino
llegué a los puros brazos de una
hija de oro,
de una exiliada, huyendo del
desastre
y llegó la corteza, la enredadera
roja
a cubrirme hasta darme silencio y
magnitud,
entonces, en el saco de la derrota,
agobiado
por mi destino, libertador al fin
de mi propia prisión, cuando salí

a la luz
de tus besos, oh amor, llega el
anuncio,
la campana, el reloj, la amenaza,
la tierra
que crepita, la sombra
que arde.

Oh amor, abrázate a mi cuerpo
frente al fulgor de la espada
encendida!

LXXI

LA ESPADA ENCENDIDA

Subió la sangre del volcán al
cielo,
se desplomó la grieta,
ígnea ceniza, lava roedora,
lengua escondida, ahora derramada,
luna caliente transformada en río.

Salió la espada ardiendo encima
de la boca nevada
y un estertor del fuego
quebró la oscuridad,
luego el silencio
duró un segundo
como una mano helada
y estalló la montaña
su parto de planeta:
lodo y peñascos bajaron, ¿de
dónde?
¿En dónde se juntaron?
¿Qué querían rodando?
¿A qué venían?
¿A qué venía el fuego?
Todo ardía,
el viento repartió
la noticia incendiada . . .

De *Geografía infructuosa* (1972):

EL CAMPANARIO DE
AUTHENAY

Contra la claridad de la pradera
un campanario negro.

Salta desde la iglesia triangular:
pizarra y simetría.

Mínima iglesia en la suave extensión
como para que rece una paloma.

La pura voluntad de un campanario
contra el cielo de invierno.

La rectitud divina de la flecha
dura como una espada

con el metal de un gallo tem-
pestuoso
volando en la veleta.

(No la nostalgia, es el orgullo
nuestro vestido pasajero

y el follaje que nos cubría
cae a los pies del campanario.

Este orden puro que se eleva
sostiene su sistema gris

en el desnudo poderío
de la estación color de lluvia.

Aquí el hombre estuvo y se fue:
dejó su deber en la altura,

y regresó a los elementos,

al agua de la geografía.

Así pude ser y no pude,
así no aprendí mis deberes:

me quedé donde todo el mundo
mirara mis manos vacías:

las construcciones que no hice:
mi corazón deshabitado:

mientras oscuras herramientas
brazos grises, manos oscuras

levantaban la rectitud
de un campanario y de una
flecha.

Ay lo que traje yo a la tierra
lo dispersé sin fundamento,

no levanté sino las nubes
y sólo anduve con el humo

sin saber que de piedra oscura
se levantaba la pureza

en anteriores territorios,
en el invierno indiferente.)

Oh asombro vertical en la
pradera
húmeda y extendida:

una delgada dirección de aguja
exacta, sobre el cielo.

Cuántas veces de todo aquel
paisaje,
árboles y terrones

en la infinita estrella horizontal
de la terrestre Normandía,

por nieve o lluvia o corazón
cansado,
de tanto ir y venir por el mundo,

se quedaron mis ojos amarrados
al campanario de Authenay,

a la estructura de la voluntad
sobre los dominios dispersos

de la tierra que no tiene palabras
y de mi propia vida.

En la interrogación de la pradera
y mis atónitos dolores

una presencia inmóvil rodeada
por la pradera y el silencio:

la flecha de una pobre torre
oscura
sosteniendo un gallo en el cielo.

Discurso de aceptación del Premio Nóbel de Literatura, 1971:

LA POESÍA NO HABRÁ CANTADO EN VANO

Mi discurso será una larga travesía, un viaje mío por regiones lejanas y antípodas, no por eso menos semejantes al paisaje y a las soledades del norte. Hablo del extremo sur de mi país. Tanto y tanto nos alejamos los chilenos hasta tocar con nuestros límites el Polo Sur, que nos parecemos a la geografía de Suecia, que roza con su cabeza el norte nevado del planeta.

Por allí, por aquellas extensiones de mi patria adonde me condujeron acontecimientos ya olvidados en sí mismos, hay que atravesar, tuve que atravesar los Andes buscando la frontera de mi país con Argentina. Grandes bosques cubren como un túnel las regiones inaccesibles y como nuestro camino era oculto y vedado, aceptábamos tan sólo los signos más débiles de la orientación. No había huellas, no existían senderos y con mis cuatro compañeros a caballo buscábamos en ondulante cabalgata --eliminando los obstáculos de poderosos árboles, imposibles ríos, roqueríos inmensos, desoladas nieves, adivinando más bien--el derrotero de mi propia libertad. Los que me acompañaban conocían la orientación, la posibilidad entre los grandes follajes, pero para saberse más seguros montados en sus caballos marcaban de un machetazo aquí y allá las cortezas de los grandes árboles dejando huellas que los guiarían en el regreso, cuando me dejaran solo con mi destino.

Cada uno avanzaba embargado en aquella soledad sin márgenes, en aquel silencio verde y blanco, los árboles, las grandes enredaderas, el humus depositado por centenares de años, los troncos semiderribados que de pronto eran una barrera más en nuestra marcha. Todo era a la vez una naturaleza deslumbradora y secreta y a la vez una creciente amenaza de frío, nieve, persecución. Todo se mezclaba: la soledad, el peligro, el silencio y la urgencia de mi misión.

A veces seguíamos una huella delgadísima, dejada quizás por contrabandistas o delincuentes comunes fugitivos, e ignorábamos si muchos de ellos habían perecido, sorprendidos de repente por las glaciales manos del invierno, por las tormentas tremendas de nieve que, cuando en los Andes se descargan, envuelven al viajero, lo hunden bajo siete pisos de blancura.

A cada lado de la huella con-templé, en aquella salvaje desolación, algo como una construcción humana. Eran trozos de ramas acumulados que habían soportado muchos inviernos, vegetal ofrenda de centenares de viajeros, altos túmulos de madera para recordar a los caídos, para hacer pensar en los que no pudieron seguir y quedaron allí para siempre debajo de las nieves. También mis compañeros cortaron con sus machetes las ramas que nos tocaban las cabezas y que descendían sobre nosotros desde la altura de las coníferas inmensas, desde los robles cuyo último follaje palpitaba antes de las tempestades del invierno. Y también yo fui dejando en cada túmulo un recuerdo, una tarjeta de madera, una rama cortada del bosque para adornar las tumbas de uno y otro de los viajeros desconocidos.

Teníamos que cruzar un río. Esas pequeñas vertientes nacidas en las cumbres de los Andes se precipitan, descargan su fuerza vertiginosa y atropelladora, se tornan en cascadas, rompen tierras y rocas con la energía y la velocidad que trajeron de las alturas insignes: pero esa vez encontramos un remanso, un gran espejo de agua, un vado. Los caballos entraron, perdieron pie y nadaron hacia la otra ribera. Pronto mi caballo fue sobrepasado casi totalmente por las aguas, yo comencé a mecerme sin sostén, mis pies se afanaban al garete mientras la bestia pugnaba por mantener la cabeza al aire libre. Así cruzamos. Y apenas llegados a la otra orilla, los baqueanos, los campesinos que me acompañaban me preguntaron con cierta sonrisa:

--¿Tuvo mucho miedo?

--Mucho. Creí que había llegado mi última hora --dije.

--Íbamos detrás de usted con el lazo en la mano --me respondieron.

--Ahí mismo --agregó uno de ellos-- cayó mi padre y lo arrastró la corriente. No iba a pasar lo mismo con usted.

Seguimos hasta entrar en un túnel natural que tal vez abrió en las rocas imponentes un caudaloso río perdido, o un estremecimiento del planeta que dispuso en las alturas aquella obra, aquel canal rupestre de piedra socavada, de granito, en el cual penetramos. A los pocos pasos las cabalgaduras resbalaban, trataban de afincarse en los desniveles de piedra, se doblegaban sus patas, estallaban chispas en las herraduras: más de una vez me vi arrojado del caballo y tendido sobre las rocas. Mi cabalgadura sangraba de narices y patas, pero proseguimos empecinados el vasto, el espléndido, el difícil camino.

Algo nos esperaba en medio de aquella selva salvaje. Súbitamente, como singular visión, llegamos a una pequeña y esmerada pradera acurrucada en el regazo de las montañas: agua clara, prado verde, flores silvestres, rumor de ríos y el cielo azul arriba, generosa luz ininterrumpida por ningún follaje.

Allí nos detuvimos como dentro de un círculo mágico, como huéspedes de un recinto sagrado: y mayor condición de sagrada tuvo aún la ceremonia en la que participé. Los vaqueros bajaron de sus cabalgaduras. En el centro del recinto estaba colocada, como en un rito, una calavera de buey. Mis compañeros se acercaron silenciosamente, uno por uno, para dejar unas monedas y algunos alimentos en los agujeros de hueso. Me uní a ellos en aquella ofrenda destinada a toscos Ulises[14] extraviados, a fugitivos de todas las raleas que encontrarían pan y auxilio en las órbitas del toro muerto.

Pero no se detuvo en este punto la inolvidable ceremonia. Mis rústicos amigos se despojaron de sus sombreros e iniciaron una extraña danza, saltando sobre un solo pie alrededor de la calavera abandonada, repasando la huella circular dejada por tantos bailes de otros que por allí cruzaron antes. Comprendí entonces de una manera imprecisa, al lado de mis impenetrables compañeros, que existía una comunicación de desconocido a desconocido, que había una solicitud, una petición y una respuesta aun en las más lejanas y apartadas soledades de este mundo.

Más lejos, ya a punto de cruzar las fronteras que me alejarían por muchos años de mi patria, llegamos de noche a las últimas gargantas de las montañas. Vimos de pronto una luz encendida que era indicio cierto de habitación humana y, al acercarnos, hallamos unas desvencijadas construcciones, unos

---

[14]Viajeros. Se refiere a la *Odisea*, poema épico del poeta griego Homero, que narra los viajes de Ulisis (Odiseo), después de la toma de Troya.

destartalados galpones al parecer vacíos. Entramos a uno de ellos y vimos, al claror de la lumbre, grandes troncos encendidos en el centro de la habitación, cuerpos de árboles gigantes que allí ardían de día y de noche y que dejaban escapar por las hendiduras del techo un humo que vagaba en medio de las tinieblas como un profundo velo azul. Vimos montones de quesos acumulados por quienes los cuajaron a aquellas alturas. Cerca del fuego, agrupados como sacos, yacían algunos hombres. Distinguimos en el silencio las cuerdas de una guitarra y las palabras de una canción que, naciendo de las brasas y de la oscuridad, nos traía la primera voz humana que habíamos topado en el camino. Era una canción de amor y de distancia, un lamento de amor y de nostalgia dirigido hacia la primavera lejana, hacia las ciudades de donde veníamos, hacia la infinita extensión de la vida. Ellos ignoraban quiénes éramos, ellos nada sabían del fugitivo, ellos no conocían mi poesía ni mi nombre. ¿O lo conocían, nos conocían? El hecho real fue que junto a aquel fuego cantamos y comimos, y luego caminamos dentro de la oscuridad hacia unos cuartos elementales. A través de ellos pasaba una corriente termal, agua volcánica donde nos sumergimos, calor que se desprendía de las cordilleras y nos acogió en su seno.

Chapoteamos gozosos, cavándonos, limpiándonos el peso de la inmensa cabalgata. Nos sentimos frescos, renacidos, bautizados, cuando al amanecer emprendimos los últimos kilómetros de jornada que me separarían de aquel eclipse de mi patria. Nos alejamos cantando sobre nuestras cabalgaduras, plenos de un aire nuevo, de un aliento que nos empujaba al gran camino del mundo que me estaba esperando. Cuando quisimos dar (lo recuerdo vivamente) a los montañeses algunas monedas de recompensa por las canciones, por los alimentos, por las aguas termales, por el techo y los lechos, vale decir, por el inesperado amparo que nos salió al encuentro, ellos rechazaron nuestro ofrecimiento sin un ademán. Nos habían servido y nada más. Y en ese «nada más» había muchas cosas subentendidas, tal vez el reconocimiento, tal vez los mismos sueños.

Señoras y Señores:

Yo no aprendí en los libros ninguna receta para la composición de un poema; y no dejaré impreso a mi vez ni siquiera un consejo, modo o estilo para que los nuevos poetas reciban de mí alguna gota de supuesta sabiduría. Si he narrado en este discurso ciertos sucesos del pasado, si he revivido un nunca olvidado relato en esta ocasión y en este sitio tan diferentes a lo acontecido, es porque en el curso de mi vida he encontrado siempre en alguna parte la aseveración necesaria, la fórmula que me aguardaba, no para endurecerse en mis palabras sino para explicarme a mí mismo.

En aquella larga jornada encontré las dosis necesarias a la formación del poema. Allí me fueron dadas las aportaciones de la tierra y del alma. Y pienso que la poesía es una acción pasajera o solemne en que entran por parejas medidas la soledad y la solidaridad, el sentimiento y la acción, la intimidad de uno mismo, la intimidad del hombre y la secreta revelación de la naturaleza. Y pienso con no menor fe que todo está sostenido --el hombre y su sombra, el hombre y su actitud, el hombre y su poesía-- en una comunidad cada vez más extensa, en un ejercicio que integrará para siempre en nosotros la realidad y los sueños, porque de tal manera los une y los confunde. Y digo de igual modo que no sé, después de tantos años, si aquellas lecciones que recibí al cruzar un río vertiginoso, al bailar alrededor del cráneo de una vaca, al bañar mi piel en el agua purificadora de las más altas regiones, digo que no sé si aquello salía de mí mismo para comunicarse después con muchos otros seres, o era el mensaje que los demás hombres me enviaban como exigencia o emplazamiento. No sé si aquello lo viví o lo escribí, no sé si fueron verdad o poesía, transición o eternidad, los versos que experimenté en aquel momento, las experiencias que canté más tarde.

De todo ello, amigos, surge una enseñanza que el poeta debe aprender de los demás hombres. No hay soledad inexpugnable. Todos los caminos llevan al mismo punto: a la comunicación de lo que somos. Y es preciso atravesar la soledad y la aspereza, la incomunicación y el silencio para llegar al recinto mágico en que podemos danzar torpemente o cantar con melancolía; mas en esa danza o en esa canción están consumados los más antiguos ritos de la conciencia; de la conciencia de ser hombres y de creer en un destino común.

En verdad, si bien alguna o mucha gente me consideró un sectario, sin posible participación en la mesa común de la amistad y de la responsabilidad, no quiero justificarme, no creo que las acusaciones ni las justificaciones tengan cabida entre los deberes del poeta. Después de todo, ningún poeta administró la poesía, y si alguno de ellos se detuvo a acusar a sus semejantes, o si otro pensó que podría gastarse la vida defendiéndose de recriminaciones razonables o absurdas, mi convicción es que sólo la vanidad es capaz de desviarnos hasta tales extremos. Digo que los enemigos de la poesía no están entre quienes la profesan o resguardan, sino en la falta de concordancia del poeta. De ahí que ningún poeta tenga más enemigo esencial que su propia incapacidad para entenderse con los más ignorados y explotados de sus contemporáneos; y esto rige para todas las épocas y para todas las tierras.

El poeta no es un «pequeño dios». No, no es un «pequeño dios». No está signado por un destino cabalístico superior al de quienes ejercen otros menesteres y oficios. A menudo expresé que el mejor poeta es el hombre que nos entrega el pan de cada día: el panadero más próximo, que no se cree dios. Él cumple su majestuosa y humilde faena de amasar, meter al horno, dorar y entregar el pan de cada día, con una obligación comunitaria. Y si el poeta llega a alcanzar esa sencilla conciencia, podrá también la sencilla conciencia convertirse en parte de una colosal artesanía, de una construcción simple o complicada, que es la construcción de la sociedad, la transformación de las condiciones que rodean al hombre, la entrega de la mercadería: pan, verdad, vino, sueños. Si el poeta se incorpora a esa nunca gastada lucha por consignar cada uno en manos de los otros su ración de compromiso, su dedicación y su ternura al trabajo común de cada día y de todos los hombres, el poeta tomará parte en el sudor, en el pan, en el vino, en el sueño de la humanidad entera. Sólo por ese camino inalienable de ser hombres comunes llegaremos a restituirle a la poesía el anchuroso espacio que le van recortando en cada época, que le vamos recortando en cada época nosotros mismos.

Los errores que me llevaron a una relativa verdad, y las verdades que repetidas veces me condujeron al error, unos y otras no me permitieron --ni yo lo pretendí nunca-- orientar, dirigir, enseñar lo que se llama el proceso creador, los vericuetos de la literatura. Pero sí me di cuenta de una cosa: de que nosotros mismos vamos creando los fantasmas de nuestra propia mitificación. De la argamasa de lo que hacemos, o queremos hacer, surgen más tarde los impedimentos de nuestro propio y futuro desarrollo. Nos vemos indefectiblemente conducidos a la realidad y al realismo, es decir, a tomar una conciencia directa de lo que nos rodea y de los caminos de la transformación, y luego comprendemos, cuando parece tarde, que hemos construido una limitación tan exagerada que matamos lo vivo en vez de conducir la vida a desenvolverse y florecer. Nos imponemos un realismo que posteriormente nos resulta más pesado que el ladrillo de las construcciones, sin que por ello hayamos erigido el edificio que contemplábamos como parte integral de nuestro deber. Y en sentido contrario, si alcanzamos a crear el fetiche de lo incomprensible (o de lo comprensible para unos pocos), el fetiche de lo selecto y de lo secreto, si suprimimos la realidad y sus degeneraciones realistas, nos veremos de pronto rodeados de un terreno imposible, de un tembladeral de hojas, de barro, de nubes, en que se hunden nuestros pies y nos ahoga una incomunicación opresiva.

En cuanto a nosotros en particular, escritores de la vasta extensión americana, escuchamos sin tregua el llamado para llenar ese espacio enorme con seres de carne y hueso. Somos conscientes de nuestra obligación de pobladores y --al mismo tiempo que nos resulta esencial el deber de una comunicación crítica en un mundo deshabitado y, no por deshabitado menos lleno de injusticias, castigos y dolores--sentimos también el compromiso de recobrar los antiguos sueños que duermen en las estatuas de piedra, en los antiguos monumentos destruidos, en los anchos silencios de pampas planetarias, de selvas espesas, de ríos que cantan como truenos. Necesitamos colmar de palabras los confines de un continente mudo y nos embriaga esta tarea de fabular y de nombrar. Tal vez ésa sea la razón determinante de mi humilde caso individual: y en esa circunstancia mis excesos, o mi abundancia, o mi retórica, no vendrían a ser sino actos, lo más simples, del menester americano de cada día. Cada uno de mis versos quiso instalarse como un objeto palpable; cada uno de mis poemas pretendió ser un instrumento útil de trabajo; cada uno de mis cantos aspiró a servir en el espacio como signos de reunión donde se cruzaron los caminos, o como fragmento de piedra o de madera en que alguien, otros, los que vendrán, pudieran despositar los nuevos signos.

Extendiendo estos deberes del poeta, en la verdad o en el error, hasta sus últimas consecuencias, decidí que mi actitud dentro de la sociedad y ante la vida debía ser también humildemente partidaria. Lo decidí viendo gloriosos fracasos, solitarias victorias, derrotas deslumbrantes. Comprendí, metido en el escenario de las luchas de América, que mi misión humana no era otra sino agregarme a la extensa fuerza del pueblo organizado, agregarme con sangre y alma, con pasión y esperanza, porque sólo de esa henchida torrentera pueden nacer los cambios necesarios a los escritores y a los pueblos. Y aunque mi posición levantara o levante objeciones amargas o amables, lo cierto es que no hallo otro camino para el escritor de nuestros anchos y crueles países, si queremos que florezca la oscuridad, si pretendemos que los millones de hombres que aún no han aprendido a leernos ni a leer, que todavía no saben escribir ni escribirnos, se establezcan en el terreno de la dignidad sin la cual no es posible ser hombres integrales.

Heredamos la vida lacerada de los pueblos que arrastran un castigo de siglos, pueblos los más edénicos, los más puros, los que construyeron con piedras y metales torres milagrosas, alhajas de fulgor deslumbrante: pueblos que de pronto fueron arrasados y enmudecidos por las épocas terrribles del colonialismo que aún existe.

Nuestras estrellas primordiales son la lucha y la esperanza. Pero no hay lucha ni esperanzas solitarias. En todo hombre se juntan las épocas remotas, la inercia, los errores, las pasiones, las urgencias de nuestro tiempo, la velocidad de la historia. Pero, ¿qué sería de mí si yo, por ejemplo, hubiera contribuido en cualquiera forma al pasado feudal del gran continente americano? ¿Cómo podría yo levantar la frente, iluminada por el honor que Suecia me ha otorgado, si no me sintiera orgulloso de haber tomado una mínima parte en la transformación actual de mi país? Hay que mirar el mapa de América, enfrentarse a la grandiosa diversidad, a la generosidad cósmica del espacio que nos rodea, para entender que muchos escritores se niegan a compartir el pasado de oprobio y de saqueo que oscuros dioses destinaron a los pueblos americanos.

Yo escogí el difícil camino de una responsabilidad compartida y, antes de reiterar la adoración hacia el individuo como sol central del sistema, preferí entregar con humildad mi servicio a un considerable ejército que a trechos puede equivocarse, pero que camina sin descanso y avanza cada día enfrentándose tanto a los anacrónicos recalcitrantes como a los infatuados impacientes. Porque creo que mis deberes de poeta no sólo me indicaban la fraternidad con la rosa y la simetría, con el exaltado amor y con la nostalgia infinita, sino también con las ásperas tareas humanas que incorporé a mi poesía.

Hace hoy cien años exactos, un pobre y espléndido poeta, el más atroz de los desesperados, escribió esta profecía: *A l'aurore, armés d'une ardente patience, nous entrerons aux splendides Villes.* (Al amanecer, armados de una ardiente paciencia, entraremos a las espléndidas ciudades.)

Yo creo en esa profecía de Rimbaud, el vidente. Yo vengo de una obscura provincia, de un país separado de todos los otros por la tajante geografía. Fui el más abandonado de los poetas y mi poesía fue regional, dolorosa y lluviosa. Pero tuve siempre confianza en el hombre. No perdí jamás la esperanza. Por eso tal vez he llegado hasta aquí con mi poesía, y también con mi bandera.

En conclusión, debo decir a los hombres de buena voluntad, a los trabajadores, a los poetas, que el entero porvenir fue expresado en esa frase de Rimbaud: sólo con una ardiente paciencia conquistaremos
la espléndida ciudad que dará luz, justicia y dignidad a todos los hombres.

Así la poesía no habrá cantado en vano.

Temas

1. ¿Qué etapas en el desarrollo poético se representan aquí? ¿Cuáles son las características de cada una?

2. ¿Cómo combina Neruda la sensibilid y la melancolía en el poema XV de *Veinte poemas de amor?* ¿Qué imágenes usa? ¿Cómo expresa lo misterioso del amor? ¿Cuáles son los elementos que contribuyen a la musicalidad del poema?

3. En «Arte poética», ¿cómo contribuye la acumulación de imágenes tomadas de la vida diaria al sentido de soledad y melancolía del poeta? ¿Cómo conduce el «golpe de objetos que llaman sin ser respondidos» a la creación poética? Compare las ideas que Neruda expresa aquí con las de «La poesía».

4. ¿Cómo expresa Neruda lo misterioso y poético del mundo natural?

5. Compare los poemas de *España en el corazón* con los anteriores. ¿En qué sentido representa esta colección una nueva etapa para Neruda? ¿Qué imágenes y ritmos emplea para expresar su angustia ante la violencia de la Guerra Civil y su odio al general Franco?

6. ¿En qué sentido representa *Alturas de Macchu Picchu* una restitución y una defensa de lo americano? ¿Cómo refleja la poesía el caos de los elementos geográficos de las Américas?

7. ¿Cómo nos hace sentir el poeta la brutalidad de la Conquista en «Ximénez de Quesada» y «Cita de cuervos»?

8. ¿Cómo ataca el imperialismo norteamericano en «The United Fruit Co.»?

9. Compare las *Odas* con la poesía más francamente política de Neruda, en cuanto a su temática, sus imágenes, sus ritmos y su tono. ¿Cómo expresa el poeta su afecto a las cosas comunes y a la gente común? ¿Cómo es el lenguaje que emplea en estos poemas?

10. ¿Cómo modifica Neruda su estilo hacia el fin de su vida? ¿Cómo modifica su manera de expresar su compromiso político?

11. ¿Qué emociones expresa en «La tristeza», «El terror» y «El siglo muere»?

12. En *La poesía no habrá cantado en vano,* ¿cómo define la poesía y al poeta? ¿Qué es la «ardiente paciencia» de que habla?

Vicente Aleixandre

SANTIAGO DAYDÍ-TOLSON
University of Wisconsin-Milwaukee

Nacido en 1898, año del colapso final de lo que quedaba de la idea del imperio, y muerto en 1984, en pleno renacer de la España democrática, a Vicente Aleixandre le toca vivir durante un complejo y variado período de la historia política y cultural española. Destino suyo fue el de participar activa y efectivamente en los desarrollos de la literatura de ese período, evolucionando como poeta en el diálogo constante con otros escritores y en contacto permanente con las circunstancias. Siempre atento al momento y a los demás, Aleixandre representa cabalmente en su obra lo mejor de varios períodos de evolución en la creatividad lírica de la España contemporánea.

Comienza su biografía literaria cuando en 1917 el poeta y filólogo Dámaso Alonso lo introduce a la poesía prestándole un tomo de poemas de Rubén Darío. La obra del hispanoamericano afecta profundamente al joven Aleixandre, y desde ese momento se dedica a la poesía. En Darío descubre no sólo la riqueza inagotable del lenguaje poético en busca de una expresión concreta y sensible del saber trascendente del poeta visionario, sino también la concepción poética del ser humano como criatura en el mundo consumida por el amor.

Evidencia de la importancia que Darío tiene para Aleixandre a lo largo de su obra es que hacia el final de su vida haya escrito un poema en homenaje al poeta que lo inspiró a tomar ese «camino hacia la luz», y a cumplir ese «largo esfuerzo hacia ella» que es su poesía. Central al sentido del poema es precisamente la mirada del poeta y la luz, ambas relacionadas simbólicamente con el saber, ese conocimiento maravilloso del inspirado, que es lo que Aleixandre quiere alcanzar desde el primer momento en que escribe. No menos importante para ese conocer es el tacto, la mano que se posa sobre las cosas y las toca. «Conocimiento de Rubén Darío», es así el poema de la vejez que viene a relacionar el quehacer poético de toda una vida con una experiencia de lo lírico de tradición simbolista.

Así, la biografía poética de Aleixandre se reduce a una sola actividad: avanzar paso a paso desde la apasionada incertidumbre juvenil hacia la no menos emotiva claridad madura, y desde ésta alcanzar el saber profundamente sentido del anciano. En el trayecto, primero el sueño atormentado del surrealismo, cuya oscuridad más vasta está en *Pasión de la tierra* (1935) y su mayor claridad en *Sombra del paraíso* (1944); luego la vigilia atenta del que mira al mundo con la intensidad del amor y se encuentra en los demás, que inspira *Historia del corazón* (1954) y *En un vasto dominio* (1962); para concluir en la quietud del saber último, la luz sin estridencias de la vejez, patente en los *Poemas de la consumación* (1968) y en los *Diálogos del conocimiento* (1974).

Toda una vida dedicada a la poesía. Cada libro representa un avance que el poeta comprende dentro de su propia evolución en la concepción de lo poético. No poca influencia en estos cambios tiene el acontecer literario del momento en que el poeta vive. Aleixandre progresa como poeta a la par de su tiempo y en el proceso crea una obra que, siendo perfectamente representativa de cada paso en el proceso evolutivo de la lírica española contemporánea, mantiene la originalidad de lo propiamente innovativo.

Los primeros poemas de Aleixandre son las treinta y cinco composiciones que escribe entre 1924 y 1927 y que forman su libro inicial, *Ámbito* (1928). Producto de su aprendizaje de joven poeta que participa activamente en la vida literaria española con los demás miembros de la Generación del 27, esta colección está perfectamente adecuada a las tendencias estéticas del momento y evidencia el influjo de la obra de Juan Ramón Jiménez. Se advierte en estos primeros poemas, sin embargo, las bases de lo que será característico de la obra aleixandrina posterior, especialmente en lo que respecta a las imágenes irracionales y su valor comunicativo de una visión cósmica en que ser humano y naturaleza comparten una misma esencia.

El amor, única forma de lograr la fusión del individuo con toda la materia, es tema central del libro y se manifiesta perfectamente contenido dentro de la composición controladísima de la estética juanramoniana. La preocupación por el proceso poético como una forma de inspiración, aspecto predominante en la concepción que Aleixandre tiene de la poesía, se expone en el poema «Idea», cuyas imágenes de profundidades marinas y alturas luminosas hacen pensar en esa búsqueda de luz, ese ascender de lo profundo, que constituye imagen central del proceso creativo del poeta y que reaparece de diversas maneras en todas sus colecciones.

Su libro siguiente, *Pasión de la tierra* (1929) representa un cambio radical en lo que respecta a la forma y la inspiración. Acudiendo a una serie de poemas en prosa, el poeta trata de expresar, dentro de las limitaciones que le impone la lengua, sus visiones de un nuevo nivel de realidad revelado por el subconsciente. Aleixandre ha estudiado para esas fechas los escritos de Freud y se adentra en el mundo fascinante de los sueños y los deseos convencido de la validez de las teorías del psicoanálisis y del método de la escritura automática propuesto por los surrealistas. No poca importancia tuvo en esta decisión estética la experiencia personal de la enfermedad y el presentimiento de la muerte, con su inevitable búsqueda angustiosa de un sentido de la existencia.

Signo inequívoco de una nueva visión, *Pasión de la tierra*--libro que no se publicó en España hasta 1946, cuando Aleixandre era ya un poeta reconocido-- es la obra experimental de un surrealista. No tuvo en su momento de composición mayor impacto sobre la lírica española de vanguardia, pero a su autor le significó un cambio estético que afectó profundamente su propio entendimiento de la poesía. En su siguiente colección, *Espadas como labios* (1932), Aleixandre vuelve al verso, pero desde una concepción renovada del mismo. Sin abandonar del todo el libre flujo de la palabra, que tan bien se reproduce en la prosa del libro anterior, usa algunas técnicas del verso como una manera de imponer algún orden en el caos de las imágenes del subconsciente.

Desde su experimentación con la prosodia *Espadas como labios* le abre nuevas posibilidades expresivas al verso español. Las composiciones breves de esta colección se someten en parte a la métrica tradicional; las más extensas prefieren el verso libre, de más amplios ciclos rítmicos. La tensión que se advierte entre estas dos formas métricas concuerda con el carácter conflictivo del libro a nivel de los temas y las emociones. El propio título presenta un símil aparentemente contradictorio en el que destrucción y dolor se equiparan a la pasión amorosa.

Sobre lo mismo insiste el titulo y los textos del libro siguiente, *La destrucción o el amor* (1935). Con éste se impone el versolibrismo, que a partir de ese momento se convierte en la forma métrica característica de la obra aleixandrina. Basado este metro en la variedad de elementos repetidos en los niveles fónico, sintáctico y semántico que insisten en los valores de la resonancia y el ritmo, le sirve perfectamente al poeta para reproducir ese discurso casi enajenado del visionario que balbucea en trance de iluminación.

Las técnicas reiterativas de este «versículo» aleixandrino son la anáfora, la repetición de palabras y cláusulas, los paralelismos, las aliteraciones y asonancias. Particularmente efectivo es el uso de la aposición y de la conjunción disyuntiva para identificar dos términos. Como lo muestra el propio título del libro, el abundante uso de la conjunción insiste en las repeticiones y en la idea de que la dualidad es identidad y que la variedad es signo de unidad. Para Aleixandre todos los elementos de la creación son sólo manifestaciones diferentes de la única entidad universal.

Las enumeraciones caóticas que combinan elementos animados e inanimados, insisten en esta concepción. El poeta tiene la capacidad de comprender esta verdad central y su oficio es hacerla presente a los demás; obligado a prestar oídos a los mensajes de la realidad primordial el poeta debe hacer de ellos una expresión comunicable. Su palabra, por lo tanto, no lo expresa a él, sino al cosmos, del que él también es parte, y al que lo une un saber que, como el de la sibila, tiene raíces misteriosas. Algo de esa sacralidad precristiana resuena en notas de un panteísmo pagano vagamente reminiscente de una edad mítica.

Los años de la guerra civil cierran el ciclo inicial de la obra de Aleixandre, aquél que, marcado principalmente por el surrealismo, corresponde a una necesidad de conocer lo arcano de la realidad, representado por esa luz a la que el poeta aspira desde la opacidad de la experiencia. El final de la guerra abre un período creativo diferente, el del poeta atento a la situación política y social del momento y el lugar en que vive. Es la España de la dictadura en la que Aleixandre, uno de los pocos miembros de su generación que permanece en el país, se convierte en figura central de las nuevas promociones poéticas españolas.

Así como en los años de la República su casa fue centro de tertulias de amigos y poetas que la guerra dispersa, así mismo la casa reconstruida después de la guerra se convierte en centro de encuentro de nuevos poetas que ven en el maestro de la Generación del 27 lo mejor de la tradición lírica española. Aleixandre acepta su condición de maestro y en las décadas que siguen hasta los días finales de la dictadura, se dedica a fomentar las nuevas manifestaciones de la poesía española y él mismo adquiere perfiles de figura principal.

Su primer libro de la posguerra, *Sombra del paraíso* (1944) inaugura una nueva etapa en su poesía a la vez que ofrece una alternativa a la poesía oficialista que domina el campo en esos primeros años del franquismo. Los largos versículos, las imágenes sensuales, los amplios ritmos y la inspirada visión del nuevo libro fueron la excepción necesaria en un momento de literatura programática. Excepcional era también en esas circunstancias la nueva concepción de mundo que se hacía concreta en esos poemas de ricas imágenes y complejos contenidos que bien podían entenderse como referencias a la situación española de la posguerra.

Es ésta una poesía de lo concreto, de lo cotidiano visto en su condición material y temporal. El poeta está plenamente presente en el mundo, en esa realidad finita y concreta de todo lo que lo rodea. Esta conciencia de estar en el mundo corresponde a su mayor presencia en el mismo. En 1949 se le hace miembro de la Real Academia de la Lengua, una indicación inequívoca de su participación activa en el mundo literario español. Por esos años prepara antologías de poetas jóvenes, publica estudios sobre la poesía española del momento y escribe varios textos teóricos sobre su propia poesía, respondiendo de esa manera a las demandas de una sociedad en que la definición del poeta se hace imprescindible desde una concepción social del arte.

La necesidad de justificar su quehacer poético se hace patente en el poema inicial de *En un vasto dominio* (1962), muy significativamente titulado «Para quién escribo», declaración explícita de los principios poéticos que inspiran esta nueva colección de poemas centrados en la realidad concreta de la sociedad contemporánea. Es el texto que justifica al poeta en cuanto ser social que cumple una función colectiva.

Terminada la década del sesenta Aleixandre deja de lado gran parte de los elementos que caracterizan su período solidario, respondiendo así a un cambio en la circunstancia histórica española y a una nueva perspectiva personal otorgada por la edad: la de una sabiduría calma y clara. Sus poemas adquieren el tono más mesurado de la meditación y las consideraciones filosóficas acerca de la edad. Dos libros reúnen esta poesía última: *Poemas de la consumación* (1968) y *Diálogos del conocimiento* (1974).

Como lo sugieren sus títulos, son textos que hablan de un saber final, el definitivo entender el mundo y la presencia humana--la suya propia--en éste. Cierran estos libros en términos de profunda aceptación el largo proceso de búsqueda de un sentido: son la expresión medida del poeta ya viejo que considera lo esencial de la existencia con un apasionado sentir lo definitivo y con la satisfacción del que no espera más de lo ya logrado.

Enfrentado así una vez más a la verdad sentida como inspiración visionaria, el poeta se deja poseer de nuevo por la palabra misteriosa de la poesía del conocer y sus poemas cobran el tono sentencioso del oráculo, la vibración justa del aforismo filosófico. Aleixandre retoma un proceder poético anterior al de su período más comunicativo y vuelve a las imágenes herméticas de su poesía surrealista en estos dos libros introspectivos.

Los pocos textos que conforman *Poemas de la consumación*, son breves y están escritos en versos libres de límites métricos más próximos a las formas tradicionales que al versolibrismo de sus poemas anteriores, que prefería prolongadas sucesiones de versos largos. En la mayor concisión de la forma hay un ajustarse de la palabra lírica en estos textos últimos al decir conciso del sabio quc no requiere ya de un lenguaje extenso para expresar su conocimiento. Retomando dos imágenes constantes en toda su obra, Aleixandre opone en estos poemas la luz y la oscuridad, noche y día, a la vez que considera la oposición entre juventud y vejez, vida y acabamiento.

Conocimiento y pasión de conocer, vida y muerte se entrelazan en este libro de postrimerías que medita largamente en sus silencios elocuentes sobre la temporalidad humana. Quien dice estas breves sentencias se esfuma tras cierta impersonalidad, la de la voz universal del saber último. El poeta no es más que esa voz.

Son varias las voces que participan en los *Diálogos del conocimiento* y ninguna es propiamente la del poeta. En composiciones más largas que las del libro anterior dos o tres hablantes presentan sus posiciones divergentes o contradictorias, pero sin que haya propiamente un diálogo entre ellos, ya que no parece que ninguno oiga los monólogos de los otros. Cada cual profesa desde su propio estado de conocimiento su propia verdad. Ninguna parece afectar la integridad de la otra. Todos tienen la verdad. Y la expresan desde un saber profundo en términos axiomáticos, incluso herméticos a veces, con numerosas alusiones a textos anteriores de Aleixandre, como si al final el poeta tratara de confirmar en términos alusivos el enigma de la vida, aquello que dictó desde un comienzo todas sus palabras.

El camino hacia la luz llega a su fin. Y allí está la figura de Darío, la que le inspirara al comienzo su labor de poeta. En todo momento tuvo Aleixandre la conciencia de su peculiar condición de poeta inspirado, según lo propone el maestro modernista. Heredero de una tradición moderna de la poesía que ve en ella una forma irreemplazable de conocimiento y en el poeta combina las capacidades extraordinarias del vidente y el talento de la expresión verbal, Aleixandre se ve a sí mismo como la figura del poeta que escribe no tanto por voluntad propia como por dictado. Desde su experiencia personal Aleixandre trasciende siempre a lo universal, ya sea en términos simbólicos que apuntan a la unidad esencial de todo lo creado, ya en concretas imágenes de la realidad inmediata. Su yo personal, indudablemente presente en mucha de su poesía, cobra un carácter absoluto que traspasa los límites biográficos del escritor para convertirse en la figura mítica del poeta. Es esa figura ideal y representativa de un largo período literario español la que el Premio Nóbel reconoce en 1977.

Poesía

VICENTE ALEIXANDRE
PREMIO NÓBEL 1977

IDEA

Hay un temblor de aguas en la frente.
Y va emergiendo, exacta,
la limpia imagen, pensamiento,
marino casco, barca.
Arriba ideas en bandada,
albeantes. Pero abajo la intacta
nave secreta surge,
de un fondo submarino
botado invento, gracia.

Un momento detiene
su firmeza balanceada
en la suave plenitud de la onda.
Polariza los hilos de los vientos
en su mástil agudo,
y los rasga
de un tirón violento, mar afuera,
inflamada de marcha,
de ciencia, de victoria.

Hasta el confín externo--lengua--,
cuchilla que la exime
de su marina entraña,
y del total paisaje, profundo y retrasado,
la desgarra.

Ámbito

MAR Y NOCHE

El mar bituminoso[1] aplasta sombras
contra sí mismo. Oquedades[2] de azules
profundos quedan quietas al arco de las ondas.
Voluta[3] ancha de acero quedaría
de súbito forjada si el instante
siguiente no derribase la alta fábrica.[4]
Tumultos, cataclismos de volúmenes
irrumpen de lo alto a la ancha base,
que se deshace ronca,
tragadora de sí y del tiempo, contra el aire
mural, torpe al empuje.
Bajo cielos altísimos y negros
muge--clamor--la honda
boca, y pide noche.
Boca--mar--toda ella, pide noche;
noche extensa, bien prieta y grande,
para sus fauces hórridas, y enseña
todos sus blancos dientes de espuma.
Una pirámide linguada[5]
de masa torva y fría
se alza, pide,
se hunde luego en la cóncava garganta
y tiembla abajo, presta otra
vez a levantarse, voraz de la alta noche
que rueda por los cielos
--redonda, pura, oscura, ajena--
dulce en la serenidad del espacio.

Se debaten las fuerzas inútiles abajo.
Torso y miembros. Las duras
contracciones enseñan
músculos emergidos, redondos bultos,
álgidos despidos.

---

[1]Como el asfalto.

[2]Huecos.

[3]Espiral.

[4]Creación, cosa fabricada.

[5]Lánguida.

Parece atado al hondo
abismo el mar, en cruz, mirando
al cielo alto, por desasirse,
violento, rugiente, clavado al lecho negro.

Mientras la noche rueda
en paz, graciosa, bella,
en ligado desliz, sin rayar nada
el espacio, capaz de órbita y comba
firmes, hasta hundirse en la dulce
claridad ya lechosa,
mullida grama donde
cesar, reluciente de roces secretos,
pulida, brilladora,
maestra en superficie.

Ámbito

VIDA

Esa sombra o tristeza masticada que pasa doliendo no oculta las palabras, por más que los ojos no miren lastimados.

Doledme.

No puedo perdonarte, no, por más que un lento vals levante esas olas de polvo fino, esos puntos dorados que son propiamente una invitación al sueño de la cabellera, a ese abandono largo que flamea luego débilmente ante el aliento de las lenguas cansadas.

Pero el mar está lejos.

Me acuerdo que un día una sirena verde del color de la Luna sacó su pecho herido, partido en dos como la boca, y me quiso besar sobre la sombra muerta, sobre las aguas quietas seguidoras. Le faltaba otro seno. No volaban abismos. No. Una rosa sentida, un pétalo de carne, colgaba de su cuello y se ahogaba en el agua morada, mientras la frente arriba, ensombrecida de alas palpitantes, se cargaba de sueño, de muerte joven, de esperanza sin yerba, bajo el aire sin aire. Los ojos no morían. Yo podría haberlos tenido en esta mano, acaso para besarlos, acaso para sorberlos, mientras reía precisamente por el hombro, contemplando una esquina de duelo, un pez brutal que derribaba el cantil contra su lomo.

Esos ojos de frío no me mojan la espera de tu llama, de las escamas pálidas de ansia. Aguárdame. Eres la virgen ola de ti misma, la materia sin tino que alienta entre lo negro, buscando el hormigueo que no grite cuando le hayan hurtado su secreto, sus sangrientas entrañas que salpiquen. (Ah, la voz: «Te quedarás ciego».) Esa carne en lingotes flagela la castidad valiente y secciona la frente despejando la idea, permitiendo a tres pájaros su aparición o su forma, su desencanto ante el cielo rendido.

¿Nada más?

Yo no soy ese tibio decapitado que pregunta la hora, en el segundo entre dos oleadas. No soy el desnivel suavísimo por el que rueda el aire encerrado, esperando su pozo, donde morir sobre una rosa sepultada. No soy el color rojo, ni el rosa, ni el amarillo que nace lentamente, hasta gritar de pronto notando la falta de destino, la meta de clamores confusos.

Más bien soy el columpio redivivo que matasteis anteayer.

Soy lo que soy: Mi nombre escondido.

Pasión de la tierra

EL MAR NO ES UNA HOJA DE PAPEL

Déchirante infortune!
Arthur Rimbaud[6]

Lo que yo siento no es el mar. Lo que yo siento no es esta lanza sin sangre que escribe sobre la arena. Humedeciendo los labios, en los ojos de las letras azules duran más rato. Las mareas escuchan, saben que su reinado es un beso y esperan vencer tu castidad sin luna a fuerza de terciopelos. Una caracola, una luminaria marina, un alma oculta danzaría sin acompañamiento. No te duermas sobre el cristal, que las arpas te bajarán al abismo. Los ojos de los peces son sordos y golpean opacamente sobre tu corazón. Desde arriba me llaman arpegios naranjas, que destiñen el verde de las canciones. Una afirmación azul, una afirmación encarnada, otra morada, y el casco del mundo desiste de su conciencia. Si yo me acostara sobre el mar, en mi frente responderían todos los corales. Para un fondo insondable, una mano es un alivio blanquísimo. Esas bocas redondas buscan anillos en que teñirse al instante. Pero bajo las aguas el

[6]Poeta francés (1854-1891) que en sus composiciones intentaba expresar lo absoluto de las cosas. Tuvo una gran influencia sobre los poetas simbolistas y sobre Paul Verlaine (1844-1896), otro gran poeta francés.

verde de los ojos es luto. El cabello de las sirenas en mis tobillos me cosquillea como una fábula. Sí, esperad que me quite estos grabados antiguos. Aguardad que mi nombre escurra las indiferencias. Estoy esperando un chasquido, un roce en el talón, un humo sobre la superficie. La señal de todos los tactos. Acaricio una melodía: qué hermosísimo muslo. Basta señores, el baño no es una cosa pública. El cielo emite su protesta como un ectoplasma.[7] Cierra los ojos, fealdad, y laméntate de tu desgracia. Yo soy aquel que inventa las afirmaciones de espaldas, el que acusa al subsuelo de sus culpas abiertas. El que sabe que el mar se levantaría como una lápida. La sequedad de mi latrocinio es este vil abismo en que se revuelven los gusanos. Los peces podridos no son una naturaleza muerta. El mar vertical deja ver el horizonte de piedra. Asómate y te convencerás de todo tu horror. Apoya en tus manos tus ojos y cuenta tus pensamientos con los dedos. Si quieres saber el destino del hombre, olvídate que el acero no es un elemento simple.

Pasión de la tierra

LA PALABRA

Esas risas, esos otros cuchillos, esa delicadísima penumbra. . .
Abre las puertas todas.
Aquí al oído voy a decir.
(Mi boca suelta humo.)
Voy a decir.
(Metales sin saliva.)
Voy a hablarte muy bajo.
Pero estas dulces bolas de cristal,
estas cabecitas de niño que trituro,
pero esta pena chica que me impregna
hasta hacerme tan negro como un ala.

Me arrastro sin sonido.
Escúchame muy pronto.
En este dulce hoyo no me duermo.
Mi brazo, qué espesura.
Este monte que aduzco en esta mano,
este diente olvidado que tiene su último brillo
bajo la piedra caliente,
bajo el pecho que duerme.
Este calor que aún queda, mira ¿lo ves?, allá más lejos,

[7]Emanación material.

en el primer pulgar de un pie perdido,
adonde no llegarán nunca tus besos.
Escúchame. Más, más.
Aquí en el fondo hecho un caracol pequeñísimo,
convertido en una sonrisa arrollada,
todavía soy capaz de pronunciar el nombre,
de dar sangre.
Y. . .
Silencio.
Esta música nace de tus senos.
No me engañas,
aunque tomes la forma de un delantal ondulado,
aunque tu cabellera grite el nombre de todos los horizontes.
Pese a este sol que pesa sobre mis coyunturas más graves.

Pero tápame pronto;
echa tierra en el hoyo;
que no te olvides de mi número,
que sepas que mi madera es carne,
que mi voz no es la tuya
y que cuando solloces tu garganta
sepa distinguir todavía
mi beso de tu esfuerzo
por pronunciar los nombres con mi lengua.

Porque yo voy a decirte todavía,
porque tú pisas caracoles
que aguardaban oyendo mis dos labios.

Espadas como labios

LA SELVA Y EL MAR

Allá por las remotas
luces o aceros aún no usados,
tigres del tamaño del odio,
leones como un corazón hirsuto,
sangre como la tristeza aplacada,
se baten como la hiena amarilla que toma la forma del poniente
insaciable.

Oh la blancura súbita,
las ojeras violáceas de unos ojos marchitos,

cuando las fieras muestran sus espadas o dientes
como latidos de un corazón que casi todo lo ignora,
menos el amor,
al descubierto en los cuellos allá donde la arteria golpea,
donde no se sabe si es el amor o el odio
lo que reluce en los blancos colmillos.

Acariciar la fosca melena
mientras se siente la poderosa garra en la tierra,
mientras las raíces de los árboles, temblorosas,
sienten las uñas profundas
como un amor que así invade.

Mirar esos ojos que sólo de noche fulgen,
donde todavía un cervatillo ya devorado
luce su diminuta imagen de oro nocturno,
un adiós que centellea de póstuma ternura.

El tigre, el león cazador, el elefante que en sus
colmillos lleva algún suave collar,
la cobra que se parece al amor más ardiente,
el águila que acaricia a la roca como los sesos duros,
el pequeño escorpión que con sus pinzas solo aspira
a oprimir un instante la vida,
la menguada presencia de un cuerpo de hombre que
jamás podrá ser confundido con una selva,
ese piso feliz por el que viborillas perspicaces hacen
su nido el la axila del musgo,
mientras la pulcra coccinela
se evade de una hoja de magnolia sedosa . . .
Todo suena cuando el rumor del bosque siempre virgen
se levanta como dos alas de oro,
élitros, bronce o caracol rotundo,
frente a un mar que jamás confundirá sus espumas
con las ramillas tiernas.

La espera sosegada,
esa esperanza siempre verde,
pájaro, paraíso, fasto de plumas no tocadas,
inventa los ramajes más altos,
donde los colmillos de música,
donde las garras poderosas, el amor que se clava,
la sangre ardiente que brota de la herida,

no alcanzará, por más que el surtidor se prolongue,
por más que los pechos entreabiertos en tierra
proyecten su dolor o su avidez a los cielos azules.

Pájaro de la dicha,
azul pájaro o pluma,
sobre un sordo rumor de fieras solitarias,
del amor o castigo contra los troncos estériles,
frente al mar remotísimo que como la luz se retira.

La destrucción o el amor

QUIERO SABER

Dime pronto el secreto de tu existencia;
quiero saber por qué la piedra no es pluma,
ni el corazón un árbol delicado,
ni por qué esa niña que muere entre dos venas ríos
no se va hacia la mar como todos los buques.

Quiero saber si el corazón es una lluvia o margen,
lo que se queda a un lado cuando dos se sonríen,
o es sólo la frontera entre dos manos nuevas
que estrechan una piel caliente que no separa.

Flor, risco o duda, o sed o sol o látigo:
el mundo todo es uno, la ribera y el párpado,
ese amarillo pájaro que duerme entre dos labios
cuando el alba penetra con esfuerzo en el día.

Quiero saber si un puente es hierro o es anhelo,
esa dificultad de unir dos carnes íntimas,
esa separación de los pechos tocados
por una flecha nueva surtida entre lo verde.

Musgo o luna es lo mismo, lo que a nadie sorprende,
esa caricia lenta que de noche a los cuerpos
recorre como pluma o labios que ahora llueven.
Quiero saber si el río se aleja de sí mismo
estrechando unas formas en silencio,
catarata de cuerpos que se aman como espuma,
hasta dar en la mar como el placer cedido.

Los gritos son estacas de silbo, son lo hincado,
desesperación viva de ver los brazos cortos
alzados hacia el cielo en súplicas de lunas,
cabezas doloridas que arriba duermen, bogan,
sin respirar aún como láminas turbias.

Quiero saber si la noche ve abajo
cuerpos blancos de tela echados sobre tierra,
rocas falsas, cartones, hilos, piel, agua quieta,
pájaros como láminas aplicadas al suelo,
o rumores de hierro, bosque virgen al hombre.

Quiero saber altura, mar vago o infinito;
si el mar es esa oculta duda que me embriaga
cuando el viento traspone crespones transparentes,
sombra, pesos, marfiles, tormentas alargadas,
lo morado cautivo que más allá invisible
se debate, o jauría de dulces asechanzas.

La destrucción o el amor

HUMANA VOZ

Duele la cicatriz de la luz,
duele en el suelo la misma sombra de los dientes,
duele todo,
hasta el zapato triste que se lo llevó el río.

Duelen las plumas del gallo,
de tantos colores
que la frente no sabe qué postura tomar
ante el rojo cruel del poniente.

Duele el alma amarilla o una avellana lenta,
la que rodó mejilla abajo cuando estábamos dentro
del agua
y las lágrimas no se sentían más que al tacto.

Duele la avispa fraudulenta
que a veces bajo la tetilla izquierda
imita un corazón o un latido,
amarilla como el azufre no tocado
o las manos del muerto a quien queríamos.

Duele la habitación como la caja del pecho,
donde palomas blancas como sangre
pasan bajo la piel sin pararse en los labios
a hundirse en las entrañas con sus alas cerradas.

Duele el día, la noche,
duele el viento gemido,
duele la ira o espada seca,
aquello que se besa cuando es de noche.

Tristeza. Duele el candor, la ciencia,
el hierro, la cintura,
los límites y esos brazos abiertos, horizonte
como corona contra las sienes.

Duele el dolor. Te amo.
Duele, duele. Te amo.
Duele la tierra o uña,
espejo en que estas letras se reflejan.

La destrucción o el amor

TRIUNFO DEL AMOR

Brilla la luna entre el viento de otoño,
en el cielo luciendo como un dolor largamente sufrido.
Pero no será, no, el poeta quien diga
los móviles ocultos, indescifrable signo
de un cielo líquido de ardiente fuego que anegara las almas,
si las almas supieran su destino en la tierra.

La luna como una mano,
reparte con la injusticia que la belleza usa,
sus dones sobre el mundo.
Miro unos rostros pálidos.
Miro rostros amados.
No seré yo quien bese ese dolor que en cada rostro asoma.
Sólo la luna puede cerrar, besando,
unos párpados dulces fatigados de vida.
Unos labios lucientes, labios de luna pálida,
labios hermanos para los tristes hombres,
son un signo de amor en la vida vacía,
son el cóncavo espacio donde el hombre respira

mientras vuela en la tierra ciegamente girando.

El signo del amor, a veces en los rostros queridos
es sólo la blancura brillante,
la rasgada blancura de unos dientes riendo.

Entonces sí que arriba palidece la luna,
los luceros se extinguen
y hay un eco lejano, resplandor en oriente,
vago clamor de soles por irrumpir pugnando.
¡Qué dicha alegre entonces cuando la risa fulge!
Cuando un cuerpo adorado,
erguido en su desnudo, brilla como la piedra,
como la dura piedra que los besos encienden.
Mirad la boca. Arriba relámpagos diurnos
cruzan un rostro bello, un cielo en que los ojos
no son sombra, pestañas, rumorosos engaños,
sino brisa de un aire que recorre mi cuerpo
como un eco de juncos espigados cantando
contra las aguas vivas, azuladas de besos.

El puro corazón adorado, la verdad de la vida,
la certeza presente de un amor irradiante,
su luz sobre los ríos, su desnudo mojado,
todo vive, pervive, sobrevive y asciende
como un ascua luciente de deseo en los cielos.

Es solo ya el desnudo. Es la risa en los dientes.
Es la luz o su gema fulgurante: los labios.
Es el agua que besa unos pies adorados,
como un misterio oculto a la noche vencida.

¡Ah maravilla lúcida de estrechar en los brazos
un desnudo fragante, ceñido de los bosques!
¡Ah soledad del mundo bajo los pies girando,
ciegamente buscando su destino de besos!
Yo sé quién ama y vive, quién muere y gira y vuela.
Sé que lunas se extinguen, renacen, viven, lloran.
Sé que dos cuerpos aman, dos almas se confunden.

La destrucción o el amor

EL POETA

Para ti, que conoces cómo la piedra canta,
y cuya delicada pupila sabe ya del peso de una
montaña sobre un ojo dulce,
y cómo el resonante clamor de los bosques
se aduerme suave un día en nuestras venas;

para ti, poeta, que sentiste en tu aliento
la embestida brutal de las aves celestes,
y en cuyas palabras tan pronto vuelan las poderosas alas de las águilas
como se ve brillar el lomo de los calientes peces sin sonido:
oye este libro que a tus manos envío
con ademán de selva,
pero donde de repente una gota fresquísima
de rocío brilla sobre una rosa,
o se ve batir el deseo del mundo,
la tristeza que como párpado doloroso
cierra el poniente y oculta el sol como una lágrima oscurecida,
mientras la inmensa frente fatigada
siente un beso sin luz, un beso largo,
unas palabras mudas que habla el mundo finando.

Sí, poeta: el amor y el dolor son tu reino.
Carne mortal la tuya, que, arrebatada por el espíritu,
arde en la noche o se eleva en el mediodía poderoso,
inmensa lengua profética que lamiendo los cielos
ilumina palabras que dan muerte a los hombres.

La juventud de tu corazón no es una playa
donde la mar embiste con sus espumas rotas,
dientes de amor que mordiendo los bordes de la tierra,
braman dulce a los seres.

No es ese rayo velador que súbitamente te amenaza,
iluminando un instante tu frente desnuda,
para hundirse en tus ojos e incendiarte, abrasando
los espacios con tu vida que de amor se consume.

No. Esa luz que en el mundo no es ceniza última,
luz que nunca se abate como polvo en los labios,
eres tú, poeta, cuya mano y no luna
yo vi en los cielos una noche brillando.

Un pecho robusto que reposa atravesado por el mar
respira como la inmensa marea celeste
y abre sus brazos yacentes y toca, acaricia
los extremos límites de la tierra.

¿Entonces?
Sí, poeta; arroja este libro que pretende encerrar
en sus páginas un destello del sol,
y mira a la luz cara a cara, apoyada la cabeza en la roca,
mientras tus pies remotísimos sienten el beso postrero del poniente
y tus manos alzadas tocan dulce la luna,
y tu cabellera colgante deja estela en los astros.

Sombra del paraíso

DESTINO DE LA CARNE

No, no es eso. No miro
del otro lado del horizonte un cielo.
No contemplo unos ojos tranquilos, poderosos,
que aquietan a las aguas feroces que aquí braman.
No miro esa cascada de luces que descienden
de una boca hasta un pecho, hasta unas manos blandas,
finitas, que a este mundo contienen, atesoran.

Por todas partes veo cuerpos desnudos, fieles
al cansancio del mundo. Carne fugaz que acaso
nació para ser chispa de luz, para abrasarse
de amor y ser la nada sin memoria, la hermosa
redondez de la luz.
Y que aquí está, aquí está, marchitamente eterna,
sucesiva, constante, siempre, siempre cansada.

Es inútil que un viento remoto, con forma
vegetal, o una lengua,
lama despacio y largo su volumen, lo afile,
lo pula, lo acaricie, lo exalte.
Cuerpos humanos, rocas cansadas, grises bultos
que a la orilla del mar conciencia siempre
tenéis de que la vida no acaba, no, heredándose.
Cuerpos que mañana repetidos, infinitos, rodáis
como una espuma lenta, desengañada, siempre.

¡Siempre carne del hombre, sin luz! Siempre rodados
desde allá, de un océano sin origen que envía
ondas, ondas, espumas, cuerpos cansados, bordes
de un mar que no se acaba y que siempre jadea en sus orillas.

Todos, multiplicados, repetidos, sucesivos, amontonáis la carne,
la vida, sin esperanza, monótonamente iguales bajo
los cielos hoscos que impasibles se heredan.
Sobre ese mar de cuerpos que aquí vierten sin tregua, que aquí rompen
redondamente y quedan mortales en las playas,
no se ve, no, ese rápido esquife, ágil velero
que con quilla[8] de acero, rasgue, sesgue,
abra sangre de luz y raudo escape
hacia el hondo horizonte, hacia el origen
último de la vida, al confín del océano eterno
rices cuerpos. Hacia la luz, hacia esa escala ascendente de brillos
que de un pecho benigno hacia una boca sube,
hacia unos ojos grandes, totales que contemplan,
hacia unas manos mudas, finitas, que aprisionan,
donde cansados siempre, vitales, aún nacemos.

Sombra del paraíso

COMO EL VILANO[9]

Hermoso es el reino del amor,
pero triste es también.
Porque el corazón del amante
triste es en las horas de la soledad,
cuando a su lado mira los ojos queridos
que inaccesibles se posan en las nubes ligeras.

Nació el amante para la dicha,
para la eterna propagación del amor,
que de su corazón se expande
para verterse sin término
en el puro corazón de la amada entregada.

---

[8]Pieza de madera o hierro que forma la base del barco y que sostiene la armazón.

[9]Apéndice de filmentos que corona el fruto de algunas plantas compuestas y le sirve para ser transportdo por el aire.

Pero la realidad de la vida,
la solicitación de las diarias horas,
la misma nube lejana, los sueños, el corto vuelo
inspirado del juvenil corazón que él ama,
todo conspira contra la perduración sin descanso de la llama imposible.

Aquí el amante contempla
el rostro joven,
el adorado perfil rubio,
el gracioso cuerpo que reposado un instante en sus brazos descansa.
Viene de lejos y pasa,
y pasa siempre.
Y mientras ese cuerpo duerme o gime de amor en los brazos amados,
el amante sabe que pasa,
que el amor mismo pasa,
y que este fuego generoso que en él no pasa,
presencia puro el tránsito dulcísimo de lo que eternamente pasa.

Por eso el amante sabe
que su amada le ama
una hora, mientras otra hora sus ojos
leves discurren
en la nube falaz que pasa y se aleja.
Y sabe que todo el fuego que común se ha elevado,
solo en él dura. Porque ligera y transitoria es la muchacha
que se entrega y se rehúsa,
que gime y sonríe.
Y el amante la mira
con el infinito amor de lo que se sabe instantáneo.
Dulce es, acaso más dulce, más tristísimamente dulce,
verla en los brazos
en su efímera entrega.
«Tuyo soy--dice el cuerpo armonioso--
pero sólo un instante.
Mañana,
ahora mismo,
despierto de este beso y contemplo
el país, este río, esa rama, aquel pájaro...»

Y el amante la mira
infinitamente pesaroso--glorioso y cargado--.
Mientras ella ligera se exime,
adorada y dorada,

y leve discurre.
Y pasa, y se queda, Y se alza, y vuelve.
Siempre leve, siempre aquí, siempre allí; siempre.
Como el vilano.

Historia del corazón

EL VIEJO Y EL SOL

Había vivido mucho.
Se apoyaba allí, viejo, en un tronco, en un gruesísimo tronco, muchas tardes cuando el sol caía.
Yo pasaba por allí a aquellas horas y me detenía a observarle.
Era viejo y tenía la faz arrugada, apagados, más que tristes, los ojos.
Se apoyaba en el tronco, y el sol se le acercaba primero, le mordía suavemente los pies
y allí se quedaba unos momentos como acurrucado.
Después ascendía e iba sumergiéndole, anegándole, tirando suavemente
de él, unificándole en su dulce luz.
¡Oh el viejo vivir, el viejo quedar, cómo se desleía!
Toda la quemazón, la historia de la tristeza, el resto
de las arrugas, la miseria de la piel roída,
¡cómo iba lentamente limándose, deshaciéndose!
Como una roca que en el torrente devastador se va
dulcemente desmoronando,
rindiéndose a un amor sonorísimo,
así, en aquel silencio, el viejo se iba lentamente
anulando, lentamente entregando.
Y yo veía el poderoso sol lentamente morderle con
mucho amor y adormirle
para así poco a poco tomarle, para así poquito a
poco disolverle en su luz,
como una madre que a su niño suavísimamente en
su seno lo reinstalase.

Yo pasaba y lo veía. Pero a veces no veía sino un
sutilísimo resto. Apenas un levísimo encaje del ser.
Lo que quedaba después que el viejo amoroso, el
viejo dulce, había pasado ya a ser la luz

y despaciosísimamente era arrastrado en los rayos
postreros del sol,
como tantas otras invisibles cosas del mundo.

Historia del corazón

COMEMOS SOMBRA

Todo tú, fuerza desconocida que jamás te explicas.
Fuerza que a veces tentamos por un cabo del amor.
Allí tocamos un nudo. Tanto así es tentar un cuerpo,
un alma, y rodearla y decir: «Aquí está». Y repasamos despaciosamente,
amorosamente, complacidamente, los accidentes de una verdad que
únicamente por ellos se nos denuncia.
Y aquí está la cabeza, y aquí el pecho, y aquí el talle y su huida,
y el engolfamiento repentino y la fuga, las dos largas piernas dulces que
parecen infinitamente fluir, acabarse.
Y estrechamos un momento el bulto vivo.
Y hemos reconocido entonces la verdad en nuestros
brazos, el cuerpo querido, el alma escuchada,
el alma avariciosamente aspirada.

¿Dónde la fuerza entonces del amor? ¿Dónde la
réplica que nos diese un Dios respondiente,
un Dios que no se nos negase y que no se limitase a
arrojarnos un cuerpo, un alma que por él nos acallase?
Lo mismo que un perro con el mendrugo en la boca calla y se obstina,
así nosotros, encarnizados con el duro resplandor, absorbidos,
estrechamos aquello que una mano arrojara.
Pero ¿dónde tú, mano sola que haría
el don supremo de suavidad con tu piel infinita,
con tu sola verdad, única caricia que, en el jadeo,
sin términos nos callase?

Alzamos unos ojos casi moribundos. Mendrugos,
panes, azotes, cólera, vida, muerte:
todo lo derramas como una compasión que nos dieras,
como una sombra que nos lanzaras, y entre los dientes nos brilla
un eco de un resplandor, el eco de un eco de un eco del resplandor,
y comemos.
Comemos sombra, y devoramos el sueño o su sombra, y callamos.
Y hasta admiramos: cantamos. El amor es su nombre.

Pero luego los grandes ojos húmedos se levantan. La mano
no está. Ni el roce

de una veste se escucha.
Sólo el largo gemido, o el silencio apresado.
El silencio que sólo nos acompaña
cuando, en los dientes la sombra desvanecida,
famélicamente de nuevo echamos a andar.

Historia del corazón

PARA QUIÉN ESCRIBO

I

¿Para quién escribo?, me preguntaba el cronista, el
periodista o simplemente el curioso.

No escribo para el señor de la estirada chaqueta, ni para su bigote
enfadado, ni siquiera para su alzado índice admonitorio entre las
tristes ondas de música.

Tampoco para el carruaje, ni para su ocultada señora
(entre vidrios, como un rayo frío, el brillo de los impertinentes).

Escribo acaso para los que no me leen. Esa mujer
que corre por la calle como si fuera a abrir las puertas a la aurora.

O ese viejo que se aduerme en el banco de esa plaza
chiquita, mientras el sol poniente con amor le toma, le rodea y le
deslíe suavemente en sus luces.

Para todos los que no me leen, los que no se cuidan
de mí, pero de mí se cuidan (aunque me ignoren).

Esa niña que al pasar me mira, compañera de mi
aventura, viviendo en el mundo.

Y esa vieja que sentada a su puerta ha visto vida,
paridora de muchas vidas, y manos cansadas.

Escribo para el enamorado; para el que pasó con su
angustia en los ojos; para el que le oyó; para el que al pasar no miró;
para el que finalmente cayó cuando preguntó y no le oyeron.

Para todos escribo. Para los que no me leen sobre
todo escribo. Uno a uno, y la muchedumbre. Y para los pechos y para
las bocas y para los oídos donde, sin oírme,
está mi palabra.

II

Pero escribo también para el asesino. Para el que con los ojos cerrados se
arrojó sobre un pecho y comió muerte y se alimentó, y se levantó
enloquecido.

Para el que se irguió como torre de indignación, y se desplomó sobre el
mundo.

Y para las mujeres muertas y para los niños muertos,
y para los hombres agonizantes.

Y para el que sigilosamente abrió las llaves del gas y
la ciudad entera pereció, y amaneció un montón de cadáveres.

Y para la muchacha inocente, con su sonrisa, su corazón, su tierna
medalla, y por allí pasó un ejército de depredadores.

Y para el ejército de depredadores, que en una
galopada final fue a hundirse en las aguas.

Y para esas aguas, para el mar infinito.

Oh, no para el infinito. Para el finito mar, con su
limitación casi humana, como un pecho vivido.

(Un niño ahora entra, un niño se baña, y el mar, el
corazón del mar, está en ese pulso.)

Y para la mirada final, para la limitadísima Mirada
Final, en cuyo seno alguien duerme.

Todos duermen. El asesino y el injusticiado, el regulador y el naciente, el
finado y el húmedo, el seco de voluntad y el híspido como torre.

Para el amenazador y el amenazado, para el bueno y
el triste, para la voz sin materia
y para toda la materia del mundo.

Para ti, hombre sin deificación que, sin quererlas

mirar, estás leyendo estas letras.

Para ti y todo lo que en ti vive.
yo estoy escribiendo.

En un vasto dominio

LA MANO

Es el esfuerzo humano, ciertamente.
Ved esa mano que abre cinco dedos.
O que separa tierra y mar, y avanza el dique.
La que sobre las teclas ligerísimas
pasa como un vapor acuoso, y se irisa el sonido.
O cae, y estalla
todo el fragor del mundo. O más, y queda
ahí
el silencio temblando.

Es la mano que alza
con la palanca el mundo,
y yergue torres, como un deseo infinito,
o barre como un viento las dunas, las arenas,
y las ondas avanzan.
Oh, minuciosamente contar pudo esa mano
las hierbas de este monte,
o dormir en el fin de ese brazo que levantó esa cúpula, y ahí brilla.

He aquí el puente ferrado que se armó hierro a hierro,
arco para la vida de esta ciudad, y la mano durmió: joven aún vese.

Es la que derribó el árbol: el baobab, sequoias, las ceibas,
araucarias... Hierro al fin de los dedos
para el beso final que mata o ama.

La que botó esa nave, sin más que empujar suavemente,
la que con los dos brazos sujetó catedrales, la que, más temerosa,
armó castillos, sostuvo almenas, coronó torres ilusorias,
labró espumas de piedra e hizo llamas
duraderas, con roca solo, por noches infinitas.

La delicada mano sucesiva
que acarició ese rostro, también otro y el mismo.

La que asomó al balcón y miró la esperanza en unos ojos verdes.
La que dijo «te amo», mientras tembló en un talle.
La que desnudó la espada y alumbró sangre,
y gimió en
muro oscuro.

Ésa que luego cogió con fuerza ese arado y labró duramente,
tenazmente esa tierra, su hija mucho más que su madre.
La que desvió el río o expulsó el mar
o asedió el fuego huido. La que después
bajó al abismo y extrajo extraña sombra, y la prendió,
¡y ardiera!

Mano que suavizada ordenó fuegos fatuos
y con ellos movió ruedas y espumas.
Y hubo un canto de acero largamente en la tierra,
y la materia irguióse dominada y distinta.

Mano de piel rugosa, con un monte en su palma,
Pero no: mano sólo para un botón justísimo.
¡Nunca lo toque! Mano que haría saltar el mundo.
Mano quieta en la sombra, terriblemente injusta.

Oh, mano, mano humana que fue amor, o sería.
Brille el esfuerzo humano como una paz durable.
Mano que en otra mano dichosamente pósase,
mientras todas las manos a esta tierra cercaran.

En un vasto dominio

BOMBA EN LA ÓPERA

Toda descote, la platea brilla;
brilla o bulle, es igual, gira y contempla
el do de pecho[10] que en la glotis grande
--escenario y telón--vibra, retiembla,
rebota en las paredes, sube en aguas
y anega a todos, a los felicísimos
que piensan mientras tragan, tragan, tragan,
que un bel morir tutta una vita[11] onora.

---

[10]**Do...** nota muy aguda que alcanza la voz del tenor.

[11]**Tutta...** toda una vida. (Es está escuchando una ópera italiana.).

Agua o música, o no: puro perfume,
y el perfume no ahoga.
Sobreviven, conversan, abanican.
La mano muerta mueve las varillas,
el nácar decorado. «Oh, conde, estalle,
rompa ese peto de su camisola
y no me mire así. Tiemblan mis pechos
como globos de luz...» Petróleo hermoso
o gas hermoso, o, ya electrificados,
globos de luz modernos en la noche.
Noche de ópera azul, o amarillenta,
mientras los caballeros enfrascados
en la dulce emoción de las danseuses[12]
mienten a las condesas sus amores
lánguidamente verdes en la sombra.
Tarde, ¡qué tarde! Ya los terciopelos,
todo granate, sofocados ciñen
esculturales torsos desteñidos,
mientras el escenario ha congregado
a la carne mortal, veraz que canta.
Todos suspensos en la tiple.[13] ¡Cómo!
¿Es la voz? ¡Es la bomba! ¿Qué se escucha?
Oh, qué dulce petardo allí ha estallado.
Rotos muñecos en los antepalcos.
Carnes mentidas cuelgan en barandas.
Y una cabeza rueda allá en el foso
con espantados ojos. ¡Luces, luces!
Gritos de los muñecos que vacían
su serrín doloroso. ¡Luces, luces!
La gran araña[14] viva se ha apagado.
Algo imita la sangre. Roja corre
por entre pies de trapo. Y una dama
muerta, aún más muerta, con su brazo alzado
acusa. ¿A quién? La música aún se escucha.
Sigue sonando sola. Nadie la oye,
y un inmenso ataúd boga en lo oscuro.

En un vasto dominio

---

[12]Bailarinas (en francés).

[13]Soprano, la más aguda de las voces humanas.

[14]Candelabro de cristal.

CONOCIMIENTO DE RUBÉN DARÍO[15]

Los ojos callan.
La consumida luz del día ha cejado
y él mira el resplandor. Al fondo, límites.
Los imposibles límites del día,
que él podría tentar. Sus «manos de marqués»
carnosas son, henchidas de materia
real. Miran y reconocen, pues que saben.
Al fondo está el crepúsculo.
Poner en su quemar las manos es saber
mientras te mueves, mientras te consumes.
Como supiste, las ponías,
tus manos naturales,
en la luz no carnal que el alba piensa.

A esa luz más brillaron tus ojos fugitivos,
llegaderos del bien, del mundo amado.
Pues tú supiste que el amor no engaña.
Amar es conocer. Quien vive sabe.
Sólo porque es sapiencia fuiste vivo.

Todo el calor del mundo ardió en el labio.
Grueso labio muy lento, que rozaba
la vida; luego se alzó: la vida allí imprimida.
Por un beso viviste, más de un cosmos.
Tu boca supo de las aguas largas.
De la escoria y su llaga. También allí del roble.

La enorme hoja y su silencio vivo.
Cual[16] de nácar. Tritón[17]; el labio sopla.

Pero el mar está abierto. Sobre un lomo bogaste.
Delfín ligero con tu cuerpo alegre.
Y nereidas también. Tu pecho una ola,
y tal rodaste sobre el mundo. Arenas . . .

---

[15]Rubén Darío (1867-1916), poeta y escritor nicaraguense, padre del Modernismo, movimiento literario caracterizado por el refinamiento formal, la armonía y el exotismo de sus imágenes.

[16]Como.

[17]Uno de los dioses del Mar, hijo de Poseidón.

Rubén que un día con tu brazo extenso
batiste espumas o colores. Miras.
Quien mira ve. Quien calla ya ha vivido.
Pero tus ojos de misericordia,
tus ojos largos que se abrieron poco
a poco; tus nunca conocidos ojos bellos,
miraron más, y vieron en lo oscuro.
Oscuridad es claridad. Rubén segundo y nuevo.
Rubén erquido que en la bruma te abres
paso. Rubén callado que al mirar descubres.
Por dentro hay luz. Callada luz, si ardida,
quemada. La dulce quemazón no cubrió toda
tu pupila. La ahondó.
Quien a ti te miró conoció un mundo.
No músicas o ardor, no aromas fríos,
sino su pensamiento amanecido
hasta el color. Lo mismo que en la rosa la mejilla
está. Así el conocimiento está en la uva
y su diente. Está en la luz el ojo.
Como en el manantial la mar completa.

Rubén entero que al pasar congregas
en tu bulto el ayer, llegado, el hoy
que pisas, el mañana nuestro.
Quien es miró hacia atrás y ve lo que esperamos.
El que algo dice dice todo, y quien
calla está hablando. Como tú que dices
lo que dijeron y ves lo que no han visto
y hablas lo que oscuro dirán. Porque sabías.
Saber es conocer. Poeta claro. Poeta duro.
Poeta real. Luz, mineral y hombre:
todo, y solo.
Como el mundo está solo,
y él nos integra.

Poemas de la consumación

LA MAJA Y LA VIEJA
(En la plaza[18])

A Justo Jorge Padrón[19]

VIEJA.
Todo eso puede ser, pero nadie ha sabido.
Tú eres hermosa como un caudal sin límite.
Mas de qué vale el oro si se pierde en las manos.
Mira el gallardo mozo cómo torea,
y miente.
¿La verdad para él? Para quien sepa y valga.
Tú eres verdad, hermosa, y la verdad sólo si
se apaga está muerta.
Vive, gallarda mía; vive y triunfa. Y sucede.
Sólo en un bello estuche el diamante deslumbra.

MARAVILLAS (*maja*).
Yo soy quien soy. Pero no soy de nadie,
Quien me quiera se borre.
Maravillas me dicen. Pero mira el torero
cómo engaña, de hermoso, pero al final sucumbe.
La capa besa otros ojos más tristes
y el cielo ahora enrojece para las astas ciegas.
Majestad y silencio. Pulso fiel a esas luces.
Una tromba le erige su plinto y él se yergue
sobre el polvo y el oro, como una estatua enorme.

VIEJA.
Ese torero es bello, pero está solo, y muere.
A ti quien viva llame, no quien muere en las plazas.
Vive quien brilla. Vive quien tiene. Vive
quien da. Y tú cual Dánae[20] tomas
esa lluvia de oro y en ella brillas magna.

---

[18]La plaza de toros.

[19]Justo Jorge Padrón (1943-), poeta y crítico español que ha ganado varios premios internacionales. Los aspectos destructores del tiempo, la muerte y la salvación son algunos de sus temas principales.

[20]En la mitología, hija de Acrisio y madre de Perseo. Zeus se introdujo en forma de lluvia de oro en una torre de bronce, donde Acrisio tenía a Dánae secuestrada, y engendró a Perseo.

De ése sólo serás.

MARAVILLAS (*maja*).
No soy de nadie.
Yo soy de mí. Mira el cielo en sus lumbres:
él no es de nadie y brilla, y los hombres lo adoran.
Mas él es suyo sólo, luce y nadie lo alcanza,
pero él se cumple siempre en las frescas pupilas
de los demás. Dadivoso y rehusado,
hurtado y generoso. Siempre de él y en los otros.
Yo soy de nadie,
pero nací y no quiero
morir. Si deslumbro en los ojos
de otros, vivo. Y reflejo. Soy la luz, y me miro.

VIEJA.
¿Qué sabes tú? La vida cruza como un espejo
donde sólo tu rostro ves, y ya no existe.
Una luz, y es tus ojos.
¿Eso es vivir?
Oye cómo cruje la gente cuando ese toro embiste.
Ese toro conoce aunque muera. Ama aunque dude.
Y fiel sigue la pauta que el varón le propone
con esa llama núbil que resbala en sus ojos.
Yo fui joven también y he visto mucho.
Ese joven torea y su verbo seduce
al toro. En su verdad le miente.
Sólo después cuando el toro está muerto
se desnuda el torero.
Yo he visto mucho. Mira cómo cruje la gente.
Yo he visto morir al joven, nacer al niño,
saber al viejo y perecer al ángel.
Cuando un silencio pasa es que un ángel se ha ido.
Y he visto mucha tierra caer en muchos rostros
y tapar; y alejarse. Sólo las flores quedan.
Y he escuchado el sonido del beso o una fuente,
que eso es el beso, y ríe, y en la tierra se empapa.
Calla, tú no conoces.

MARAVILLAS (*maja*).
Yo sé, sé lo que veo. Mira al torero ardiendo.

VIEJA.
¡Cómo silba lo ignoto! Su cuerpo ahora domina.

Son los vientos o el nombre que unos labios pronuncian.
En su sonido mueve su capa silenciosa
quien conoce y se cela, quien descubre y se oculta.
Cómo se ciñe el toro como una sombra triste.
Hechizado persigue un nombre: no recuerda.
¿Lo recuerda? ¿De dónde? Casi lo roza, y huye.
Sólo el varón presiente la verdad que maneja.
Como una flor enorme toca el belfo y engaña.
Pero ahí está. ¡Y ahí brilla! Y la plaza delira.

MARAVILLAS (*maja*).
Soy de mí, soy de nadie. Pero corro brillando
y me embebo. De nadie. Pero en todos me veo.
Soy la luna de noche, desnudada y arriba,
pero fresca en los labios, pero fresca en los ojos.
Sí, de nadie, de todos.

VIEJA.
Calla. Pronto hay ya que morir. Yo ya no vivo.
Quien es viejo no vive y menos sueña.
Pues quien recuerda ha muerto.

MARAVILLAS (*maja*).
Vivir, vivir, el sol cruje invisible.
La tarde está cayendo, pero brillan mis venas.
En el polvo las luces pueden más. Suena el viento.
Ah, mi desnudo cuerpo bajo la ropa blande
como bandera al viento.
Para todos, y ciegos.

VIEJA.
Vivir, ¿Vivir? Fruición, y quien no lo conoce
no ha nacido,
no pasó de una idea.
En la mente de un dios un hombre vive,
pero pronto es olvido.
Porque nunca nació quien no amó,
ni dio luz en su vida.
sólo en su pensamiento, y muerte es sólo.
(*a Maravillas*)
Calla, vive o delira. Como el mar en las olas.

Diálogos del conocimiento

Temas

1. ¿Qué imágenes emplea Aleixandre para describir cómo nace la idea y cómo se convierte en palabra? Compare«Idea» con «La palabra» en cuanto a la temática y los conceptos.

2. Se ha dicho que Aleixandre crea un nuevo concepto del lenguaje que permite asociaciones ilógicas, algunas de las cuales surgen del subconsciente, y que éstas producen metóforas e imágenes muy originales. ¿Qué ejemplos de esta característica se ven en estos poemas?

3. También se ha dicho que la poesía de Aleixandre es sumamente racional, porquenace de una visión del mundo totalmente coherente. ¿En qué poemas se ve esta característica?

4. ¿Qué tensiones va desarrollando Aleixandre en su poesía entre lo racional y lo irracional, la luz y la oscuridad, el dolor y el placer, la destrucción y la creación, el amor y la violencia? ¿Cómo describe la fuerza destructora del amor? ¿Cómo comunica la idea de que todos estos elementos opuestos son parte de una misma totalidad?

5. ¿Qué elementos tomados del mundo animal y vegetal emplea? ¿Cómo los usa para comunicar la idea de la fusión cósmica?

6. ¿Cómo emplea los colores y los ritmos?

7. Compare el tono de *Sombra del paraíso* con el de su poesía anterior.

8. ¿En qué composiciones habla de la poesía y de los poetas? ¿Cómo define al poeta? ¿Para quién escribe Aleixandre su poesía? ¿Cómo expresa su admiración a Rubén Darío?

9. ¿Qué concepto tiene de la muerte y de la inmortalidad? ¿Cómo expresa su sentido de soledad?

10. ¿Cómo expresa el aprecio que le tiene a la gente común y a las cosas más ordinarias?

11. ¿Cómo celebra el amor en sus poemas tardíos? Con respecto a este tema, ¿en qué sentido son diferentes estos poemas a los de *La destrucción o el amor*, por ejemplo?

12. Compare las actitudes hacia la vida de la Maja y la Vieja. ¿Cómo se logra un sentido de fusión al final del poema?

Gabriel García Márquez

GENE H. BELL-VILLADA
Williams College

Desde que se publicó en 1967, *Cien años de soledad*, del colombiano Gabriel García Márquez, disfruta de una existencia y una identidad muy singulares. Se trata ya no tan sólo de una de las grandes narrativas modernas, sino de todo un fenómeno cultural, económico e incluso «político» a nivel internacional. En el continente hispanoamericano, las ventas de dicho libro sobrepasan la cifra de diez millones. Traducida a una treintena de idiomas, la novela goza de incontables lectores extranjeros, lectores árabes y griegos, rusos e italianos, lectores sobre todo de zonas del llamado Tercer Mundo. De igual manera, en los EE.UU., se puede ver a secretarias, a comerciantes o a jóvenes estudiantes en el metro o en el autobús, absortos en su lectura de uno del millón de ejemplares de *Cien años de soledad* que circulan en ese país.

El novelista mexicano Carlos Fuentes ha observado en alguna ocasión que su propia cocinera lee a García Márquez. Éste a su vez ha contado la historia de una mucama argentina que retornó a sus quehaceres domésticos sólo al haber por fin terminado su lectura de *Cien años de soledad.* Un éxito de tal envergadura asombra aun más si se tiene en cuenta la enorme complejidad estructural y la vastedad del temario de esta prodigiosa novela. Para una comparable confluencia de arte literario y de difusión popular habría que mirar retrospectivamente a esas épocas del siglo XIX en que familias enteras vivían a la expectativa de las últimas entregas novelescas de un Víctor Hugo o de un Balzac.

Tal fama inevitablemente cambió por completo la vida de García Márquez, convirtiendo en figura pública a un señor de carácter más bien privado. Anteriormente a la explosión de ventas que surgió en la semana misma de lanzarse *Cien años*, el escritor había vivido más o menos al margen de la sociedad con su mujer y sus dos hijos, ganándose la vida en varios empleos periodísticos y publicitarios, rayando en la pobreza y a veces pasando hambre. Sus obras narrativas anteriores--y algunas magistrales--se conocían y se respetaban dentro de algunos círculos conocedores, en tanto que las ventas eran escasas. Con la divulgación masiva de *Cien años* y de la obra conjunta del autor, la producción y la persona garciamarquianas llegan a ser puntos de referencia constantes a todo nivel de los medios de comunicación y de la vida diaria. Hay en Barranquilla una *Farmacia Macondo* y en Santa Marta un *Hotel Macondo*, y en la prensa colombiana se acostumbra aludir a García Márquez por sus apodos «Gabo» y «Gabito». Existen pocos casos en la actualidad de un contacto tan entrañable entre un autor y su público.

Gabriel García Márquez nace el 6 de marzo de 1927 en Aracataca, pueblo empobrecido y polvoriento situado tierra adentro en la zona caribe de Colombia. Su padre, Gabriel Eligio, es telegrafista, hijo ilegítimo y conservador. Su abuelo materno, el coronel Nicolás Márquez, sigue teniendo fama como líder destacado de la sangrienta Guerra de los Mil Días (1899-1901), del bando liberal. A unos diez kilómetros hacia el norte se encuentra una finca bananera de nombre *Macondo*, palabra proveniente del bantú, idioma en el cual significa «plátano». Debido a las desavenencias que hay entre sus padres García y sus abuelos Márquez, el niño Gabito vive en varias localidades y asiste a escuelas en su pueblo natal, en Sucre y en Barranquilla. A los trece años sus padres lo envían al prestigioso Liceo de Zipaquirá, cerca de Bogotá en la sabana andina. Alejado de sus raíces tropicales y costeñas, un Gabito algo tímido y libresco empieza a sentir su vocación de escritor ya siendo quinceañero.

Al terminar el bachillerato, Gabo cede de nuevo a las presiones de familia y en 1947 ingresa, con desgano, en la Facultad de Derecho de la Universidad Nacional. La carrera de leyes lo aburre someramente; el indiferente alumno lee más bien literatura y se inicia, e incluso publica, sus primeros esfuerzos de ficción. Es sin embargo la época de *la violencia*, estado de guerra civil no declarada entre liberales y conservadores que, con pausas, arrasará con el campo colombiano entre 1946 y 1965. Dicho conflicto afectará directamente al joven Gabo al estallar el llamado *bogotazo*, los famosos tres días de motines que, suscitados por el terrible asesinato del caudillo liberal Jorge Eliecer Gaitán el 9 de abril de 1948, harán de las calles de la capital una orgía de saqueo y de muerte. Entre las bajas de dicho tumulto está la pensión en que se encuentra hospedado García Márquez, la cual se deshace en un incendio. También queda clausurada la Facultad, factor que obliga a Gabo a trasladarse a la Universidad de Cartagena en la costa norte.

El joven Gabo nunca se graduará de abogado, pues en unos meses abandona sus estudios. El haber regresado a su patria chica, por otro lado, lo lleva a sus primeros trabajos de redactor para *El Universal* de Cartagena y luego para *El Heraldo* de Barranquilla. Dentro de ese medio García Márquez producirá cientos de artículos humorísticos, escribirá su primera novela *La hojarasca* (la cual no se editará hasta 1954) y trabará sus primeras amistades literarias (a quienes inmortalizará, con sus mismos nombres de pila, en los capítulos finales de *Cien años de soledad*).

En 1954 a García Márquez lo contrata *El Espectador* de Bogotá como escritor de planta, puesto en que el periodista obtendrá bastante fama nacional.

Sin que él lo sepa, ha iniciado también una larga etapa de peregrinaje mundial. En 1955 el diario lo envía como corresponsal a Europa, en alguna medida para protegerlo de posibles represalias políticas: es la época del dictador militar Gustavo Rojas Pinilla. Sobreviene lo peor, pues dentro de unos meses a *El Espectador* lo clausura la dictadura, y Gabo se encuentra parado en el viejo continente, sin sueldo. Durante dos años el autor lleva una vida precaria en París, donde también escribe su escueta novela *El coronel no tiene quien le escriba*. En 1957 se traslada a Caracas; ahí escribe para revistas lustrosas y redacta, con gran esmero, los hermosamente sutiles cuentos de su volumen *Los funerales de la Mamá Grande*. Por esas épocas traba nupcias con Mercedes Barcha, su amor de la adolescencia, a quien dicho libro está dedicado.

El triunfo de la guerrilla cubana en 1959 atrae a Gabo, quien pasa a formar parte del personal periodístico de Prensa Latina, agencia noticiosa de la Cuba revolucionaria. El autor trabajará para dicho organismo en Bogotá, La Habana y, por último, en Nueva York. En 1961, sin embargo, a raíz de sucesos tocantes a la crisis del «sectarismo» en la isla, García Márquez renuncia su puesto y, con su mujer y su hijo Rodrigo, sale para Ciudad México, viajando en autobús por el sur de los EE.UU., a fin de ver desde cerca el mundo de Faulkner, autor cuya influencia sobre el colombiano ya es profunda y perdurable. En los años que seguirán a su partida de Estados Unidos, el autor figurará en la «lista negra» de la Inmigración norteamericana.

En México el escritor trabaja para revistas comerciales y agencias de publicidad, redacta sus primeros guiones de cine y pone punto final a su defectuosa novela *La mala hora*. Sigue un período de sequía en que Gabo no producirá nada literario por tres años. Sale dramáticamente del bloqueo en 1965 cuando, rumbo con su mujer y sus dos hijos hacia Acapulco, siente una deslumbrante ráfaga de inspiración para la novela que siempre ha querido producir. Vuelve en el acto su Opel hacia México y se enfrasca durante dieciocho meses sin hacer nada más que redactar, pulir y vivir dicho libro, en tanto que su mujer se ocupa de la casa. Al publicarse la novela, *Cien años de soledad*, el éxito crítico no lo sorprende, aunque sí el éxito de ventas. Asediado constantemente por la prensa y por los medios masivos, García Márquez se encuentra sin apenas un momento libre para lo suyo. En 1968 el autor con su familia se muda a Barcelona, España, a fin de poder escribir en paz.

En 1972, García Márquez publica los cuentos, en su mayoría humorísticos y fantásticos, del volumen *La increíble y triste historia de la cándida Eréndira y de su abuela desalmada*. Su proyecto de largo plazo es una novela sobre un ficticio dictador latinoamericano, obra en la que tarda siete años y que por fin publica en 1975, titulada *El otoño del patriarca*. El libro se vende a montones, pero, a pesar de un nivel artístico comparable al de *Cien años*, la enorme densidad lingüística y la dificultad formal de *El otoño*, con su ausencia de párrafos y sus frases que serpentinean por capítulos completos, son rasgos que intimidan a gran número de los leales «fanáticos» del autor.

Durante ese mismo año García Márquez y su familia se reinstalan en México D.F., con tiempo además para estadías en Colombia, pero las amenazas de represión en su país natal le llevan a pedir asilo político en México. En 1981 el autor publica *Crónica de una muerte anunciada*, novela corta basada en el terrible y vengativo asesinato de un amigo suyo, acontecimiento transcurrido en Sucre treinta años antes. Para entonces García Márquez hace pública su solidaridad con las fuerzas de izquierda en América Latina, escribiendo artículos a su favor y dando dinero y apoyo a grupos democráticos y socialistas.

Al mismo tiempo al escritor le llegan una serie de premios literarios y de doctorados «honoris causa». El Nóbel de 1982, no obstante, viene sorpresivamente, pues García Márquez se cuenta entre los más jóvenes a quienes se le haya otorgado dicho laurel. El premio es recibido entre el amplio público como galardón para su país e incluso para todo el continente hispanoamericano, pues se celebra en las calles de varias ciudades, y en la prensa hay titulares que anuncian simplemente, «GABO NOBEL DE LITERATURA». Las ceremonias en Estocolmo serán las más festivas y «tropicales» que se hayan jamás visto en la historia del premio.

El autor no obstante se niega a dormirse en los laureles. En 1985 publica *El amor en los tiempos del cólera*, extensa novela tradicional y realista, en la cual se narra la pasión frustrada de una pareja adolescente, amorío que por fin se reanuda y se consuma cinco décadas después, cuando ambos tienen unos setenta años. (Tal vez no sea casual que es ésta una de las obras de Gabo más queridas por su público lector.) Con su novela más reciente, *El general en su laberinto* (1989), propone «humanizar» en carne y hueso la figura de Simón Bolívar, lo cual, en un continente que acostumbra monumentalizar a sus héroes, suscitó críticas acérrimas de parte de algunos custodios de la cultura oficial.

La vida y carrera del escritor García Márquez son de una tenaz vocación artística en constante formación y flujo. El autor rehúsa quedarse fijo y parado en un solo formato o estilo narrativo, y por tanto cada una de sus novelas, cada volumen de cuentos suyo, es un producto único y distintivo. Sin embargo, la totalidad de su obra muestra grandes rasgos en común en lo que se refiere a su geografía, su temática, su espíritu y su arte. Es este amplio conjunto de características garciamarquianas lo que ha llegado a ejercer una enorme influencia en las letras no sólo hispanas sino universales.

El mundo de García Márquez, vale subrayarlo, es el de la costa norte de su país, franja que se extiende desde el virreinal puerto de Cartagena al poniente, pasando luego por la boca del río Magdalena y por otras ciudades-puertos como Barranquilla, Santa Marta y Riohacha hacia el oriente, finalizando con la desolación desértica de la Guajira, península lindante con Venezuela. Es un mundo que, en su demografía, su arquitectura y su habla, se asemeja mucho más a La Habana o al San Juan antillanos que al Bogotá andino.

El clima caluroso de dicha región y la cercanía del Mar Caribe son factores vivenciales y cotidianos que, a su vez, enmarcan y afectan el vivir de los personajes imaginados por García Márquez. La presencia africana (fruto del trato esclavista en Cartagena durante el Imperio) y también de indios de la etnia de los guajiros ha dado lugar a una síntesis cultural en la que el folklore de los pueblos prehispanos se entrevera con lo español y europeo, hecho y textura sociales que capta García Márquez en su arte. Y a diferencia de la solemnidad oficial de los bogotanos (o *cachacos*, mote por el cual se les conoce en Colombia), el ambiente humano de la zona costeña es más bien de una de irreverencia «tropical» hacia toda pompa y pretensión del poder. Es este mundo al que García Márquez, en toda su ficción a partir de *La hojarasca*, ha dado una impronta y un perfil literarios, al igual que hizo Faulkner con su Mississippi mediante el imaginario condado Yoknapatawpha de sus novelas.

Cabe afirmar de todos modos que García Márquez no es escritor de índole regionalista, y que, por lo demás, como dictamina cierto lugar común, la obra de todo gran artista encierra lo universal dentro de lo local. Uno de los logros más deslumbrantes de García Márquez es el de haber poblado sus confines geográficos de un panorama social en que se encuentran ejemplos de todo tipo humano. El lector de *Cien años de soledad* ve las andanzas de pioneros, mercaderes, clérigos, revolucionarios, burócratas, nómadas, estetas, vividores, imperialistas y eruditos. Ve trazarse lo público y lo privado con igual esmero de detalles, y ve fraguarse toda suerte de amor romántico y sexual. Ve desplegarse, en los límites de una aldea rural, la historia misma del continente hispanoamericano, comenzando con la llegada del poder español, pasando por las interminables guerras del XIX y llegando hasta el imperialismo yanqui de nuestras épocas. Es un cuadro cuya grandeza de visión García Márquez aproximará en los cuentos y novelas que luego siguen a *Cien años*.

La pululante variedad que es rasgo fundamental de la «comedia humana» de García Márquez se puede ver correspondientemente en lo que son su amplia gama de sentimientos junto con su enorme repertorio de estilos. Por una parte hay la veta seria del autor, con sus episodios de terrible desolación y soledad humanas, así como los trágicos conflictos familiares y políticos que se dramatizan en su obra. Y sin embargo García Márquez nunca sucumbe ni al sentimentalismo folletinesco por un lado ni al alegato panfletario del llamado «realismo socialista» por otro. El rasgo que contrarresta tal seriedad es en gran medida el profundo y abigarrado sentido de humor del novelista colombiano. *Cien años de soledad* sin duda alguna puede contarse entre los libros más graciosos de la literatura universal, y la mayoría de la obra garciamarquiana tiene como una de sus principales virtudes artísticas su carácter robustamente risueño y chistoso.

Aunque se ha dicho que García Márquez escribe la mejor prosa castellana de nuestros días, esto es simplificar un poco, pues lo que impresiona del escritor es lo variado de su prosa. Los largos párrafos narrativos de *Cien años*, por una parte, nos deslumbran con su inexorable recuento de sucesos, su gran lucidez de expresión, la relativa sencillez de su léxico y lo lineal de su sintaxis, y su serenidad y tradicionalismo sin dejo alguno de lo académico. Al mismo tiempo García Márquez da muestras de un agudo oído para los ritmos del lenguaje populachero de la calle, como se evidencia en los veloces y lacónicos diálogos de *Cien años* o en el chisporroteo plebeyo de la novela corta ...*Eréndira*... Por otra parte García Márquez juega virtuosamente con la prosa barroca y «experimental», como en el caso de las largas oraciones y las cadencias casi-wagnerianas de cuentos como «Los funerales de la Mamá Grande» y por supuesto la orgía palabrera de *El otoño del patriarca.* Si bien García Márquez no es un escritor que suele poner en primer plano el lenguaje (a diferencia de un Cela), sí maneja con asombroso dominio la enorme veta del idioma español, de cuyos registros ha fraguado su gran sentido de estilos verbales.

Cien años de soledad, así como los títulos de García Márquez posteriores, son textos que han dado lugar a cambios significativos en la manera en que se concibe y se lee ficción, no sólo dentro del orbe hispánico sino en Occidente y en los países del Tercer Mundo. Gracias en gran medida al colombiano, se ha podido redescubrir muchísimas posibilidades narrativas que, en la novela de posguerra en Europa y en los EE.UU., se habían estado perdiendo y olvidando.

La promoción de novelistas franceses y estadounidenses que se lanzaba en los años cincuenta y sesenta sufría de una paralizante estrechez de miras y de un cansado escepticismo con respecto al papel y a las potencialidades de su oficio verbal. Quedaban descartados los grandes temas sociales y políticos que habían tratado un Balzac, un Tolstoy o una George Eliot, y el enfoque narrativo caía sobre materias de menor envergadura. Los norteamericanos como John Updike y Saul Bellow se concentraban en asuntos de la vida privada o se enclaustraban en problemas de tipo subjetivista. Por otro lado los practicantes de la llamada *nueva novela* francesa--Alain Robbe-Grillet, Michel Butor, Nathalie Sarraute--elegían el rumbo de un formalismo preciosista, una cosificación de la realidad, un mundo intencionadamente deshumanizado en que lo vivencial--el amor y la muerte, el festín y el rito, la lucha y la resistencia--se le consideraba cosa superada y cedía a un frío tecnicismo. La novela en el Occidente de la Guerra Fría, para resumir, erraba en un atolladero desde el cual no se le veía ni horizonte mayor ni salida posible.

La aparición de *Cien años de soledad* en 1967 empieza a deshacer este provinciano pesimismo. El escritor colombiano les recordaba de un golpe a sus colegas euroamericanos la extensa gama de experiencias humanas que la novela es capaz de representar y aun de celebrar. La visión del mundo que se cuajaba en la crónica de Macondo, como ya hemos visto, era panorámica y total. Pero asimismo, en los detalles de la vida cotidiana o de la vivencia familiar, el autor mostraba igualmente una meticulosa exactitud y un cometido por ser fiel a la realidad. Y la concepción del pasado hispanoamericano que exponía García Márquez era bastante de fiar como para que el libro llegara a ser texto obligatorio en muchos cursos de historia y de política en las universidades de los países «desarrollados».

La etiqueta que comúnmente le aplican los críticos (sobre todo los críticos no hispanos) al arte de García Márquez es la de «realismo mágico». Si bien tales rúbricas traen consigo el riesgo de simplificar lo que pretenden explicar, dicho término sí encierra dos elementos esenciales que, normalmente, se considerarían contradictorios: lo real y lo mágico. La hazaña artística de García Márquez es el haber fraguado una narrativa en la que realidad y magia no sólo coexisten sino que quedan fundidas. El lector de este Macondo tan arraigado en lo cotidiano encontrará tales fenómenos como fantasmas recurrentes, una alfombra voladora, una hermosa joven que asciende en cuerpo a los cielos, un sacerdote capaz de elevarse doce centímetros sobre el nivel del suelo--y un sinnúmero de ejemplos más.

Tales tipos de acciones habían pertenecido antes a la ciencia ficción, a la infraliteratura de aventuras fantásticas y, más anteriormente, a los cuentos sobrenaturales. Mediante la visión de García Márquez se les integra a la realidad y, a su vez, se hace de la realidad algo más poético y milagroso. Cabe señalar sin embargo que el autor no inventa sus magias de la nada sino que se ha valido también de toda una tradición de maravillas que se remonta a la Biblia, a las crónicas de exploración y de conquista europeas, al folklore prehispano y a la cultura popular, a autores fantásticos como Franz Kafka y--*last but not least*--a los milagros geográficos del mismo medio ambiente sudamericano.

El colombiano así llegó a liberar la ficción no sólo de categorías agotadas como las de «realismo» y «fantasía», sino de las trabas de un «realismo socialista» que imperaba previamente en los sectores progresistas de la cultura literaria global. La idea de que el realismo del siglo XIX es el único medio viable de captar la realidad--dogma stalinista a la que dio respetabilidad el genial pero equivocado crítico marxista húngaro Georg Lukács--quedaba superada de una vez con *Cien años*, libro en el transcurso del cual se demuestra que lo «irreal» no es forzosamente materia de evasión y que, como gusta decir el propio Gabo, «la realidad no se reduce al precio de los tomates».

El capítulo de *Cien años* que hemos incluido ilustra a perfección todas estas fuerzas artísticas de García Márquez. Primero, se ve la continuidad que existe entre vida privada (el escándalo de Meme Buendía y de su hijo ilegítimo) y vida pública (la lucha obrera y la represión militar). Las dos vivencias forman un todo narrativo y no dos esferas separadas.

Y luego hay la huelga misma. Es de suma importancia subrayar que, en sus hechos fundamentales, el novelista se atiene rigurosamente a los datos verídicos de la huelga que, a fines de 1928, hicieron unos treinta y dos mil obreros de la costa colombiana contra la poderosa United Fruit Company y su política laboral. Las reivindicaciones obreras en la novela, así como la insistencia de la innombrada empresa en que nunca ha tenido trabajadores, son exactamente como ocurrieron en la huelga y en los desmentidos reales. Igualmente, la ocupación militar, y luego el mitin de huelguistas en Macondo, se basan respectivamente en la respuesta gubernamental y en el mitin que se organizó en la plaza de Ciénaga, pueblo a unos cincuenta kilómetros al norte de Aracataca. La ley y los decretos marciales, los nombres de oficiales como el del general Cortés Vargas y la ráfaga de metrallas que arrasó con ese mitin son sólo algunos de los datos que retiene García Márquez en su *Cien años*.

La magia empieza después. En lugar de caer en el alegato chillón de novela de protesta, el autor ahora hace entrar en juego otros factores. La cifra de tres mil muertos es exagerada, pero sí hubo líderes sindicales que reclamaban bajas comparables para la huelga *en total*. También, en las audiencias que se celebraron en el congreso colombiano, hubo testigos que juraban haber visto camiones llenos de cadáveres que iban rumbo al mar. Por otra parte, hubo los defensores de la bananera que recalcaban en que lo de las víctimas era «puro cuento». (Tales eran la palabras de un jubilado *timekeeper*--él usó la palabra inglesa--de la United Fruit a quien yo conocí en Aracataca en 1982. Y luego de alabar a la compañía y criticar con pasión a los huelguistas, el señor me preguntó: «Mire, si hubo tantos muertos, entonces ¿en dónde echaron los cadáveres?»)

La historia oficial de cualquier grupo social, por supuesto, niega o calla sistemáticamente las atrocidades que se hayan hecho en su nombre. García Márquez con la magia de su arte logra abreviar todo un proceso de adoctrinamiento nacional y reducirlo a obra «milagrosa» de una sola noche. También el autor se vale aquí de otro fundamental principio estético suyo--a saber, que lo que dice la gente de la realidad forma parte a su vez de la realidad que ellos viven. Y por tanto cuando los medios oficiales dicen que no hubo masacre, tal engaño se convierte en factor que configura el vivir de todo habitante de dicha sociedad.

Lo maravilloso de estos episodios se complica aun más cuando las tropas, en busca de líderes sindicales, miran hacia José Arcadio Segundo sin poder verlo. En la historia humana existen asombrosos casos de prófugos políticos que, como dice la frase, evaden a sus perseguidores «de puro milagro». Aquí la evasión se explica por estar el evadido a salvo dentro del cuento de Melquíades, espacio mágico en el cual, a lo largo de *Cien años*, se darán fantasmas y otros fenómenos sobrenaturales. A este momento le seguirá, en el capítulo 16, otro suceso milagroso: la lluvia de cuatro años, once meses y dos días que destruye a Macondo. Tal chubasco tiene antecedentes, pues Cristóbal Colón en su diario de navegación alude a un aguacero de 88 días. Dentro de la novela misma se sugiere que la catástrofe meteorológica ha sido obra de la compañía bananera. Y aquí tampoco inventa tanto el autor: los franceses en la guerra de Indochina sembraban las nubes con sustancias químicas a fin de crear tormentas, dato que el joven Gabo ya antes había tratado dentro de un artículo suyo. La realidad futura a su vez imitaría la ficción cuando en 1972, en el senado de los EE.UU., se daría a saber que las fuerzas armadas norteamericanas habían aplicado su tecnología para causar huracanes y diluvios en el Vietnam.

Como se ve, en este capítulo de *Cien años* el autor toma como punto de partida lo que es uno de los lugares comunes de la literatura de protesta--la gran huelga de obreros--para luego ir más allá de tal lugar común y tales fórmulas. En vez de concentrarse obsesivamente en los hechos sangrientos y los horrores físicos, García Márquez como narrador toma distancia y nos lleva a un ámbito de mayor amplitud en el que otros planos de la realidad se le imponen sucesivamente a la acción y a los lectores. Después de *Cien años de soledad* es sumamente difícil recurrir a los consagrados e ingenuos clisés en que la vida social se reduce a una alegoría política, a una simple lucha entre oprimido y opresor--por crucial que sea ésta como realidad vivencial y base narrativa. Bien ha observado García Márquez que la novela no es documental sino una labor imaginativa en la que entran en juego múltiples verdades, incluyendo pero no limitándose a las más inmediatas.

Con *Cien años de soledad* y sus varios otros volúmenes, García Márquez crea un cuerpo narrativo que ha de perdurar como parte del repertorio literario universal. Su influencia, la cual es profunda, se está viendo no sólo en Iberoamérica (como en el caso de la chilena Isabel Allende) sino en los escritores de ultramar. En los EE.UU., por ejemplo, un sinnúmero de novelistas han sido influidos por el arte y la visión garciamarquianas, entre ellos Alice Walker, Toni Morrison, John Nichols, William Kennedy, Robert Coover y Paul Theroux. No es exagerado afirmar que la narrativa hispanoamericana de la segunda mitad del siglo XX ha llegado a ser la más influyente de su tiempo. En épocas anteriores eran los autores franceses quienes mayormente servían de modelo para sus coetáneos, en tanto que hoy día son los narradores de América Latina a quienes los literatos miran y acuden como maestros de la técnica e imaginación verbales.

De esta constelación destaca sobre todo García Márquez, pues su *Cien años de soledad* es, como lo han sido el *Ulises* de James Joyce o *El sonido y la furia* de William Faulkner en épocas pasadas, uno de esos libros que alteran el universo narrativo, que redefinen la relación entre vida y literatura, que amplían el taller de recursos formales y técnicos disponibles a todo escritor. *Cien años de soledad*, en fin, transforma en gran medida las prácticas y teorías literarias anteriormente reinantes. Y con las obras que García Márquez ha ido luego produciendo, el proceso continúa.

Cien años de soledad

GABRIEL GARCÍA MÁRQUEZ
PREMIO NÓBEL 1982

CAPÍTULO 15

[En este capítulo, el novelista lleva a un punto culminante su crónica fictiva de la familia Buendía y del pueblo Macondo. Una compañía bananera--la cual el autor deja sin nombrar--ha ido estableciéndose e imponiéndose desde el capítulo 12. Aquí se narra el proceso de resistencia popular seguida de represalias oficiales. A la sazón vemos desplegarse un drama doméstico: Fernanda del Carpio, de linaje virreinal, mujer cómicamente fría y arrogante a quien ninguno de los Buendía estima, se propone enclaustrar a su hija Renata Remedios («Meme») para así extinguir la pasión clandestina que ha vivido la adolescente con un mecánico de automóviles. El hijo ilegítimo, al que llaman Aureliano, es el fruto inesperado de dicho amorío ilícito. En estas páginas se expone lo que serán las semillas de la destrucción venidera: de igual manera que las fuerzas del orden arrasarán con Macondo, a su vez el bebito bastardo Aureliano, ya adulto, pondrá fin a la estirpe Buendía al concluir *Cien años de soledad*.]

Los acontecimientos que habían de darle el golpe mortal a Macondo empezaban a vislumbrarse cuando llevaron a la casa al hijo de Meme Buendía. La situación pública era entonces tan incierta, que nadie tenía el espíritu dispuesto para ocuparse de escándalos privados, de modo que Fernanda contó con un ambiente propicio para mantener al niño escondido como si no hubiera existido nunca. Tuvo que recibirlo, porque las circunstancias en que se lo llevaron no hacían posible el rechazo. Tuvo que soportarlo contra su voluntad por el resto de su vida, porque a la hora de la verdad le faltó valor para cumplir la íntima determinación de ahogarlo en la alberca del baño. Lo encerró en el antiguo taller del coronel Aureliano Buendía.[1] A Santa Sofía de la Piedad logró convencerla de que lo había encontrado flotando en una canastilla. Úrsula[3] había de morir sin conocer su origen. La pequeña Amaranta Úrsula, que entró una vez al taller cuando Fernanda estaba alimentando al niño también creyó en la versión de la canastilla flotante. Aureliano Segundo, definitivamente distanciado de la esposa por la forma irracional en que ésta manejó la tragedia de Meme, no supo de la existencia del nieto sino tres años después de que lo llevaron a la casa, cuando el niño escapó al cautiverio por un descuido de Fernanda, y se asomó al corredor por una fracción de segundo, desnudo y con los pelos enmarañados y con un impresionante sexo de moco de pavo, como si no fuera una criatura humana sino la definición enciclopédica de un antropófago.

Fernanda no contaba con aquella trastada de su incorregible destino. El niño fue como el regreso de una vergüenza que ella creía haber desterrado para siempre de la casa. Apenas se habían llevado a Mauricio Babilonia con la espina dorsal fracturada, y ya había concebido Fernanda hasta el detalle más ínfimo de un plan destinado a eliminar todo vestigio del oprobio. Sin consultarlo con su marido, hizo al día siguiente su equipaje, metió en una maletita las tres mudas que su hija podía necesitar, y fue a buscarla al dormitorio media hora antes de la llegada del tren.

--Vamos, Renata --le dijo.

No le dio ninguna explicación. Meme, por su parte, no la esperaba ni la quería. No sólo ignoraba para dónde iban, sino que le habría dado igual si la hubieran llevado al matadero. No había vuelto a hablar, ni lo haría en el resto de su vida, desde que oyó el disparo en el traspatio y el simultáneo aullido de dolor de Mauricio Babilonia. Cuando su madre le ordenó salir del dormitorio,

---

[1]Hijo del patriarca del clan y padre de Aureliano José, quien muere en el conflicto entre Liberales y Conservadores.

[2]Compañera de Arcadio, hermano del coronel Aureliano Buendía. Con Arcadio Santa Sofía de la Piedad tiene gemelos, Aureliano Segundo y Arcadio Segundo. La repetición de nombres es una fuente de humor y también de confusión. Escribe Gene Bell-Villada: «The almost bewilderingly high rate of incident in *One Hundred Years of Solitude* is paralleled by its enormous cast of characters, many of which share names--four José Arcadios, three Aurelianos, an Arcadio, an Aureliano José, the seventeen bastard Aurelianos from the colonel's seventeen different women, and three females named Remedios. All this can be extremely confusing to first-time readers, who are at a loss as to which José Arcadio or Aureliano is it that does what with whom. These assorted name-groups nonetheless present a clearcut system of personality types that is to remain consistent throughout the narrative. (*García Márquez: The Man and His Work.* Chapel: Hill, The University of North Carolina Press, 1990. 95).

[3]Matriarca de la familia y esposa de José Arcadio, fundador del clan.

no se peinó ni se lavó la cara, y subió al tren como un sonámbulo sin advertir siquiera las mariposas amarillas que seguían acompañándola. Fernanda no supo nunca, ni se tomó el trabajo de averiguarlo, si su silencio pétreo era una determinación de su voluntad, o si se había quedado muda por el impacto de la tragedia. Meme apenas se dio cuenta del viaje a través de la antigua región encantada. No vio las umbrosas e interminables plantaciones de banano a ambos lados de las líneas. No vio las casas blancas de los gringos, ni sus jardines aridecidos por el polvo y el calor, ni las mujeres con pantalones cortos y camisas de rayas azules que jugaban barajas en los pórticos. No vio las carretas de bueyes cargadas de racimos en los caminos polvorientos. No vio las doncellas que saltaban como sábalos en los ríos transparentes para dejarles a los pasajeros del tren la amargura de sus senos espléndidos, no las barracas abigarradas y miserables de los trabajadores donde revoloteaban las mariposas amarillas de Mauricio Babilonia, y en cuyos portales había niños verdes y escuálidos sentados en sus bacinillas, y mujeres embarazadas que gritaban improperios al paso del tren. Aquella visión fugaz, que para ella era una fiesta cuando regresaba del colegio, pasó por el corazón de Meme sin despabilarlo. No miró a través de la ventanilla ni siquiera cuando se acabó la humedad ardiente de las plantaciones, y el tren pasó por la llanura de amapolas donde estaba todavía el costillar carbonizado del galeón español, y salió luego al mismo aire diáfano y al mismo mar espumoso y sucio donde casi un siglo antes fracasaron las ilusiones de José Arcadio Buendía.[4]

A las cinco de la tarde, cuando llegaron a la estación final de la ciénaga, descendió del tren porque Fernanda lo hizo. Subieron a un cochecito que parecía un murciélago enorme, tirado por un caballo asmático, y atravesaron la ciudad desolada, en cuyas calles interminables y cuarteadas por el salitre, resonaba un ejercicio de piano igual al que escuchó Fernanda en las siestas de su adolescencia. Se embarcaron en un buque fluvial, cuya rueda de madera hacía un ruido de conflagración, y cuyas láminas de hierro carcomidas por el óxido reverberaban como la boca de un horno. Meme se encerró en el camarote. Dos veces al día dejaba Fernanda un plato de comida junto a la cama, y dos veces al día se lo llevaba intacto, no porque Meme hubiera resuelto morirse de hambre, sino porque le repugnaba el solo olor de los alimentos y su estómago expulsaba hasta el agua. Ni ella misma sabía entonces que su fertilidad había burlado a los vapores de mostaza, así como Fernanda no lo supo hasta casi un año después, cuando le llevaron al niño. En el camarote sofocante, trastornada por la vibración de las paredes de hierro y por el tufo insoportable del cieno removido por la rueda del buque, Meme perdió la cuenta de los días. Había pasado mucho tiempo cuando vio la última mariposa amarilla destrozándose en las aspas del ventilador y admitió como una verdad irremediable

---

[4]Patriaca del clan de los Buendía y fundador de Macondo.

que Mauricio Babilonia había muerto. Sin embargo, no se dejó vencer por la resignación. Seguía pensando en él durante la penosa travesía a lomo de mula por el páramo alucinante donde se perdió Aureliano Segundo cuando buscaba a la mujer más hermosa que se había dado sobre la tierra, y cuando remontaron la cordillera por caminos de indios, y entraron a la ciudad lúgubre en cuyos vericuetos de piedra resonaban los bronces funerarios de treinta y dos iglesias. Esa noche durmieron en la abandonada mansión colonial, sobre los tablones que Fernanda puso en el suelo de un aposento invadido por la maleza, y arropadas con piltrafas de cortinas que arrancaron de las ventanas y que se desmigaban a cada vuelta del cuerpo. Meme supo dónde estaban, porque en el espanto del insomnio vio pasar al caballero vestido de negro que en una distante víspera de Navidad llevaron a la casa dentro de un cofre de plomo. Al día siguiente, después de misa, Fernanda la condujo a un edificio sombrío que Meme reconoció de inmediato por las evocaciones que su madre solía hacer del convento donde la educaron para reina, y entonces comprendió que había llegado al término del viaje. Mientras Fernanda hablaba con alguien en el despacho contiguo, ella se quedó en un salón ajedrezado con grandes óleos de arzobispos coloniales, temblando de frío, porque llevaba todavía un traje de etamina con florecitas negras y los duros borceguíes hinchados por el hielo del páramo. Estaba de pie en el centro del salón, pensando en Mauricio Babilonia bajo el chorro amarillo de los vitrales, cuando salió del despacho una novicia muy bella que llevaba su maletita con las tres mudas de ropa. Al pasar junto a Meme le tendió la mano sin detenerse.

--Vamos, Renata --le dijo.

Meme le tomó la mano y se dejó llevar. La última vez que Fernanda la vio, tratando de igualar su paso con el de la novicia, acababa de cerrarse detrás de ella el rastrillo de hierro de la clausura. Todavía pensaba en Mauricio Babilonia, en su olor de aceite y su ámbito de mariposas, y seguiría pensando en él todos los días de su vida, hasta la remota madrugada de otoño en que muriera de vejez, con sus nombres cambiados y sin haber dicho nunca una palabra, en un tenebroso hospital de Cracovia.

Fernanda regresó a Macondo en un tren protegido por policías armados. Durante el viaje advirtió la tensión de los pasajeros, los aprestos militares en los pueblos de la línea y el aire enrarecido por la certidumbre de que algo grave iba a suceder, pero careció de información mientras no llegó a Macondo y le contaron que José Arcadio Segundo estaba incitando a la huelga a los trabajadores de la compañía bananera. «Esto es lo último que nos faltaba», se dijo Fernanda. «Un anarquista en la familia». La huelga estalló dos semanas después y no tuvo las consecuencias dramáticas que se temían. Los obreros aspiraban a que no se les obligara a cortar y embarcar banano los domingos, y la petición pareció tan justa que hasta el padre Antonio Isabel intercedió en favor de ella porque la encontró de acuerdo con la ley de Dios. El triunfo de la acción, así como de otras que se promovieron en los meses siguientes, sacó del anonimato al descolorido José Arcadio Segundo, de quien solía decirse que sólo había servido para llenar el pueblo de putas francesas. Con la misma decisión impulsiva con que remató sus gallos de pelea para establecer una empresa de navegación desatinada, había renunciado al cargo de capataz de cuadrilla de la compañía bananera y tomó el partido de los trabajadores. Muy pronto se le señaló como agente de una conspiración internacional contra el orden público. Una noche, en el curso de una semana oscurecida por rumores sombríos, escapó de milagro a cuatro tiros de revólver que le hizo un desconocido cuando salía de una reunión secreta. Fue tan tensa la atmósfera de los meses siguientes, que hasta Úrsula la percibió en su rincón de tinieblas, y tuvo la impresión de estar viviendo de nuevo los tiempos azarosos en que su hijo Aureliano cargaba en el bolsillo los glóbulos homeopáticos de la subversión. Trató de hablar con José Arcadio Segundo para enterarlo de ese precedente, pero Aureliano Segundo le informó que desde la noche del atentado se ignoraba su paradero.

--Lo mismo que Aureliano --exclamó Úrsula--. Es como si el mundo estuviera dando vueltas.

Fernanda permaneció inmune a la incertidumbre de esos días. Carecía de contactos con el mundo exterior, desde el violento altercado que tuvo con su marido por haber determinado la suerte de Meme sin su consentimiento. Aureliano Segundo estaba dispuesto a rescatar a su hija, con la policía si era necesario, pero Fernanda le hizo ver papeles en los que se demostraba que había ingresado a la clausura por propia voluntad. En efecto, Meme los había firmado cuando ya estaba del otro lado del rastrillo de hierro, y lo hizo con el mismo desdén con que se dejó conducir. En el fondo, Aureliano Segundo no creyó en la legitimidad de las pruebas, como no creyó nunca que Mauricio Babilonia se hubiera metido al patio para robar gallinas, pero ambos expedientes le sirvieron para tranquilizar la conciencia, y pudo entonces volver sin remordimientos a la sombra de Petra Cotes,[5] donde reanudó las parrandas ruidosas y las comilonas desaforadas. Ajena a la inquietud del pueblo, sorda a los tremendos pronósticos de Úrsula, Fernanda le dio la última vuelta a las tuercas de su plan consumado. Le escribió una extensa carta a su hijo José Arcadio, que ya iba a recibir las órdenes menores, y en ella le comunicó que su hermana Renata había expirado en la paz del Señor a consecuencia del vómito negro. Luego puso a Amaranta Úrsula al cuidado de Santa Sofía de la Piedad, y se dedicó a organizar su correspondencia con los médicos invisibles, trastornada por el percance de Meme. Lo primero que hizo fue fijar fecha definitiva para la aplazada intervención telepática. Pero los médicos invisibles le contestaron que no era prudente mientras persistiera ese estado de agitación social en Macondo. Ella estaba tan urgida y tan mal informada, que les explicó en otra carta que no había tal estado de agitación, y que todo era fruto de las locuras de un cuñado

---

[5]Antigua amante de Aureliano Segundo.

suyo, que andaba por esos días con la ventolera sindical, como padeció en otro tiempo las de la gallera y la navegación. Aún no estaban de acuerdo el caluroso miércoles en que llamó a la puerta de la casa una monja anciana que llevaba una canastilla colgada del brazo. Al abrirle Santa Sofía de la Piedad pensó que era un regalo y trató de quitarle la canastilla cubierta con un primoroso tapete de encaje. Pero la monja lo impidió, porque tenía instrucciones de entregársela personalmente, y bajo la reserva más estricta, a doña Fernanda del Carpio de Buendía. Era el hijo de Meme. El antiguo director espiritual de Fernanda le explicaba en una carta que había nacido dos meses antes, y que se habían permitido bautizarlo con el nombre de Aureliano, como su abuelo, porque la madre no despegó los labios para expresar su voluntad. Fernanda se sublevó íntimamente contra aquella burla del destino, pero tuvo fuerzas para disimularlo delante de la monja.

--Diremos que lo encontramos flotando en la canastilla --sonrió.

--No se lo creerá nadie --dijo la monja.

--Si se lo creyeron a las Sagradas Escrituras --replicó Fernanda--, no veo por qué no han de creérmelo a mí.

La monja almorzó en casa, mientras pasaba el tren de regreso, y de acuerdo con la discreción que le habían exigido no volvió a mencionar al niño, pero Fernanda la señaló como un testigo indeseable de su vergüenza, y lamentó que se hubiera desechado la costumbre medieval de ahorcar al mensajero de malas noticias. Fue entonces cuando decidió ahogar a la criatura en la alberca tan pronto como se fuera la monja, pero el corazón no le dio para tanto y prefirió esperar con paciencia a que la infinita bondad de Dios la liberara del estorbo.

El nuevo Aureliano había cumplido un año cuando la tensión pública estalló sin ningún anuncio. José Arcadio Segundo y otros dirigentes sindicales que habían permanecido hasta entonces en la clandestinidad, aparecieron intempestivamente un fin de semana y promovieron manifestaciones en los pueblos de la zona bananera. La policía se conformó con vigilar el orden. Pero en la noche del lunes los dirigentes fueron sacados de sus casas y mandados con grillos de cinco kilos en los pies, a la cárcel de la capital provincial. Entre ellos se llevaron a José Arcadio Segundo y a Lorenzo Gavilán, un coronel de la revolución mexicana, exilado en Macondo, que decía haber sido testigo del heroísmo de su compadre Artemio Cruz. Sin embargo, antes de tres meses estaban en libertad, porque el gobierno y la compañía bananera no pudieron ponerse de acuerdo sobre quién debía alimentarlos en la cárcel. La inconformidad de los trabajadores se fundaba esta vez en la insalubridad de las viviendas, el engaño de los servicios médicos y la iniquidad de las condiciones de trabajo. Afirmaban, además, que no se les pagaba con dinero efectivo, sino con vales que sólo servían para comprar jamón de Virginia en los comisariatos de la compañía. José Arcadio Segundo fue encarcelado porque reveló que el sistema de los vales era un recurso de la compañía para financiar sus barcos fruteros, que de no haber sido por la mercancía de los comisariatos hubieran tenido que regresar vacíos desde Nueva Orleáns hasta los puertos de embarque del banano. Los otros cargos eran del dominio público. Los médicos de la compañía no examinaban a los enfermos, sino que los hacían pararse en fila india frente a los dispensarios, y una enfermera les ponía en la lengua una píldora del color del piedralipe, así tuvieran paludismo, blenorragia o estreñimiento. Era una terapéutica tan generalizada, que los niños se ponían en la fila varias veces, y en vez de tragarse las píldoras se las llevaban a sus casas para señalar con ellas los números cantados en el juego de lotería. Los obreros de la compañía estaban hacinados en tambos miserables. Los ingenieros, en vez de construir letrinas, llevaban a los campamentos, por Navidad, un excusado portátil para cada cincuenta personas, y hacían demostraciones públicas de cómo utilizarlos para que duraran más. Los decrépitos abogados vestidos de negro que en otro tiempo asediaron al coronel Aureliano Buendía, y que entonces eran apoderados de la compañía bananera, desvirtuaban estos cargos con arbitrios que parecían cosa de magia. Cuando los trabajadores redactaron un pliego de peticiones unánime, pasó mucho tiempo sin que pudieran notificar oficialmente a la compañía bananera. Tan pronto como conoció el acuerdo, el señor Brown enganchó en el tren su suntuoso vagón de vidrio, y desapareció de Macondo junto con los representantes más conocidos de su empresa. Sin embargo, varios obreros encontraron a uno de ellos el sábado siguiente en un burdel, y le hicieron firmar una copia del pliego de peticiones cuando estaba desnudo con la mujer que se prestó para llevarlo a la trampa. Los luctuosos abogados demostraron en el juzgado que aquel hombre no tenía nada que ver con la compañía, y para que nadie pusiera en duda sus argumentos lo hicieron encarcelar por usurpador. Más tarde, el señor Brown fue sorprendido viajando de incógnito en un vagón de tercera clase, y le hicieron firmar otra copia del pliego de peticiones. Al día siguiente compareció ante los jueces con el pelo pintado de negro y hablando un castellano sin tropiezos. Los abogados demostraron que no era el señor Jack Brown, superintendente de la compañía bananera y nacido en Prattville, Alabama, sino un inofensivo vendedor de plantas medicinales, nacido en Macondo y allí mismo bautizado con el nombre de Dagoberto Fonseca. Poco después, frente a una nueva tentativa de los trabajadores, los abogados exhibieron en lugares públicos el certificado de defunción del señor Brown, autenticado por cónsules y cancilleres, y en el cual se daba fe de que el pasado nueve de junio había sido atropellado en Chicago por un carro de bomberos. Cansados de aquel delirio hermenéutico,[6] los trabajadores repudiaron a las autoridades de Macondo y subieron con sus quejas a los tribunales supremos. Fue allí donde los ilusionistas[7] del derecho demostraron que las reclamaciones carecían de toda validez, simplemente

[6]De explicaciones.

[7]Prestidigitadores.

porque la compañía bananera no tenía, ni había tenido nunca ni tendría jamás trabajadores a su servicio, sino que los reclutaba ocasionalmente y con carácter temporal. De modo que se desbarató la patraña del jamón de Virginia, las píldoras milagrosas y los excusados pascuales, y se estableció por fallo de tribunal y se proclamó en bandos solemnes la inexistencia de los trabajadores.

La huelga grande estalló. Los cultivos se quedaron a medias, la fruta se pasó en las cepas y los trenes de ciento veinte vagones se pararon en los ramales. Los obreros ociosos desbordaron los pueblos. La Calle de los Turcos reverberó en un sábado de muchos días, y en el salón de billares del Hotel de Jacob hubo que establecer turnos de veinticuatro horas. Allí estaba José Arcadio Segundo, el día en que se anunció que el ejército había sido encargado de restablecer el orden público. Aunque no era hombre de presagios, la noticia fue para él como un anuncio de la muerte, que había esperado desde la mañana distante en que el coronel Gerineldo Márquez le permitió ver un fusilamiento. Sin embargo, el mal augurio no alteró su solemnidad. Hizo la jugada que tenía prevista y no erró la carambola. Poco después, las descargas de redoblante, los ladridos del clarín, los gritos y el tropel de la gente, le indicaron que no sólo la partida de billar sino la callada y solitaria partida que jugaba consigo mismo desde la madrugada de la ejecución, habían por fin terminado. Entonces se asomó a la calle, y los vio. Eran tres regimientos cuya marcha pautada por tambor de galeotes hacía trepidar la tierra. Su resuello de dragón multicéfalo impregnó de un vapor pestilente la claridad del mediodía. Eran pequeños, macizos, brutos. Sudaban con sudor de caballo, y tenían un olor de carnaza macerada por el sol, y la impavidez taciturna e impenetrable de los hombres del páramo. Aunque tardaron más de una hora en pasar, hubiera podido pensarse que eran unas pocas escuadras girando en redondo, porque todos eran idénticos, hijos de la misma madre, y todos soportaban con igual estolidez el peso de los morrales y las cantimploras, y la vergüenza de los fusiles con las bayonetas caladas, y el incordio de la obediencia ciega y el sentido del honor. Úrsula los oyó pasar desde su lecho de tinieblas y levantó la mano con los dedos en cruz. Santa Sofía de la Piedad existió por un instante, inclinada sobre el mantel bordado que acababa de planchar, y pensó en su hijo, José Arcadio Segundo, que vio pasar sin inmutarse los últimos soldados por la puerta del Hotel de Jacob.

La ley marcial facultaba al ejército para asumir funciones de árbitro de la controversia, pero no se hizo ninguna tentativa de conciliación. Tan pronto como se exhibieron en Macondo, los soldados pusieron a un lado los fusiles, cortaron y embarcaron el banano y movilizaron los trenes. Los trabajadores, que hasta entonces se habían conformado con esperar, se echaron al monte sin más armas que sus machetes de labor, y empezaron a sabotear el sabotaje. Incendiaron fincas y comisariatos, destruyeron los rieles para impedir el tránsito de los trenes que empezaban a abrirse paso con fuego de ametralladoras, y cortaron los alambres del telégrafo y el teléfono. La acequias se tiñeron de sangre. El señor Brown, que estaba vivo en el gallinero electrificado, fue sacado de Macondo con su familia y las de otros compatriotas suyos, y conducidos a territorio seguro bajo la protección del ejército. La situación amenazaba con evolucionar hacia una guerra civil desigual y sangrienta, cuando las autoridades hicieron un llamado a los trabajadores para que se concentraran en Macondo. El llamado anunciaba que el Jefe Civil y Militar de la provincia llegaría el viernes siguiente, dispuesto a interceder en el conflicto.

José Arcadio Segundo estaba entre la muchedumbre que se concentró en la estación desde la mañana del viernes. Había participado en reunión de los dirigentes sindicales y había sido comisionado junto con el coronel Gavilán para confundirse con la multitud y orientarla según las circunstancias. No se sentía bien, y amasaba una pasta salitrosa en el paladar, desde que advirtió que el ejército había emplazado nidos de ametralladoras alrededor de la plazoleta, y que la ciudad alambrada de la compañía bananera estaba protegida con piezas de artillería. Hacia las doce, esperando un tren que no llegaba, más de tres mil personas, entre trabajadores, mujeres y niños, habían desbordado el espacio descubierto frente a la estación y se apretujaban en las calles adyacentes que el ejército cerró con filas de ametralladoras. Aquello parecía entonces, más que una recepción, una feria jubilosa. Habían trasladado los puestos de fritangas[8] y las tiendas de bebidas de la Calle de los Turcos, y la gente soportaba con muy buen ánimo el fastidio de la espera y el sol abrasante. Un poco antes de las tres corrió el rumor de que el tren oficial no llegaría hasta el día siguiente. La muchedumbre cansada exhaló un suspiro de desaliento. Un teniente del ejército se subió entonces en el techo de la estación, donde había cuatro nidos de ametralladoras enfiladas hacia la multitud, y se dio un toque de silencio. Al lado de José Arcadio Segundo estaba una mujer descalza, muy gorda, con dos niños de unos cuatro y siete años. Cargó al menor, y le pidió a José Arcadio Segundo, sin conocerlo, que levantara al otro para que oyera mejor lo que iban a decir. José Arcadio Segundo se acaballó al niño en la nuca. Muchos años después, ese niño había de seguir contando, sin que nadie se lo creyera, que había visto al teniente leyendo con una bocina de gramófono el Decreto Número 4 del Jefe Civil y Militar de la provincia. Estaba firmado por el general Carlos Cortes Vargas, y por su secretario, el mayor Enrique García Isaza, y en tres artículos de ochenta palabras declaraba a los huelguistas *cuadrilla de malhechores* y facultaba al ejército para matarlos a bala.

Leído el decreto, en medio de una ensordecedora rechifla de protesta, un capitán sustituyó al teniente en el techo de la estación, y con la bocina de gramófono hizo señas de que quería hablar. La muchedumbre volvió a guardar silencio.

--Señoras y señores --dijo el capitán con una voz baja, lenta, un poco

---

[8]Plato que consiste en carne y entrañas de animal fritas.

cansada--, tienen cinco minutos para retirarse.

La rechifla y los gritos redoblados ahogaron el toque de clarín que anunció el principio del plazo. Nadie se movió.

--Han pasado cinco minutos --dijo el capitán en el mismo tono--. Un minuto más y se hará fuego.

José Arcadio Segundo, sudando hielo, se bajó al niño de los hombros y se lo entregó a la mujer. «Estos cabrones son capaces de disparar», murmuró ella. José Arcadio Segundo no tuvo tiempo de hablar, porque al instante reconoció la voz ronca del coronel Gavilán haciéndoles eco con un grito a las palabras de la mujer. Embriagado por la tensión, por la maravillosa profundidad del silencio y, además, convencido de que nada haría mover a aquella muchedumbre pasmada por la fascinación de la muerte, José Arcadio Segundo se empinó por encima de las cabezas que tenía enfrente, y por primera vez en su vida levantó la voz.

--¡Cabrones! --gritó. Les regalamos el minuto que falta.

Al final de su grito ocurrió algo que no le produjo espanto, sino una especie de alucinación. El capitán dio la orden de fuego y catorce nidos de ametralladoras le respondieron en el acto. Pero todo parecía un farsa. Era como si las ametralladoras hubieran estado cargadas con engañifas de pirotecnia, porque se escuchaba su anhelante tableteo, y se veían sus escupitajos incandescentes, pero no se percibía la más leve reacción, ni una voz, ni siquiera un suspiro, entre la muchedumbre compacta que parecía petrificada por una invulnerabilidad instantánea. De pronto, a un lado de la estación, un grito de muerte desgarró el encantamiento: «Aaaay, mi madre». Una fuerza sísmica, un aliento volcánico, un rugido de cataclismo, estallaron en el centro de la muchedumbre centrifugada por el pánico.

Muchos años después, el niño había de contar todavía, a pesar de que los vecinos seguían creyéndolo un viejo chiflado, que José Arcadio Segundo lo levantó por encima de su cabeza, y se dejó arrastrar, casi en el aire, como flotando en el terror de la muchedumbre, hacia una calle adyacente. La posición privilegiada del niño le permitió ver que en ese momento la masa desbocada empezaba a llegar a la esquina y la fila de ametralladoras abrió fuego. Varias voces gritaron al mismo tiempo:

--¡Tírense al suelo! ¡Tírense al suelo!

Ya los de las primeras líneas lo habían hecho, barridos por las ráfagas de metralla. Los sobrevivientes, en vez de tirarse al suelo, trataron de volver a la plazoleta, y el pánico dio entonces un coletazo de dragón, y los mandó en una oleada compacta contra la otra oleada compacta que se movía en sentido contrario, despedida por el otro coletazo de dragón de la calle opuesta, donde también las ametralladoras disparaban sin tregua. Estaban acorralados, girando en un torbellino gigantesco que poco a poco se reducía a su epicentro porque sus bordes iban siendo sistemáticamente recortados en redondo, como pelando una cebolla, por las tijeras insaciables y metódicas de la metralla. El niño vio una mujer arrodillada, con los brazos en cruz, en un espacio limpio, misteriosamente vedado a la estampida. Allí lo puso José Arcadio Segundo, en el instante de derrumbarse con la cara bañada en sangre, antes de que el tropel arrasara con el espacio vacío, con la mujer arrodillada, con la luz del alto cielo de sequía, y con el puto mundo donde Úrsula Iguarán había vendido tantos animalitos de caramelo.

Cuando José Arcadio Segundo despertó estaba bocarriba en las tinieblas. Se dio cuenta de que iba en un tren interminable y silencioso, y de que tenía el cabello apelmazado por la sangre seca y le dolían todos los huesos. Sintió un sueño insoportable. Dispuesto a dormir muchas horas, a salvo del terror y el horror, se acomodó del lado que menos le dolía, y sólo entonces descubrió que estaba acostado sobre los muertos. No había un espacio libre en el vagón, salvo el corredor central. Debían de haber pasado varias horas después de la masacre, porque los cadáveres tenían la misma temperatura del yeso en otoño, y su misma consistencia de espuma petrificada, y quienes los habían puesto en el vagón tuvieron tiempo de arrumarlos en el orden y el sentido en que se transportaban los racimos de banano. Tratando de fugarse de la pesadilla, José Arcadio Segundo se arrastró de un vagón a otro, en la dirección en que avanzaba el tren y en los relámpagos que estallaban por entre los listones de madera al pasar por los pueblos dormidos veía los muertos hombres, los muertos mujeres, los muertos niños, que iban a ser arrojados al mar como el banano de rechazo. Solamente reconoció a una mujer que vendía refrescos en la plaza y al coronel Gavilán, que todavía llevaba enrollado en la mano el cinturón con la hebilla de plata moreliana con que trató de abrirse camino a través del pánico. Cuando llegó al primer vagón dio un salto en la oscuridad, y se quedó tendido en la zanja hasta que el tren acabó de pasar. Era el más largo que había visto nunca, con casi doscientos vagones de carga, y una locomotora en cada extremo y una tercera en el centro. No llevaba ninguna luz, ni siquiera las rojas y verdes lámparas de posición, y se deslizaba a una velocidad nocturna y sigilosa. Encima de los vagones se veían los bultos oscuros de los soldados con las ametralladoras emplazadas.

Después de medianoche se precipitó un aguacero torrencial. José Arcadio Segundo ignoraba dónde había saltado, pero sabía que caminando en sentido contrario al del tren llegaría a Macondo. Al cabo de más de tres horas de marcha, empapado hasta los huesos, con un dolor de cabeza terrible, divisó las primeras casas a la luz del amanecer. Atraído por el olor del café, entró en una cocina donde una mujer con un niño en brazos estaba inclinada sobre el fogón.

--Buenos --dijo exhausto--. Soy José Arcadio Segundo Buendía.

Pronunció el nombre completo, letra por letra, para convencerse de que estaba vivo. Hizo bien, porque la mujer había pensado que era una aparición al ver en la puerta la figura escuálida, sombría, con la cabeza y la ropa sucias de sangre, y tocada por la solemnidad de la muerte. Lo conocía. Llevó una manta para que se arropara mientras se secaba la ropa en el fogón, le calentó agua para que se lavara la herida, que era sólo un desgarramiento de la piel, y le dio un pañal limpio para que se vendara la cabeza. Luego le sirvió un pocillo de café, sin azúcar, como le habían dicho que lo tomaban los Buendía, y abrió la ropa cerca del fuego.

José Arcadio Segundo no habló mientras no terminó de tomar el café.

--Debían ser como tres mil --murmuró.

--¿Qué?

--Los muertos --aclaró él--. Debían ser todos los que estaban en la estación.

La mujer lo midió con una mirada de lástima. «Aquí no ha habido muertos», dijo. «Desde los tiempos de tu tío, el coronel, no ha pasado nada en Macondo». En tres cocinas donde se detuvo José Arcadio Segundo antes de llegar a la casa le dijeron lo mismo: «No hubo muertos». Pasó por la plazoleta de la estación, y vio las mesas de fritangas amontonadas una encima de otra, y tampoco allí encontró rastro alguno de la masacre. Las calles estaban desiertas bajo la lluvia tenaz y las casas cerradas, sin vestigios de vida interior. La única noticia humana era el primer toque para misa. Llamó en la puerta de la casa del coronel Gavilán. Una mujer encinta, a quien había visto muchas veces, le cerró la puerta en la cara. «Se fue», dijo asustada. «Volvió a su tierra». La entrada principal del gallinero alambrado estaba custodiada, como siempre, por dos policías locales que parecían de piedra bajo la lluvia, con impermeables y cascos de hule. En su callecita marginal, los negros antillanos cantaban a coro los salmos del sábado. José Arcadio Segundo saltó la cerca del patio y entró por la cocina. Santa Sofía de la Piedad apenas levantó la voz. «Que no te vea Fernanda», dijo. «Hace un rato se estaba levantando». Como si cumpliera un pacto implícito, llevó al hijo al *cuarto de las bacinillas*, le arregló el desvencijado catre de Melquíades,[9] y a las dos de la tarde, mientras Fernanda hacía la siesta, le pasó por la ventana un plato de comida.

Aureliano Segundo había dormido en casa porque allí lo sorprendió la lluvia, y a las tres de la tarde todavía seguía esperando que escampara. Informado en secreto por Santa Sofía de la Piedad, a esa hora visitó a su hermano en el cuarto de Melquíades. Tampoco él creyó la versión de la masacre ni la pesadilla del tren cargado de muertos que viajaba hacia el mar. La noche anterior había leído un bando nacional extraordinario, para informar que los obreros habían obedecido la orden de evacuar la estación, y se dirigían a sus casas en caravanas pacíficas. El bando informaba también que los dirigentes sindicales, con un elevado espíritu patriótico, habían reducido sus peticiones a dos puntos: reforma de los servicios médicos y construcción de letrinas en las viviendas. Se informó más tarde que cuando las autoridades militares obtu-

---

[9]El más sabio de los gitanos que visitaban Macondo. Melquíades introduce muchas cosas extrañas y novedosas en el pueblo, como, por ejemplo, el hielo y el imán. Deja un manuscrito que contiene toda la historia de Macondo hasta el momento de su destrucción y de la muerte del bastardo Aureliano.

vieron el acuerdo de los trabajadores, se apresuraron a comunicárselo al señor Brown, y que éste no sólo había aceptado las nuevas condiciones, sino que ofreció pagar tres días de jolgorios públicos para celebrar el término del conflicto. Sólo que cuando los militares le preguntaron para qué fecha podía anunciarse la firma del acuerdo, él miró a través de la ventana el cielo rayado de relámpagos, e hizo un profundo gesto de incertidumbre.

--Será cuando escampe --dijo--. Mientras dure la lluvia, suspendemos toda clase de actividades.

No llovía desde hacía tres meses y era tiempo de sequía. Pero cuando el señor Brown anunció su decisión se precipitó en toda la zona bananera el aguacero torrencial que sorprendió a José Arcadio Segundo en el camino de Macondo. Una semana después seguía lloviendo. La versión oficial, mil veces repetida y machacada en todo el país por cuanto medio de divulgación encontró el gobierno a su alcance, terminó por imponerse: no hubo muertos, los trabajadores satisfechos habían vuelto con sus familias, y la compañía bananera suspendía actividades mientras pasaba la lluvia. La ley marcial continuaba, en previsión de que fuera necesario aplicar medidas de emergencia para la calamidad pública del aguacero interminable, pero la tropa estaba acuartelada. Durante el día los militares andaban por los torrentes de las calles, con los pantalones enrollados a media pierna, jugando a los naufragios con los niños. En la noche, después del toque de queda, derribaban puertas a culatazos, sacaban a los sospechosos de sus camas y se los llevaban a un viaje sin regreso. Era todavía la búsqueda y el exterminio de los malhechores, asesinos, incendiarios y revoltosos del Decreto Número Cuatro, pero los militares lo negaban a los propios parientes de sus víctimas, que desbordaban la oficina de los comandantes en busca de noticias. «Seguro que fue un sueño», insistían los oficiales. «En Macondo no ha pasado nada, ni está pasando ni pasará nunca. Éste es un pueblo feliz». Así consumaron el exterminio de los jefes sindicales.

El único sobreviviente fue José Arcadio Segundo. Una noche de febrero se oyeron en la puerta los golpes inconfundibles de las culatas. Aureliano Segundo, que seguía esperando que escampara para salir, les abrió a seis soldados al mando de un oficial. Empapados de lluvia, sin pronunciar una palabra, registraron la casa cuarto por cuarto, armario por armario, desde las salas hasta el granero. Úrsula despertó cuando encendieron la luz del aposento, y no exhaló un suspiro mientras duró la requisa, pero mantuvo los dedos en cruz, moviéndolos hacia donde los soldados se movían. Santa Sofía de la Piedad alcanzó a prevenir a José Arcadio Segundo que dormía en el cuarto de Melquíades, pero él comprendió que era demasiado tarde para intentar la fuga. De modo que Santa Sofía de la Piedad volvió a cerrar la puerta, y él se puso la camisa y los zapatos, y se sentó en el catre a esperar que llegaran. En ese momento estaban requisando el taller de orfebrería. El oficial había hecho abrir el candado, y con una rápida barrida de la linterna había visto el mesón de trabajo y la vidriera con los frascos de ácidos y los instrumentos que seguían en el mismo lugar en que los dejó su dueño, y pareció comprender que en aquel cuarto no vivía nadie. Sin embargo, le preguntó astutamente a Aureliano Segundo si era platero, y él le explicó que aquél había sido el taller del coronel Aureliano Buendía. «Ajá», hizo el oficial, y encendió la luz y ordenó una requisa tan minuciosa, que no se les escaparon los dieciocho pescaditos de oro que se habían quedado sin fundir y que estaban escondidos detrás de los frascos en el tarro de lata. El oficial los examinó uno por uno en el mesón de trabajo y entonces se humanizó por completo. «Quisiera llevarme uno, si usted me lo permite», dijo. «En un tiempo fueron una clave de subversión, pero ahora son una reliquia». Era joven , casi un adolescente, sin ningún signo de timidez, y con una simpatía natural que no se le había notado hasta entonces. Aureliano Segundo le regaló el pescadito. El oficial se lo guardó en el bolsillo de la camisa, con un brillo infantil en los ojos, y echó los otros en el tarro para ponerlos donde estaban.

--Es un recuerdo invaluable --dijo--. El coronel Aureliano Buendía fue uno de nuestros más grandes hombres.

Sin embargo, el golpe de humanización no modificó su conducta profesional. Frente al cuarto de Melquíades, que estaba otra vez con candado, Santa Sofía de la Piedad acudió a una última esperanza. «Hace como un siglo que no vive nadie en ese aposento», dijo. El oficial lo hizo abrir, lo recorrió con el haz de la linterna, y Aureliano Segundo y Santa Sofía de la Piedad vieron los ojos árabes de José Arcadio Segundo en el momento en que pasó por su cara la ráfaga de luz, y comprendieron que aquél era el fin de una ansiedad y el principio de otra que sólo encontraría un alivio en la resignación. Pero el oficial siguió examinando la habitación con la linterna, y no dio ninguna señal de interés mientras no descubrió las setenta y dos bacinillas apelotonadas en los armarios. Entonces encendió la luz. José Arcadio Segundo estaba asentado en el borde del catre, listo para salir, más solemne y pensativo que nunca. Al fondo estaban los anaqueles[10] con los libros descosidos, los rollos de pergaminos, y la mesa de trabajo limpia y ordenada, y todavía fresca la tinta en los tinteros. Había la misma pureza en el aire, la misma diafanidad, el mismo privilegio contra el polvo y la destrucción que conoció Aureliano Segundo en la infancia, y que sólo el coronel Aureliano Buendía no pudo percibir. Pero el oficial no se interesó sino en las bacinillas.

--¿Cuántas personas viven en esta casa? --preguntó.

--Cinco.

El oficial, evidentemente, no entendió. Detuvo la mirada en el espacio donde Aureliano Segundo y Santa Sofía de la Piedad seguían viendo a José Arcadio Segundo, y también éste se dio cuenta de que el militar lo estaba mirando sin verlo. Luego apagó la luz y ajustó la puerta. Cuando les habló a los

---

[10]Tablas del armario.

soldados, entendió Aureliano Segundo que el joven militar había visto el cuarto con los mismos ojos con que lo vio el coronel Aureliano Buendía.

--Es verdad que nadie ha estado en ese cuarto por lo menos en un siglo --dijo el oficial a los soldados--. Ahí debe haber hasta culebras.

Al cerrarse la puerta, José Arcadio Segundo tuvo la certidumbre de que su guerra había terminado. Años antes, el coronel Aureliano Buendía le había hablado de la fascinación de la guerra y había tratado de demostrarla con ejemplos incontables sacados de su propia experiencia. Él le había creído. Pero la noche en que los militares lo miraron sin verlo, mientras pensaba en la tensión de los últimos meses, en la miseria de la cárcel, en el pánico de la estación y en el tren cargado de muertos, José Arcadio Segundo llegó a la conclusión de que el coronel Aureliano Buendía no fue más que un farsante o un imbécil. No entendía que hubiera necesitado tantas palabras para explicar lo que se sentía en la guerra, si con una sola bastaba: miedo. En el cuarto de Melquíades, en cambio, protegido por la luz sobrenatural, por el ruido de la lluvia, por la sensación de ser invisible, encontró el reposo que no tuvo un solo instante de su vida anterior, y el único miedo que persistía era el de que lo enterraran vivo. Se lo contó a Santa Sofía de la Piedad, que le llevaba las comidas diarias, y ella le prometió luchar por estar viva hasta más allá de sus fuerzas, para asegurarse de que lo enterraran muerto. A salvo de todo temor, José Arcadio Segundo se dedicó entonces a repasar muchas veces los pergaminos de Melquíades, y tanto más a gusto cuanto menos los entendía. Acostumbrado al ruido de la lluvia, que a los dos meses se convirtió en una forma nueva del silencio, lo único que perturbaba su soledad eran las entradas y salidas de Santa Sofía de la Piedad. Por eso le suplicó que le dejara la comida en el alféizar de la ventana, y le echara candado a la puerta. El resto de la familia lo olvidó, inclusive Fernanda, que no tuvo inconveniente en dejarlo allí, cuando supo que los militares lo habían visto sin conocerlo. A los seis meses de encierro, en vista de que los militares se habían ido de Macondo, Aureliano Segundo quitó el candado buscando alguien con quien conversar mientras pasaba la lluvia. Desde que abrió la puerta se sintió agredido por la pestilencia de las bacinillas que estaban puestas en el suelo, y todas muchas veces ocupadas. José Arcadio Segundo, devorado por la pelambre, indiferente al aire enrarecido por los vapores nauseabundos, seguía leyendo y releyendo los pergaminos ininteligibles. Estaba iluminado por un resplandor seráfico. Apenas levantó la vista cuando sintió abrirse la puerta, pero a su hermano le bastó aquella mirada para ver repetido en ella el destino irreparable del bisabuelo.

--Eran más de tres mil --fue todo cuanto dijo José Arcadio Segundo--. Ahora estoy seguro que eran todos los que estaban en la estación.

Temas

1. ¿Qué tensiones sociales y políticas se revelan en este capítulo?

2. ¿Qué tipo de persona es Fernanda? ¿Cómo se burla el autor de su arrogancia y puritanismo? ¿Cómo reacciona Fernanda cuando la monja le lleva el bebé de Meme? ¿Cómo se explica su reacción ante la noticia que Aureliano Segundo está incitando a una huelga a los trabajadores?

3. ¿Cómo afecta la huelga a los diferentes miembros de la familia? ¿Cómo va creciendo el apoyo por la huelga en Macondo? ¿Cómo va aumentando la tensión en el texto?

4. ¿Cómo se retrata a los norteamericanos? ¿De qué se quejan los trabajadores? ¿Cómo tratan los gringos de engañarlos?

5. ¿Cómo rompen la huelga los soldados? ¿Cómo sabotean los trabajadores el sabotaje de los militares? ¿Cuál es la actitud del autor hacia cada una de las dos facciones?

6. ¿Cómo describe el autor la brutalidad de los militares? ¿Cómo aumenta la tensión en la escena en la cual la gente espera que disparen éstos? ¿Dónde está José Arcadio Segundo cuando vuelve en sí? ¿Cómo nos hace sentir el autor el horror de la situación?

7. ¿Qué pasa cuando José Arcadio regresa a Macondo? ¿Por qué dicen todos que no ha pasado nada, que ha sido un sueño? ¿Cómo se va borrando para la gente la línea entre la realidad y la fantasía? ¿Qué sugiere García Márquez acerca de la psicología del miedo?

8. ¿Por qué no encuentra el joven militar a José Arcadio Segundo?

9. ¿Qué otras cosas irracionales o inexplicables ocurren en este capítulo? ¿En qué sentido coexisten lo mágico y lo real en el mundo que nos describe García Márquez?

10. ¿Cómo usa la repetición? ¿Cómo logra crear una impresión de circularidad?

Camilo José Cela

JOHN R. ROSENBERG
Brigham Young University

> Me considero el más importante novelista español desde el 98, y me espanta el considerar lo fácil que me resultó. (*Baraja de invenciones*, 1953)

Hace pocos años Cela decía para *El País:*

> «La mayor parte de la literatura no despierta a nadie. La literatura es anestesiante, está al servicio del *establishment*».

Esta afirmación algo pesimista contrasta con la aseveración pronunciada en su discurso de recepción del Premio Nóbel:

> Creo que el presupuesto ético es el elemento que convierte la obra literaria en algo verdaderamente digno del papel excelso de la fabulación. Pero convendría entender bien el sentido de lo que estoy diciendo, porque la fábula literaria, en tanto que expresión de aquellos lazos que unían la capacidad humana de pensar con la vivencia quizá utópica del ser libre, no puede reflejar cualquier tipo de compromiso ético. Entiendo que la obra literaria tan sólo admite el compromiso ético del hombre, del autor, con sus propias intuiciones acerca de la libertad.

A pesar de que el escritor ha sugerido la naturaleza independiente de la obra estética («La poesía reside en el poema, la obra literaria reside en la novela ¡y se acabó»!), el discurso del Nóbel plantea claramente la relación íntima entre arte y conciencia social:

> A mí me parece que la literatura, como máquina de fabular, se apoya en dos pilares que constituyen el armazón necesario para que la obra literaria resulte valiosa. En primer lugar, un pilar estético, que obliga a mantener la narración . . . por encima de unos mínimos de calidad. . . . Pero una segunda columna, esta vez de talante ético, asoma también en la consideración del

fenómeno literario, prestando a la calidad estética un complemento. . . .

El saber compaginar estas dos vertientes es la razón principal del éxito literario de Cela y de su puesto como el iniciador de una generación de narradores españoles. Experimentalista en la forma, a Cela se le coloca en las primeras filas de la innovación técnica de los últimos cincuenta años; escritor comprometido--no con una agenda política específica, sino con la «humilde sombra de la cotidiana, áspera, entrañable y dolorosa realidad...»--. Cela es el cronista más fiel de su generación. La danza armónica entre fondo y forma que caracteriza la obra de Cela y la sinceridad con que retrata a sus personajes han conseguido que su arte traspasara las fronteras de su país.

Las novelas de Cela reverberan con la memoria colectiva de la Guerra Civil española. Aunque rechaza el término «tremendismo» como clave para entender sus obras («el tremendismo. . . es una estupidez de tomo y lomo, una estupidez sólo comparable a la estupidez del nombre que se le da».), sus libros contienen siempre un alto índice de violencia: violencia física, sexual, lingüística, o político-social. Esta violencia es una reacción en contra de múltiples niveles de opresión y la literatura, según Cela, tiene la capacidad de ofrecer la libertad de la verdad al escritor y al lector:

> A través del pensamiento el hombre puede ir descubriendo la verdad que ronda oculta por el mundo, pero también puede crearse un mundo diferente a su medida y los términos que llegue a desear, puesto que la presencia de la fábula se lo permite.

Otros también han señalado que es imposible hablar de la ética sin crear fábulas. Las ideas abstractas (i.e. verdad, virtud, el bien, el mal) no tienen significado fuera del contexto de una historia contada, y en esto reside el genio celiano: sabe crear personajes que viven la circunstancia del mundo actual en vez de dar prioridad a lo abstracto. Alma gemela de Albert Camus, Cela huye de lo puramente ideológico.

Uno de los problemas éticos que ataca Cela ya en su primera etapa se asocia con la violencia de la palabra. Lévi-Strauss ha señalado que, a pesar de que el verbo se puede utilizar para engendrar libertad y crear mundos nuevos, siempre se ha ligado principalmente con la opresión. Cela mismo ha sido víctima de la opresión lingüística, habiendo vivido bajo la dictadura (la palabra misma implica el control lingüístico) vio que sus novelas más importantes, *La familia de Pascual Duarte* (1942) y *La colmena* (1951), sufrieron la censura oficial. Resulta irónico que el mismo Cela haya pasado un breve período como censor oficial del estado, descubriendo con ello la maquinaria de la opresión lingüística. Se justifica así: «Yo me metí ahí para comer, claro. La gente quería censurar los periódicos políticos. Eso era un error, porque había que implicarse, y yo no quería. A mí me dieron tres revistas que elegí yo mismo, que eran: *Far-*

macia nueva, el *Boletín del Colegio de Huérfanos de Ferroviario* y *El Mensajero, Corazón de Jesús*: . . . . no se me planteó nunca ningún problema». A pesar de la falta de compromiso político que representaba su empleo en la censura, su primer libro parece ser un ataque contra los que desean controlar y manipular la palabra. El manuscrito de Pascual Duarte se enmarca en los documentos organizados por el anónimo transcriptor que intenta controlar el autobiógrafo desde los primeros signos del texto. En contraste con la apología del narrador: «yo, señor, no soy malo, aunque no me faltarían motivos para serlo», tenemos la advertencia del transcriptor: «El personaje. . . es un modelo de conductas; un modelo no para imitarlo, sino para huirlo; un modelo ante el cual toda actitud de duda sobra; un modelo ante el que no cabe sino decir: --¿Ves lo que hace? Pues hace lo contrario a lo que debiera». El transcriptor-editor no sólo controla el texto de Pascual, sino que trata de influir en nuestra recepción del personaje. Además de destruir el carácter del héroe desde el principio, se toma el privilegio de cortar trozos enteros del texto, diciendo que su empleo de la tijera presenta «la ventaja de evitar el que recaiga la vista en intimidades incluso repugnantes, sobre las que--repito--me pareció más conveniente la poda que el pulido». La frecuente intrusión de los puntos suspensivos (como al final del capítulo tres de esta selección) sólo pueden ser atribuidos a la presencia editorial del transcriptor. Sin embargo, Cela censura la censura al demostrar que el transcriptor no es digno de confianza: se contradice (es traductor y transcriptor, no ha cambiado nada, pero ha cortado trozos enteros, etc.) y carece de la objetividad necesaria para presentar la historia. La escena resucita el espíritu del famoso capítulo sexto del *Quijote* cuando Cervantes se burla de la censura de su tiempo poniendo el juicio literario en boca de personas que no han leído los textos que condenan.

El transcriptor, sin embargo, no es el único que sabe controlar a los demás por medio de la palabra. El padre de Pascual, por ejemplo, convierte su manipulación lingüística en violencia:

> Mi madre no sabía leer ni escribir; mi padre sí, y tan orgulloso estaba de ello que se lo echaba en cara cada lunes y cada martes, y con frecuencia, y aunque no viniera a cuento, solía llamarla ignorante, ofensa gravísima para mi madre, que se ponía como un basilisco. Algunas tardes venía mi padre para casa con un papel en la mano y, quisiéramos que no, nos sentaba a los dos en la cocina y nos leía las noticias; venían después los comentarios y en ese momento yo me echaba a temblar porque estos comentarios eran siempre el principio de alguna bronca. Mi madre, por ofenderlo, le decía que el papel no ponía nada de lo que leía y que todo lo que decía se lo sacaba mi padre de la cabeza, y a éste, el oírla esa opinión le sacaba de quicio; gritaba como si estuviera loco, la llamaba ignorante y bruja y acababa siempre diciendo a grandes voces que si él supiera decir esas cosas de los papeles a buena hora se le hubiera ocurrido casarse con ella. Ya estaba armada. Ella

le llamaba desgraciado y peludo, lo tachaba de hambriento y portugués, y él, como si esperara a oír esa palabra para golpearla, se sacaba el cinturón y la corría todo alrededor de la cocina hasta que se hartaba. Yo, al principio, apañaba algún cintarazo que otro, pero cuando tuve más experiencia y aprendí que la única manera de no mojarse es no estando a la lluvia, lo que hacía, en cuanto veía que las cosas tomaban mal cariz, era dejarlos solos y marcharme. Allá ellos.

El que sabe emplear mejor la palabra tiene control sobre los otros. De la misma manera, El Estirao vence a Pascual en su primer conflicto porque le «ganaba por palabra», y Pascual se sorprende de que en la capital la gente resuelva sus dificultades «con la sarta de insultos que se escupieron, no hicieron ni siquiera ademán de llegar a manos». La novela contiene una serie de figuras que manipulan la palabra para imponer en otros su voluntad. La escena nos recuerda la acusación del criado de Larra, quien dice que la justicia sólo prende a los «pequeños criminales»--los que actúan violentamente: pero a los que matan con la palabra el sistema ni siquiera les hace caso.

Pascual tampoco es inocente. Desde el primer momento de su manuscrito intenta convencer al lector de que no es malo, a pesar de la larga serie de actos violentos que ha cometido. Como narrador de su propia historia se describe como víctima de una trama determinista al mismo tiempo que destruye a los demás con sus descripciones animalescas y grotescas. La novela parece ser una advertencia de lo que puede suceder cuando una persona intenta controlar la palabra y crear la «verdad» de la historia, una verdad que muchas veces encierra a los demás, restringiendo la libertad.

El problema del aislamiento y del encerramiento es otro blanco para la pluma de Cela. Parecido a Dos Passos y a Camus, Cela emplea el espacio novelístico como metáfora central en muchas de sus obras. En el caso de *Pascual Duarte*, la mayor parte de la acción se desarrolla en las afueras de un pueblo que se encuentra en los márgenes de una provincia de la ya marginada región de Extremadura que por su parte pertenece a un país aislado del resto de Europa. Esta serie de espacios marginados refuerza los temas del tercermundismo y de la lucha de clases. Pascual vive marginado de su pueblo. En la plaza de ese pueblo se encuentran los emblemas del poder tradicional del país: el ayuntamiento, la iglesia y la casa del cacique, don Jesús. Este concepto del héroe enajenado de los ejes del poder se comunica con la forma gráfico-grotesca característica del estilo de Cela:

Por detrás del corral pasaba un regato, a veces medio seco y nunca demasiado lleno, cochino y maloliente como tropa de gitanos, y en el que podían cogerse unas anguilas hermosas, como yo algunas tardes y por matar el tiempo me entretenía en hacer. Mi mujer, que en medio de todo tenía gracia, decía que las anguilas estaban rollizas porque comían lo mismo que don Jesús, sólo que un día más tarde.

Pascual, el ser marginado, se ve forzado a nutrirse de las basuras de su sociedad.

Georg Lukáçs ha señalado que la característica típica de la novela como género (a diferencia de la epopeya, por ejemplo) es que el héroe es un ser enajenado que lucha con un medioambiente o demasiado vasto o demasiado restringido. Así es el dilema de los personajes de Cela. De la misma manera en que Pascual se encuentra aislado del centro de su mundo, también se halla encerrado por él. La novela contiene una serie sorprendente de espacios enclaustrados. La casa se describe como una cárcel; el padre se muere enloquecido y encerrado en la cuadra; a Rosario, la hermana menor de Pascual, la colocan en un cajón «no muy hondo» después de nacer; el desgraciado Mario se ahoga en una tinaja de aceite. Las memorias de Pascual se componen mientras está en la cárcel, que a primera vista, parece ser el espacio enclaustrador definitivo del texto. Sin embargo, cuando el director del penal le da a Pascual su libertad, el héroe sólo puede lamentar: «y creyendo que me hacían un favor me hundieron para siempre». La cárcel definitiva del texto no es el penal, es España. Vemos que las imágenes del enclaustramiento se mantienen aun en la forma externa del libro cuando recordamos que el manuscrito de Pascual se halla enmarcado por las dos notas del transcriptor.

Este juego con la marginación y el encerramiento se mantiene en las otras obras importantes de Cela. En *Pabellón de reposo* (1944), novela inspirada por el cuento de Clarín «El dúo de la tos» y por *La montaña mágica* de Tomás Mann, Cela narra la historia de siete desgraciados tísicos que esperan la muerte en un sanatorio. La novela tiene sus elementos autobiográficos, ya que Cela en dos ocasiones tuvo que internarse para recuperarse de enfermedades pulmonares. Los personajes del pabellón, anónimos y reducidos a identificarse por la cifra que denomina su habitación, se encierran en sus celdas y escriben cartas, poemas o diarios. Se aíslan en el punto de vista de la primera persona, no sabiendo lo que piensan los otros y sin la seguridad de que sus propias composiciones puedan encontrar un público. La enajenación y aislamiento de los enfermos se expresan en la primera y última sección del libro, pasajes casi idénticos que forman un marco cerrado para la novela. Los párrafos deslindan el contraste entre el vasto espacio abierto del campo y el espacio reducido de los enfermos, inmóviles y tapados con mantas mientras reposan en sus sillas:

> Cuando el ganado se va, escapando de la sequía que ya empieza a agostar los campos y a hacer duros los pastizales, y se lleva lejos, por la montaña arriba la leche y la carne, en el pabellón de reposo los enfermos siguen echados en sus «chaise-longues», mirando para el cielo, tapados con sus mantas, de las que en este tiempo ya empiezan a sacar los brazos, pensando en su enfermedad.

El «leit-motiv», el único hilo que une esta narración donde, según Cela, «no pasa nada», es el movimiento constante de una carretilla vieja y oxidada que lleva encima los ataúdes de los muertos. El ataúd es el espacio encerrador definitivo y reúne en sí los otros espacios herméticos del texto: las habitaciones del pabellón, los rincones, el escupidero, la soledad, y los pulmones atrapados e infectados. Estos espacios manifiestan la trágica angustia de la espera que ha llegado a ser emblemática de la cultura de la posguerra (véase por ejemplo, *Esperando a Godot* de Samuel Becket). La marginación y el encerramiento que son producto de la injusticia social en *Pascual Duarte* se trasladan a un nivel puramente existencial en *Pabellón de reposo.*

El mismo tema se desarrolla en otras novelas de Cela, como en el caso de *La colmena*, «la novela de la ciudad, de una ciudad concreta y determinada, Madrid, en una época cierta y no imprecisa, 1942. . . », cuyo título es un signo inequívoco de la soledad, de la enajenación comunitaria. Todos los personajes (menos Martín Marco, el escritor pobre y deshospedado) se encierran en sus propias celditas sin interesarse demasiado en los asuntos de los demás: «Nadie piensa en el de al lado, en ese hombre que a lo mejor va mirando para el suelo; con el estómago deshecho o un quiste en su pulmón o la cabeza destornillada». La naturaleza absurda de la vida madrileña de los años cuarenta se expresa de una forma patética por medio del personaje que se mata, no porque es enfermo y pobre sino porque «olía a cebolla». El espacio encerrador es implacable y no ofrece solución: «La mañana, esa mañana eternamente repetida, juega un poco, sin embargo, a cambiar la faz de la ciudad, ese sepulcro, esa cucaña, esa colmena. . .».

Cela siempre ha sido un escritor concienzudo, no sólo al nivel estructural y temático sino también en su manipulación del lenguaje. Miembro de la Real Academia desde 1957, ha promulgado la belleza de la lengua española: «No es difícil escribir en español, ese regalo de los dioses del que los españoles no tenemos sino muy vaga noticia, y me reconforta la idea de que se haya querido premiar a una lengua gloriosa y no a un humilde oficiante de ella. . .». Como senador nombrado por el rey, trabaja en la corrección y la perfección del estilo de la Constitución del 1978, uno de sus pocos éxitos en ese cargo ya que los políticos profesionales no le hacen mucho caso en los otros asuntos gubernamentales. Esta preocupación por el estilo se manifiesta en su primera novela y continúa hasta la última. En *Pascual Duarte*, por ejemplo, el personaje pobre y normalmente torpe de expresión, es traspasado por el lirismo de su creador:

> Nací [. . .] en un pueblo perdido por la provincia de Badajoz; el pueblo estaba a unas dos leguas de Almendralejo, agachado sobre una carretera lisa y larga como un día sin pan, lisa y larga como los días-- de una lisura y una largura como usted, para su bien, no puede ni figurarse--de un condenado a muerte. . .

La aliteración y la asonancia que se emplean en esta descripción sirven para alargar aun más el efecto del símil. La frase, como la carretera, y como la vida del condenado, se extiende hasta expirar sin terminación definitiva en los puntos suspensivos. Las imágenes de Cela, como las de Lorca, son sencillas pero muy poderosas en su fuerza evocadora: «La conversación iba muriendo poco a poco, como los pájaros o como las flores, con la misma dulzura y lentitud con las que, poco a poco también mueren los niños. . .». La más lírica de las novelas es *Mrs. Caldwell habla con su hijo* (1953), una colección de 212 fragmentos que la narradora, enloquecida a causa de la muerte de su hijo, Eliacim, escribe para recuperar la memoria del muerto. La locura de la mujer se traduce en un espíritu poético potente y sincero: «Hace un mal día y los insectos, en las verdes y luminosas praderas, en los verdes o oscuros montes, procuran buscar el cauteloso vientre de las piedras, el vientre que rebosa clemencia». En el séptimo capítulo del mismo texto se halla otro ejemplo de esta riqueza estilística: «Pensabas o, mejor aun, soñabas tus cosas con cierto gusto, con cierto rigor, incluso, y los fragilísimos latidos del pétalo de una flor, o el bronco son de una mariposa de ennúmeros colores volando, o la mirada capaz de derribar catedrales de un gorrión enamorado, o tu corazón, sobre todas las cosas tu solitario corazón, te parecían como los alfiles y las torres y la dama y los peones del jugador de ajedrez, lógicas piezas de un valor puramente convencional».

A pesar del lirismo de muchas de sus obras, lo que más destaca el estilo y lo que distingue el neorrealismo de Cela del realismo tradicional es su capacidad de combinar lo lírico con lo vulgar. Nacido en un pueblo de Galicia (Iria Flavia), nunca se ha separado de sus orígenes campestres: «yo siento una inclinación hacia esa parte de la familia, y sabiéndome--como me sé y bien lo lamento--tan desarraigado de todo, pienso que es importante sentarse enraizados en la tierra». Esta combinación de lo poético con lo común produce un género de imagen que lleva al lector al mundo de lo grotesco, ese mundo de atracción y repulsión, el mundo de la paradoja, el mundo que nunca puede reducirse a conceptos cerrados y consoladores. La tensión entre la risa y el horror típico de lo grotesco, se manifiesta, por ejemplo, en la novela que más despliega las raíces gallegas del autor, *Mazurca para dos muertos* (1983):

> Hay muertos que dan pena, pero también hay muertos que dan mucha alegría, ¿verdad usted? Otras muertes dan miedo, los ahogados y los apestados, y otros, en cambio, dan risa, sobre todo algunos ahorcados cuando les mueva el viento. Siendo yo mozo hubo en Bouza de Fondo un ahorcado tan bien ahorcado que los rapaces se le columpiaban de los pies y él, como si nada. . . .

Una muestra semejante de la combinación de lo feo con lo risible se halla en el capítulo trece de *Mrs. Caldwell*, cuando la narradora describe una escena en la piscina del vecindario después de la muerte de un joven maestro:

> Las gruesas, las tremendas, las monstruosas señoras de la piscina, todas madres, llevaban ya cinco días nadando sobre el ahogado. . . . Las gruesas, las tremendas, las monstruosas señoras de la piscina, todas madres, nadan torpemente, tragando agua, escupiendo agua. . . . La gruesas, las tremendas, las monstruosas señoras de la piscina, todas madres, llevaban cinco días nadando sobre el joven profesor de solfeo, el joven que había puesto todas sus ilusiones en la conquista de la ciudad.

La caracterización grotesca de la figura femenina es uno de los rasgos estilísticos más comunes en la obra de Cela. A doña Rosa de *La colmena* se le ve por primera vez sólo como sinécdoque de su «tremendo trasero» que tropieza a los clientes de su café. «Doña Rosa tiene la cara llena de manchas», dice el narrador, «parece que está siempre mudando la piel como un lagarto. Cuando está pensativa, se distrae y se saca virutas de la cara, largas a veces como tiras de serpentinas. Después vuelve a la realidad y se pasea otra vez, para arriba y para abajo, sonriendo a los clientes, a los que odia en el fondo, con sus dientecillos renegridos, llenos de basura». La madre de Pascual Duarte se pinta como una mujer «chupada», con «tez cetrina», «desabrida y violenta» y borracha. La única descripción que tenemos de su aspecto físico termina en una visión grotesca: «Alrededor de la boca se le notaban unas cicatrices o señales, pequeñas y rosadas como perdigondas, que según creo le habían quedado de unos bubos malignos que tuviera de joven; a veces, por el verano, a las señales les volvía la vida, que les subía la color y acababan formando como alfileritos de pus que el otoño se ocupaba de matar y el invierno de barrer». En *Cristo versus Arizona* (1988) Wendell España, el narrador, sólo conoce a su madre cuando después de un acto incestuoso de sexo comercial, ella le reconoce una marca que él lleva en el trasero. Estos cuadros que retratan el carácter de la figura femenina y materna son absurdos, ridículos, a veces cómicos, pero al fondo, siempre inquietantes. Representan la desmitificación del ideal femenino romántico. Destruyen a las Elviras, Ineses, y Beatrices que pueblan los textos románticos y que son sólo una proyección de la fantasía masculina de la mujer pura, virginal, y fácilmente engañada. Las mujeres de Cela invierten el *estatus quo* español: la relación filial entre madre e hijo se destruye; la mujer se convierte en soldado, y en muchas ocasiones es el único personaje con la suficiente fuerza como para encararse a la realidad de una sociedad que acaba de comerse sus propias entrañas en una larga y sangrienta guerra civil. La mujer de Cela es una figura equívoca; por un lado es una medusa que destruye en vez de fecundar; por otra parte es una figura sólida, implacable, capaz de resistir el desmoronamiento de su mundo. Doña Rosa grita: «--Pero quien manda aquí soy yo, ¡mal que os pese! Si quiero me echo otra copa y no tengo que dar cuenta a nadie. Y si me da la gana, tiro otra botella contra un espejo. No lo hago porque no quiero. Y si quiero, echo el cierre para siempre y aquí no se despacha un café ni a Dios. Todo esto es mío, mi trabajo me costó levantarlo».

Otro rasgo estilístico que se emplea con una frecuencia crecida en sus últimos libros es el empleo del *taco* como expresión literaria. *Cristo versus Arizona* y *Mazurca para dos muertos* se llenan de descripciones eróticas y grotescas y se encuentran muchos vocablos que sólo se identificarían en los tres tomos del *Diccionario secreto*, una compilación que hizo Cela de palabras prohibidas. Tras la publicación de *San Camilo, 1936*, un reseñador escribió que el libro sólo servía para «criar hijas deshonestas; desarrollar el cinismo y la libre sexualidad de los jóvenes; . . . dejar en ridículo la iglesia Católica». Cela ve el uso de estas palabras secretas como una forma de enriquecer el idioma escrito y como una obligación de reproducir miméticamente el lenguaje que se usa corrientemente en la conversación diaria:

> Digo *tacos* y los pongo en letras de molde, porque no establezco diferencias entre el lenguaje hablado y el escrito. No te olvides de que casi todos los españoles dicen los mismos *tacos* que yo y con la misma frecuencia. En cuanto a la literatura, la verdad, no veo motivo alguno para prescindir con antecedentes tan ilustres como Torres Villaroel,[1] Quevedo, Cervantes y los dos arciprestes.[2] Lo que pasa es que hace casi de siglo y medio se nos vino encima una oleada de ñoñería y pudibundez, y así andamos.

La libertad de escribir por su parte produce una libertad existencial más amplia. Pascual Duarte descubre que cuando está encerrado en su celda (bien sea la del penal o en el calabozo-mundo de España) su única forma de libertad viene a raíz de la imaginación. En el capítulo seis contrasta la falta de libertad de movimiento con la que gozan la mariposa y el ratón que entran y salen de su celda, «porque con [ellos] no va nada». Siete capítulos más tarde, vuelve a escribir después de un mes de silencio; «tumbado boca arriba sobre el jergón, viendo pasar las horas, esas horas que a veces parecen tener alas y a veces se nos figuran como paralíticas, dejando volar libre la imaginación, lo único que libre en mí puede volar». Los enfermos del pabellón de reposo también pasan sus horas vacías e interminables con el acto de escribir; algunos intentan salir de su existencia encerradora volviendo al pasado; otros buscan inútilmente mantener sus lazos con el mundo contingente, manejando sus negocios y siguiendo la ilusión de algún noviazgo; otros se refugian en el mundo de la imaginación. De la misma forma muchos de los personajes de *La colmena* son escritores que intentan encontrar por medio de su poesía, o sus artículos, o sus discursos, una salida de la monotonía y tristeza de su existencia diaria. Es interesante que en todos estos casos, los personajes-escritores fracasen en sus esfuerzos de crear mundos nuevos o de escaparse del mundo en el que están condenados a vivir: Pascual muere agarrotado; los tísicos del pabellón morirán de su enfermedad; Martín Marco vaga por la ciudad inconsciente de que las autoridades le están persiguiendo.

Sin embargo, Cela sostiene que el arte, aunque carece de la habilidad de transformar el mundo («a mí me da mucha risa ese escritor que piensa que con un libro de versos se va a arreglar el mundo») sí tiene la capacidad de transformar la individualidad del escritor y del lector:

> Al pensar, el hombre puede desligarse cuanto desee de las leyes de la naturaleza: puede aceptarlas y someterse a ellas, claro es, y en esa servidumbre basará su éxito y su prestigio el químico que ha traspasado los límites de la teoría del flogisto. Pero en el pensamiento cabe el reino del disparate al lado mismo del imperio de la lógica, porque el hombre no tan sólo es capaz de pensar el sentido de lo real y lo posible. La mente es capaz de romper en mil pedazos sus propias maquinaciones y recomponer luego una imagen aberrante por lo distinta. Pueden así añadirse a las interpretaciones racionales del mundo sujetas a los sucesos empíricos cuantas alternativas acudan al antojo de aquel que piensa, por encima de todo, bajo la premisa de la libertad. El pensamiento libre, en este significado restringido que se opone al mundo empírico, tiene su traducción en fábula.

Con este comentario volvemos a la ética. Mencionamos antes que es imposible hablar de la ética sin crear historias, y la creación de historias, por su parte, implica un acto de libertad que permite al productor y al receptor salir de los límites agobiadores de la vida rutinaria. Una parte importante de esta ética artística es la necesidad de no encerrar los textos en una etiqueta ideológica. Ya hemos visto cómo Cela crea una serie de espacios enclaustrados que limitan el movimiento y la expresión de los personajes. Ha demostrado de una manera patente la tragedia que resulta cuando sistemas e instituciones intentan reducir al ser humano dinámico a una manifestación amorfa de la Idea dominante. Uno de los rasgos estético-éticos más sobresalientes en el corpus de Cela es que mientras los libros retratan la lucha contra visiones totalizadoras, las novelas resisten una interpretación final. *Pascual Duarte* se ha leído alternativamente como novela psicológica, política, y como puro experimento formal. *La colmena* se ha visto como un texto que «manifiesta dramáticamente lo indescifrable de un vivir sin solución» y como un libro «alumbrado por el resplandor de la caridad». Es imposible reducir la producción literaria de Cela a un significado final, encerrar el texto bajo una etiqueta determinada y totalizadora. Sus libros comienzan con un número finito de signos tipográficos que luego se diseminan en un sin fin de significados y experiencias posibles.

Una técnica importante que emplea el escritor para resistir la clausura temática de su texto es la fragmentación. Utilizada con frecuencia en la literatura del siglo veinte por escritores como Faulkner y Dos Passos, el texto fragmentado rehuye una de las convenciones más antiguas del arte: la unidad.

Las novelas tempranas de Cela comparten esta visión técnica, y a través del fraccionamiento de sus libros, el escritor refleja una perspectiva del mundo moderno como un lugar en el que la lógica y las convenciones del pasado ya no funcionan como antes. En *La colmena* Cela rechaza la tradición de seguir la vida de un protagonista cuyas experiencias unen toda la acción de la anécdota. En cambio, reproduce la vida de centenares de personajes que pueden tener o no alguna relación entre sí. En vez de tener un retrato detallado del héroe central, la novela presenta múltiples cuadros breves que nos permiten entrever, pero no conocer a fondo, a los habitantes de la colmena simbólica que es Madrid. Cela también transforma la trama lineal tradicional; el tiempo se detiene y se fragmenta en pequeños trozos que unas veces siguen un orden temporal y otras se presentan anacrónicamente. Una técnica semejante se emplea en *Pabellón de reposo*, novela en que el tradicional narrador en tercera persona es reemplazado por siete narradores distintos y en que el tiempo se detiene en una espera implacable. En *Pascual Duarte* también el lector nota una multiplicación de voces y perspectivas. El manuscrito de Pascual, reducido a una colección de hojas desordenadas, presenta una historia cuya lógica temporal se confunde. Saltamos de un nivel histórico a otro sin advertencia y nunca podemos estar seguros del orden de los eventos. El texto no se nos dice claramente la causa que anticipa una acción: ¿Por qué mata Pascual a su perra? ¿Por qué es ejecutado el protagonista al final? No podemos determinar si la sentencia final se lleva a cabo por el matricidio o por el asesinato de don Jesús, un evento que ni siquiera se presenta directamente en la historia.

Esta resistencia al hermeticismo interpretativo se manifiesta claramente desde las primeras páginas de Pascual Duarte. Muchos lectores hacen caso omiso de los documentos anteriores y pasan al primer capítulo, sin darse cuenta de que en ellos se descubre el plan y la problemática de las grandes novelas del escritor. A diferencia de la primera impresión que el lector recibe de estos documentos--la de la ilusoria historicidad del texto que se va a presentar--nos enfrentamos con una serie de textos que resisten interpretación. La nota del transcriptor parece establecer la realidad histórica del protagonista; sin embargo, nos damos cuenta de que el transcriptor es responsable del orden de los folios, de la «traducción» de un manuscrito casi ilegible, y de la eliminación de trozos «repugnantes». Es imposible determinar hasta qué punto es responsable del texto que leemos. ¿Cuándo terminan las intrusiones del editor y cuándo se da comienzo a las palabras del protagonista? La situación se complica aun más cuando recordamos que este transcriptor no es fidedigno; se contradice y demuestra abiertamente la enemistad que le tiene al protagonista cuyo manuscrito controla. La misma colección de signos que comienza con una ilusión de realidad histórica termina haciendo imposible cualquier acercamiento decisivo al protagonista y a su texto. La nota representa la amenaza de los que quieren controlar la voz y cerrar el texto-mundo a la diversidad, y al mismo tiempo resiste esta interpretación final que denuncia.

El punto de vista heterogéneo no se limita al caso del transcriptor. El lector percibe en seguida que las palabras del narrador no se pueden descifrar inambiguamente. Cuando Pascual dice en su dedicatoria: «A la memoria del insigne patricio don Jesús González de la Riva, conde de Torremejía, quien al irlo a rematar el autor de este escrito, le llamó Pascualillo, y sonrió», el lector se da cuenta de la imposibilidad de llegar a una lectura final de este pasaje. ¿Por qué remata Pascual a don Jesús? ¿Ha comenzado la guerra? ¿Ha habido un alzamiento de los obreros? ¿Ha sufrido el patrón algún accidente? ¿Sonríe don Jesús porque cree que Pascual le va a rescatar? ¿Porque cree que el protagonista le va a matar, y así acabar con el sufrimiento que acompaña el trance de muerte? ¿O sonríe con el desprecio que sólo puede tener el latifundista para sus siervos? ¿Emplea el diminutivo, Pascualillo, como manifestación de cariño o de superioridad? Este signo introductorio no produce una verdad; siembra en la mente del lector una larga serie de dudas y de posibilidades. Los códigos que el escritor emplea en los documentos iniciales advierten al lector del peligro de buscar una verdad que controle el texto y la experiencia humana. Cuando Pascual comienza su apología con las famosas palabras, «Yo, señor, no soy malo...», el lector ya reconoce que esta voz que nos habla presenta sólo una posible manera de discernir la múltiple realidad de la experiencia humana. La tensión que existe entre las cuatro voces del texto (la de Pascual, del transcriptor, del cura, y del guardia civil) produce una fragmentación de valores: (el transcriptor ve el mundo desde la perspectiva del paternalismo gubernamental; Pascual percibe la circunstancia a la luz de la victimización social; el cura aprehende la realidad desde la preceptiva de la misericordia divina; el guardia civil entiende el mundo dentro de los límites del concepto de la justicia). Esta diseminación destruye la posibilidad de encerrar al lector dentro de un concepto limitador y así lo libera del enclaustramiento que sufren los protagonistas de las grandes novelas de Cela.

Cuando Cela habla de las dos columnas de la literatura, la estética y la ética, sabe resumir escuetamente la grandeza de su propia producción literaria. Sus libros se construyen sobre una arquitectura armónica que se funda en la relación paralela entre forma y fondo. Sin predicar ni editorializar, Cela reproduce grandes trozos de la experiencia moderna y permite que el lector luche con las ambigüedades que están al fondo del dilema moderno.

NOTAS

1. Diego de Torres Villarroel (1693-1770), autor de *Vida*, una especie de autobiografía picaresca, y de los satíricos *Sueños morales*.

2. Juan Ruiz, Arcipreste de Hita (¿1283?-¿1350?), autor del *Libro de buen amor*, y Alfonso Martínez de Toledo, Arcipreste de Talavera (¿1398?-¿1470?), autor de *Corbacho o Reprobación del amor humano*. Las dos son obras satíricas que contienen fragmentos escabrosos y se caracterizan por la riqueza de su lenguaje.

La familia de Pascual Duarte

CAMILO JOSÉ CELA
PREMIO NÓBEL 1989

NOTA DEL TRANSCRIPTOR

Me parece que ha llegado la ocasión de dar a la imprenta las memorias de Pascual Duarte. Haberlas dado antes hubiera sido quizás un poco precipitado; no quise acelerarme en su preparación, porque todas las cosas quieren su tiempo, incluso la corrección de la errada ortografía de un manuscrito, y porque a nada bueno ha de conducir una labor trazada, como quien dice, a uña de caballo.[1] *Haberlas dado después, no hubiera tenido, para mí, ninguna justificación; las cosas deben ser mostradas una vez acabadas.*

Encontradas, las páginas que a continuación transcribo, por mí a mediados del año 39, en una farmacia de Almendralejo--donde Dios sabe qué ignoradas manos las depositaron--me he ido entreteniendo, desde entonces acá, en irlas traduciendo y ordenando, ya que el manuscrito--en parte debido a la mala letra y en parte también a que las cuartillas me las encontré sin numerar y no muy ordenadas--, era punto menos que ilegible.

Quiero dejar bien patente desde el primer momento, que en la obra que hoy presento al curioso lector no me pertenece sino la transcripción; no he corregido ni añadido ni una tilde, porque he querido respetar el relato hasta en su estilo. He preferido, en algunos pasajes demasiado crudos de la obra, usar de la tijera y cortar por lo sano; el procedimiento priva, evidentemente, al lector de conocer algunos pequeños detalles--que nada pierde con ignorar--; pero presenta, en cambio, la ventaja de evitar el que recaiga la vista en intimidades incluso repugnantes, sobre las que--repito--me pareció más conveniente la poda que el pulido.

El personaje, a mi modo de ver, y quizás por lo único que lo saco a la luz, es un modelo de conductas; un modelo no para imitarlo, sino para huirlo; un modelo ante el cual toda actitud de duda sobra; un modelo ante el que no cabe sino decir:

--¿Ves lo que hace? Pues hace lo contrario de lo que debiera.

---

[1]**Trazada...** hecha torpemente.

Pero dejemos que hable Pascual Duarte, que es quien tiene cosas interesantes que contarnos.

CARTA ANUNCIANDO EL ENVÍO DEL ORIGINAL

Señor don Joaquín Barrera López.
Mérida.

Muy señor mío:

Usted me dispensará de que le envíe este largo relato en compañía de esta carta, también larga para lo que es, pero como resulta que de los amigos de don Jesús González de la Riva (que Dios haya perdonado, como a buen seguro él me perdonó a mí) es usted el único del que guardo memoria de las señas, a usted quiero dirigirlo por librarme de su compañía, que me quema sólo de pensar que haya podido escribirlo, y para evitar el que lo tire en un momento de tristeza, de los que Dios quiere darme muchos por estas fechas, y prive de esa manera a algunos de aprender lo que yo no he sabido hasta que ha sido ya demasiado tarde.

Voy a explicarme un poco. Como desgraciadamente no se me oculta que mi recuerdo más ha de tener de maldito que de cosa alguna, y como quiero descargar, en lo que pueda, mi conciencia con esta pública confesión, que no es poca penitencia, es por lo que me he inclinado a relatar algo de lo que me acuerdo de mi vida. Nunca fue la memoria mi punto fuerte, y sé que es muy probable que me haya olvidado de muchas cosas incluso interesantes, pero a pesar de ello me he metido a contar aquella parte que no quiso borrárseme de la cabeza y que la mano no se resistió a trazar sobre el papel, porque otra parte hubo que al intentar contarla sentía tan grandes arcadas en el alma que preferí callármela y ahora olvidarla. Al empezar a escribir esta especie de memorias me daba buena cuenta de que algo habría en mi vida--mi muerte, que Dios quiera abreviar--que en modo alguno podría yo contar; mucho me dio que cavilar este asuntillo y, por la poca vida que me queda, podría jurarle que en más de una ocasión pensé desfallecer cuando la inteligencia no me esclarecía dónde debía poner punto final. Pensé que lo mejor sería empezar y dejar el desenlace para cuando Dios quisiera dejarme de la mano, y así lo hice; hoy, que parece que ya estoy aburrido de todos los cientos de hojas que llené como mi palabrería, suspendo definitivamente el seguir escribiendo para dejar a su imaginación la reconstrucción que no ha de serle difícil, porque, a más de ser poco seguramente, entre estas cuatro paredes no creo que grandes nuevas cosas me hayan de suceder.

Me atosigaba, al empezar a redactar lo que le envío, la idea de que por aquellas fechas ya alguien sabía si había de llegar al fin de mi relato, o dónde habría de cortar si el tiempo que he gastado hubiera ido mal medido, y esa seguridad de que mis actos habían de ser, a la fuerza, trazados sobre surcos ya previstos, era algo que me sacaba de quicio. Hoy, más cerca ya de la otra vida, estoy más resignado. Que Dios se haya dignado darme su perdón.

Noto cierto descanso después de haber relatado todo lo que pasé, y hay momentos en que hasta la conciencia quiere remorderme menos.

Confío en que usted sabrá entender lo que mejor no le digo, porque mejor no sabría. Pesaroso estoy ahora de haber equivocado mi camino, pero ya ni pido perdón en esta vida. ¿Para qué? Tal vez sea mejor que hagan conmigo lo que está dispuesto, porque es más que probable que si no lo hicieran volviera a las andadas. No quiero pedir el indulto, porque es demasiado lo malo que la vida me enseñó y mucha mi flaqueza para resistir al instinto. Hágase lo que está escrito en el libro de los Cielos.

Reciba, señor don Joaquín, con este paquete de papel escrito, mi disculpa por haberme dirigido a usted, y acoja este ruego de perdón que le envía, como si fuera al mismo don Jesús, su humilde servidor.

PASCUAL DUARTE

A la memoria del insigne patricio don Jesús
González de la Riva, Conde de Torremejía,
quien al irlo a rematar el autor de este escrito,
le llamó Pascualillo y sonreía.
P.D.

[I]

Yo, señor, no soy malo, aunque no me faltarían motivos para serlo. Los mismos cueros tenemos todos los mortales al nacer y sin embargo, cuando vamos creciendo, el destino se complace en variarnos como si fuésemos de cera y en destinarnos por sendas diferentes al mismo fin: la muerte. Hay hombres a quienes se les ordena marchar por el camino de las flores, y hombres a quienes se les manda tirar por el camino de los cardos y de las chumberas. Aquéllos gozan de un mirar sereno y al aroma de su felicidad sonríen con la cara del inocente; estos otros sufren del sol violento de la llanura y arrugan el ceño como las alimañas[2] por defenderse. Hay mucha diferencia entre adornarse las carnes con arrebol y colonia, y hacerlo con tatuajes que después nadie ha de borrar ya . . .

Nací hace ya muchos años--lo menos cincuenta y cinco-- en un pueblo

---

[2]Animales que son dañinos para el ganado o para la caza menor, como, por ejemplo, los zorros o los gatos montañeses.

perdido por la provincia de Badajoz[3]; el pueblo estaba a unas dos leguas de Almendralejo, agachado sobre una carretera lisa y larga como un día sin pan, lisa y larga como los días--de una lisura y una largura como usted para su bien, no puede ni figurarse--de un condenado a muerte . . .

Era un pueblo caliente y soleado, bastante rico en olivos y guarros[4] (con perdón), con las casas pintadas tan blancas, que aún me duele la vista al recordarlas, con una plaza toda de losas, con una hermosa fuente de tres caños en medio de la plaza. Hacía ya varios años, cuando del pueblo salí, que no manaba el agua de las bocas y sin embargo, ¡qué airosa!, ¡qué elegante!, nos parecía a todos la fuente con su remate figurando un niño desnudo, con su bañera toda rizada al borde como las conchas de los romeros. En la plaza estaba el Ayuntamiento, que era grande y cuadrado como un cajón de tabaco, con una torre en medio, y en la torre un reló, blanco como una hostia, parado siempre en las nueve como si el pueblo no necesitase de su servicio, sino sólo de su adorno. En el pueblo, como es natural, había casas buenas y casas malas, que son, como pasa con todo, las que más abundaban; había una de dos pisos, la de don Jesús, que daba gozo de verla con su recibidor todo lleno de azulejos y macetas. Don Jesús había sido siempre muy partidario de las plantas, y para mí que tenía ordenado al ama vigilase los geranios, y los heliotropos, y las palmas, y la yerbabuena, con el mismo cariño que si fuesen hijos, porque la vieja andaba siempre correteando con un cazo en la mano, regando los tiestos con un mimo que a no dudar agradecían los tallos, tales eran su lozanía y su verdor. La casa de don Jesús estaba también en la plaza y, cosa rara para el capital del dueño que no reparaba en gastar, se diferenciaba de las demás, además de en todo lo bueno que llevo dicho, en una cosa en la que todas le ganaban: en la fachada, que parecía del color natural de la piedra que tan ordinario hace, y no enjalbegada como hasta la del más pobre estaba; sus motivos tendría. Sobre el portal había unas piedras de escudo, de mucho valer, según dicen, terminadas en unas cabezas de guerreros de la antigüedad, con su cabezal y sus plumas, que miraban, una para el Levante[5] y otra para el Poniente,[6] como si quisieran representar que estaban vigilando lo que de un lado o de otro podríales venir. Detrás de la plaza, y por la parte de la casa de don Jesús, estaba la parroquial con su campanario de piedra y su esquilón que sonaba de una manera que no podría contar, pero que se me viene a la memoria como si estuviese sonando

[3]Provincia en el suroeste de España que está cerca de la frontera con Portugal.

[4]Cerdos. (Pascual dice «con perdón» porque ha mencionado algo sucio. Nótese la ironía: Pacual, un asesino que ha incluido cosas repugnantes en sus memorias, según el transcriptor, se muestra vergonzoso de haber usado una palabra poco delicada.).

[5]Oriente.

[6]Occidente.

por estas esquinas... La torre del campanario era del mismo alto que la del reló y en verano, cuando venían las cigüeñas, ya sabían en qué torre habían estado el verano anterior; la cigüeña cojita, que aún aguantó dos inviernos, era del nido de la parroquial, de donde hubo de caerse, aún muy tierna, asustada por el gavilán.

Mi casa estaba afuera del pueblo, a unos doscientos pasos largos de las últimas de la piña. Era estrecha y de un solo piso, como correspondía a mi posición, pero como llegué a tomarle cariño, temporadas hubo en que hasta me sentía orgulloso de ella. En realidad lo único de la casa que se podía ver[7] era la cocina, lo primero que se encontraba al entrar, siempre limpia y blanqueada con primor; cierto es que el suelo era de tierra, pero tan bien pisada la tenía, con sus guijarrillos haciendo dibujos, que en nada desmerecía de otras muchas en las que el dueño había echado pórlan[8] por sentirse más moderno. El hogar era amplio y despejado y alrededor de la campana teníamos un bazar con lozas de adorno, con jarras con recuerdos[9] pintados en azul, con platos con dibujos azules o naranja; algunos platos tenían una cara pintada, otros una flor, otros un nombre, otros un pescado. En las paredes teníamos varias cosas: un calendario muy bonito que representaba una joven abanicándose sobre una barca y debajo de la cual se leía en letras que parecían de polvillo de plata, «Modesto Rodríguez. Ultramarinos[10] finos. Mérida (Badajoz)», un retrato de Espartero[11] con el traje de luces dado de color[12] y tres o cuatro fotografías--unas pequeñas y otras regular--de no sé quién, porque siempre las vi en el mismo sitio y no se me ocurrió nunca preguntar. Teníamos también un reló despertador colgado de la pared, que no es por nada, pero siempre funcionó como Dios manda, y un acerico de peluche colorado, del que estaban clavados unos bonitos alfileres con sus cabecitas de vidrio de color. El mobiliario de la cocina era tan escaso como sencillo: tres sillas--una de ellas muy fina, con su respaldo y sus patas de madera curvada, y su culera de rejilla--y una mesa de pino, con su cajón correspondiente, que resultaba algo baja para las sillas, pero hacía su avío. En la cocina se estaba bien: era cómoda y en el verano, como no la encendíamos, se estaba fresco sentado sobre la piedra del hogar cuando, a la caída de la tarde, abríamos las puertas de par en par; en el invierno se estaba caliente con las brasas que, a veces, cuidándolas un poco, guardaban el rescoldo toda la noche. ¡Era gracioso mirar las sombras de nosotros por la pared, cuando había unas

---

[7]**Que...** que valía la pena ver.

[8]Cemento (Portland).

[9]Es decir, que tenían pintados los nombres de su lugar de origen.

[10]Comestibles.

[11]Manuel García y Cuesta (1866-1894), popular torero sevillano.

[12]**Dado...** en colores.

llamitas! Iban y venían, unas veces lentamente, otras a saltitos como jugando. Me acuerdo que de pequeño, me daban miedo, y aún ahora, de mayor, me corre un estremecimiento cuando traigo memoria de aquellos miedos.

El resto de la casa no merece la pena ni describirlo, tal era su vulgaridad. Teníamos otras dos habitaciones, si habitaciones hemos de llamarlas por eso de que estaban habitadas, ya que no por otra cosa alguna, y la cuadra, que en muchas ocasiones pienso ahora que no sé por qué la llamábamos así, de vacía y desamparada como la teníamos. En una de las habitaciones dormíamos yo y mi mujer, y en la otra mis padres hasta que Dios, o quién sabe si el diablo, quiso llevárselos; después quedó vacía casi siempre, al principio porque no había quien la ocupase, y más tarde, cuando podía haber habido alguien, porque este alguien prefirió siempre la cocina, que además de ser más clara no tenía soplos. Mi hermana, cuando venía, dormía siempre en ella, y los chiquillos, cuando los tuve, también tiraban para allí en cuanto se despegaban de la madre. La verdad es que las habitaciones no estaban muy limpias ni muy construidas, pero en realidad tampoco había para quejarse, se podía vivir, que es lo principal, a resguardo de las nubes de Navidad,[13] y a buen recaudo--para lo que uno se merecía--de las asfixias de la Virgen de agosto.[14] La cuadra era lo peor; era lóbrega y oscura, y en sus paredes estaba empapado el mismo olor a bestia muerta que desprendía el despeñadero cuando allá por el mes de mayo comenzaban los animales a criar la carroña que los cuervos habíanse de comer...

Es extraño, pero de mozo, si me privaban de aquel olor me entraban unas angustias como de muerte; me acuerdo de aquel viaje que hice a la capital por amor de las quintas; anduve todo el día de Dios desazonado, venteando los aires como un perro de caza. Cuando me fui a acostar, en la posada, olí mi pantalón de pana. La sangre me calentaba todo el cuerpo . . . Quité a un lado la almohada y apoyé la cabeza para dormir sobre mi pantalón, doblado. Dormí como una piedra aquella noche.

En la cuadra teníamos un burrillo matalón y escurrido de carnes que nos ayudaba en la faena y, cuando las cosas venían bien dadas, que dicho sea pensando en la verdad no siempre ocurría, teníamos también un par de guarros (con perdón) o tres. En la parte de atrás de la casa teníamos un corral o saledizo, no muy grande, pero que nos hacía su servicio, y en él un pozo que andando el tiempo hube de cegar porque dejaba manar un agua muy enfermiza.

Por detrás del corral pasaba un regato, a veces medio seco y nunca demasiado lleno, cochino y maloliente como tropa de gitanos, y en el que podían cogerse unas anguilas hermosas, como yo algunas tardes y por matar el tiempo me entretenía en hacer. Mi mujer, que en medio de todo tenía gracia, decía que las anguilas estaban rollizas porque comían lo mismo que don Jesús,

---

[13]Es decir, del frío del invierno.

[14]Es decir, del calor del verano. (El 15 de agosto es la fiesta de la Virgen.).

sólo que un día más tarde. Cuando me daba por pescar se me pasaban las horas tan sin sentirlas, que cuando tocaba a recoger los bártulos casi siempre era de noche; allá, a lo lejos, como una tortuga baja y gorda, como una culebra enroscada, que temiese despegarse del suelo, Almendralejo comenzaba a encender sus luces eléctricas. Sus habitantes a buen seguro que ignoraban que yo había estado pescando, que estaba en aquel momento mismo mirando cómo se encendían las luces de sus casas, imaginando incluso cómo muchos de ellos decían cosas que a mí se me figuraban o hablaban de cosas que a mí se me ocurrían. ¡Los habitantes de las ciudades viven vueltos de espaldas a la verdad y muchas veces ni se dan cuenta siquiera de que a dos leguas, en medio de la llanura, un hombre del campo se distrae pensando en ellos mientras dobla la caña de pescar, mientras recoge del suelo el cestillo de mimbre con seis o siete anguilas dentro!

Sin embargo, la pesca siempre me pareció pasatiempo poco de hombres, y las más de las veces dedicaba mis ocios a la caza; en el pueblo me dieron fama de no hacerlo mal del todo y, modestia aparte, he de decir con sinceridad que no iba descaminado quien me lo decía. Tenía una perrilla perdiguera--la *Chispa*--, medio ruin, medio bravía, pero que se entendía muy bien conmigo; con ella me iba muchas mañanas hasta la Charca, a legua y media del pueblo hacia la raya de Portugal, y nunca nos volvíamos de vacío[15] para casa. Al volver, la perra se me adelantaba y me esperaba siempre junto al cruce; había allí una piedra redonda y achatada como una silla baja, de la que guardo tan grato recuerdo como de cualquier persona; mejor, seguramente, que el que guardo de muchas de ellas . . . Era ancha y algo hundida y cuando me sentaba se me escurría un poco el trasero (con perdón) y quedaba tan acomodado que sentía tener que dejarla; me pasaba largos ratos sentado sobre la piedra del cruce, silbando, con la escopeta entre las piernas, mirando lo que había de verse, fumando pitillos. La perrilla, se sentaba enfrente de mí, sobre sus dos patas de atrás, y me miraba, con la cabeza ladeada, con sus dos ojillos castaños muy despiertos; yo le hablaba y ella, como si quisiese entenderme mejor, levantaba un poco las orejas; cuando me callaba aprovechaba para dar unas carreras detrás de los saltamontes, o simplemente para cambiar de postura. Cuando me marchaba, siempre, sin saber por qué, había de volver la cabeza hacia la piedra, como para despedirme, y hubo un día que debió parecerme tan triste por mi marcha, que no tuve más suerte que volver sobre mis pasos a sentarme de nuevo . . . La perra volvió a echarse frente a mí y volvió a mirarme; ahora me doy cuenta de que tenía la mirada de los confesores, escrutadora y fría, como dicen que es la de los linces . . . Un temblor recorrió todo mi cuerpo; parecía como una corriente que forzaba por salirme por los brazos. El pitillo se me había apagado; la escopeta, de un solo caño, se dejaba

---

[15]**Nunca...** Nunca volvíamos con las manos vacías.

acariciar, lentamente, entre mis piernas. La perra seguía mirándome fija, como si no me hubiera visto nunca, como si fuese a culparme de algo de un momento a otro, y su mirada me calentaba la sangre de las venas de tal manera que se veía llegar el momento en que tuviese que entregarme; hacía calor, un calor espantoso, y mis ojos se entornaban dominados por el mirar, como un clavo, del animal . . .

Cogí la escopeta y disparé; volví a cargar y volví a disparar. La perra tenía una sangre oscura y pegajosa que se extendía poco a poco por la tierra.

[II]

De mi niñez no son precisamente buenos recuerdos los que guardo. Mi padre se llamaba Esteban Duarte Diniz, y era portugués, cuarentón cuando yo niño, y alto y gordo como un monte. Tenía la color tostada y un estupendo bigote negro que se echaba para abajo. Según cuentan, cuando joven le tiraban las guías para arriba, pero, desde que estuvo en la cárcel, se le arruinó la prestancia, se le ablandó la fuerza del bigote y ya para abajo hubo de llevarlo hasta el sepulcro. Yo le tenía un gran respeto y no poco miedo, y siempre que podía escurría el bulto y procuraba no tropezármelo; era áspero y brusco y no toleraba que se le contradijese en nada, manía que yo respetaba por la cuenta que me tenía. Cuando se enfurecía, cosa que le ocurría con mayor frecuencia de lo que se necesitaba, nos pegaba a mi madre y a mí las grandes palizas por cualquiera la cosa, palizas que mi madre procuraba devolverle por ver de[16] corregirlo, pero ante las cuales a mi no me quedaba sino resignación dados mis pocos años. ¡Se tienen las carnes muy tiernas a tan corta edad!

Ni con él ni con mi madre me atreví nunca a preguntar de cuando lo tuvieron encerrado, porque pensé que mayor prudencia sería el no meter los perros en danza, que ya por sí solos danzaban más de lo conveniente; claro es que en realidad no necesitaba preguntar nada porque como nunca faltan almas caritativas, y menos en los pueblos de tan corto personal,[17] gentes hubo a quienes faltó tiempo para venir a contármelo todo. Lo guardaron por contrabandista; por lo visto había sido su oficio durante muchos años, pero como el cántaro que mucho va a la fuente acaba por romperse, y como no hay oficio sin quiebra, ni atajo sin trabajo, un buen día, a lo mejor cuando menos lo pensaba--que la confianza es lo que pierde a los valientes--, le siguieron los carabineros, le descubrieron el alijo, y lo mandaron a presidio. De todo esto debía hacer ya mucho tiempo, porque yo no me acuerdo de nada; a lo mejor ni había nacido.

---

[16]**Por...** tratando de.

[17]**De...** de tan poca gente.

Mi madre, al revés de mi padre, no era gruesa, aunque andaba muy bien de estatura; era larga y chupada y no tenía aspecto de buena salud, sino que, por el contrario, tenía la tez cetrina y las mejillas hondas y toda la presencia de estar tísica o de no andarle muy lejos; era también desabrida y violenta, tenía un humor que se daba a todos los diablos y un lenguaje en la boca que Dios la haya perdonado, porque blasfemaba las peores cosas a cada momento y por los más débiles motivos. Vestía siempre de luto y era poco amiga del agua, tan poco que si he de decir verdad, en todos los años de su vida que yo conocí, no la vi lavarse más que en una ocasión en que mi padre la llamó borracha y ella quiso como demostrarle que no le daba miedo el agua. El vino en cambio ya no le disgustaba tanto y siempre que apañaba algunas perras,[18] o que le rebuscaba el chaleco al marido, me mandaba a la taberna por una frasca que escondía, porque no se la encontrase mi padre, debajo de la cama. Tenía un bigotillo cano por las esquinas de los labios, y una pelambrera enmarañada y zafia que recogía en un moño, no muy grande, encima de la cabeza. Alrededor de la boca se le notaban unas cicatrices o señales, pequeñas y rosadas como perdigondas, que según creo le había quedado de unas bubas malignas que tuviera de joven; a veces, por el verano, a las señales les volvía la vida, que les subía la color y acababan formando como alfileritos de pus que el otoño se ocupaba de matar y el invierno de barrer.

Se llevaban mal mis padres; a su poca educación se unía su escasez de virtudes y su falta de conformidad con lo que Dios les mandaba--defectos todos ellos que para mi desgracia hube de heredar--y esto hacía que se cuidaran bien poco de pensar los principios y de refrenar los instintos, lo que daba lugar a que cualquier motivo, por pequeño que fuese, bastara para desencadenar la tormenta que se prolongaba después días y días sin que se le viese el fin. Yo, por lo general, no tomaba el partido de ninguno porque si he de decir verdad tanto me daba el que cobrase el uno como el otro; unas veces me alegraba de que zurrase mi padre y otras mi madre, pero nunca hice de esto cuestión de gabinete.[19]

Mi madre no sabía leer ni escribir; mi padre sí, y tan orgulloso estaba de ello que se lo echaba en cara cada lunes y cada martes, y con frecuencia, y aunque no viniera a cuento, solía llamarla ignorante, ofensa gravísima para mi madre, que se ponía como un basilisco.[20] Algunas tardes venía mi padre para casa con un papel en la mano y, quisiéramos que no,[21] nos sentaba a los dos en la cocina y nos leía las noticias; venían después los comentarios y en ese momento yo me echaba a temblar porque estos comentarios eran siempre el principio de alguna bronca. Mi madre, por ofenderlo, le decía que el papel no

---

[18]Monedas.

[19]**Pero...** pero nunca me importaba mucho cómo salieran sus peleas.

[20]**Como...** furiosa.

[21]**Que...** o no.

ponía nada de lo que leía y que todo lo que decía se lo sacaba mi padre de la cabeza, y a éste, el oírla esa opinión le sacaba de quicio; gritaba como si estuviera loco, la llamaba ignorante y bruja y acababa siempre diciendo a grandes voces que si él supiera decir esas cosas de los papeles a buena hora se le hubiera ocurrido casarse con ella.[22] Ya estaba armada.[23] Ella le llamaba desgraciado y peludo, lo tachaba de hambriento y portugués, y él, como si esperara a oír esa palabra para golpearla, se sacaba el cinturón y la corría todo alrededor de la cocina hasta que se hartaba. Yo, al principio, apañaba algún cintarazo que otro, pero cuando tuve más experiencia y aprendí que la única manera de no mojarse es no estando a la lluvia, lo que hacía, en cuanto veía que las cosas tomaban mal cariz, era dejarlos solos y marcharme. Allá ellos.

La verdad es que la vida en mi familia poco tenía de placentera, pero como no nos es dado escoger, sino que ya--y aún antes de nacer--estamos destinados unos a un lado y otros a otro, procuraba conformarme con lo que me había tocado, que era la única manera de no desesperar. De pequeño, que es cuando más manejable resulta la voluntad de los hombres, me mandaron una corta temporada a la escuela; decía mi padre que la lucha por la vida era muy dura y que había que irse preparando para hacerla frente con las únicas armas con las que podíamos dominarla, con las armas de la inteligencia. Me decía todo esto de un tirón y como aprendido, y su voz en esos momentos me parecía velada y adquiría unos matices insospechados para mí . . . Después, y como arrepentido, se echaba a reír estrepitosamente y acababa siempre por decirme, casi con cariño:

--No hagas caso, muchacho . . . ¡Ya voy para viejo!

Y se quedaba pensativo y repetía en voz baja una y otra vez:

--¡Ya voy para viejo!... ¡Ya voy para viejo!...

Mi instrucción escolar poco tiempo duró. Mi padre, que, lo digo, tenía un carácter violento y autoritario para algunas cosas, era débil y pusilánime para otras: en general tengo observado que el carácter de mi padre sólo lo ejercitaba en asuntillos triviales, porque en las cosas de transcendencia, no sé si por temor o por qué, rara vez hacía hincapié. Mi madre no quería que fuese a la escuela y siempre que tenía ocasión, y aun a veces sin tenerla, solía decirme que para no salir en la vida de pobre[24] no valía la pena aprender nada. Dio en terreno abonado, porque a mí tampoco me seducía la asistencia a las clases, y entre los dos, y con la ayuda del tiempo, acabamos convenciendo a mi padre que optó porque abandonase los estudios. Sabía ya leer y escribir, y sumar y restar, y en realidad para manejarme ya tenía bastante. Cuando dejé la escuela tenía doce años; pero no vayamos tan de prisa, que todas las cosas quieren su orden y no

---

[22]**A...** Jamás se habría casado con ella.

[23]**Ya...** Ya había empezado la pelea.

[24]**Para...** como ya estaba destinado a ser pobre.

por mucho madrugar amanece más temprano.

Era yo de bien corta edad cuando nació mi hermana Rosario. De aquel tiempo guardo un recuerdo confuso y vago y no sé hasta qué punto relataré fielmente lo sucedido; voy a intentarlo sin embargo, pensando que si bien mi relato pueda pecar de impreciso, siempre estará más cerca de la realidad que las figuraciones que, de imaginación y a ojo de buen cubero, pudiera usted hacerse. Me acuerdo de que hacía calor la tarde en que nació Rosario; debía ser por julio o por agosto. El campo estaba en calma y agostado y las chicharras, con sus sierras, parecían querer limarle los huesos a la tierra; las gentes y las bestias estaban recogidas y el sol, allá en lo alto, como señor de todo, iluminándolo todo, quemándolo todo . . . Los partos de mi madre fueron siempre muy duros y dolorosos; era medio machorra y algo seca y el dolor era en ella superior a sus fuerzas. Como la pobre nunca fue un modelo de virtudes ni de dignidades y como no sabía sufrir y callar, como yo, lo resolvía todo a gritos. Llevaba ya gritando varias horas cuando nació Rosario, porque--para colmo de desdichas--era de parto lento. Ya lo dice el refrán: mujer de parto lento y con bigote . . . (la segunda parte no la escribo en atención a la muy alta persona a quien estas líneas van dirigidas). Asistía a mi madre una mujer del pueblo, la señora Engracia, la del cerro, especialista en duelos y partera, medio bruja y un tanto misteriosa, que había llevado consigo unas mixturas que aplicaba en el vientre de mi madre por aplacarla la dolor, pero como ésta, con ungüento o sin él, seguía dando gritos hasta más no poder, a la señora Engracia no se le ocurrió mejor cosa que tacharla de descreída y mala cristiana, y como en aquel momento los gritos de mi madre arreciaban como el vendaval, yo llegué a pensar si no sería cierto que estaba endemoniada. Mi duda poco duró, porque pronto quedó esclarecido que la causa de las desusadas voces había sido mi nueva hermana.

Mi padre llevaba largo rato paseando a grandes zancadas por la cocina. Cuando Rosario nació se arrimó hasta la cama de mi madre y sin consideración ninguna de la circunstancia, la empezó a llamar bribona y zorra y a arrearle tan fuertes hebillazos que extrañado estoy todavía de que no la haya molido viva. Después se marchó y tardó dos días enteros en volver; cuando lo hizo venía borracho como una bota[25]; se acercó a la cama de mi madre y la besó; mi madre se dejaba besar . . . Después se fue a dormir a la cuadra.

[III]

A Rosario le armaron un tingladillo con un cajón no muy hondo, en cuyos fondos esparramaron una almohada entera de borra, y allí la tuvieron, orilla a

---

[25]Cuero para guardar vino. (**Borracho...** completamente borracho.).

la cama de mi madre, envuelta en tiras de algodón y tan tapada que muchas veces me daba por pensar que acabarían por ahogarla. No sé por qué, hasta entonces, se me había ocurrido imaginar a los niños pequeños blancos como la leche, pero de lo que si me recuerdo es de la mala impresión que me dio mi hermanilla cuando la vi pegajosa y colorada como un cangrejo cocido; tenía una pelusa rala por la cabeza, como la de los estorninos o la de los pichones en el nido, que andando los meses hubo de perder, y las manitas agarrotadas y tan claras que mismo daba grima el verlas. Cuando a los tres o cuatro días de nacer le desenrollaron las tiras por ver de limpiarla un poco, pude fijarme bien en cómo era y casi puedo decir que no me diera tanta repugnancia como la primera vez; la color le había clareado, los ojitos--que aún no abría--parecían como querer mover los párpados, y ya las manos me daban la impresión de haber ablandado. La limpió bien limpiada con agua de romero la señora Engracia, que otra cosa pudiera ser que no, pero asistenta de los desgraciados si lo era; la envolvió de nuevo en las tiras que libraron menos pringadas; echó a un lado, por lavarlas, aquellas otras que salieron peor tratadas, y dejó a la criatura tan satisfecha, que tantas horas seguidas hubo de dormir, que nadie--por el silencio de mi casa--hubiera dado a pensar que habíamos estado de parto. Mi padre se sentaba en el suelo, a la vera del cajón, y mirando para la hija se le pasaban las horas, con una *cara de enamorado*, como decía la señora Engracia, que a mi casi me hacía olvidar su verdadero sistema. Después se levantaba, se iba a dar una vuelta por el pueblo, y cuando menos lo pensábamos, a la hora a que menos costumbre teníamos de verlo venir, allí lo teníamos, otra vez al lado del cajón, con la cara blanda y la mirada tan humilde que cualquiera que lo hubiera visto, de no conocerlo, se hubiera creído ante el mismísimo San Roque.

Rosario se nos crió siempre debilucha y esmirriada--¡poca vida podía sacar de los vacíos pechos de mi madre!--y sus primeros tiempos fueron tan difíciles que en más de una ocasión estuvo a pique de marcharse. Mi padre andaba desazonado viendo que la criatura no prosperaba, y como lo resolvía todo echándose más vino por el gaznate, nos tocó pasar a mi madre y a mí por una temporada que tan mala llegó a ser que echábamos de menos el tiempo pasado, que tan duro nos parecía cuando no lo habíamos conocido peor. ¡Misterios de la manera de ser de los mortales que tanto aborrecen de lo que tienen para después echarlo de menos! Mi madre, que había quedado aún más baja de salud que antes de parir, apañaba unas tundas soberanas, y a mí, aunque no le resultaba nada fácil cogerme, me arreaba unas punteras al desgaire cuando me tropezaba, que vez hubo de levantarme la sangre del trasero (con perdón), o de dejarme el costillar tan señalado como si me lo hubieran tocado con el hierro de marcar.

Poco a poco la niña se fue reponiendo y cobrando fuerzas con unas sopas de vino tinto que a mi madre la recetaron, y como era de natural despierto, y el tiempo no pasaba en balde, si bien tardó algo más de lo corriente en aprender a andar, rompió a hablar de muy tierna con tal facilidad y tal soltura que a todos nos tenía como embobados con sus gracias.

Pasó ese tiempo en que los chiquillos están siempre igual. Rosario creció, llegó a ser casi una mocita, y en cuanto reparamos en ella dimos en observar que era más avisada que un lagarto, y como en mi familia nunca nos diera a nadie por hacer uso de los sesos para el objeto con que nos fueron dados, pronto la niña se hizo la reina de la casa y nos hacía andar a todos más derechos que varas. Si el bien hubiera sido su natural instinto, grandes cosas hubiera podido hacer, pero como Dios se conoce que no quiso que ninguno de nosotros nos distinguiésemos por las buenas inclinaciones, encarriló su discurrir hacia otros menesteres y pronto nos fue dado el conocer que si bien no era tonta, más hubiera valido que lo fuese; servía para todo y para nada bueno: robaba con igual gracia y donaire que una gitana vieja, se aficionó a la bebida de bien joven, servía de alcahueta para los devaneos de la vieja, y como nadie se ocupó de enderezarla--y de aplicar al bien tan claro discurrir--fue de mal en peor hasta que un día, teniendo la muchacha catorce años, arrambló con lo poco de valor que en nuestra choza había, y se marchó a Trujillo, a casa de la Elvira. El efecto que su marcha produjo en mi casa ya se puede figurar usted cuál fue; mi padre culpaba a mi madre, mi madre culpaba a mi padre . . . En lo que más se notó la falta de Rosario fue en las escandaleras de mi padre, porque si antes, cuando ella estaba, procuraba armarlas fuera de su presencia, ahora, al faltar y al no estar ella nunca delante, cualquiera hora y lugar le parecía bueno para organizarlas. Es curioso pensar que mi padre, que a bruto y cabezón le ganaban muy pocos, era a ella la única persona que escuchaba; bastaba una mirada de Rosario para calmar sus iras, y en más de una ocasión buenos golpes se ahorraron con su sola presencia. ¡Quién iba a suponer que a aquel hombrón lo había de dominar una tierna criatura!

En Trujillo tiró hasta cinco meses, pasados los cuales unas fiebres la devolvieron, medio muerta, a casa, donde estuvo encamada cerca de un año porque las fiebres, que eran de orden maligna, la tuvieron tan cerca del sepulcro que por oficio de mi padre--que borracho y pendenciero sí sería, pero cristiano viejo y de la mejor ley también lo era--llegó a estar sacramentada y preparada por si había de hacer el último viaje. La enfermedad tuvo, como todas, sus alternativas, y a los días en que parecía como revivir sucedían las noches en que todos estábamos en que se nos quedaba; el humor de mis padres era como sombrío, y de aquel triste tiempo sólo guardo de paz los meses que pasaron sin que sonaran golpes entre aquellas paredes, ¡tan apurado andaba el par de viejos! . . . Las vecinas echaban todas su cuarto a espadas[26] por recetarla yerbas, pero como la que mayor fe nos daba era la señora Engracia, a ella hubimos de recurrir y a sus consejos, por ver de sanarla; complicada fue, bien lo sabe Dios, la curación que la mandó, pero como se le hizo poniendo todos los cinco

---

[26]**Echaban...** Intervenían en la conversación.

sentidos bien debió de probarla, porque aunque despacio, se la veía que le volvía la salud. Como ya dice el refrán, yerba mala nunca muere, y sin que yo quiera decir con esto que Rosario fuera mala (si bien tampoco pondría una mano en el fuego por sostener que fuera buena[27]), lo cierto es que después de tomados los cocimientos que la señora Engracia dijera, sólo hubo que esperar a que pasase el tiempo para que recobrase la salud, y con ella su prestancia y lozanía.

No bien se puso buena, y cuando la alegría volvía otra vez a mis padres, que en lo único que estaban acordes era en su preocupación por la hija, volvió a hacer el pirata la muy zorra,[28] a llenarse la talega con los ahorros del padre y sin más reverencias, y como a la francesa,[29] volvió a levantar el vuelo y a marcharse, esta vez camino de Almendralejo, donde paró en casa de Nieves la Madrileña; cierto es, o por tal lo tengo, que aun al más ruin alguna fibra de bueno siempre le queda, porque Rosario no nos echó del todo en el olvido y alguna vez--por nuestro santo o por las navidades--nos tiraba con algún chaleco, que aunque nos venía tan justo y recibido como faja por vientre satisfecho,[30] su mérito tenía porque ella, aunque con más relumbrón por aquello de que había que vestir el oficio, tampoco debía nadar en la abundancia. En Almendralejo hubo de conocer al hombre que había de labrarle la ruina; no la de la honra, que bien arruinada debía andar ya por entonces, sino la del bolsillo, que una vez perdida aquélla, era por la única que tenía que mirar. Llamábase el tal sujeto Paco López, por mal nombre *El Estirao*[31], y de él me es forzoso reconocer que era guapo mozo, aunque no con un mirar muy decidido, porque por tener un ojo de vidrio en el sitio donde Dios sabrá en qué hazaña perdiera el de carne, su mirada tenía una desorientación que perdía al más plantado[32]; era alto, medio rubiales, juncal, y andaba tan derechito que no se equivocó por cierto quien le llamó por vez primera *El Estirao*; no tenía mejor oficio que su cara porque, como las mujeres tan memas son que lo mantenían, el hombre prefería no trabajar, cosa que si me parece mal, no sé si será porque yo nunca tuve ocasión de hacer. Según cuentan, en tiempos anduviera de novillero por las plazas andaluzas; yo no sé si creerlo porque no me parecía hombre valiente más que con las mujeres, pero como éstas, y mi hermana entre ellas, se lo creían a pies juntillas,[33] él se daba la gran vida, porque ya sabe usted lo mucho

---

[27]**Pondría...** Me arriesgaría jurar que fuera buena.

[28]**Volvió...** Volvió a robar la muy astuta.

[29]**Sin...** sin ceremonias y sin despedirse.

[30]**Aunque...** aunque no lo queríamos.

[31]Estirado (largo y delgado).

[32]**Al...** A la persona más sólida y equilibrada.

[33]**A...** firmemente.

que dan en valorar las mujeres a los toreros. En una ocasión, andando yo a la perdiz bordeando la finca *Los Jarales*--de don Jesús--me tropecé con él, que por tomar el aire se había salido de Almendralejo medio millar de pasos por el monte; iba muy vestidito con terno café, con su visera y con un mimbre en la mano. Nos saludamos y el muy ladino, como viera que no le preguntaba por mi hermana, quería tirarme de la lengua por ver de colocarme las frasecitas; yo resistía y él debió de notar que me achicaba porque sin más ni más y como quien no quiere la cosa, cuando ya teníamos mano sobre mano para marcharnos, me soltó:

--¿Y la Rosario?

--Tú sabrás . . .

--¿Yo?

--¡Hombre! ¡Si no lo sabes tú! . . .

--¿Y por qué he de saberlo?

Lo decía tan serio que cualquiera diría que no había mentido en su vida; me molestaba hablar con él de la Rosario, ya ve usted lo que son las cosas.

El hombre daba golpecitos con la vara sobre las matas de tomillo.

--Pues sí, ¡para que lo sepas! ¡está bien! ¿No lo querías saber?

--¡Mira, *Estirao*! . . . ¡Mira, *Estirao*! . . . ¡Que soy muy hombre y que no me ando por las palabras![34] ¡No me tientes! . . . ¡No me tientes!

--¿Pero qué te he de tentar, si no tienes dónde? ¿Pero qué quieres saber de la Rosario? ¿Qué tiene que ver contigo la Rosario? ¿Que es tu hermana? Bueno, ¿y qué? También es mi novia, si vamos a eso.

A mí me ganaba por palabra, pero si hubiéramos acabado por llegar a las manos le juro a usted por mis muertos que lo mataba antes de que me tocase un pelo. Yo me quise enfriar porque me conocía el carácter y porque de hombre a hombre no está bien reñir con una escopeta en la mano cuando el otro no la tiene.

--Mira, *Estirao*, ¡más vale que nos callemos! ¿Que es tu novia? Bueno, ¡pues que lo sea! ¿Y a mí qué?

El Estirao se reía; parecía como si quisiera pelea.

--¿Sabes lo que te digo?

--¡Qué!

--Que si tú fueses el novio de mi hermana, te hubiera matado.

Bien sabe Dios que el callarme aquel día me costó la salud; pero no quería darle,[35] no sé por qué habrá sido. Me resultaba extraño que me hablaran así; en el pueblo nadie se hubiera atrevido a decirme la mitad.

--Y que si te tropiezo otro día rondándome, te mato en la plaza por la feria.

--¡Mucha chulería es ésa!

---

[34]**No...** digo las cosas de una manera directa.

[35]Pegarle.

--¡A pinchazos!

--¡Mira, *Estirao*! . . . ¡Mira, *Estirao*! . . .

. . .

Aquel día se me clavó una espina en un costado que todavía tengo clavada. Por qué no la arranqué en aquel momento es una cosa que aún hoy no sé... Andando el tiempo, de otra temporada que, por reparar otras fiebres, vino a pasar mi hermana con nosotros, me contó el fin de aquellas palabras: cuando *El Estirao* llegó aquella noche a la casa de la Nieves a ver a la Rosario, la llamó aparte.

--¿Sabes que tienes un hermano que ni es hombre ni es nada?

--...

--¿Y que se achanta como los conejos en cuanto oyen voces?

Mi hermana salió por defenderme, pero de poco le valió; el hombre había ganado. Me había ganado a mí que fue la única pelea que perdí por no irme a mi terreno.

--Mira, paloma; vamos a hablar de otra cosa. ¿Qué hay?

--Ocho pesetas.

--¿Nada más?

--Nada más. ¿Qué quieres? ¡Los tiempos están malos! . . .

El Estirao le cruzó la cara con la varita de mimbre hasta que se hartó. Después . . .

--¿Sabes que tienes un hermano que ni es hombre ni es nada?

. . .

Mi hermana me pidió por su salud que me quedase en el pueblo.

La espina del costado estaba como removida. Por qué no la arranqué en aquel momento es cosa que aún hoy no sé . . .

[VI]

Quince días ha querido la Providencia que pasaran desde que dejé escrito lo que atrás queda, y en ellos, entretenido como estuve con interrogatorios y visitas del defensor por un lado, y con el traslado hasta este nuevo sitio, por otro, no tuve ni un instante libre para coger la pluma. Ahora, después de releer este fajo, todavía no muy grande, de cuartillas, se mezclan en mi cabeza las ideas más diferentes con tal precipitación y tal mareo que, por más que pienso, no consigo acertar a qué carta quedarme. Mucha desgracia, como usted habrá podido ver, es la que llevo contada, y pienso que las fuerzas han de decaerme cuando me enfrente con lo que aún me queda, que más desgraciado es todavía;

me espanta pensar con qué puntualidad me es fiel la memoria, en estos momentos en que todos los hechos de mi vida--sobre los que no hay maldita la forma de volverme atrás--van quedando escritos en estos papeles con la misma claridad que en un encerado; es gracioso--y triste también, ¡bien lo sabe Dios!--pararse a considerar que si el esfuerzo de memoria que por estos días estoy haciendo se me hubiera ocurrido años atrás, a estas horas, en lugar de estar escribiendo en una celda,[36] estaría tomando el sol en el corral, o pescando anguilas en el regato, o persiguiendo conejos por el monte . . . Estaría haciendo otra cosa cualquiera de esas que hacen--sin fijarse--la mayor parte de los hombres; estaría libre como libres están--sin fijarse tampoco--la mayor parte de los hombres; tendría por delante Dios sabe cuántos años de vida, como tienen--sin darse cuenta de que pueden gastarlos lentamente--la mayor parte de los hombres . . .

El sitio donde me trajeron es mejor; por la ventana se ve un jardincillo, cuidadoso y lamido como una salita, y más allá del jardincillo, hasta la serranía, se extiende la llanada, castaña como la piel de los hombres, por donde pasan--a veces--las reatas de mulas que van a Portugal, los asnillos troteros que van hasta las chozas, las mujeres y los niños que van sólo hasta el pozo . . .

Yo respiro mi aire, que entra y sale de la celda porque con él no va nada, ese mismo aire que a lo mejor respira mañana o cualquier día el mulero que pasa . . . Yo veo la mariposa toda de colores que revolea torpe sobre los girasoles, que entra por la celda, da dos vueltas y sale, porque con ella no va nada, y que acabará posándose tal vez sobre la almohada del Director . . . Yo cojo con la gorra el ratón que comía lo que yo ya dejara, lo miro, lo dejo--porque con él no va nada--y veo cómo escapa con su pasito suave a guarecerse en su agujero, ese agujero desde el que sale para comer el rancho del forastero, del que está tan sólo una temporada en la celda de la que ha de salir para el infierno las más de las veces...

Tal vez no me creyera si le dijera que en estos momentos tal tristeza me puebla y tal congoja, que por asegurarle estoy que mi arrepentimiento no menor debe ser que el de un santo; tal vez no me creyera, porque demasiado malos han de ser los informes que de mí conozca y el juicio que de mí se haya formado a estas alturas, pero sin embargo . . . Yo se lo digo, quizás nada más que por eso de decírselo, quizás nada más que por eso de no quitarme la idea de las mientes de que usted sabrá comprender lo que le digo, y creer lo que por mi gloria no le juro porque poco ha de valer jurar ya sobre ella . . . El amargor que me sube a la garganta es talmente como si el corazón me fabricara acíbar en vez de

---

[36]Pacual está en la cárcel por haber matado a El Estirado, amante de su esposa Lola y después, de su hermana Rosario. Domina a Pacual una violencia primitiva. Primero mata a su perra porque no aguanta su mirada, y más tarde mata una yegua que arroja a su esposa, que está encinta, y hace que ella pierda a su hijo. En otra ocasión mata a puñaladas a un hombre, Zacarías, que cuestiona su virilidad.

sangre; me sube y me baja por el pecho, dejándome un regusto ácido en el paladar; mojándome la lengua con su aroma, secándome los dentros con su aire pesaroso y maligno como el aire de un nicho . . .

He parado algún tiempo de escribir; quizás hayan pasado veinte minutos, quizás una hora, quizás dos . . . Por el sendero--¡qué bien se veían desde mi ventana!-- pasaban unas personas. Probablemente ni pensaban en que yo les miraba, de naturales como iban. Eran dos hombres, una mujer y un niño; parecían contentos andando por el sendero . . . Los hombres tendrían treinta años cada uno; la mujer algo menos; el niño no pasaría de los seis. Iba descalzo, triscando como las cabras alrededor de las matas, vestido con una camisolina que le dejaba el vientre al aire . . . Trotaba unos pasitos adelante, se paraba, tiraba alguna piedra al pájaro que pasaba . . . No se parecía en nada, y sin embargo, ¡cómo me recordaba a mi hermano Mario![37]

La mujer debía de ser la madre; tenía la color morena, como todas, y una alegría en todo el cuerpo que mismo uno se sentía feliz al mirar para ella . . . Bien distinta era de mi madre sin embargo, ¿por qué sería que tanto me la recordaba? . . .

Usted me perdonará, pero no puedo seguir. Muy poco me falta para llorar... Usted sabe, tan bien como yo, que un hombre que se precie no debe dejarse acometer por los lloros como una mujer cualquiera.

Voy a continuar mi relato; triste es, bien lo sé, pero más tristes todavía me parecen estas filosofías, para las que no está hecho mi corazón: esa máquina que fabrica la sangre que alguna puñalada ha de verter . . .

[XVII]

Tres años me tuvieron encerrado,[38] tres años lentos, largos como la amargura, que si al principio creí que nunca pasarían, después pensé que habían sido un sueño; tres años trabajando, día a día, en el taller de zapatero del Penal; tomando, en los recreos, el sol en el patio, ese sol que tanto agradecía; viendo pasar las horas con el alma anhelante, las horas cuya cuenta--para mi mal--suspendió antes de tiempo mi buen comportamiento . . .

Da pena pensar que las pocas veces que en esta vida se me ocurrió no portarme demasiado mal, esa fatalidad, esa mala estrella[39] que, como ya más atrás le dije, parece como complacerse en acompañarme, torció y dispuso las cosas de forma tal que la bondad no acabó para servir a mi alma para maldita la cosa. Pero aún: no sólo para nada sirvió, sino que a fuerza de desviarse y de

---

[37]Muchacho deforme a quien Pacual le tiene cariño.

[38]Pacual acaba de volver a su pueblo.

[39]Destino.

degenerar siempre a algún mal peor me hubo de conducir. Si me hubiera portado mal, hubiera estado en Chinchilla[40] los veintiocho años que me salieron; me hubiera podrido vivo como todos los presos, me hubiera aburrido hasta enloquecer, hubiera desesperado, hubiera maldecido de todo lo divino, me hubiera acabado por envenenar del todo, pero allí estaría, purgando lo cometido, libre de nuevos delitos de sangre, preso y cautivo--bien es verdad--, pero con la cabeza tan segura sobre mis hombros como al nacer, libre de toda culpa, si no es el pecado original; si me hubiera portado ni fu ni fa,[41] como todos sobre poco más o menos, los veintiocho años se hubieran convertido en catorce o dieciséis, mi madre se hubiera muerto de muerte natural para cuando yo consiguiese la libertad, mi hermana Rosario habría perdido ya su juventud, con su juventud su belleza, y con su belleza su peligro, y yo--este pobre yo, este desgraciado derrotado que tan poca compasión en usted y en la sociedad es capaz de provocar--hubiera salido manso como una oveja, suave como una manta, y alejado probablemente del peligro de una nueva caída. A estas horas estaría quién sabe si viviendo, tranquilo, en cualquier lugar, dedicado a algún trabajo que me diera para comer, tratando de olvidar lo pasado para no mirar más que para lo por venir; a lo mejor lo habría conseguido ya . . . Pero me porté lo mejor que pude, puse buena cara al mal tiempo, cumplí excediéndome lo que se me ordenaba, logré enternecer a la justicia, conseguí los buenos informes del Director. . ., y me soltaron; me abrieron las puertas, me dejaron indefenso ante todo lo malo; me dijeron:

--Has cumplido, Pascual; vuelve a la lucha, vuelve a la vida, vuelve a aguantar a todos, a hablar con todos, a rozarte otra vez con todos . . .

Y creyendo que me hacían un favor, me hundieron para siempre.

Estas filosofías no se me habían ocurrido de la primera vez que este capítulo--y los dos que siguen--escribí; pero me los robaron (todavía no me he explicado por qué me los quisieron quitar), aunque a usted le parezca tan extraño que no me lo crea, y entristecido por un lado con esta maldad sin justificación que tanto dolor me causa, y ahogado en la repetición, por la otra banda, que me fuerza el recuerdo y me decanta las ideas, a la pluma me vinieron y, como no considero penitencia el contrariarme las voluntades, que bastantes penitencias para flaqueza de mi espíritu, ya que no para mis muchas culpas, tengo con lo que tengo, ahí las dejo, frescas como me salieron, para que usted las considere como le venga en gana.

Cuando salí encontré al campo más triste, mucho más triste, de lo que me había figurado. En los pensamientos que me daban cuando estaba preso, me lo imaginaba--vaya usted a saber por qué--verde y lozano como las praderas, fértil y hermoso como los campos de trigo, con los campesinos dedicados afano-

---

[40]Nombre de la prisión.

[41]**Ni...** ni bien ni mal.

samente a su labor, trabajando alegres de sol a sol, cantando, con la bota de vino a la vera[42] y la cabeza vacía de malas ocurrencias, para encontrarlo a la salida yermo y agostado como los cementerios, deshabitado y solo como una ermita lugareña al siguiente día de la Patrona [43]. . . Chinchilla es un pueblo ruin, como todos los manchegos, agobiado como por una honda pena, gris y macilento como todos los poblados donde la gente no asoma los hocicos al tiempo, y en ella no estuve sino el tiempo justo que necesité para tomar el tren que me había de devolver al pueblo, a mi casa, a mi familia; al pueblo que volvería a encontrar otra vez en el mismo sitio, a mi casa que resplandecía al sol como una joya, a mi familia que me esperaría para más lejos, que no se imaginaría que pronto habría de estar con ellos, a mi madre que en tres años a lo mejor Dios había querido suavizar, a mi hermana, a mi querida hermana, a mi santa hermana, que saltaría de gozo al verme . . .

El tren tardó en llegar, tardó muchas horas. Extrañado estoy de que un hombre que tenía en el cuerpo tantas horas de espera notase con impaciencia tal un retraso de hora más, hora menos, pero lo cierto es que así ocurría, que me impacientaba, que me descomponía el aguardar como si algún importante negocio me comiese los tiempos. Anduve por la estación, fui a la cantina, paseé por un campo que había contiguo . . . Nada; el tren no llegaba, el tren no asomaba todavía, lejano como aún andaba por el retraso. Me acordaba del Penal, que se veía allá lejos, por detrás del edificio de la estación; parecía desierto, pero estaba lleno hasta los bordes, guardador de un montón de desgraciados con cuyas vidas se podían llenar tantos cientos de páginas como ellos eran. Me acordaba del Director, de la última vez que le vi; era un viejecito calvo, con un bigote cano, y unos ojos azules como el cielo; se llamaba don Conrado. Yo le quería como a un padre, le estaba agradecido de las muchas palabras de consuelo que--en tantas ocasiones--para mí tuviera. La última vez que le vi fue en su despacho, adonde me mandó llamar.

--¿Da su permiso, don Conrado?

--Pasa, hijo.

Su voz estaba ya cascada por los años y por los achaques, y cuando nos llamaba hijos parecía como si se le enterneciera más todavía, como si le temblara el pasar por los labios. Me mandó sentar al otro lado de la mesa; me alargó la tabaquera, grande, de piel de cabra; sacó un librito de papel de fumar que me ofreció también . . .

--¿Un pitillo?

--Gracias, don Conrado.

Don Conrado se rio.

---

[42]**A...** cerca.

[43]La santa patrona del pueblo. El día de la santa patrona, los aldeanos visitan la ermita dedicada a ella, la que normalmente se encuentra en un lugar desierto.

--Para hablar contigo lo mejor es mucho humo . . . ¡Así se te ve menos esa cara tan fea que tienes!

Soltó la carcajada, una carcajada que al final se mezcló con un golpe de tos, con un golpe de tos que le duró hasta sofocarlo, hasta dejarlo abotargado y rojo como un tomate. Echó mano de un cajón y sacó dos copas y una botella de coñac. Yo me sobresalté; siempre me había tratado bien--cierto es--, pero nunca como aquel día.

--¿Qué pasa, don Conrado?

--Nada, hijo, nada . . . ¡Anda, bebe . . ., por tu libertad!

Volvió a acometerle la tos. Yo iba a preguntar:

--¿Por mi libertad?

Pero él me hacía señas con la mano para que no dijese nada. Esta vez pasó al revés; fue en risa en lo que acabó la tos.

--Sí. ¡Todos los pillos tenéis suerte!

Y se reía, gozoso de poder darme la noticia, contento de poder ponerme de patas en la calle. ¡Pobre don Conrado, qué bueno era! ¡Si él supiera que lo mejor que podría pasarme era no salir de allí! . . . Cuando volví a Chinchilla, a aquella casa, me lo confesó con lágrimas en los ojos, en aquellos ojos que eran sólo un poco más azules que las lágrimas.

--¡Bueno, ahora en serio! Lee . . .

Me puso ante la vista la orden de libertad. Yo no creía lo que estaba viendo.

--¿Lo has leído?

--Sí, señor.

Abrió una carpeta y sacó dos papeles iguales, el licenciamiento.

--Toma, para ti; con eso puedes andar por donde quieras . . . Firma aquí; sin echar borrones . . .

Doblé el papel, lo metí en la cartera . . . ¡Estaba libre! Lo que pasó por mí en aquel momento no lo sabría explicar . . . Don Conrado se puso grave; me soltó un sermón sobre la honradez y las buenas costumbres, me dio cuatro consejos sobre los impulsos que si hubiera tenido presentes me hubieran ahorrado más de un disgusto gordo, y cuando terminó, y como fin de fiesta, me entregó veinticinco pesetas en nombre de la «Junta de Damas Regeneradoras de los Presos», institución benéfica que estaba formada en Madrid para acudir en nuestro auxilio.

Tocó un timbre y vino un oficial de prisiones. Don Conrado me alargó la mano.

--Adiós, hijo. ¡Que Dios te guarde!

Yo no cabía en mí de gozo. Se volvió hacia el oficial.

--Muñoz, acompañe a este señor hasta la puerta. Llévelo antes a Administración; va socorrido con ocho días.[44]

A Muñoz no lo volví a ver en los días de mi vida. A don Conrado, sí; tres años y medio más tarde.

El tren acabó por llegar; tarde o temprano todo llega en esta vida, menos el perdón de los ofendidos, que a veces parece como que disfruta en alejarse. Monté en mi departamento y después de andar dando tumbos de un lado para otro durante día y medio, di alcance a la estación del pueblo, que tan conocida me era, y en cuya vista había estado pensando durante todo el viaje. Nadie, absolutamente nadie, si no es Dios que está en las Alturas, sabía que yo llegaba, y sin embargo--no sé por qué rara manía de las ideas--momento llegó a haber en que imaginaba el andén lleno de gentes jubilosas que me recibían con los brazos al aire, agitando pañuelos, voceando mi nombre a los cuatro vientos...

Cuando llegué, un frío agudo como una daga se me clavó en el corazón. En la estación no había nadie . . . Era de noche; el jefe, el señor Gregorio, con su farol de mecha que tenía un lado verde y el otro rojo, y su banderola enfundada en su caperuza de lata, acababa de dar salida al tren . . .

Ahora se volvería hacia mí, me reconocería, me felicitaría . . .

--¡Caramba, Pascual! ¡Y tú por aquí!

--Sí, señor Gregorio. ¡Libre!

--¡Vaya, vaya!

Y se dio media vuelta sin hacerme más caso. Se metió en su caseta. Yo quise gritarle:

--¡Libre, señor Gregorio! ¡Estoy libre!

Porque pensé que no se había dado cuenta. Pero me quedé un momento parado y desistí de hacerlo . . . La sangre se me agolpó a los oídos y las lágrimas estuvieron a pique de aparecerme en ambos ojos. Al señor Gregorio no le importaba nada mi libertad.

Salí de la estación con el fardo del equipaje al hombro, torcí por una senda que desde ella llevaba hasta la carretera donde estaba mi casa, sin necesidad de pasar por el pueblo, y empecé a caminar. Iba triste, muy triste; toda mi alegría la matara el señor Gregorio con sus tristes palabras, y un torrente de funestas ideas, de presagios desgraciados, que en vano yo trataba de ahuyentar, me atosigaban la memoria. La noche estaba clara, sin una nube, y la luna, como una hostia, allí estaba clavada, en el medio del cielo. No quería pensar en el frío que me invadía . . .

Un poco más adelante, a la derecha del sendero, hacia la mitad del camino, estaba el cementerio, en el mismo sitio donde lo dejé, con la misma tapia de adobes negruzcos, con su alto ciprés que en nada había mudado, con su lechuza silbadora entre las ramas . . . El cementerio donde descansaba mi padre de su

---

[44]**Va...** Le debemos una semana de sueldo. (Se les paga a los prisioneros el trabajo que hacen en la prisión.).

furia; Mario, de su inocencia; mi mujer, su abandono, y *El Estirao*, su mucha chulería . . . El cementerio donde se pudrían los restos de mis dos hijos, del abortado y de Pascualillo, que en los once meses de vida que alcanzó fuera[45] talmente un sol . . .

¡Me daba resquemor llegar al pueblo, así, solo, de noche, y pasar lo primero por junto al camposanto! ¡Parecía como si la Providencia se complaciera en ponérmelo delante, en hacerlo de propósito para forzarme a caer en la meditación de lo poco que somos!

La sombra de mi cuerpo iba siempre delante, larga, muy larga, tan larga como un fantasma, muy pegada al suelo, siguiendo el terreno, ora tirando recta por el camino, ora subiéndose a la tapia del cementerio, como queriendo asomarse. Corrí un poco; la sombra corrió también. Me paré; la sombra también paró. Miré para el firmamento; no había una sola nube en todo su redor. La sombra había de acompañarme, paso a paso, hasta llegar . . .

Cogí miedo, un miedo inexplicable; me imaginé a los muertos saliendo en esqueleto a mirarme pasar. No me atrevía a levantar la cabeza; apreté el paso; el cuerpo parecía que no me pesaba; el cajón tampoco . . . En aquel momento parecía como si tuviera más fuerza que nunca . . . Llegó el instante en que llegué a estar al galope como un perro huido; corría, corría como un loco, como desbocado, como un poseído. Cuando llegué a mi casa estaba rendido; no hubiera podido dar un paso más . . .

Puse el bulto en el suelo y me senté sobre él. No se oía ningún ruido; Rosario y mi madre estarían, a buen seguro, durmiendo, ajenas del todo a que yo había llegado, a que yo estaba libre, a pocos pasos de ellas. ¡Quién sabe si mi hermana no habría rezado una Salve[46]--la oración que más le gustaba--en el momento de meterse en la cama, porque a mí me soltasen! ¡Quién sabe si a aquellas horas no estaría soñando, entristecida, con mi desgracia, imaginándome tumbado sobre las tablas de la celda, con la memoria puesta en ella que fue el único afecto sincero que en mi vida tuve! Estaría a lo mejor sobresaltada, presa de una pesadilla . . .

Y yo estaba allí, estaba ya allí, libre, sano como una manzana, listo para volver a empezar, para consolarla, para mimarla, para recibir su sonrisa . . .

No sabía lo que hacer; pensé llamar . . . Se asustarían; nadie llama a estas horas. A lo mejor ni se atrevían a abrir; pero tampoco podía seguir allí, tampoco era posible esperar al día sobre el cajón . . .

Por la carretera venían dos hombres conversando en voz alta; iban distraídos, como contentos; venían de Almendralejo, quién sabe si de ver a las novias. Pronto los reconocí: eran León, el hermano de Martinete, y el señorito Sebastián. Yo me escondí; no sé por qué, pero su vista me apresuraba. Pasaron

---

[45]Había sido.

[46]Salve María, oración a la Virgen.

muy cerca de la casa, muy cerca de mí; su conversación era bien clara.

--Ya ves lo que a Pascual le pasó.

--Y no hizo más que lo hubiéramos hecho cualquiera.

--Defender a la mujer.

--Claro.

--Y está en Chinchilla, a más de un día de tren, ya va para tres años . . .

Sentí una profunda alegría; me pasó como un rayo por la imaginación la idea de salir, de presentarme ante ellos, de darles un abrazo . . ., pero preferí no hacerlo; en la cárcel me hicieron más calmoso, me quitaron impulsos . . .

Esperé a que se alejaran. Cuando calculé verlos ya suficientemente lejos, salí de la cuneta y fui a la puerta. Allí estaba el cajón; no lo habían visto. Si lo hubieran visto se hubieran acercado, y yo hubiera tenido que salir a explicarles, y se hubieran creído que me ocultaba, que los huía . . .

No quise pensarlo más; me acerqué hasta la puerta y di dos golpes sobre ella. Nadie me respondió; esperé unos minutos. Nada. Volví a golpearla, esta vez con más fuerza. En el interior se encendió un candil.

--¿Quién?

--¡Soy yo!

--¿Quién?

Era la voz de mi madre. Sentí alegría al oírla, para qué mentir.

--Yo, Pascual.

--¿Pascual?

--Sí, madre. ¡Pascual!

Abrió la puerta; a la luz del candil parecía una bruja.

--¿Qué quieres?

--¿Que qué quiero?

--Sí.

--Entrar. ¿Que voy a querer?

Estaba extraña. ¿Por qué me trataría así?

--¿Qué le pasa a usted, madre?

--Nada, ¿por qué?

--No, ¡como la veía como parada[47]!

Estoy por asegurar que mi madre hubiera preferido no verme. Los odios de otros tiempos parecían como querer volver a hacer presa en mí. Yo trataba de ahuyentarlos, de echarlos a un lado.

--¿Y la Rosario?

--Se fue.

--¿Se fue?

--Sí.

--¿Adónde?

---

[47]Asombrada, muy sorprendida.

--A Almendralejo.
--¿Otra vez?
--Otra vez.
--¿Liada?
--Sí.
--¿Con quién?
--¿A ti qué más te da?
Parecía como si el mundo quisiera caerme sobre la cabeza. No veía claro; pensé si no estaría soñando. Estuvimos los dos un corto rato callados.
--¿Y por qué se fue?
--¡Ya ves!
--¿No quería esperarme?
--No sabía que habías de venir. Estaba siempre hablando de ti . . .
¡Pobre Rosario, qué vida de desgracia llevaba con lo buena que era!
--¿Os faltó de comer?
--A veces.
--¿Y se marchó por eso?
--¡Quién sabe!
Volvimos a callar.
--¿La ves?
--Sí; viene con frecuencia . . . ¡Como él está también aquí!
--¿Él?
--Sí.
--¿Quién es?
--El señorito Sebastián.
Creí morir . . . Hubiera dado dinero por haberme visto todavía en el Penal...

[XVIII]

. . .

La novia que la Rosario me tenía preparada, en verdad que era una hermosa mujer. No era del tipo de Lola, sin más bien al contrario, algo así como un término medio entre ella y la mujer de Estévez, incluso algo parecida en el tipo--fijándose bien--al de mi hermana. Andaría por entonces por los treinta o treinta y dos años, que poco o nada se la notaban de joven y conservada como aparecía. Era muy religiosa y como dada a la mística, cosa rara por aquellas tierras, y se dejaba llevar de la vida, como los gitanos, sólo con el pensamiento puesto en aquello que siempre decía:

--¿Para qué variar? ¡Está escrito!

. . .

[XIX]

Llevábamos ya dos meses casados cuando me fue dado el observar que mi madre seguía usando de las mismas mañas y de iguales malas artes que antes de que me tuvieran encerrado. Me quemaba la sangre con su ademán, siempre huraño y como despegado, con su conversación hiriente y siempre intencionada, con el tonillo de voz que usaba para hablarme, en falsete y tan fingido como toda ella. A mi mujer, aunque transigía con ella, ¡qué remedio le quedaba!, no la podía ver ni en pintura,[48] y tan poco disimulaba su malquerer que la Esperanza, un día que estaba ya demasiado cargada, me planteó la cuestión en unas formas que pude ver que no otro arreglo sino el poner la tierra por en medio podría llegar a tener. La tierra por en medio se dice cuando dos se separan a dos pueblos distantes, pero, bien mirado, también se podría decir cuando entre el terreno en donde uno pisa y el otro duerme hay veinte pies de altura . . .

Muchas vueltas me dio en la cabeza la idea de la emigración; pensaba en la Coruña, o en Madrid, o bien más cerca, hacia la capital, pero el caso es que--¡quién sabe si por cobardía, por falta de decisión!--la cosa la fui aplazando, aplazando, hasta que cuando me lancé a viajar, con nadie que no fuese con mis mismas carnes, o con mi mismo recuerdo, hubiera querido poner la tierra por en medio . . . La tierra que no fue bastante grande para huir de mi culpa . . . La tierra que no tuvo largura ni anchura suficiente para hacerse la muda ante el clamor de mi propia conciencia . . .

Quería poner tierra entre mi sombra y yo, entre mi nombre y mi recuerdo y yo, entre mis mismos cueros y mí mismo, este mí mismo del que, de quitarle la sombra y el recuerdo, los nombres y los cueros, tan poco quedaría . . .

Hay ocasiones en las que más vale borrarse como un muerto, desaparecer de repente como tragado por la tierra, deshilarse en el aire como el copo de humo . . . Ocasiones que no se consiguen, pero que de conseguirse nos transformarían en ángeles, evitarían el que siguiéramos enfangados en el crimen y el pecado, no liberarían de este lastre de carne contaminada del que, se lo aseguro, no volveríamos a acordarnos para nada--tal horror le tomamos--de no ser que constantemente alguien se encarga de que no nos olvidemos de el, alguien se preocupa de aventar sus escorias para herirnos los olfatos del alma . . . ¡Nada hiede tanto ni tan mal como la lepra que lo malo pasado deja por la conciencia, como el dolor de no salir del mal pudriéndonos ese osario de esperanzas muertas, al poco de nacer, que--¡desde hace tanto tiempo ya!--nuestra triste vida es! . . .

La idea de la muerte llega siempre con paso de lobo, con andares de culebra, como todas las peores imaginaciones. Nunca de repente llegan las

---

[48]**No...** no le gustaba en absoluto.

ideas que nos trastornan; lo repentino ahoga unos momentos, pero nos deja, al marchar, largos años de vida por delante. Los pensamientos que nos enloquecen con la peor de las locuras, la de la tristeza, siempre llegan poco a poco y como sin sentir, como sin sentir invade la niebla los campos, o la tisis los pechos... Avanza, fatal, incansable, pero lenta, despaciosa, regular como el pulso. Hoy no la notamos; a lo mejor mañana tampoco, ni pasado mañana, ni en un mes entero. Pero pasa ese mes y empezamos a sentir amarga la comida, como doloroso el recordar; y estamos picados.[49] Al correr de los días y las noches nos vamos volviendo huraños, solitarios; en nuestra cabeza se cuecen las ideas, las ideas que han de ocasionar el que nos corten la cabeza donde se cocieron,[50] quién sabe si para que no siga trabajando tan atrozmente. Pasamos a lo mejor hasta semanas enteras sin variar; los que nos rodean se acostumbraron ya a nuestra adustez y ya ni extrañan siquiera nuestro extraño ser. Pero un día el mal crece, como los árboles, y engorda, y ya no saludamos a la gente; y vuelven a sentirnos como raros y como enamorados. Vamos enflaqueciendo, enflaqueciendo, y nuestra barba hirsuta es cada vez más lacia. Empezamos a sentir el odio que nos mata; ya no aguantamos el mirar; nos duele la conciencia, pero, ¡no importa!, ¡más vale que duela! Nos escuecen los ojos, que se llenan de un agua venenosa cuando miramos fuerte. El enemigo nota nuestro anhelo, pero está confiado; el instinto no miente. La desgracia es alegre, acogedora, y el más tierno sentir gozamos en hacerlo arrastrar sobre la plaza inmensa de vidrios que va siendo ya nuestra alma . . . Cuando huimos como las corzas, cuando el oído sobresalta nuestros sueños, estamos ya minados por el mal; ya no hay solución, ya no hay arreglo posible. Empezamos a caer, vertiginosamente ya, para no volvernos a levantar en vida . . . Quizás para levantarnos un poco a última hora, antes de caer de cabeza hasta el infierno . . . Mala cosa.

Mi madre sentía una insistente satisfacción en tentarme los genios, en los que el mal iba creciendo como las moscas al olor de los muertos. La bilis que tragué me envenenó el corazón, y tan malos pensamientos llegaba por entonces a discurrir, que llegué a estar asustado de mi mismo coraje. No quería ni verla; los días pasaban iguales los unos a los otros, con el mismo dolor clavado en las entrañas, con los mismos presagios de tormenta nublándonos la vista . . .

El día que decidí hacer uso del hierro tan agobiado estaba, tan cierto de que el mal había que sangrarlo, que no sobresaltó ni un ápice mis pulsos la idea de la muerte de mi madre. Era algo fatal que había de venir y que venía, que yo había de causar y que no podía evitar aunque quisiera, porque me parecía imposible cambiar de opinión, volverme atrás, evitar lo que ahora daría una mano porque no hubiera ocurrido, pero que entonces gozaba en provocar con el

---

[49]**Estamos...** Nos ha agarrado, se nos ha metido en la cabeza.

[50]**Las...** las ideas que causarán que nos corten la cabeza en el lugar en que se originaron.

mismo cálculo y la misma meditación por lo menos con los que un labrador emplearía para pensar en sus trigales . . .

Estaba todo bien preparado; me pasé largas noches enteras pensando en lo mismo para envalentonarme, para tomar fuerzas; afilé el cuchillo de monte, con su larga y ancha hoja que se parecía las hojas del maíz, con su canalito que lo cruzaba, con sus cachas de nácar que le daban un aire retador . . . Sólo faltaba entonces emplazar la fecha; y después no titubear, no volverse atrás, llegar hasta el final costase lo que costase, mantener la calma . . ., y luego herir, herir sin pena, rápidamente, y huir, huir muy lejos, a La Coruña, huir donde nadie pudiera saberlo, donde se me permitiera vivir en paz esperando el olvido de las gentes, el olvido que me dejase volver para empezar a vivir de nuevo . . .

La conciencia no me remordería; no habría motivo. La conciencia sólo remuerde de las injusticias cometidas: de apalear a un niño, de derribar una golondrina . . . Pero de aquellos actos a los que nos conduce el odio, a los que vamos como adormecidos por una idea que nos obsesiona, no tenemos que arrepentirnos jamás, jamás nos remuerde la conciencia.

Fue el 10 de febrero de 1922. Cuadró en viernes aquel año, el 10 de febrero. El tiempo estaba claro como es ley que ocurriera por el país[51]; el sol se agradecía y en la plaza me parece como recordar que hubo aquel día más niños que nunca jugando a las canicas o a las tabas. Mucho pensé en aquello, pero procuré vencerme y lo conseguí; volverme atrás hubiera sido fatal para mí, me hubiera conducido a la muerte, quién sabe si al suicidio. Me hubiera acabado por encontrar en el fondo del Guadiana,[52] debajo de las ruedas del tren . . . No, no era posible cejar, había que continuar adelante, siempre adelante, hasta el fin. Era ya una cuestión de amor propio.

Mi mujer algo debió de notarme.

--¿Qué vas a hacer?

--Nada, ¿por qué?

--No sé; parece como si te encontrases extraño.

--¡Tonterías!

La besé, por tranquilizarla; fue el último beso que le di. ¡Qué lejos de saberlo estaba yo entonces! Si lo hubiera sabido me hubiera estremecido . . .

--¿Por qué me besas?

Me dejó de una pieza.[53]

--¿Por qué no te voy a besar?

Sus palabras mucho me hicieron pensar. Parecía como si supiera todo lo que iba a ocurrir, como si estuviera ya al cabo de la calle.

El sol se puso por el mismo sitio que todos los días. Vino la noche . . .

---

[51]**Como...** como normalmente lo es por el país.

[52]El río principal de Badajoz.

[53]**De...** atónito.

cenamos . . . se metieron en la cama . . . Yo me quedé, como siempre, jugando con el rescoldo del hogar. Hacía ya tiempo que no iba a la taberna de Martinete.

Había llegado la ocasión, la ocasión que tanto tiempo había estado esperando. Había que hacer de tripas corazón,[54] acabar pronto, lo más pronto posible. La noche es corta y en la noche tenía que haber pasado ya todo y tenía que sorprenderme la amanecida a muchas leguas del pueblo.

Estuve escuchando un largo rato. No se oía nada. Fui al cuarto de mi mujer; estaba dormida y la dejé que siguiera durmiendo. Mi madre dormitaría también a buen seguro.[55] Volví a la cocina; me descalcé; el suelo estaba frío y las piedras del suelo se me clavaban en la planta del pie. Desenvainé el cuchillo, que brillaba a la llama como un sol . . .

Allí estaba, echada bajo las sábanas, con su cara muy pegada a la almohada. No tenía más que echarme sobre el cuerpo y acuchillarlo. No se movería, no daría ni un solo grito, no le daría tiempo . . . Estaba ya al alcance del brazo, profundamente dormida, ajena--¡Dios, qué ajenos están siempre los asesinados a su suerte!--a todo lo que le iba a pasar. Quería decidirme, pero no lo acababa de conseguir; vez hubo ya de tener el brazo levantado, para volver a dejarlo caer otra vez todo a lo largo del cuerpo.

Pensé cerrar los ojos y herir. No podía ser; herir a ciegas es como no herir, es exponerse a herir en el vacío . . . Había que herir con los ojos bien abiertos, con los cinco sentidos puestos en el golpe. Había que conservar la serenidad, que recobrar la serenidad que parecía ya como si estuviera empezando a perder ante la vista del cuerpo de mi madre . . . El tiempo pasaba y yo seguía allí, parado, inmóvil como una estatua, sin decidirme a acabar. No me atrevía; después de todo era mi madre, la mujer que me había parido, y a quien sólo por eso había que perdonar . . . No; no podía perdonarla porque me hubiera parido. Con echarme al mundo no me hizo ningún favor, absolutamente ninguno . . . No había tiempo que perder. Había que decidirse de una buena vez . . . Momento llegó a haber en que estaba de pie y como dormido, con el cuchillo en la mano, como la imagen del crimen . . . Trataba de vencerme, de recuperar mis fuerzas, de concentrarlas. Ardía en deseos de acabar pronto, rápidamente, y de salir corriendo hasta caer rendido, en cualquier lado. Estaba agotándome; llevaba una hora larga al lado de ella, como guardándola, como velando su sueño. ¡Y había ido a matarla, a eliminarla, a quitarle la vida a puñaladas! . . .

Quizás otra hora llegara ya a pasar. No; definitivamente, no. No podía; era algo superior a mis fuerzas, algo que me revolvía la sangre. Pensé huir. A lo mejor hacía ruido al salir; se despertaría, me reconocería. No, huir tampoco podía; iba indefectiblemente camino de la ruina . . . No había más solución que golpear, golpear sin piedad, rápidamente, para acabar lo más pronto posible.

---

[54]**Hacer...** hacerme valiente.

[55]**A...** seguramente.

Pero golpear tampoco podía . . . Estaba metido como en un lodazal donde me fuese hundiendo, poco a poco, sin remedio posible, sin salida posible . . . El barro me llegaba ya hasta el cuello. Iba a morir ahogado como un gato . . . Me era completamente imposible matar; estaba como paralítico . . .

Di la vuelta para marchar. El suelo crujía. Mi madre se revolvió en la cama.

--¿Quién anda por ahí?

Entonces sí que ya no había solución. Me abalancé sobre ella y la sujeté. Forcejeó, se escurrió . . . Momento hubo en que llegó a tenerme cogido por el cuello. Gritaba como una condenada. Luchamos; fue la lucha más tremenda que usted se puede imaginar. Rugíamos como bestias, la baba nos asomaba a la boca . . . En una de las vueltas vi a mi mujer, blanca como una muerta, parada a la puerta sin atreverse a entrar. Traía un candil en la mano, el candil a cuya luz pude ver la cara de mi madre, morada como un hábito de nazareno . . . Seguíamos luchando; llegué a tener la vestiduras rasgadas, el pecho al aire. La condenada tenía más fuerzas que un demonio. Tuve que usar de toda mi hombría para tenerla quieta. Quince veces que la sujetara, quince veces que se me había de escurrir. Me arañaba, me daba patadas y puñetazos, me mordía. Hubo un momento en que con la boca me cazó un pezón--el izquierdo--y me lo arrancó de cuajo. Fue en el momento mismo en que pude clavarle la hoja en la garganta . . .

La sangre salía como desbocada y me golpeó la cara. Estaba caliente como un vientre y sabía lo mismo que la sangre de los corderos . . .

La solté y salí huyendo. Choqué con mi mujer a la salida; se le apagó el candil. Cogí el campo y corrí, corrí sin descanso, durante horas enteras. El campo estaba fresco y una sensación como de alivio me corrió las venas. . .

Podía respirar . . .

OTRA NOTA DEL TRANSCRIPTOR

Hasta aquí las cuartillas manuscritas de Pascual Duarte. Si lo agarrotaron a renglón seguido,[56] *o si todavía tuvo tiempo de escribir más hazañas, y éstas se perdieron, es una cosa que por más que hice no he podido esclarecer.*

El Licenciado don Benigno Bonilla, dueño de la farmacia de Almendralejo, donde, como ya dije, encontré lo que atrás dejo transcrito, me dio toda suerte de facilidades para seguir rebuscando. A la botica le di la vuelta como un calcetín; miré hasta en los botes de porcelana, detrás de los frascos, encima--y debajo--de los armarios, en el cajón del bicarbonato . . . aprendí nombres hermosos--ungüento del hijo de Zacarías, del boyero y del cochero, de pez y resina, de pan de puerco, de bayas de laurel, de la Caridad, contra el pedero del

[56]**A...** mientras escribía estos renglones.

ganado lanar--, *tosí con la mostaza, me dieron arcadas con la valeriana, me lloraron los ojos con el amoníaco, pero por más vueltas que di, y por más padrenuestros que le recé a San Antonio*[57] *para que me pusiera algo a los alcances de mi mano, ese algo no debía existir porque jamás lo atopé.*

Es una contrariedad no pequeña esta falta absoluta de datos de los últimos años de Pascual Duarte. Por un cálculo, no muy difícil, lo que parece evidente es que volviera de nuevo al penal de Chinchilla (de sus mismas palabras se infiere) donde debió estar hasta el año 35 o quién sabe si hasta el 36. Desde luego, parece descartado que salió de presidio antes de empezar la guerra. Sobre lo que no hay manera humana de averiguar nada es sobre su actuación durante los quince días de revolución que pasaron sobre su pueblo; si hacemos excepción del asesinato del señor González de la Riva--del que nuestro personaje fue autor convicto y confeso--nada más, absolutamente nada más, hemos podido saber de él, y aun de su crimen sabemos, cierto es, lo irreparable y evidente, pero ignoramos, porque Pascual se cerró a la banda y no dijo esta boca es mía[58] *más que cuando le dio la gana, que fue muy pocas veces, los motivos que tuvo y los impulsos que le acometieron. Quizás de haberse diferido algún tiempo su ejecución, hubiera llegado él en sus memorias hasta este punto y lo hubiera tratado con amplitud, pero lo cierto es que, como no ocurrió, la laguna que al final de sus días aparece no de otra forma que a base de cuento y de romance podría llenarse, solución que repugna a la veracidad de este libro.*

La carta de P. D. a don Joaquín Barrera debió escribirla al tiempo de los capítulos XII y XIII, los dos únicos en los que empleó tinta morada, idéntica a la de la carta al citado señor, lo que viene a demostrar que Pascual no suspendió definitivamente, como decía, su relato, sino que preparó la carta con todo cálculo para que surtiese su efecto a su tiempo debido, precaución que nos presenta a nuestro personaje no tan olvidadizo ni atontado como a primera vista pareciera. Lo que está del todo claro, porque nos lo dice el cabo de la Guardia Civil, Cesáreo Martín, que fue quien recibió el encargo, es la forma en que se dio traslado al fajo de cuartillas desde la cárcel de Badajoz hasta la casa en Mérida del señor Barrera.

En mi afán de aclarar en lo posible los últimos momentos del personaje, me dirigí en carta a don Santiago Lurueña, capellán entonces de la cárcel y hoy cura párroco de Magacela (Badajoz) y a don Cesáreo Martín, número de la Guardia Civil con destino en la cárcel de Badajoz entonces y hoy cabo comandante del puesto de La Vecilla (León), y personas ambas que por su oficio estuvieron cercanas al criminal cuando le tocó pagar deudas a la justicia.

---

[57]Santo que ayuda a la gente a encontrar las cosas perdidas.

[58]**Esta...** nada.

He aquí las cartas:

Magacela (Badajoz), a 9 de enero de 1942.

Muy distinguido señor mío y de mi mayor consideración:

Recibo en estos momentos, y con evidente retraso, su atenta carta del 18 del anterior mes de diciembre, y las 359 cuartillas escritas a máquina conteniendo las memorias del desgraciado Duarte. Me lo remite todo ello don David Freire Ángulo, actual capellán de la cárcel de Badajoz, y compañero de un servidor allá en los años moceriles del Seminario, en Salamanca. Quiero apaciguar el clamor de mi conciencia estampando estas palabras no más abierto el sobre, para dejar para mañana, Dios mediante, la continuación, después de haber leído, siguiendo sus instrucciones y mi curiosidad, el fajo que me acompaña.

(Sigo el 10.[59])

Acabo de leer de una tirada, aunque--según Herodoto[60]-- no sea forma noble de lectura, las confesiones de Duarte, y no tiene usted idea de la impresión profunda que han dejado en mi espíritu, de la honda huella, del marcado surco que en mi alma produjeran. Para un servidor, que recogiera sus últimas palabras de arrepentimiento con el mismo gozo con que recogiera la más dorada mies el labrador, no deja de ser fuerte impresión la lectura de lo escrito por el hombre que quizá a la mayoría se les figure una hiena (como a mí se me figuró también cuando fui llamado a su celda), aunque al llegar al fondo de su alma se pudiese conocer que no otra cosa que un manso cordero, acorralado y asustado por la vida, pasara de ser.

Su muerte fue de ejemplar preparación y únicamente a última hora, al faltarle la presencia de ánimo, se descompuso un tanto, lo que ocasionó que el pobre sufriera con el espíritu lo que se hubiera ahorrado de tener mayor valentía.

Dispuso los negocios del alma con un aplomo y una serenidad que a mí me dejaron absorto y pronunció delante de todos, cuando llegó el momento de ser conducido al patio, un *¡Hágase la voluntad del Señor!* que mismo nos dejara maravillados con su edificante humildad. ¡Lástima que el enemigo[61] le robase sus últimos instantes, porque si no, a buen seguro que su muerte habría de haber sido tenida como santa! Ejemplo de todos los que la presenciamos hubo de ser (hasta que perdiera el dominio, como digo), y provechosas consecuencias para mi dulce ministerio de la cura de almas, hube de sacar de todo lo que vi. ¡Que Dios lo haya acogido en su santo seno!

---

[59]El 10 de enero (al día siguiente).

[60]Historiador griego (¿484?-¿420?), llamado Padre de la Historia.

[61]Demonio.

Reciba, señor, la prueba del más seguro afecto en el saludo que le envía su humilde

S. LURUEÑA, Presbítero

P.D. -- Lamento no poder complacerle en lo de la fotografía, y no sé tampoco cómo decirle para que pudiera arreglarse.

Una. Y la otra.

La Vecilla (León), 12-1-42

Muy señor mío:

Acuso recibo de su atenta particular del 18 de diciembre, deseando que al presente se encuentre usted gozoso de tan buena salud como en la fecha citada. Yo, bien--a Dios gracias sean dadas--, aunque más tieso que un palo en este clima que no es no para desearlo al más grande criminal. Y paso a informarle de lo que me pide, ya que no veo haya motivo alguno del servicio que me lo impida, ya que de haberlo usted me habría de dispensar, pero yo no podría decir ni una palabra. Del tal Pascual Duarte de que me habla ya lo creo que me recuerdo, pues fue el preso más célebre que tuvimos que guardar en mucho tiempo; de la salud de su cabeza no daría yo fe aunque me ofreciesen Eldorado,[62] porque tales cosas hacía que a las claras atestiguaba su enfermedad. Antes de que confesase ninguna vez, todo fue bien; pero en cuanto que lo hizo la primera se conoce que le entraron escrúpulos y remordimientos y quiso purgarlos con la penitencia; el caso es que los lunes, porque si había muerto su madre, y los martes, porque si martes había sido el día que matara al señor Conde de Torremejía, y los miércoles, porque si había muerto no sé quién, el caso es que el desgraciado se pasaba las medias semanas voluntariamente sin probar bocado, que tan presto se le hubieron de ir las carnes que para mí que al verdugo no demasiado trabajo debiera costarle el hacer que los dos tornillos llegaran a encontrarse en el medio del gaznate. El muy desgraciado se pasaba los días escribiendo, como poseído de la fiebre, y como no molestaba y además el Director era de tierno corazón y nos tenía ordenado le aprovisionásemos de lo que fuese necesitando para seguir escribiendo, el hombre se confiaba y no cejaba ni un instante. En una ocasión me llamó, me enseñó una carta dentro de un sobre abierto (*para que la lea usted, si quiere*, me dijo) dirigido a don Joaquín Barrera López, en Mérida, y me dijo en un tono que nunca llegué a saber si fuera de súplica o de mandato:

---

[62]País legendario de América que se creía emporio de grandes riquezas.

--*Cuando me lleven, coge usted esta carta, arregla un poco este montón de papeles, y se lo da todo a este señor. ¿Me entiende?*

Y añadía después mirándome a los ojos y poniendo tal misterio en su mirar que me sobrecogía:

--*¡Dios se lo habrá de premiar . . . porque yo así se lo pediré!*

Yo le obedecí, porque no vi mal en ello, y porque he sido siempre respetuoso con las voluntades de los muertos.

En cuanto a su muerte, sólo he de decirle que fue completamente corriente y desgraciada y que aunque al principio se sintiera flamenco y soltase delante de todo el mundo un *¡Hágase la voluntad del Señor!* que nos dejó como anonadados, pronto se olvidó de mantener la compostura. A la vista del patíbulo se desmayó y cuando volvió en sí tales voces daba de que no quería morir y de que lo que hacían con él no había derecho, que hubo de ser llevado a rastras hasta el banquillo. Allí besó por última vez un crucifijo que le mostró el Padre Santiago, que era el capellán de la cárcel y mismamente un santo, y terminó sus días escupiendo y pataleando, sin cuidado ninguno de los circunstantes, y de la manera más ruin y más baja que un hombre puede terminar; demostrando a todos su miedo a la muerte.

Le ruego que si le es posible me envíe dos libros en vez de uno, cuando estén impresos. El otro es para el teniente de la línea que me indica que le abonará el importe a reembolso, si es que a usted le parece bien.

Deseando haberle complacido, le saluda atentamente s. s. s. q. e. s. m.,[63]

CESÁREO MARTÍN

Tardé en recibir su carta y ése es el motivo de que haya tanta diferencia entre las fechas de las dos. Me fue remitida desde Badajoz y la recibí en ésta el 10, sábado, o sea antes de ayer. Vale.

¿Qué más podría yo añadir a lo dicho por estos señores?

Madrid, 1942

---

[63]Fórmula que se usa para terminar una carta: su seguro servidor que estima a su merced.

Temas

1. ¿Qué actitud revela Pascual hacia su familia y hacia sí mismo en la descripción de su juventud y de su pueblo?

2. ¿Cómo justifica el haber matado a su perra? ¿Por qué es significativo este incidente? ¿Por qué mata a El Estirao? ¿Qué revela esto acerca de su carácter?

3. ¿Por qué se describe como víctima? ¿En qué situaciones habla de la fatalidad o del destino? ¿En qué pasajes vemos su tendencia de culpar a otros? ¿Qué revelan expresiones como «me dejaron indefenso ante todo lo malo», «me hundieron para siempre», «me hicieron más calmoso, me quitaron impulsos»? ¿Cómo sabemos que Pascual se siente impotente ante el destino? En su opinión, ¿es víctima o no?

4. ¿Qué siente por su hermana menor? ¿Qué revelan estas emociones acerca de su personalidad?

5. ¿Qué edad tiene Pascual cuando escribe sus memorias? ¿Bajo qué circunstancias las escribe? ¿Cómo influyen en su manera de percebir las cosas? ¿Es Pascual un narrador fidedigno o no? Explique.

6. ¿En qué pasajes se revela el lado tierno y lírico de Pascual? ¿Qué contradicciones existen en su personalidad? ¿Cómo describe la libertad?

7. Al salir del Penal, ¿cómo piensa Pascual que lo van a recibir en el pueblo? ¿Son realistas sus esperanzas? ¿Qué recepción le dan? ¿Por qué se desilusiona? ¿Qué revelan sus comentarios sobre su carácter?

8. ¿Cómo empieza a crecer en su mente la idea de matar a su madre? ¿Por qué insiste en que se trata de una idea que poco a poco se apodera de su mente? ¿Cómo crea tensión Cela en la escena en que Pascual entra en el cuarto de su madre? ¿En qué sentido es este asesinato un acto de auto-destrucción?

9. ¿Cuál es la función de las notas del transcriptor?

10. Además de Pascual, ¿cuántos narradores hay en esta novela? ¿Son más fidedignos que él? ¿Qué opiniones contradictorias se expresan con respecto a los últimos momentos de Pascual Duarte? ¿Qué implica el autor sobre la posibilidad de conocer la verdad?

Octavio Paz

ENRICO MARIO SANTÍ
Georgetown University

Comencé a escribir poemas. No sabía qué me llevaba a escribirlos: estaba movido por una necesidad interior difícilmente definible. Apenas ahora he comprendido que entre lo que he llamado mi expulsión del presente y escribir poemas había una relación secreta. La poesía está enamorada del instante y quiere revivirlo en un poema; lo aparta de la sucesión y lo convierte en presente fijo. Pero en aquella época yo escribía sin preguntarme por qué lo hacía. Buscaba la puerta de entrada al presente: quería ser de mi tiempo y de mi siglo. Un poco después esta obsesión se volvió idea fija: quise ser un poeta moderno. Comenzó mi búsqueda de la modernidad.

«La búsqueda del presente»

Con esas palabras, Octavio Paz recibió el premio Nobel de Literatura de 1990 el 10 de diciembre. Al otorgárselo, la Academia Sueca invocaba en particular la «escritura apasionada de amplios horizontes» del escritor, «caracterizada por una inteligencia sensual e integridad humanista». Las palabras de la Academia reconocían, a su vez, sesenta años de una obra poética e intelectual que ha hecho de Paz, hoy por hoy, el escritor más importante del mundo. La noticia no fue una sorpresa para los que estudiamos a diario la literatura latinoamericana, y la mayoría reaccionó con el convencimiento de que Paz se merecía el premio desde hace años. No es exagerado decir, por eso, que con este premio la Academia Sueca contrarrestaba las críticas que le ganaron su antigua e injusta indiferencia hacia otros candidatos latinoamericanos igualmente merecedores (como Borges o Lezama Lima) que pasaron a la historia sin jamás haber recibido el laurel. No era sólo un premio a Octavio Paz sino una reivindicación más de la nueva literatura latinoamericana.

El escritor nació en la ciudad de México el 31 de marzo de 1914, año doblemente marcado por el comienzo de la Primera Guerra Mundial y por esa crisis nacional que se conoce como la Revolución Mexicana. A los pocos días de nacido, el niño y su familia se mudan a Mixcoac, que en aquel entonces era apenas una aldea de las afueras de la ciudad, a casa del abuelo paterno Ireneo

Paz. En su tiempo, Ireneo había sido un escritor liberal y periodista de renombre, dueño de un importante periódico y autor de una serie popular de novelas históricas. Para 1918, en medio de los años más duros de la Revolución, el niño y sus padres se marchan a los Estados Unidos (primero a San Antonio y luego a Los Ángeles), donde su padre hizo las veces de delegado personal del líder agrario Emiliano Zapata.

De regreso a Mixcoac en 1920, el niño Octavio pasa su educación primaria primero en la escuela Marista local y luego en el Williams College, de corte liberal británico. Pero es en la fabulosa biblioteca de su abuelo, uno de dos centros vitales de esa casona, que el niño descubrirá los clásicos: «Vivía en un pueblo de las afueras de la ciudad de México, en una vieja casa ruinosa con un jardín selvático y una gran habitación llena de libros . . . El jardín se convirtió en el centro del mundo y la biblioteca en una caverna encantada», recordará en su discurso del Nóbel. Además de los padres y los abuelos, la familia incluye en esos años a una tía, Amalia Paz, quien le enseña francés al niño; con el tiempo, ese idioma, más que una nueva lengua, será una ventana al mundo exterior.

Ya para 1929, cuando el joven de 15 años estaba por graduarse de la secundaria, sus lecturas incluían a los anarquistas rusos, cuya doctrina rebelde le vale en un momento una expulsión de la escuela. Y es con esos antecedentes que el joven Paz ingresa al año siguiente en la Escuela Nacional Preparatoria «San Ildefonso», la más prestigiosa del país y cuna de líderes mexicanos. Durante sus años en la «Prepa» Paz publica sus primeros escritos. Un primer poema, titulado «Cabellera», aparece el 2 de agosto de 1931 en el suplemento del domingo de *El Nacional*; y un primer ensayo, «Ética del artista», aparece el mismo mes de agosto en *Barandal*, la revista estudiantil que Paz y un grupo de amigos fundan y la primera de varias que Paz organizará a lo largo de su vida intelectual. Esa doble vocación--poeta y ensayista volcado sobre el sentido de la poesía--será una de sus definiciones más consistentes. «Cabellera» era algo más que su primer poema erótico, pues contenía el germen de lo que con el tiempo llegaría a ser uno de los temas constantes en su imaginación poética: la analogía del mundo y el cuerpo de la mujer. Y su primer ensayo demuestra, a su vez, las tensiones entre compromiso ético y libertad estética que para entonces se debatían en el espíritu del escritor adolescente. Para 1932, el año en que Paz ingresa en la Escuela de Derecho de la Universidad de México, ha fundado ya una segunda revista (*Cuadernos del Valle de México*), y justo al año siguiente publica su primera *plaquette*: *Luna silvestre*, colección de siete poemas líricos que muestran una primeriza influencia de Juan Ramón Jiménez. Esa naciente vocación poética se reforzará apenas un año después cuando el poeta español Rafael Alberti, entonces en gira de recitales en México, le dé un espaldarazo público durante un recital de un grupo de jóvenes mexicanos.

El comienzo de la Guerra Civil en España en el verano de 1936 hará que Paz se una a la legión de poetas que reaccionaron a favor de la joven república.

Su contribución inmediata fue «¡No pasarán!», un poema político cuya venta, en forma de panfleto, el autor dona íntegramente a la filial mexicana del Frente Popular Español. El contraste entre el tono estridente de este poema y el muy distinto de *Raíz del hombre*, un extenso poema erótico de diecisiete secciones que publica al año siguiente, demuestra las tensiones de esos tanteos poéticos. Pero es ese segundo libro de poemas el que resulta el primero en ser reseñado, y nada menos que por Jorge Cuesta, miembro del célebre grupo de *Contemporáneos*, para quien el libro es toda una promesa. Su publicación, en cambio, coincide también con una serie de rupturas: «Dejé, al mismo tiempo, la casa, los estudios y la Ciudad de México. Fue mi primera salida», ha dicho el escritor de 1937, año axial en su vida. Faltándole apenas el examen final para obtener su título de derecho, se marcha a Mérida, capital del estado de Yucatán, para fundar una escuela pública para hijos de obreros y campesinos. De su experiencia de tres meses con la pobreza de Yucatán concebirá el poema extenso *Entre la piedra y la flor*, su tercer libro, y que no se publicará hasta cuatro años después. Y otra serie de cambios le aguardan a su regreso a México: su matrimonio con Elena Garro y su aceptación de una invitación al Segundo Congreso Internacional de Escritores en Defensa de la Cultura, a celebrarse en julio en medio de una España en guerra.

El viaje a España fue decisivo para Paz, política y personalmente. Su asistencia al Congreso fue más bien simbólica, pues Paz no era miembro de la LEAR (Liga de Escritores y Artistas Revolucionarios), pero la invitación significaba un importante reconocimiento de su promesa. Pablo Neruda, el poeta chileno que con los años llegaría a ser él mismo otro laureado del Nóbel, era uno de los organizadores del Congreso, y había invitado a Paz después de recibir un ejemplar de *Raíz del hombre*. Es en ese congreso que Paz tiene la oportunidad de conocer a muchos de los escritores más importantes del momento--además de Alberti, quien organiza el evento junto a Neruda, se contaban escritores españoles de renombre, como Luis Cernuda, Miguel Hernández, y Antonio Machado, amén de los más jóvenes como Arturo Serrano-Plaja o Juan Gil-Albert; o bien latinoamericanos como César Vallejo y Vicente Huidobro; o europeos como André Malraux, Stephen Spender e Ilya Ehrenburg. El congreso dura ocho días, con sesiones sucesivas en Valencia, Madrid y Barcelona, y sostiene sus últimas reuniones en París. El propio Paz, sin embargo, permanece en España hasta octubre, durante cuyo tiempo llega a visitar el frente y a publicar un pequeño libro de poemas, *Bajo tu clara sombra y otros poemas sobre España*, en la imprenta del poeta Manuel Altolaguirre.

A su regreso a México, a principios de 1938, Paz vuelve a emprender la defensa de la República Española. De ahí que se incorpore a la redacción del diario sindicalista *El Popular*, que participe en demostraciones a favor de la república, recopile *Voces de España*, una antología de poetas españoles, y poco después ayude a fundar *Taller*, la tercera de sus revistas, donde acoge a muchos de los escritores españoles que llegan «transterrados» a México. Si bien en política Paz estaba cerca de los comunistas (aun cuando nunca llegara a ser miembro del Partido), en cuestiones estéticas seguía defendiendo el derecho del artista a crear más allá de toda restricción ideológica. Pero a partir de 1939, en reacción al pacto Hitler-Stalin, se profundiza esa diferencia. Paz renuncia a su puesto en *El Popular*, se acerca a escritores europeos disidentes exilados en México durante la Segunda Guerra (como Jean Malaquais, Víctor Serge y Benjamin Péret), y termina alejándose de la izquierda oficial. El cambio llega al punto de mayor tensión en 1942, cuando Paz y Pablo Neruda, otrora amigos íntimos, tienen un altercado público y terminan enemistándose.

A diferencia de las anteriores revistas fundadas por Paz, *Taller* tenía un programa: «llevar la revolución a sus últimas consecuencias». No era estrictamente una revista surrealista, aunque su tentativa de hacer de la poesía «una actividad vital más que un ejercicio de expresión» (como años después lo calificara el propio Paz) la acercara a ese movimiento. De ahí su afinidad con la poesía española posterior a la llamada Generación de 1927 (la obra de Aleixandre, Cernuda, Prados, por ejemplo), así como también con autores propios de la tradición romántica--Blake, Novalis, D.H. Lawrence, o Rimbaud. Al cierre de *Taller* a principios de 1941, Paz publica dos poemas extensos: *Bajo tu clara sombra (1935, 1938)* y *Entre la piedra y la flor*, basado en su experiencia yucateca; a ellos les sigue, al año siguiente, *A la orilla del mundo*, una recopilación de cinco de sus libros. Para 1943, cuando Paz se une al magnate mexicano Octavio Barreda en la fundación de la revista *El Hijo Pródigo*, ya es por tanto un poeta conocido en todo México. La nueva revista de Barreda, que surge como una alternativa cosmopolita a *Cuadernos Americanos*, de corte nacionalista, pronto se convierte en un importante foro de crítica y creación. Y es tanto ahí como en una columna semanal para el diario *Novedades* que Paz comienza a fustigar la sociedad mexicana en una actitud de creciente crítica que con los años culminará en la escritura de *El laberinto de la soledad* (1950).

A principios de 1944 Paz decide marcharse de México con una beca Guggenheim para estudiar en los Estados Unidos el tema de «la poesía de las Américas». Su decisión obedece tanto a su difícil situación económica como a una ruptura moral con su contexto. De esta experiencia norteamericana ha dicho que «no fue menos decisiva que la de España. Por una parte, la maravillosa y terrible realidad de la civilización norteamericana; por otra, el descubrimiento de sus poetas: Eliot, Pound, Williams, Stevens, Cummings». Su primer año en Berkeley (amén de una breve estancia en Los Ángeles) le revelará lo que no había conocido antes: la vida de un méxico-americano sobre la que habrá de reflexionar en las primeras páginas de *El laberinto de la soledad*. Justo al año, al terminársele la beca, comienza a trabajar como corresponsal de la revista mexicana *Mañana* en la fundación de la ONU en San Francisco, y después de algunos meses de vicisitudes económicas (durante los cuales enseña un curso de verano en Middlebury College y conoce allí a dos grandes poetas: Jorge Guillén y Robert Frost) lo nombran tercer secretario de la embajada mexicana en París.

Los seis años que Paz vive en el París de la posguerra son quizá los más importantes en toda su formación intelectual. Para entonces cuatro grupos dominaban la vida cultural parisina: los existencialistas, los comunistas, los católicos y los surrealistas. Fue con este último con el que Paz sintió más afinidad. Había conocido a Benjamin Péret en México, y fue él quien a su vez le presentó a André Breton, líder del grupo. A partir de entonces Breton se convierte en uno de los indiscutibles mentores espirituales de nuestro escritor. La afinidad de Paz con el surrealismo se remontaba a los años de *Taller*, como ya dijimos, pero siempre, antes y después, fue mucho más ética que estética. Le atraía la subversión surrealista de códigos morales y políticos, pero poco o nada su método de creación: el onirismo, por ejemplo, o la escritura automática. Esta diferencia, unida al hecho de que Paz era más joven que los otros miembros del grupo y venía de una cultura diferente a la suya, le hicieron un surrealista más bien marginal y disidente. Resulta difícil, por eso, llamar a Paz un surrealista, aun cuando gran parte de su obra durante estos años muestra rastros de su influencia. En todo caso, los frutos de su estadía en París se reflejarán en su amistad con múltiples escritores importantes del momento, y no sólo surrealistas: Samuel Beckett y Marcel Camus, E.M. Cioran y Henri Michaux, además de escritores hispanoamericanos como Adolfo Bioy Casares, o pintores como Rufino Tamayo. Su incesante trabajo durante estos años culminará en los tres libros que cierran la década y este importante período en su obra: *Libertad bajo palabra*, esa colección de poemas que Paz ha llamado «mi verdadero primer libro»; *El laberinto de la soledad*, su célebre ensayo sobre el mexicano y su historia; y *¿Aguila o sol?*, su colección de poemas en prosa de corte surrealista.

Durante 1951 y 1952 Paz vive durante breves períodos en Nueva Delhi y Tokio como funcionario en las embajadas mexicanas de la India y Japón. Aunque este primer encuentro con el Oriente no tendrá el impacto del segundo y más decisivo de la próxima década, sí bastará para acercarlo a una zona de la cultura y las artes que con los años dará importantes frutos en su obra. Tan pronto como Paz está de vuelta en México en 1954, emprende la traducción, junto a Eikiri Hayashiya, del *Oku no hosomichi (Sendas de Oku)*, uno de los más célebres diarios poéticos del poeta japonés Matsuo Basho. Y el mismo año organizará, para la revista *Sur* de Buenos Aires, un número especial sobre literatura japonesa. Lo cierto es que, después de una ausencia de nueve años (y que Paz ha llamado «una verdadera gestación, sólo que al revés, fuera de México»), el poeta regresa a un México distinto al que había dejado al partir y a una escena cultural totalmente cambiada. Lo que bien podría llamarse el segundo período mexicano en la obra de Paz coincide con un momento «incierto» (así lo ha llamado el propio Paz) en el arte y la literatura mexicanos, un período que se caracteriza por la lucha contra «dos actitudes gemelas: el nacionalismo y el espíritu de sistema». Lo cual no significa que, a pesar de esa lucha contra el nacionalismo, el escritor desdeñe el valor artístico del arte indígena mexicano, lejos éste de un estricto arte nacionalista. Al contrario: será precisamente en este período que Paz producirá sus más importantes tentativas de poemas inspirados en motivos indígenas mexicanos: *Semillas para un himno* (1954), por ejemplo, o ese gran poema que lleva un título clave: *Piedra de sol* (1957).

A los dos años de su regreso, en 1956, Paz publica *El arco y la lira*, sus importantes reflexiones sobre «el poema, la revelación poética, y poesía e historia». El libro era la culminación de una serie de obras anteriores: la colección de nuevos poemas inspirados en parte en la poesía náhuatl (*Semillas para un himno*, de 1954), la revisión de un importante poema extenso anterior (*Entre la piedra y la flor*, 1956), y hasta una obra de teatro (*La hija de Rappacini*, 1956) que prepara para el grupo experimental «Poesía en voz alta» que él mismo ayuda a fundar durante estos años. El período mexicano culmina, de esta manera, no sólo con *El arco y la lira*, que hasta ese momento es su esfuerzo más sostenido de libro, sino con otras dos importantes obras: la colección de ensayos *Las peras del olmo* (1957) y *Piedra de sol*, cuya estructura se basa en el calendario azteca, y que con el tiempo pasará a formar parte de la colección *La estación violenta*. En 1959, recién divorciado de Elena Garro, Paz es trasladado una vez más a París con el servicio diplomático mexicano, y ha de permanecer allí durante los siguientes tres años. Esta segunda estancia parisina no será tan fructífera como la anterior, aunque sí verá la producción de ediciones revisadas de *El laberinto de la soledad* y *Libertad bajo palabra* (la segunda de la cuales recopila casi toda su obra poética anterior). Para 1962, el mismo año que publica *Salamandra*, su más reciente colección de poemas, el gobierno mexicano lo nombra embajador en la India.

Los seis años en la India, que él mismo ha llamado «un descubrimiento constante», se contarán entre los más felices y productivos en toda la vida y obra de Octavio Paz. Es allí donde conoce a su segunda esposa Marie-José Tramini; donde produce una obra enorme--nada menos que trece libros, tres de poemas y diez de prosa ensayística--; y donde se desarrolla como intelectual de altura internacional. Entre los libros más conocidos de esta época se cuentan las colecciones de poemas *Ladera este* (1969) y *El mono gramático* (1974); y entre los ensayos hay textos tan conocidos como *Cuadrivio* (1965), *Claude Lévi-Strauss, o el nuevo festín de Esopo* (1967), *Corriente alterna* (1967) y *Conjunciones y disyunciones* (1969). Pero es sobre todo su nuevo pensamiento sobre la poesía y su significación en el mundo moderno lo que más ocupa la atención del escritor. Ése será el tema del ensayo clave «Los signos en rotación» (1965), el que resume sus preocupaciones mejor que cualquier otro y que en una carta de la época el propio Paz resumió como «una 'declaración de principio,' en singular y en el doble sentido de la palabra: mi idea de la poesía de medio siglo y lo que pienso o creo acerca del principio de una nueva poesía».

En efecto, Paz se refiere en este ensayo clave a cómo una poesía del futuro reconciliaría poema y acto, palabra viva y vivida: una poesía encarnada y, por tanto, *práctica.* A pesar de su pesimismo sobre los tiempos con que ha coincidido esta nueva poesía--«nunca como en los últimos treinta años habían parecido de tal modo incompatibles la acción revolucionaria y el ejercicio de la poesía»--sí se muestra esperanzado, en cambio, en torno al papel compensatorio que cumple el nuevo poeta en torno a la pérdida de la imagen del mundo. Si la tecnología es responsable por habernos hecho perder esa imagen, la misma tecnología, o al menos su lenguaje, en manos de un nuevo poeta, lo compensará. Así, el nuevo poema formaría una «configuración» de «signos en rotación . . . plantado sobre lo informe a la manera de los signos de la técnica y, como ellos, en busca de un significado sin cesar elusivo», «el poema es un espacio vacío pero cargado de inminencia», «una parvada de signos que buscan su significado y que no significan más que ser búsqueda». De esta manera, la nueva poesía será una poesía de la *otredad*, concepto clave éste último que en el pensamiento de Paz significa una poesía en la que se juega «una percepción simultánea de que somos otros sin dejar de ser lo que somos y que, sin cesar de estar en donde estamos, nuestro verdadero ser está en otra parte». Son estos los principios (o mejor dicho: la poética) que el propio Paz pondrá en práctica en los grandes poemas que escribe durante estos años: poemas como «Viento entero», *Renga*, *El mono gramático*, y sobre todo esa obra maestra, texto en varias voces y en varios espacios, que se llama *Blanco* (1967).

El período de la India concluye abruptamente en octubre de 1968 con la renuncia de Paz a su puesto como embajador en protesta por la masacre de 350 estudiantes perpetrada por su gobierno el 2 de octubre. Terminan así 23 años de servicio diplomático con un revuelo--ya que tanto la renuncia como las posteriores declaraciones del escritor ocurren en son de crítica-- y Paz y su esposa comienzan, a partir de entonces y durante los próximos tres años, una vida nómada que los llevará a vivir de puestos universitarios en diversas ciudades: Pittsburgh, Austin, Cambridge, San Diego, y finalmente, en Cambridge, Mass., en la Universidad de Harvard, donde ocupará la cátedra Charles Eliot Norton de Poesía, y donde seguirá enseñando, esporádicamente, hasta 1976. Muchas de las conferencias que Paz dará en estas universidades se basarán en libros que escribe entonces. La conferencia «México: la última década», por ejemplo, que da en la Universidad de Texas en Austin, se convertirá en *Posdata*, puesta al día y revisión de su lejano pero aún vigente *Laberinto de la soledad*; escribe *El mono gramático* en Cambridge, Inglaterra, mientras enseña un curso sobre poesía moderna; y las conferencias Norton en Harvard pronto se convierten en *Los hijos del limo*, su polémica historia de la poesía moderna.

No será hasta 1971, por tanto, que Paz regresará a México, cuando se abre lo que podríamos llamar un tercer «período mexicano» en su obra, y que aún no termina. La característica principal de este período, además de la continua creación poética, es la crítica moral, política y social de México, condicionadas en gran parte por la crisis de 1968. Para esa crítica resulta esencial la dirección de las dos revistas que Paz funda a su regreso a México: primero *Plural*, la revista cultural del diario *Excélsior*; y después (a partir de 1976) *Vuelta*. No es exagerado decir que la labor de estas revistas las coloca a la cabeza de la producción cultural en todo el mundo hispánico. Y que gran parte de su éxito se debe no sólo a la excelencia directiva de Paz, al reunir en sus páginas a tantos escritores de valía, sino a sus propias contribuciones. Es en estas revistas donde Paz publicará gran parte de la obra que dará a conocer durante este período: muchos de los poemas de sus últimas colecciones, como *Vuelta* (1976), *Pasado en claro* (1975) y *Árbol adentro* (1988), o bien los ensayos que recoge en libros de reflexión política, como *El ogro filantrópico* (1978), literaria, como *Xavier Villaurrutia, en persona y en obra* (1978), y moral como el muy reciente *La otra voz* (1991). Pero acaso la obra magna de todo este periodo, la culminación de toda su obra, sea *Sor Juana Inés de la Cruz, o las trampas de la fe* (1982), la biografía de la célebre escritora mexicana del siglo XVII que es, a un tiempo, un tratado de revisión histórica, una brillante lectura de la obra de Sor Juana, y un ensayo de crítica política y moral.

Resultaría ocioso decir, a estas alturas, que tanto la poesía como el pensamiento de Octavio Paz forman parte crucial del espacio intelectual no ya del mundo hispánico, sino del mundo entero. ¿Qué escritor o intelectual, hoy por hoy, se puede comparar con Paz en excelencia, variedad y abundancia de obra? Sabemos que lo mismo podría decirse sobre escritores como Borges o Neruda, cuya influencia se ha extendido más allá del estricto ámbito hispánico. En el caso particular de Paz su influencia ha sido aún mayor por razones a un tiempo personales e institucionales. Lo primero obedecería al atractivo de lo que podríamos llamar la «poética universalista» de Paz. «La poesía», nos dice en *El arco y la lira*, «es la revelación de nuestra condición humana . . . la revelación de una experiencia en la que participan todos los seres humanos diariamente, aunque está escondida por la rutina. La escritura poética es la revelación, dentro de esa rutina, que el hombre se hace a sí mismo». Tal definición ecuménica de la poesía, que encuentra su origen en el Ser mismo, le ha ganado a Paz adeptos a todo lo largo de naciones y lenguajes, generaciones e ideologías. Y tanto más cuanto consideramos que en la poética de Paz, la poesía tiene equivalentes en otras experiencias universales, tales como el amor (la experiencia erótica) o la religión (la de lo sagrado). Así, la poesía, el amor y lo sagrado--poema, amante y Dios-- significan, para Paz, los tres caminos hacia la experiencia de lo absoluto que no es más que la experiencia del encuentro con nosotros mismos: la reconciliación con ese Otro que cada uno lleva dentro de sí.

La segunda razón, y que he llamado institucional, tiene que ver con la influencia de Paz no sólo como poeta sino como ensayista, o aún con esa doble y poderosa vocación. Difícilmente encontraremos algún tema de la cultura contemporánea que Paz no haya tocado en su obra: poesía y antropología, historia y política, artes visuales y filosofía, medicina y mitología. . . . Y si bien no podemos descontar la influencia que sigue ejerciendo Paz como director de *Vuelta* tampoco podemos reducirla toda a ese hecho solo. Con más de cuarenta años de curiosidad y trabajo intelectual en su aval, gran parte de su obra ha sido la de un verdadero corresponsal hispanoamericano dentro de las corrientes artísticas e intelectuales de este siglo. Cuando en los años cincuenta temas como el psicoanálisis o el existencialismo eran mera especulación o (en el peor de los casos, chisme) en los círculos culturales latinoamericanos, ya Paz, en libros como *El laberinto de la soledad* y *El arco y la lira*, los aplicaba sistemáticamente a sus estudios sobre historia o teoría poética. Cuando, a su vez, la *counterculture* de los años sesenta puso de moda los temas del misticismo hindú, la alucinación por drogas o la revolución estudiantil, ya Paz los comentaba en sus ensayos de *Corriente alterna* o en su estudio sobre *Claude Lévi-Strauss*. Y aún más recientemente, cuando el conflicto entre Este y Oeste ha amenazado con fracturar las estructuras políticas de América Latina, Paz también le ha prestado atención en sus oportunos ensayos de *El ogro filantrópico* o *Tiempo Nublado*.

Es precisamente esta «búsqueda del presente» a la que aludió Paz en su discurso del Premio Nóbel, la búsqueda de un tiempo contemporáneo al del resto del mundo la que el escritor latinoamericano no siempre ha visto como el suyo. Con obras como la de Paz, y el reconocimiento universal que el Premio significa, se va abriendo la posibilidad de que esa búsqueda deje de serla para que el tiempo de todos sea también el nuestro.

Verso y prosa

Octavio Paz
Premio Nóbel 1990

[*El laberinto de la soledad* (1950) es un análisis del mexicano en su historia. El libro se divide en dos partes, cada una de cuatro capítulos: los primeros cuatro analizan el carácter y cultura del mexicano a partir de sus rasgos externos o síntomas de su manera de ser; los últimos cuatro dan una explicación de estos rasgos a partir de datos concretos en la historia de México. El siguiente pasaje, comienzo del tercer capítulo del libro, es un análisis de la significación que tiene la Fiesta para el mexicano y del papel de salvación que cumple dentro de la estructura interna o imaginaria que Paz llama «el laberinto de la soledad».]

De *El laberinto de la soledad* (1950):

TODOS SANTOS
DÍA DE MUERTOS

El solitario mexicano ama las fiestas y las reuniones públicas. Todo es ocasión para reunirse. Cualquier pretexto es bueno para interrumpir la marcha del tiempo y celebrar con festejos y ceremonias hombres y acontecimientos. Somos un pueblo ritual. Y esta tendencia beneficia a nuestra imaginación tanto como a nuestra sensibilidad, siempre afinadas y despiertas. El arte de la Fiesta, envilecido en casi todas partes, se conserva intacto entre nosotros. En pocos lugares del mundo se puede vivir un espectáculo parecido al de las grandes fiestas religiosas de México, con sus colores violentos, agrios y puros, sus danzas, ceremonias, fuegos de artificio, trajes insólitos y la inagotable cascada de sorpresas de los frutos, dulces y objetos que se venden esos días en plazas y mercados.

Nuestro calendario está poblado de fiestas. Ciertos días, lo mismo en los lugarejos más apartados que en las grandes ciudades, el país entero reza, grita, come, se emborracha y mata en honor de la Virgen de Guadalupe o del general

Zaragoza.[1] Cada año, el 15 de septiembre a las once de la noche, en todas las plazas de México celebramos la Fiesta del Grito; y una multitud enardecida efectivamente grita por espacio de una hora, quizá para callar mejor el resto del año. Durante los días que preceden y suceden al 12 de diciembre, el tiempo suspende su carrera, hace un alto y en lugar de empujarnos hacia un mañana siempre inalcanzable y mentiroso, nos ofrece un presente redondo y perfecto, de danza y juerga, de comunión y comilona con lo más antiguo y secreto de México. El tiempo deja de ser sucesión y vuelve a ser lo que fue, y es, originariamente: un presente en donde pasado y futuro al fin se reconcilian.

Pero no bastan las fiestas que ofrecen a todo el país la Iglesia y la República. La vida de cada ciudad y de cada pueblo está regida por un santo, al que se festeja con devoción y regularidad. Los barrios y los gremios tienen también sus fiestas anuales, sus ceremonias y sus ferias. Y, en fin, cada uno de nosotros, --ateos, católicos o indiferentes-- poseemos nuestro santo, al que cada año honramos. Son incalculables las fiestas que celebramos y los recursos y tiempo que gastamos en festejar. Recuerdo que hace años pregunté al presidente municipal de un poblado vecino a Mitla: «¿A cuánto ascienden los ingresos del Municipio por contribuciones»? «A unos tres mil pesos anuales. Somos muy pobres. Por eso el señor gobernador y la Federación nos ayudan cada año a completar nuestros gastos». «¿Y en qué utilizan esos tres mil pesos»? «Pues casi todo en fiestas, señor. Chico como lo ve, el pueblo tiene dos santos patronos».

Esa respuesta no es asombrosa. Nuestra pobreza puede medirse por el número y suntuosidad de las fiestas populares. Los países ricos tienen pocas: no hay tiempo, ni humor. Y no son necesarias; las gentes tienen otras cosas que hacer y cuando se divierten lo hacen en grupos pequeños. Las masas modernas son aglomeraciones de solitarios. En las grandes ocasiones, en París o en Nueva York, cuando el público se congrega en plazas o estadios, es notable la ausencia de pueblo: se ven parejas y grupos, nunca una comunidad viva en donde la persona humana se disuelve y rescata simultáneamente. Pero un pobre mexicano ¿cómo podría vivir sin esas dos o tres fiestas anuales que lo compensan de su estrechez y de su miseria? Las fiestas son nuestro único lujo; ellas sustituyen, acaso con ventaja, al teatro y a las vacaciones, al *weekend* y al *cocktail party* de los sajones, a las recepciones de la burguesía y al café de los mediterráneos.

En esas ceremonias--nacionales, locales, gremiales o familiares--el mexicano se abre al exterior. Todas ellas le dan ocasión de revelarse y dialogar con la divinidad, la patria, los amigos o los parientes. Durante esos días el silencioso mexicano silba, grita, canta, arroja petardos, descarga su pistola al aire.

[1]Ignacio Zaragoza (1829-1862), general y político mexicano que venció a los invasores franceses en la ciudad de Puebla el 5 de mayo de 1862.

Descarga su alma. Y su grito, como los cohetes que tanto nos gustan, sube hasta el cielo, estalla en una explosión verde, roja, azul y blanca y cae vertiginoso dejando una cauda de chispas doradas. Esa noche los amigos, que durante meses no pronunciaron más palabras que las prescritas por la indispensable cortesía, se emborrachan juntos, se hacen confidencias, lloran las mismas penas, se descubren hermanos y a veces, para probarse, se matan entre sí. La noche se puebla de canciones y aullidos. Los enamorados despiertan con orquestas a las muchachas. Hay diálogos y burlas de balcón a balcón, de acera a acera. Nadie habla en voz baja. Se arrojan los sombreros al aire. Las malas palabras y los chistes caen como cascadas de pesos fuertes. Brotan las guitarras. En ocasiones, es cierto, la alegría acaba mal: hay riñas, injurias, balazos, cuchilladas. También eso forma parte de la fiesta. Porque el mexicano no se divierte: quiere sobrepasarse, saltar el muro de soledad que el resto del año lo incomunica. Todos están poseídos por la violencia y el frenesí. Las almas estallan como los colores, las voces, los sentimientos. ¿Se olvidan de sí mismos, muestran su verdadero rostro? Nadie lo sabe. Lo importante es salir, abrirse paso, embriagarse de ruido, de gente, de color. México está de fiesta. Y esa Fiesta, cruzada por relámpagos y delirios, es como el revés brillante de nuestro silencio y apatía, de nuestra reserva y hosquedad.

Algunos sociólogos franceses consideran a la Fiesta como un gasto ritual. Gracias al derroche, la colectividad se pone al abrigo de la envidia celeste y humana. Los sacrificios y las ofrendas calman o compran a dioses y santos patronos; las dádivas y festejos, al pueblo. El exceso en el gastar y el desperdicio de energías afirman la opulencia de la colectividad. Ese lujo es una prueba de salud, una exhibición de abundancia y poder. O una trampa mágica. Porque con el derroche se espera atraer, por contagio, a la verdadera abundancia. Dinero llama a dinero. La vida que se riega, da más vida; la orgía, gasto sexual, es también una ceremonia de regeneración genésica; y el desperdicio, fortalece. Las ceremonias de fin de año, en todas las culturas, significan algo más que la conmemoración de una fecha. Ese día es una pausa; efectivamente el tiempo se acaba, se extingue. Los ritos que celebran su extinción están destinados a provocar su renacimiento: la fiesta del fin de año es también la del año nuevo, la del tiempo que empieza. Todo atrae a su contrario. En suma, la función de la Fiesta es más utilitaria de lo que se piensa; el desperdicio atrae o suscita la abundancia y es una inversión como cualquiera otra. Sólo que aquí la ganancia no se mide, ni cuenta. Se trata de adquirir potencia, vida y salud. En este sentido la Fiesta es una de las formas económicas más antiguas, con el don y la ofrenda.

Esta interpretación me ha parecido siempre incompleta. Inscrita en la órbita de lo sagrado, la Fiesta es ante todo el advenimiento de lo insólito. La rigen reglas especiales, privativas, que la aíslan y hacen un día de excepción. Y con ellas se introduce una lógica, una moral, y hasta una economía que frecuentemente contradicen las de todos los días. Todo ocurre en un mundo encantado: el tiempo es *otro tiempo* (situado en un pasado mítico o en una actualidad pura); el espacio en que se verifica cambia de aspecto, se desliga del resto de la tierra, se engalana y convierte en un «sitio de fiesta» (en general se escogen lugares especiales o poco frecuentados); los personajes que intervienen abandonan su rango humano o social y se transforman en vivas, aunque efímeras, representaciones. Y todo pasa como si no fuera cierto, como en los sueños. Ocurra lo que ocurra, nuestras acciones poseen mayor ligereza, una gravedad distinta: asumen significaciones diversas y contraemos con ellas responsabilidades singulares. Nos aligeramos de nuestra carga de tiempo y razón.

En ciertas fiestas desaparece la noción misma de Orden. El caos regresa y reina la licencia. Todo se permite: desaparecen las jerarquías habituales, las distinciones sociales, los sexos, las clases, los gremios. Los hombres se disfrazan de mujeres, los señores de esclavos, los pobres de ricos. Se ridiculiza al ejército, al clero, a la magistratura. Gobiernan los niños o los locos. Se cometen profanaciones rituales, sacrilegios obligatorios. El amor se vuelve promiscuo. A veces la Fiesta se convierte en Misa Negra. Se violan reglamentos, hábitos, costumbres. El individuo respetable arroja su máscara de carne y la ropa oscura que lo aísla y, vestido de colorines, se esconde en una careta, que lo libera de sí mismo.

Así pues, la Fiesta no es solamente un exceso, un desperdicio ritual de los bienes penosamente acumulados durante todo el año; también es una revuelta, una súbita inmersión en lo informe, en la vida pura. A través de la Fiesta la sociedad se libera de las normas que se ha impuesto. Se burla de sus dioses, de sus principios y de sus leyes: se niega a sí misma.

La Fiesta es una Revuelta, en el sentido literal de la palabra. En la confusión que engendra, la sociedad se disuelve, se ahoga, en tanto que organismo regido conforme a ciertas reglas y principios. Pero se ahoga en sí misma, en su caos o libertad original. Todo se comunica; se mezcla el bien con el mal, el día con la noche, lo santo con lo maldito. Todo cohabita, pierde forma, singularidad, y vuelve al amasijo primordial. La Fiesta es una operación cósmica: la experiencia del Desorden, la reunión de los elementos y principios contrarios para provocar el renacimiento de la vida. La muerte ritual suscita el renacer; el vómito, el apetito; la orgía, estéril en sí misma, la fecundidad de las madres o de la tierra. La Fiesta es un regreso a un estado remoto e indiferenciado, prenatal o presocial, por decirlo así. Regreso que es también un comienzo, según quiere la dialéctica inherente a los hechos sociales.

El grupo sale purificado y fortalecido de ese baño de caos. Se ha sumergido en sí, en la entraña misma de donde salió. Dicho de otro modo, la Fiesta niega a la sociedad en tanto que conjunto orgánico de formas y principios diferenciados, pero la afirma en cuanto fuente de energía y creación. Es una verdadera recreación, al contrario de lo que ocurre con las vacaciones modernas, que no entrañan rito o ceremonia alguna, individuales y estériles como el mundo que las ha inventado.

La sociedad comulga consigo misma en la Fiesta. Todos sus miembros vuelven a la confusión y libertad originales. La estructura social se deshace y se crean nuevas formas de relación, reglas inesperadas, jerarquías caprichosas. En el desorden general, cada quien se abandona y atraviesa por situaciones y lugares que habitualmente le estaban vedados. Las fronteras entre espectadores y actores, entre oficiantes y asistentes, se borran. Todos forman parte de la Fiesta, todos se disuelven en su torbellino. Cualquiera que sea su índole, su carácter, su significado, la Fiesta es participación. Este rasgo la distingue finalmente de otros fenómenos y ceremonias: laica o religiosa, orgía o saturnal, la Fiesta es un hecho social basado en la activa participación de los asistentes.

Gracias a las Fiestas el mexicano se abre, participa, comulga con sus semejantes y con los valores que dan sentido a su existencia religiosa o política. Y es significativo que un país tan triste como el nuestro tenga tantas y tan alegres fiestas. Su frecuencia, el brillo que alcanzan, el entusiasmo con que todos participamos, parecen revelar que, sin ellas, estallaríamos. Ellas nos liberan, así sea momentáneamente, de todos esos impulsos sin salida y de todas esas materias inflamables que guardamos en nuestro interior. Pero a diferencia de lo que ocurre en otras sociedades, la Fiesta mexicana no es nada más un regreso a un estado original de indiferenciación y libertad; el mexicano no intenta regresar, sino salir de sí mismo, sobrepasarse. Entre nosotros la Fiesta es una explosión, un estallido. Muerte y vida, júbilo y lamento, canto y aullido se alían en nuestros festejos, no para recrearse o reconocerse, sino para entredevorarse. No hay nada más alegre que una fiesta mexicana, pero también no hay nada más triste. La noche de fiesta es también noche de duelo.

Si en la vida diaria nos ocultamos a nosotros mismos, en el remolino de la Fiesta nos disparamos. Más que abrirnos, nos desgarramos. Todo termina en alarido y desgarradura: el canto, el amor, la amistad. La violencia de nuestros festejos muestra hasta qué punto nuestro hermetismo nos cierra las vías de comunicación con el mundo. Conocemos el delirio, la canción, el aullido y el monólogo, pero no el diálogo. Nuestras Fiestas, como nuestras confidencias, nuestros amores y nuestras tentativas por reordenar nuestra sociedad, son rupturas violentas con lo antiguo o con lo establecido. Cada vez que intentamos expresarnos, necesitamos romper con nosotros mismos. Y la Fiesta sólo es un ejemplo, acaso el más típico, de ruptura violenta. No sería difícil enumerar otros, igualmente reveladores: el juego, que es siempre un ir a los extremos, mortal con frecuencia; nuestra prodigalidad en el gastar, reverso de la timidez de nuestras inversiones y empresas económicas; nuestras confesiones. El mexicano, ser hosco, encerrado en sí mismo, de pronto estalla, se abre el pecho y se exhibe, con cierta complacencia y deteniéndose en los repliegues vergonzosos o terribles de su intimidad. No somos francos, pero nuestra sinceridad puede llegar a extremos que horrorizarían a un europeo. La manera explosiva y dramática, a veces suicida, con que nos desnudamos y entregamos, inermes casi, revela que algo nos asfixia y cohíbe. Algo nos impide ser. Y porque no nos atrevemos o no podemos enfrentarnos con nuestro ser, recurrimos a la Fiesta. Ella nos lanza al vacío, embriaguez que se quema a sí misma, disparo en el aire, fuego de artificio.

[Uno de los temas más frecuentes en la obra de Paz es el análisis y crítica de las estructuras de poder en América Latina. El siguiente pasaje, tomado de *Posdata* (1969), su análisis de la matanza de Tlatelolco de 1968,[2] se centra en el significado del arquetipo de la pirámide azteca y su evocación de un centralismo político y social que se remonta a la época precolombina.]

De *Posdata* (1969):

Herederos de México-Tenochtitlan,[3] los españoles se encargaron de trasmitir el arquetipo azteca del poder político: el tlatoani y la pirámide. Trasmisión involuntaria y, por eso mismo, incontrovertible: trasmisión inconsciente, al abrigo de toda crítica y examen racional. En el curso de nuestra historia el arquetipo azteca a veces se opone y separa y otras se funde y confunde con el arquetipo hispano-árabe: el caudillo. La oscilación entre estas dos figuras es uno de los rasgos que nos distinguen de España, Portugal y los demás países latinoamericanos, ya que en todos ellos reina sin rival el caudillismo. El tlatoani es impersonal, sacerdotal e institucional; de ahí que la figura abstracta del Señor Presidente corresponda a una corporación burocrática y jerárquica como el PRI.[4] El caudillo es personalista, épico y excepcional; de ahí también que aparezca en momentos de interrupción del orden. El tlatoani representa la continuidad impersonal de la dominación; una casta de sacerdotes y jerarcas ejerce el poder a través de una de sus momentáneas encarnaciones: el señor Presidente es el PRI durante seis años pero al cabo de ese término surge otro presidente que es una encarnación distinta del PRI. Distinta y la misma: doble exigencia de la institución presidencialista mexicana. La concentración de poder en manos del presidente es enorme pero nunca es un poder personalista sino que es una consecuencia de su investidura impersonal. La presidencia es una función institucional; el caudillaje es una misión excepcional: el poder del

---

[2]El 2 de octubre de 1968, justo antes de las Olimpíadas que estaban por empezar en la capital, policías interrumpieron una manifestación estudiantil y mataron a cienes de personas en la Plaza de las Tres Culturas, en Tlatelolco.

[3]Capital de los aztecas, fundadada en 1325 y conquistada por Cortés en 1521. En esa zona se contruyó la presente capital de México.

[4]Siglas del Partido Revolucionario Institucional, el cual domina la política mexicana desde 1929.

caudillo es siempre personal. El caudillo no pertenece a ninguna casta ni lo elige ningún colegio sacro o profano: es una presencia inesperada que brota en los momentos de crisis y confusión, rige sobre el filo de la ola de los acontecimientos y desaparece de una manera no menos súbita que la de su aparición. El caudillo gobierna de espaldas a la ley: él hace la ley. El tlatoani, inclusive si su poder brota de la usurpación azteca o del monopolio del PRI, se ampara siempre en la legalidad: todo lo que hace, lo hace en nombre de la ley. Nuestra historia está llena de tlatoanis y caudillos: Juárez y Santa Anna, Carranza y Villa. No ha habido, es natural, ningún gobernante que haya sido absolutamente tlatoani o íntegramente caudillo pero hay un rasgo revelador de la secreta supremacía del modelo azteca: todos los jefes que hemos tenido, aun los más arbitrarios y caudillescos, aspiran a la categoría de tlatoani. Hay una nostalgia mexicana por la legalidad que no experimentan los otros caudillos hispanoamericanos; todos ellos--trátese de Bolívar y de Fidel Castro y de Rosas y de Perón--han creído y creen en el acto como hazaña en tanto que los mexicanos afirman el mismo acto como rito. En un caso la violencia es transgresión; en el otro, expiación. Con la fundación del PNR[5] se inició el ocaso del caudillismo mexicano; también desde entonces se consolidó más y más el arquetipo azteca. No podía ser de otro modo: es el modelo mismo de la estabilidad y, después de cerca de veinte años de guerra civil y de querellas violentas entre los caudillos revolucionarios, la estabilidad es el valor político más buscado y apreciado en México. Pero los partidarios de la estabilidad *à outrance*[6] olvidan una circunstancia que trastorna todo ese edificio piramidal en apariencia tan sólido: el PRI fue concebido como una solución de excepción y transición, de modo que la continuación de su monopolio político tiene cierta analogía con la usurpación de México-Tenochtitlan y su pretensión de ser el eje del quinto sol. La traducción de los términos políticos contemporáneos en conceptos míticos prehispánicos no se detiene en la equivalencia entre la usurpación de la herencia revolucionaria por el PRI y la usurpación de la herencia tolteca por México-Tenochtitlan; el quinto sol--la era del movimiento, los temblores de tierra y el derrumbe de la gran pirámide--corresponde al período histórico que vivimos ahora en todo el mundo: revueltas, rebeliones y otros trastornos sociales. Ante las agitaciones y convulsiones del quinto sol, no serán la estabilidad, la solidez y la dureza de la piedra las que nos preservarán sino la ligereza, la flexibilidad y la capacidad para cambiar. La estabilidad se resuelve en petrificación: mole pétrea de la pirámide que el sol del movimiento resquebraja y pulveriza.

La plaza de Tlatelolco está imantada por la historia. Expresión del dualismo

---

[5]El Partido Nacional Revolucionario, partido oficial del gobierno después de la Revolución, propuso un programa en 1932 para el establecimiento de un sistema económico que tendía hacia el socialismo.

[6]Al extremo.

mesoamericano, en realidad Tlatelolco fue un centro gemelo de México-Tenochtitlan. Aunque nunca perdió enteramente su autonomía, después de un conato de rebelión reprimido con severidad por el tlatoani Axayácatl, vivió en estrecha dependencia del poder central. Fue sede de la casta de los mercaderes y su gran plaza albergaba, además de los templos, un célebre mercado que Bernal Díaz[7] y Cortés han descrito con exaltación minuciosa y encantada, como si contasen un cuento. Durante el sitio ofreció tenaz resistencia a los españoles y fue el último puesto azteca que se entregó. En la inmensa explanada de piedra, como si hiciesen una apuesta temeraria, los evangelizadores plantaron--ésa es la palabra--una iglesia minúscula. Aún está en pie. Tlatelolco es una de las raíces de México: allí los misioneros enseñaron a la nobleza indígena las letras clásicas y las españolas, la retórica, la filosofía y la teología; allí Sahagún[8] fundó el estudio de la historia prehispánica . . . La Corona y la Iglesia interrumpieron brutalmente esos experimentos y todavía mexicanos y españoles pagamos las consecuencias de esta fatal interrupción: España nos aisló de nuestro pasado indio y así ella misma se aisló de nosotros. (No sé si se haya reparado que, después del extraordinario y ejemplar esfuerzo del siglo XVI, continuado parcialmente en el XVII, la contribución de España al estudio de las civilizaciones americanas es prácticamente nula.) Tlatelolco vivió después una vida oscura: prisión militar, centro ferroviario, suburbio polvoso. Hace unos años el régimen transformó el barrio en un conjunto de grandes edificios de habitación popular y quiso rescatar la plaza venerable: descubrió parte de la pirámide y frente a ella y la minúscula iglesia construyó un rascacielos anónimo. El conjunto no es afortunado: tres desmesuras en una desolación urbana. El nombre que escogieron para la plaza fue ese lugar común de los oradores el 2 de octubre: Plaza de las Tres Culturas. Pero nadie usa el nombre oficial y todos dicen: Tlatelolco. No es accidental esta preferencia por el antiguo nombre mexica[9]: el 2 de octubre de Tlatelolco se inserta con aterradora lógica dentro de nuestra historia, la real y la simbólica.

Tlatelolco es la contrapartida, en términos de sangre y de sacrificio, de la

---

[7]Bernal Díaz del Castillo (1492-1584), soldado y cronista español que participó en la Conquista de México con Hernán Cortés (1485-1547). En su crónica de la Conquista, Cortés hace hincapié en su propia valentía. En cambio, Díaz del Castillo, en su *Verdadera historia de los sucesos de la conquista de Nueva España*, habla también de la valentía de los soldados y del papel de la Malinche, amante de Cortés, que le sirvió de traductora. La *Verdadera historia* se considera no sólo uno de los documentos históricos más importantes del siglo XVI, sino también una magnífica obra literaria.

[8]Fray Bernardino de Sahagún (¿1500?-1590), misionero e historiador español que trabajó con los indios y aprendió náhuatl, su idioma. Escribió *Historia general de las cosas de Nueva España.*

[9]Otro nombre de los aztecas.

petrificación del PRI. Ambos son proyecciones del mismo arquetipo, aunque con distintas funciones dentro de la dialéctica implacable de la pirámide. Como si los hechos contemporáneos fuesen una metáfora de ese pasado que es un presente enterrado, la relación entre la antigua Plaza de Tlatelolco y la Plaza Mayor de México-Tenochtitlan se repite ahora en la conexión entre la nueva Plaza de las Tres Culturas y el Zócalo con su Palacio Nacional. La relación entre uno y otro lugar es explícita si se atiende a la historia visible pero también resulta simbólica apenas se advierte que se trata de una relación que alude a lo que he llamado la historia invisible de México. Cierto, podemos encogernos de hombros y recusar toda interpretación que vaya más allá de lo que dicen los periódicos y las estadísticas. Sólo que reducir el significado de un hecho a la historia visible es negarse a la comprensión e, inclusive, someterse a una suerte de mutilación espiritual. Para elucidar el verdadero carácter de la relación entre el Zócalo y Tlatelolco debemos acudir a un tercer término e interrogar a otro lugar no menos imantado de historia: el Bosque de Chapultepec.[10] Allí el régimen ha construido un soberbio monumento: el Museo Nacional de Antropología. Si la historia visible de México es la escritura simbólica de su historia invisible y si ambas son la expresión, la reiteración y la metáfora, en diversos niveles de la realidad, de ciertos momentos reprimidos y sumergidos, es evidente que en ese Museo se encuentran los elementos, así sea en dispersión de fragmentos, que podrían servirnos para reconstruir la figura que buscamos. Pero el Museo nos ofrece algo más --y más inmediato, tangible y evidente-- que los signos rotos y las piedras desenterradas que encierran sus alas: en él mismo y en la intención que lo anima el arquetipo el fin se desvela plenamente. En efecto, la imagen que nos presenta del pasado mexicano no obedece tanto a las exigencias de la ciencia como a la estética del paradigma. No es un museo sino un espejo--sólo que en esa superficie tatuada de símbolos no nos reflejamos nosotros sino que contemplamos, agigantado, el mito de México-Tenochtitlan con su Huitzilopochtli[11] y su madre Coatlicue, su tlatoani y su Culebra Hembra, sus prisioneros de guerra y sus corazones-frutos-de nopal. En ese espejo no nos abismamos en nuestra imagen sino que adoramos a la Imagen que nos aplasta.

---

[10]Cerro, parque y palacio de la ciudad de México, y antigua fortaleza de los reyes aztecas.

[11]Dios de la guerra de los antiguos mexicanos.

[La poesía de Octavio Paz es variada y abundante. En *Libertad bajo palabra 1935-1957*, libro que el poeta ha revisado varias veces a lo largo de su vida, recoge poemas de diversa extensión de su primera época.]

De *Libertad bajo palabra (1935-1957)*:

VIENTO

Cantan las hojas,
bailan las peras en el peral;
gira la rosa,
rosa del viento, no del rosal.

Nubes y nubes
flotan dormidas, algas del aire;
todo el espacio
gira con ellas, fuerza de nadie.

Todo es espacio;
vibra la vara de la amapola
y una desnuda
vuela en el viento lomo de ola.

Nada soy yo,
cuerpo que flota, luz, oleaje;
todo es del viento
y el viento es aire siempre de viaje.

LAS PALABRAS

Dales la vuelta,
cógelas del rabo (chillen, putas),
azótalas,
dales azúcar en la boca a las rejegas[12],
ínflalas, globos, pínchalas,
sórbeles sangre y tuétanos,
sécalas,
cápalas,
písalas, gallo galante,
tuérceles el gaznate, cocinero,
desplúmalas,
destrípalas, toro,
buey, arrástralas,
hazlas, poeta,
haz que se traguen todas sus palabras.

[En *¿Aguila o sol?* (1951), colección de poemas en prosa que muestran la influencia surrealista en la obra de Paz, figura este pequeño relato de inspiración indigenista.]

MARIPOSA DE OBSIDIANA[13]

Mataron a mis hermanos, a mis hijos, a mis tíos. A la orilla del lago de Texcoco me eché a llorar. Del Peñón subían remolinos de salitre. Me cogieron suavemente y me depositaron en el atrio de la Catedral. Me hice tan pequeña y tan gris que muchos me confundieron con un montoncito de polvo. Sí, yo misma, la madre del pedernal y de la estrella, yo, encinta del rayo, soy ahora la pluma azul que abandona el pájaro en la zarza. Bailaba, los pechos en alto y girando, girando, girando hasta quedarme quieta; entonces empezaba a echar hojas, flores, frutos. En mi vientre latía el águila. Yo era la montaña que engendra cuando sueña, la casa del fuego, la olla primordial donde el hombre se cuece y se hace hombre. En la noche de las palabras degolladas mis hermanas y yo, cogidas de la mano, saltamos y cantamos alrededor de la I, única torre en pie del alfabeto arrasado. Aún recuerdo mis canciones:

Canta en la verde espesura
la luz de garganta dorada,
la luz, la luz decapitada.

Nos dijeron: una vereda derecha nunca conduce al invierno. Y ahora las manos me tiemblan, las palabras me cuelgan de la boca. Dame una sillita y un

---

[13]El título proviene de Itzpapálotl, de náhuatl *itztili*, obsidiana, y *papálotl*, mariposa. Originalmente una deidad del culto de la obsidiana venerada por las tribus chichimecas, Itzpapálotl fue asociada más adelante con los alimentos y el parto como manifestación de la madre tierra. A partir del siglo XVI se la vincula con el culto a la Virgen de Guadalupe. La obsidiana, a su vez, es un vidrio volcánico antiguamente utilizado para espejos y para cuchillos de sacrificio. Los antiguos mesoamericanos lo suponían representante del alma en su forma más permanente, cristalizada en roca. Según Carlos R. Bertelspachen, «Si bien Xochiquétzal era la diosa del amor y de todas las artes agradables y la belleza, Itzpapálotl, era una diosa guerrera de origen chichimeca, símbolo de sacrificio, y se le representaba con garras en manos y pies, muchas veces portando corazones sangrantes en sus garras». Citado en Brian Nissen: *Exposición en torno al poema «Mariposa de obsidiana» de Octavio Paz (Noviembre de 1983 a enero de 1984)*, México, Museo Rufino Tamayo, 1983, pág. 45.

poco de sol.

En otros tiempos cada hora nacía del vaho de mi aliento, bailaba un instante sobre la punta de mi puñal y desaparecía por la puerta resplandeciente de mi espejito. Yo era el mediodía tatuado y la medianoche desnuda, el pequeño insecto de jade que canta entre las yerbas del amanecer y el zenzontle[14] de barro que convoca a los muertos. Me bañaba en la cascada solar, me bañaba en mí misma, anegada en mi propio resplandor. Yo era el pedernal que rasga la cerrazón nocturna y abre las puertas del chubasco.[15] En el cielo del Sur planté jardines de fuego, jardines de sangre. Sus ramas de coral todavía rozan la frente de los enamorados. Allá el amor es el encuentro en mitad del espacio de dos aerolitos y no esa obstinación de piedras frotándose para arrancarse un beso que chisporrotea.

Cada noche es un párpado que no acaban de atravesar las espinas. Y el día no acaba nunca, no acaba nunca de contarse a sí mismo, roto en monedas de cobre. Estoy cansada de tantas cuentas de piedra desparramadas en el polvo. Estoy cansada de este solitario trunco. Dichoso el alacrán madre, que devora a sus hijos. Dichosa la araña. Dichosa la serpiente, que muda de camisa. Dichosa el agua que se bebe a sí misma. ¿Cuándo acabarán de devorarme estas imágenes? ¿Cuándo acabaré de caer en esos ojos desiertos?

Estoy sola y caída, grano de maíz desprendido de la mazorca del tiempo. Siémbrame entre los fusilados. Naceré del ojo del capitán. Lluéveme, asoléame. Mi cuerpo arado por el tuyo ha de volverse un campo donde se siembra uno y se cosecha ciento. Espérame al otro lado del año: me encontrarás como un relámpago tendido a la orilla del otoño. Toca mis pechos de yerba. Besa mi vientre, piedra de sacrificios. En mi ombligo el remolino se aquieta: yo soy el centro fijo que mueve la danza. Arde, cae en mí: soy la fosa de cal viva que cura los huesos de su pesadumbre. Muere en mis labios. Nace en mis ojos. De mi cuerpo brotan imágenes: bebe en esas aguas y recuerda lo que olvidaste al nacer. Yo soy la herida que no cicatriza, la pequeña piedra solar: si me rozas, el mundo se incendia.

Toma mi collar de lágrimas. Te espero en ese lado del tiempo en donde la luz inaugura un reinado dichoso: el pacto de los gemelos enemigos, el agua que escapa entre los dedos y el hielo, petrificado como un rey en su orgullo. Allí abrirás mi cuerpo en dos, para leer las letras de tu destino.

---

[14]Sisón, tipo de ave zancuda, de vuelo tardo.

[15]Lluvia fuerte.

[«Himno entre ruinas» es uno de los poemas clave de *Libertad bajo palabra*, y de toda la obra poética de Paz, donde se pone en práctica la técnica del *simultaneísmo*--el desarrollo temático en varias voces o espacios, reales o imaginarios.]

HIMNO ENTRE RUINAS

donde espumoso el mar siciliano . . .
GÓNGORA[16]

Coronado de sí el día extiende sus plumas.
¡Alto grito amarillo,
caliente surtidor en el centro de un cielo
imparcial y benéfico!
Las apariencias son hermosas en ésta su verdad momentánea.

El mar trepa la costa,
se afianza entre las peñas, araña deslumbrante;
la herida cárdena del monte resplandece;
un puñado de cabras es un rebaño de piedras;
el sol pone su huevo de oro y se derrama sobre el mar.
Todo es dios.
¡Estatua rota,
columnas comidas por la luz,
ruinas vivas en un mundo de muertos en vida!

Cae la noche sobre Teotihuacán.[17]
En lo alto de la pirámide los muchachos fuman
marihuana,
suenan guitarras roncas.
¿Qué yerba, qué agua de vida ha de darnos la vida,
dónde desenterrar la palabra,
la proporción que rige al himno y al discurso,
al baile, a la ciudad y a la balanza?
El canto mexicano estalla en un carajo,

---

[16]Luis de Góngora (1561-1627), uno de los más grandes poetas del Siglo de Oro, conocido por sus versos exquisitos y difíciles. Fue maestro del culteranismo, estilo caracterizado por la metáfora y el giro lingüístico rebuscados. La cita es del *Polifemo,* obra maestra de Góngora que narra la pasión del famoso Cíclope de la mitología por la ninfa Galatea.

[17]Antigua ciudad de México, al nordeste de la capital, que fue un importante centro religioso desde antes de la era cristiana. Allí se encuentran muchos templos y pirámides, como la de la Luna y la del Sol.

estrella de colores que se apaga,
piedra que nos cierra las puertas del contacto.
Sabe la tierra a tierra envejecida.

Los ojos ven, las manos tocan.
Bastan aquí unas cuantas cosas:
tuna, espinoso planeta coral,
higos encapuchados,
uvas con gusto a resurrección,
almejas, virginidades ariscas,
sal, queso, vino, pan solar.
Desde lo alto de su morenía una isleña me mira,
esbelta catedral vestida de luz.
Torres de sal, contra los pinos verdes de la orilla surgen las velas blancas de las barcas.
La luz crea templos en el mar.

Nueva York, Londres, Moscú.
La sombra cubre el llano con su yedra fantasma,
con su vacilante vegetación de escalofrío,
su vello ralo, su tropel de ratas.
A trechos tirita un sol anémico.
Acodado en montes que ayer fueron ciudades, Polifemo[18] *bosteza.*
Abajo, entre los hoyos, se arrastra un rebaño de hombres.
(Bípedos domésticos, su carne
--a pesar de recientes interdicciones religiosas--
es muy gustada por las clases ricas.
Hasta hace poco el vulgo los consideraba animales impuros.)

Ver, tocar formas hermosas, diarias.
Zumba la luz, dardos y alas.
Huele a sangre la mancha de vino en el mantel.
Como el coral sus ramas en el agua
extiendo mis sentidos en la hora viva:
el instante se cumple en una concordancia amarilla,
¡oh mediodía, espiga henchida de minutos,
copa de eternidad!

Mis pensamientos se bifurcan, serpean, se enredan,

---

[18]Nombre del Cíclope--gigantesco monstruo de un solo ojo--cantado por Góngora.

recomienzan,
y al fin se inmovilizan, ríos que no desembocan,
delta de sangre bajo un sol sin crepúsculo.
¿Y todo ha de parar en este chapoteo de aguas muertas?

¡Día, redondo día,
luminosa naranja de veinticuatro gajos,
todos atravesados por una misma y amarilla dulzura!
La inteligencia al fin encarna,
se reconcilian las dos mitades enemigas
y la conciencia-espejo se licúa,
vuelve a ser fuente, manantial de fábulas:
Hombre, árbol de imágenes,
palabras que son flores que son frutos que son actos.

Nápoles, 1948

[*Piedra de sol* (1957) es acaso el poema más antologado de toda la obra de Paz. De estructura circular y tema erótico, el poema consta de 584 endecasílabos, cada uno de los cuales equivale a un día del ciclo venusino alrededor del sol, tal y como lo concebían, en su propio calendario, los antiguos aztecas. El siguiente pasaje aparece a medio camino del poema y muestra la supervivencia del amor en medio de la abyección de la guerra y la rutina.]

De *Piedra de sol* (1957):

Madrid, 1937,[19]
en la Plaza de Ángel las mujeres
cosían y cantaban con sus hijos,
después sonó la alarma y hubo
gritos,
casa arrodilladas en el polvo,
torres hendidas, frentes escupidas
y el huracán de los motores, fijo:
los dos se desnudaron y se amaron
por defender nuestra porción eterna,
nuestra ración de tiempo y paraíso,
tocar nuestra raíz y recobrarnos,
recobrar nuestra herencia arrebatada
por ladrones de vida hace mil siglos,
los dos se desnudaron y besaron
porque las desnudeces enlazadas
son invulnerables,
nada las toca, vuelven al principio,
no hay tú ni yo, mañana, ayer ni
nombres,
verdad de dos en sólo un cuerpo y
alma,
oh ser total . . .
cuartos a la deriva
entre ciudades que se van a pique,
cuartos y calles, nombres como
heridas,
el cuarto con ventanas a otros
cuartos
con el mismo papel descolorido
donde un hombre en camisa lee el
periódico

[19]En medio de la Guerra Civil española.

o plancha una mujer; el cuarto claro
que visitan las ramas del durazno;
el otro cuarto: afuera siempre llueve
y hay un patio y tres niños
 oxidados;
cuartos que son navíos que se
 mecen
en un golfo de luz; o submarinos:
el silencio se esparce en olas verdes,
todo lo que tocamos fosforece;
mausoleos del lujo, ya roídos
los retratos, raídos los tapetes;
trampas, celdas, cavernas
encantadas,
pajareras y cuartos numerados,
todos se transfiguran, todos vuelan,
cada moldura es nube, cada puerta
da al mar, al campo, al aire, cada
 mesa
es un festín; cerrados como conchas
el tiempo inútilmente los asedia,
no hay tiempo ya, ni muro; ¡espacio,
 espacio,
abre la mano, coge esta riqueza,
corta los frutos, come de la vida,
tiéndete al pie del árbol, bebe el
 agua!,
todo se transfigura y es sagrado,
es el centro del mundo cada cuarto,
es la primera noche, el primer día,
el mundo nace cuando dos se besan,
gota de luz de entrañas transparentes
el cuarto como un fruto se entreabre
o estalla como un astro taciturno
y las leyes comidas de ratones,
las rejas de los bancos y las cárceles,
las rejas de papel, las alambradas,
los timbres y las púas y los pinchos,
el sermón monocorde de las armas,
el escorpión meloso y con bonete,
el tigre con chistera, presidente
del Club Vegetariano y la Cruz
 Roja,
el burro pedagogo, el cocodrilo
metido a redentor, padre de pueblos,
el Jefe, el tiburón, el arquitecto
del porvenir, el cerdo uniformado,
el hijo predilecto de la Iglesia
que se lava la negra dentadura
con el agua bendita y toma clases
de inglés y democracia, las paredes
invisibles, las máscaras podridas
que dividen al hombre de los
 hombres,
al hombre de sí mismo,
 se derrumban
por un instante inmenso y
 vislumbramos
nuestra unidad perdida, el
 desamparo
que es ser hombres, la gloria que es
 ser hombres
y compartir el pan, el sol, la muerte,
el olvidado asombro de estar vivos;
amar es combatir, si dos se besan
el mundo cambia, encarnan los
 deseos . . .

[*Ladera este* (1969) recoge los poemas que Paz escribió en la India. Uno de sus muchos temas es la identidad personal.]

De *Ladera este* (1969):

EL OTRO

Se inventó una cara.
 Detrás de ella
vivió, murió y resuscitó
muchas veces.
 Su cara
hoy tiene las arrugas de esa cara.
Sus arrugas no tienen cara.

[*Blanco* (1967), acaso la composición extensa más ambiciosa de Paz, es un poema erótico a varias voces y varios espacios. Su edición original, impresa en una sola extensa hoja plegable, como papel de computadora, capta esa polifonía por medio de un juego entre colores y tipografías que nos es imposible reproducir aquí. En el si-guiente pasaje, tomado del tercer movimiento del poema, se muestra el paso de una sola columna al diálogo entre dos voces, para después pasar a otra columna central que finalmente se resuelve en la unión de las dos voces en una.]

De *Blanco* (1967):

Hablar
mientras los otros trabajan
es pulir huesos,
aguzar
silencios
hasta la transparencia,
hasta la ondulación,
el cabrilleo,
hasta el agua:

los ríos de tu cuerpo	*el río de los cuerpos*
país de latidos	*astros infusorios reptiles*
entrar en ti	*torrente de cinabrio sonámbulo.*
país de ojos cerrados	*oleaje de las genealogías*
agua sin pensamientos	*juegos conjugaciones juglarías*
entrar en mí	*subyecto y obyecto abyecto y absuelto*
al entrar en tu cuerpo	*río de soles*
país de espejos en vela	*«las altas fieras de la piel luciente»*
país de agua despierta	*rueda el río seminal de los mundos*
en la noche dormida	*el ojo que lo mira es otro río*
me miro en lo que miro	*es mi creación esto que veo*
como entrar por mis ojos	*la percepción es concepción*
en un ojo más límpido	*agua de pensamientos*
me mira lo que miro	*soy la creación de lo que veo*
delta de brazos del deseo	*agua de verdad*
en un lecho de vértigos	*verdad de agua*

La transparencia es todo lo que queda

Paramera[20] abrasada
del amarillo al encarnado
la tierra es un lenguaje calcinado.
Hay púas invisibles, hay espinas
en los ojos.
En un muro rosado
tres buitres ahítos.
No tiene cuerpo ni cara ni alma,
está en todas partes,
a todos nos aplasta:
este sol es injusto.
La rabia es mineral.
Los colores
se obstinan.
Se obstina el horizonte.
Tambores tambores tambores.
El cielo se ennegrece
como esta página.
Dispersión de cuervos.
Inminencia de violencias violetas.
Se levantan los arenales,
la cerrazón de reses de ceniza.
Mugen los árboles encadenados.
tambores tambores tambores.
Te golpeo cielo,
tierra te golpeo.
Cielo abierto, tierra cerrada,
flauta y tambor, centella y trueno,
te abro, te golpeo.
Te abres, tierra,
tienes la boca llena de agua,
tu cuerpo chorrea cielo,
tierra, revientas,
tus semillas estallan
verdea la palabra

Se desata se esparce *árida ondulación*
se levanta se erige Ídolo *entre brazos de arena*
desnuda como la mente *brilla se multiplica se niega*

---

[20]Región desierta, sin vegetación.

en la reverberación del deseo *renace se escapa se persigue*
girando girando *visión del pensamiento gavilán*
en torno a la idea negra *cabra en la peña hendida*
el vellón de la juntura *paraje desnudo*

[En *Vuelta* (1976), Paz recoge sus poemas escritos tras su regreso a México en 1971. Uno de los más conmovedores es el célebre «Nocturno de San Ildefonso» en el que evoca sus años de estudiante en la Preparatoria que lleva ese nombre. El pasaje siguiente, la tercera parte del poema, propone una defensa de la poesía contra la abyección de la política y demagogia que imperan en el México del momento.]

De *Vuelta* (1976):

3

El muchacho que camina por este poema,
entre San Ildefonso y el Zócalo,
es el hombre que lo escribe:
esta página
también es una caminata nocturna.
Aquí encarnan
los espectros amigos,
las ideas se disipan.

El bien, quisimos el bien:
enderezar al mundo.
No nos faltó entereza:
nos faltó humildad.
Lo que quisimos no lo quisimos con inocencia.
Preceptos y conceptos,
soberbia de teólogos:
golpear con la cruz,
fundar con sangre,
levantar la casa con ladrillos de crimen,
decretar la comunión obligatoria.
Algunos
se convirtieron en secretarios de los secretarios
del Secretario General del Infierno.
La rabia
se volvió filósofa,

su baba ha cubierto al planeta.
La razón descendió a la tierra,
tomó la forma del patíbulo
--y la adoran millones.
Enredo circular:
todos hemos sido,
en el Gran Teatro del Inmundo[21];
jueces, verdugos, víctimas, testigos,
todos
hemos levantado falso testimonio
contra los otros
y contra nosotros mismos.
Y lo más vil: fuimos
el público que aplaude o bosteza en su butaca.
La culpa que no se sabe culpa,
la inocencia,
fue la culpa mayor.
Cada año fue monte de huesos.

Conversiones, retractaciones, excomuniones,
reconciliaciones, apostasías, abjuraciones,
zig-zag de las demonolatrías y las androlatrías,
los embrujamientos y las desviaciones:
mi historia,
¿son las historias de un error?
La historia es el error.
La verdad es aquello,
más allá de las fechas,
más acá de los nombres,
que la historia desdeña:
el cada día
--latido anónimo de todos,
latido
único de cada uno--,
el irrepetible
cada día idéntico a todos los días.
La verdad
es el fondo del tiempo sin historia.

[21]Paz juega con el título de una de las obras más famosas del Siglo de Oro, *El gran teatro del mundo*, de Pedro Calderón de la Barca (1600-1681).

[. . .]

El peso
del instante que no pesa:
unas piedras con sol,
vistas hace ya mucho y que hoy regresan,
piedras de tiempo que son también de piedra
bajo este sol de tiempo,
sol que viene de un día sin fecha,
sol
que ilumina estas palabras,
sol de palabras
que se apaga al nombrarlas.
Arden y se apagan
soles, palabras, piedras:
el instante los quema
sin quemarse.
Oculto, inmóvil, intocable,
el presente--no sus presencias--está siempre.

Entre el hacer y el ver,
acción o contemplación,
escogí el acto de palabras:
hacerlas, habitarlas,
dar ojos al lenguaje.
La poesía no es la verdad:
es la resurrección de las presencias,
la historia
transfigurada en la verdad del tiempo no fechado.
La poesía,
como la historia, se hace;
la poesía,
como la verdad, se ve.
La poesía:
encarnación
del sol-sobre-las-piedras en un nombre,
disolución
del nombre en un más allá de las piedras.
La poesía,
puente colgante entre historia y verdad,
no es camino hacia esto o aquello:
es ver
la quietud en el movimiento,

el tránsito
en la quietud.
La historia es el camino:
no va a ninguna parte,
todos lo caminamos,
la verdad es caminarlo.
No vamos ni venimos:
estamos en las manos del tiempo.
La verdad:
sabernos,
desde el origen,
suspendidos.
Fraternidad sobre el vacío.

[*Arbol adentro* (1988) recoge los (hasta ahora) últimos poemas de Paz. Incluye estos dos, con los que el poeta suele comenzar y terminar sus recitales:]

De *Árbol adentro* (1988):

ENTRE LO QUE VEO Y DIGO . . .
A Roman Jakobson[22]

1

Entre lo que veo y digo,
entre lo que digo y callo,
entre lo que callo y sueño,
entre lo que sueño y olvido,
la poesía.
Se desliza
entre el sí y el no:
dice
lo que callo,
calla
lo que digo,
sueña
lo que olvido.
No es un decir:
es un hacer.
Es un hacer

[22]Lingüista ruso (1895-1982), uno de los fundadores de la fonología.

que es un decir.
La poesía
se dice y se oye:
es real.
Y apenas digo
es real,
se disipa.
¿Así es más real?

2

Idea palpable,
palabra
impalpable:
la poesía
va y viene
entre lo que es
y lo que no es.
Teje reflejos
y los desteje.
La poesía
siembra ojos en la página,
siembra palabras en los ojos.
Los ojos hablan,
las palabras miran,
las miradas piensan.
Oír
los pensamientos,
ver
lo que decimos,
tocar
el cuerpo de la idea.
Los ojos
se cierran,
las palabras se abren.

HERMANDAD

Homenaje a Claudio Ptolomeo[23]

Soy hombre: duro poco
y es enorme la noche.
Pero miro hacia arriba:
las estrellas escriben.
Sin entender comprendo:
también soy escritura
y en este mismo instante
alguien me deletrea.

[23]Astrónomo griego, nacido en Egipto en el siglo XI antes de Cristo, autor de la *Composición matemática* y de una *Geografía.* Se consideraba una importante autoridad sobre las ciencias y las matemáticas durante la Edad Media.

Temas

1. ¿Cómo explica Paz la popularidad de las fiestas en México en la selección de *El laberinto de la soledad*?

2. ¿Cuáles son las características de la política mexicana que Paz describe en *Posdata*?

3. ¿Por qué, según Paz, es esencial que el mexicano conozca su propia historia? ¿Qué «lugares imantados» menciona en *Posdata*? ¿Qué relación tienen con el momento actual?

4. ¿Cómo expresa las infinitas posibilidades del lenguaje en «Las palabras»?

5. ¿Cómo combina imágenes surrealistas con tradiciones indígenas en «Mariposa de Obsidiana»?

6. ¿Cómo mezcla diversas perspectivas y elementos temporales en «Himno entre ruines»?

7. En *Piedra de sol*, ¿cómo expresa la idea que la vida sigue a pesar de la guerra? ¿En qué sentido es el amor una defensa contra la violencia política? ¿Cómo censura a los elementos poderosos de la sociedad? ¿Qué imágenes emplea?

8. ¿Cómo usa la polifonía en *Blanco*? ¿Qué efecto produce? ¿Cómo va intensificándose el elemento erótico?

9. En el fragmento de *Vuelta,* ¿qué contraste desarrolla entre el idealismo del joven Octavio Paz y la perspectiva más realista del poeta maduro? ¿Cómo describe la degeneración política de su país? ¿Por qué dice: «Entre el hacer y el ver / acción o contemplación, / escogí el acto de palabras...»? ¿Qué significa «La poesía no es la verdad: / es la resurrección de las presencias...»? ¿Cómo defiende la poesía?

10. ¿Cómo expresa lo vital y al mismo tiempo lo inefable de la poesía en los dos poemas de *Árbol adentro*? ¿Cómo expresa la idea que la vida es, en su esencia, poética?

Rigoberta Menchú

NANCY GRAY DÍAZ
Rutgers University

Rigoberta Menchú, india quiché de Guatemala, ganó el Premio Nóbel de Paz en 1992. La comisión del Nóbel escogió 1992--el quinto centenario de la llegada de Colón a las Américas--como el año apropiado para reconocer con el premio a Menchú la lucha del pueblo indígena por los derechos humanos. Desde adulta, Menchú ha sido activista, en nombre de su comunidad, en el conflicto clasista y racista de Guatemala que en los últimos treinta años ha tomado 120,000 vidas. Menchú se considera como una cristiana revolucionaria y la comisión del Nóbel se refiere a ella como un «vivid symbol of reconciliation and peace» [«símbolo vivo de reconciliación y de paz»] (*New York Times*, Oct. 19:5). La noticia del Nóbel provocó protestas por parte de las fuerzas armadas de Guatemala y celebraciones por parte de miles de indios guatemaltecos. Al aceptar el Nóbel, Menchú afirmó, en su discurso, que su premio es «a recognition of those who have been--and still are in most parts of the world--the most exploited of the most exploited ones, the most discriminated against, the most marginalized, but still they are the ones that produce life. . .» [«un reconocimiento de los que han sido--y siguen siendo en gran parte del mundo--los más abusados de los más abusados, los más discriminados, los más marginados, pero aún son los que producen vida. . .»] (*Los Angeles Times*, Dec. 11:B,7).

Aunque técnicamente no es escritora, Menchú es conocida por todas partes del mundo a través de su libro *Me llamo Rigoberta Menchú y así me nació la conciencia* (1983), el que ha sido traducido a once idiomas. Su libro es uno de los más importantes ejemplos del género narrativo que recientemente ha salido a relucir en la literatura latinoamericana--la novela-testimonio--y por esta razón tanto estudiosos literarios como aquellos comprometidos con la causa de la justicia y los derechos humanos en Latinoamérica han tomado considerable interés en Menchú. Ella le contó su historia a Elizabeth Burgos Debray, la cual ésta grabó, transcribió y editó.

Vida[1]

Rigoberta Menchú nació en San Miguel Uspantán, El Quiché, Guatemala, en 1959. Hasta los veinte años solamente habló quiché, una de las veintidós lenguas indígenas habladas en Guatemala. Decidió aprender español por razones políticas y su relación está narrada en sus propias palabras, con pocas correcciones, preservando así la autenticidad de su modo de expresión. La familia Menchú pertenece a una comunidad indígena muy tradicional que mantiene las ceremonias, los alimentos, los trajes, el idioma y los valores de sus antepasados. Gran parte del relato de Menchú está dedicado a una afectuosa descripción de las tradiciones y del modo de vida de su pueblo y a un recuerdo conmovedor de la pérdida, uno por uno, de los miembros de su familia. La siguiente biografía se basa en su libro.[2]

La familia de Menchú labraba una parcela pequeña de terreno en la región montañosa occidental de Guatemala. Como estas tierras no producen lo suficiente para mantener a una familia, los Menchú se veían obligados a ir a la zona tropical costeña durante ocho meses del año para cortar caña o coger café. Menchú describe la fatiga causada por el tránsito a la costa: se les forzaba a viajar en un camión amontonados entre sus hijos y su ganado durante dos noches y un día sin parar. La gente se enfermaba del mal olor y del brusco cambio en temperatura. Menchú nunca fue al colegio porque los indígenas sienten una profunda desconfianza en las escuelas, las cuales fomentan la cultura ladina y requieren que los estudiantes se adapten a costumbres ajenas. A los ocho años, ella empezó a trabajar por un sueldo en una hacienda. Como se servía comida solamente a los que trabajaban, los padres tenían que dejar de comer para que sus hijos comieran. Dos hermanos menores de Menchú se murieron en las haciendas --uno de desnutrición y el otro por la fumigación que se llevaba a cabo habitualmente en el campo sin preocuparse por la salud de los labradores.

A los trece años, Menchú se fue a la capital a trabajar como doméstica. Por no hablar español y por no conocer la ciudad, fue casi prisionera de una patrona desdeñosa y explotadora. Además, la engañaban con respecto a su sueldo y le daban menos de comer que al perro de la familia. Durante esta época se enteró de que su padre había sido tomado preso por haber incitado resistencia contra ladinos (nombre que se les da a los que no son indios), terratenientes que habían tomado la tierra comunal. Vicente Menchú fue liberado y junto con varias personas formó el CUC, Comité de Unidad Campesina, que fomentaría oposición política a los que defraudaban a los campesinos de sus tierras. El padre de Menchú y los otros principales del CUC se escondieron para proteger a sus familias. Sin embargo, su madre, sus hermanos y ella misma empezaron a trabajar activamente para organizar a la gente de otros pueblos. En este momento ella decidió aprender otros idiomas--mam, cakchiquel, tzutuhil y español--para poder comunicarse con el mayor número de comunidades posible. Se dio cuenta de que el español era el idioma de las autoridades y que el no saber hablarlo era una de las razones principales por las cuales los indios eran víctimas del sistema, el que utilizaba el lenguaje para defraudarlos.

Como consecuencia de la participación de su familia en protestas políticas, de tipo no-violentas, contra las injusticias cometidas contra ellos, fueron asesinados el hermano, la madre y el padre de Menchú. Las fuerzas armadas torturaron a su hermano y después lo quemaron vivo. A su madre la raptaron, violaron y torturaron casi a muerte y, una vez que recobró el sentido, la torturaron de nuevo hasta que murió. Violaron a muchas indígenas y varias otras famlias sufrieron el mismo destino que la de Menchú.

Las circunstancias de la muerte del padre de Menchú eventualmente resultaron en el exilio de ella. En 1981, Vicente Menchú dirigió una protesta en la capital para que los problemas de los indígenas guatemaltecos llegaran a la atención del mundo. Los indígenas tomaron la Embajada de España, pero los capturaron y luego quemaron en vivo a los principales. El año siguiente, después de haberse escondido para no ser capturada por el ejército, Rigoberta Menchú decidió ir al extranjero para publicar la situación difícil de su pueblo. En 1982, a los veintitrés años, Rigoberta Menchú le contó a Elizabeth Burgos, en París, su historia, la cual se publicó en 1983.

La obra: Género y temas

El periodista cubano, Miguel Barnet, fue el primero en describir la narrativa testimonial en su ensayo de 1970, «La novela testimonio: socio-literatura».[3] Anteriormente, había publicado *Biografía de un cimarrón.* Barnet nos recuerda que la tradición de contar una historia es más antigua que la tradición formal de la novela. La novela pertenece a la tradición de cuentos orales que incluye los «griots» africanos, los «shamanes», las crónicas medievales de las cruzadas, etc. Las mejores formas de narración son un arte integral que no separa la realidad de la fantasía, ni la política de la religión; son arte que imita la vida a la vez que la vida imita el arte. «Lo que llamamos novela, con todas las de la ley, falla, no nos resulta eficaz, no nos sirve. ¿Por qué? Porque se ha cogido el rábano por las hojas. Y el hombre occidental, tan viciado por un lenguaje frívolo, desarticulado, ha querido ir más allá, y ha separado el lenguaje del hombre mismo, a la idea del hombre, a la palabra del hombre». (Barnet: 126) El propósito es encarnar a la realidad y él cita a Octavio Paz al sostener que la literatura americana--tanto del Norte como del Centro y del Sur--propone inventar su propia realidad. Sin embargo, la realidad no es una, y hasta que el indígena y el negro no tengan una voz en la literatura latinoamericana la realidad no se reflejará auténticamente. Barnet había conocido a Esteban Montejo, un negro con más de cien años, que había tenido una vida extraordinaria: fue esclavo, llevó la vida de un cimarrón y participó en la Guerra de Independencia contra España. *Biografía de un cimarrón* añadió capítulos a la historia de Cuba que antes estaban incompletos, desconocidos o inéditos. Barnet ofrece tres preceptos para el agente de literatura testimonial: 1. Debe tratar los principales acontecimientos que han afectado la consciencia de un pueblo y describirlos utilizando la voz de uno de sus más apropiados protagonistas; 2. El «yo» del escritor o sociólogo se debe suprimir para que el protagonista hable por sí mismo; 3. En el caso de acontecimientos que afectan a todo el pueblo, la versión testimonial de la historia debería representar la versión no-oficial.

El testimonio de Rigoberta Menchú es significativo por su carácter de documento histórico, por servir de modelo de la literatura testimonial y por ser una elocuente autobiografía de extraordinarias y horrorosas experiencias humanas. Por haber tomado una posición de líder en la lucha política de su pueblo y por sus extensos viajes como portavoz del pueblo, Menchú ha logrado convertirse en una gran autoridad moral sobre la lucha de clases y el feminismo en su país. Tanto su narrativa como muchas otras novelas de testimonio merecen ser incluídas en el canon literario de Latinoamérica porque iluminan ciertos aspectos de la experiencia latinoamericana en las cuales hasta el momento ha sido difícil penetrar, ya que normalmente son miembros de las clases media y alta los que escriben y publican libros. Como dice Rigoberta, «mi historia es la historia de mi pueblo.

La narrativa de Menchú es, en primer plano, la historia de su vida y del desarrollo de su conciencia social. Su narrativa adquiere una rica estructura por los varios temas que se repiten y por el contexto cultural y geográfico que ella elabora con precisión. Como los testimonios de otras indígenas de América Latina,[4] su narrativa trata los siguientes temas: 1) los papeles de la mujer en el matrimonio y en la familia, la vida doméstica, la comunidad, el trabajo; 2) la privación, la opresión y las estrategias políticas necesarias para responder a estas injusticias; 3) las relaciones raciales y clasistas; 4) la religión; 5) la visión del futuro de su sociedad. Menchú se deleita con la vida doméstica de su pueblo. Desde el momento en que nacen los niños de su comunidad, y aún cuando están en el útero, se les enseña a ver sus trabajos cotidianos como una celebración del vínculo con sus antepasados, la naturaleza y su comunidad. Como ella explica, le abren el puño al recien nacido para mostrar que la persona siempre debería tener las manos abiertas para dar a otros en vez de tomar cosas para sí mismo. Menchú describe los varios papeles y oficios que pertenecen a las mujeres de su comunidad. Desde una edad muy temprana, la niña se levanta a las tres de la mañana para ayudar con las comidas, trabaja en el campo, siempre lleva puesto el traje tradicional, es virtuosa y respeta todas las reglas de su comunidad. Se casa joven y espera tener muchos hijos. Ella desarrolla, sobre todo cuando embarazada, un cariño por los animales y las plantas para que su hijo participe en la relación que existe entre el hombre y su medio ambiente. Al asumir un puesto como líder en su comunidad, Menchú toma como su modelo a su madre, quien--aunque fue limitada por el control y los celos de su marido durante los primeros años de matrimonio--llegó a una posición de gran respeto e influencia como curandera, partera y finalmente como organizadora política. Tanto su madre como su padre le enseñaron que ella tenía, igual a los hombres, la reponsabilidad de tomar parte en la lucha. Menchú ha renunciado al matrimonio y al tener hijos, lo cual es una decisión penosa porque es un difícil sacrificio personal y porque viola los preceptos de sus antepasados. Sin embargo, lo hace para poder dedicarse totalmente a la causa de su pueblo.

Es obvio que desde una edad temprana Menchú se da cuenta de la severidad de su existencia. Define el paso a la edad adulta en términos del desarrollo de su entendimiento de lo que es la injusticia, la discriminación y la opresión. Cuando aún era niña, entendió que su comunidad era pobre; que la gente era abusada por los dueños de la tierra (quienes no proveen servicios públicos sanitarios para sus labradores, quienes fumigan el campo con productos químicos mientras que están trabajando, quienes despidieron a su madre por haber faltado un día para ir a buscar sepulcro para su hijo); que su pueblo fue derrotado por sus colonizadores y que continúa siendo perseguido tanto por el gobierno y sus instituciones como por los propietarios; y que su comunidad fue defraudada de su tierra. Aunque es obvio que Menchú conoce el análisis sofisticado del subdesarrollo, los orígenes de sus argumentos son autóctonos, derivados firme y conscientemente de su propia experiencia. El discurso de Menchú es tan intensamente subjetivo que lo político comienza como algo profundamente personal.

Aunque toma en consideración las ideas feministas, para Menchú la lucha contra el clasismo social tiene prioridad sobre la del machismo. Al hablar del machismo, invoca las enseñanzas de su madre. Describe las diferencias entre los trabajos y los privilegios del hombre y de la mujer y asiente a ellos. «En nuestra cultura muchas veces se estima al hombre como algo distinto--bueno, también la mujer se estima--, pero si nosotras hacemos las cosas, tenemos que hacerlas bien, en primer lugar, para los hombres». (239) Sin embargo, en su papel de organizadora revolucionaria debe dirigir a los hombres y esto crea conflictos para ella y para los hombres. Ella dice que el machismo es un problema en Guatemala como lo es en todos los países del mundo. En sus organizaciones hombres y mujeres se reúnen en grupos para analizar el tratamiento de la mujer. Para Menchú la lucha principal es contra la opresión y explotación de los pobres; sin embargo, piensa que es necesario también enfrentarse al problema de la desigualdad de la mujer.

Durante la década de los ochenta, el 87 por ciento de la población guatemalteca vivía en la pobreza y la mitad de las familias no podían tener «minimally adequate diet let alone other necessities».[5] [«lo suficiente para comer sin considerar los recursos para comprar otras necesidades».] Mientras tanto, la riqueza nacional continúa concentrándose en las manos de la clase alta. «Between 1970 and 1984, the percentage of national income captured by the top 20 percent increased from 45.5 percent to 56.8 percent» (245). [«Entre 1970 y 1984, el porcentaje del ingreso nacional obtenido por el 20 por ciento más próspero de la población, aumentó del 45.5 por ciento al 56.8 por ciento».] Para entender el análisis de Menchú de las relaciones raciales y clasistas, se tiene que tomar en cuenta esta desigualdad económica. Hasta que Menchú empezó a defender las causas de su comunidad, percibía que su país estaba dividido entre el indígena y el ladino. «Ladino» no es una categoría racial porque muchos de los ladinos en Guatemala tienen sangre indígena o mestiza. Por mejor decir, los ladinos son los que no pertenecen a las comunidades tradicionales. Para Menchú, los ladinos eran «el otro» y el enemigo. Cuando se hizo miembro del CUC, conoció a ladinos que estaban comprometidos a luchar por cambios sociales y reconoció una solidaridad con los ladinos pobres. No obstante, ella describe la gran barrera que existe entre el ladino, al cual se le muestra respeto en lugares públicos, y el indígena, al cual se le trata con desprecio.

La religión es muy importante para Menchú, quien practica un sincretismo entre las creencias y las costumbres tradicionales de sus antepasados y de la fe católica. Ella afirma su fe profunda, la cual ve como parte del desarrollo de su conciencia, como justificación de su activismo y su razón de ser. Menchú rechaza la noción de que haya una contradicción entre la creencia en la Biblia cristiana y las prácticas tradicionales de su pueblo. Para ella, el Dios cristiano corresponde al Sol, el dios supremo de su pueblo. Encuentra la justificación necesaria para la resistencia pasiva, la militancia y la oposición a la injusticia en las historias de la Biblia de Judit y de Moisés. Por otra parte, sus creencias en el nagualismo[6] y, por ejemplo, en lo sagrado de la tierra y del maíz obviamente enriquecen su sentido de identidad personal y le añaden más alegría e integridad a su vida.

A pesar de los horrores que ha sufrido, la actitud de Menchú hacia el futuro es decidida y positiva. Su compromiso con su pueblo se expresa mediante una visión de esperanza y promesa para el futuro. Ella cree que la transformación de la sociedad no será a través de las estructuras existentes del gobierno sino a través del movimiento revolucionario del pueblo. La sociedad que ella prevé pondría fin a la diaria y sistemática violencia cometida contra los pobres; sería una sociedad más equitativa sin distinción de raza y de clase social; permitiría una justa distribución de tierra y protegería los derechos de propiedad de pequeños agricultores; además, defendería los derechos de trabajar y ganar un sueldo adecuado, de comprar necesidades a precios justos, y de organizarse; y desarrollaría una economía que no apoyara una dependencia que se nutre de la explotación. Menchú se opone al marxismo por razones religiosas; sin embargo, no juzga, de ninguna manera, a los que se han unido a los guerrilleros. La sociedad que ella imagina para el futuro es una en que el individuo y la comunidad tendrán la máxima oportunidad de crecimiento espiritual y cultural.

Introducción a las selecciones de su obra

Las selecciones del libro de Rigoberta Menchú presentadas aquí ilustran varios de los importantes aspectos políticos y literarios de la obra. La narrativa de Menchú relata hechos en orden cronológico intercalando explicaciones de ciertas costumbres y análisis del impacto que tuvieron algunos hechos en el desarrollo de su conciencia. La obra consiste de una introducción y un prólogo por Elizabeth Burgos Debray, identificada como la autora, y treinta y tres capítulos. Las selecciones que he decidido incluir aquí son el capítulo I, «La familia»; capítulo X, «La naturaleza»; capítulo XXIII, «Tortura y muerte de su hermanito» y capítulo XXXIII, «El exilio».

En su introducción y prólogo, Burgos Debray ofrece importante información sobre la preparación del manuscrito y presenta su propio análisis político. Menchú pasó una semana con Burgos Debray en el apartamento de ésta en Paris y su monólogo produjo veinticinco horas de grabaciones. Burgos Debray ordenó y editó el manuscrito pero no revisó ni la dicción ni la sintaxis de Menchú. Tampoco se dejó llevar por las recomendaciones de omitir las descripciones de las costumbres y de las ceremonias porque reconoció que uno de los propósitos de la narrativa de Menchú era el deseo de mostrar su orgullo por la antigua cultura de su pueblo y la necesidad de informar a otros sobre dicha cultura. El análisis político de Burgos Debray se centra en la idea del colonialismo interno. Según ella, los latinoamericanos denuncian fácilmente al imperialismo norteamericano pero son silenciosos ante el colonialismo interno por el cual los gobiernos latinoamericanos subyugan a los grupos étnicos de sus propios países. Ella dice que Guatemala es como África del Sur porque una minoría de blancos tiraniza a una mayoría de gente de color. Muchos latinoamericanos celebran el glorioso pasado indígena pero ignoran la realidad contemporánea de sus compatriotas.

Una de las contribuciones mayores de la literatura indigenista latinoamericana (tanto las novelas como otros géneros) a la literatura universal es el concepto del sujeto colectivo. Es decir, en vez de tener un protagonista individual, estas narrativas suelen presentar al pueblo o a la comunidad como protagonista. Desde el comienzo de su narrativa, Menchú dice claramente que ella habla a la vez como individuo y como miembro de un grupo: «Mi situación personal engloba toda la realidad de un pueblo» (21). En el primer capítulo habla un poco de la historia de su familia y empieza a orientar al lector en las realidades sociales, económicas y geográficas de su vida. Su estilo es sencillo en el sentido de que su vocabulario es básico y su uso de adjetivos es limitado. Esto crea una concentración en las cosas del mundo fenomenal. Además, su uso frecuente de los posesivos «mi» y «nuestro» refuerza el hecho de que tiene conocimiento directo y personal de su mundo y de que se siente una con él. Estas estrategias discursivas le dan credibilidad como testigo y autoridad a las conclusiones políticas que deriva de su experiencia.

Como ejemplo de la belleza y detallada descripción de las costumbres que enriquecen el libro incluyo el capítulo X. Es aquí que Menchú explica algunas oraciones y rituales que celebran lo sagrado que son el agua, la tierra y sus frutos, el sol y el maíz. Esta introducción a la teología quiché que describe lo sagrado de la naturaleza profundiza nuestro entendimiento de lo sagrado de la vida humana para el quiché.

Aunque Menchú colectiviza su cultura y su lucha, sus estrategias también son individuales y personales. Aprendió español aunque su padre veía esto como un acercamiento a lo ladino. Renunció al matrimonio y a la maternidad y escogió el exilio, todo lo cual es, sin duda, poco tradicional en su comunidad, especialmente para una mujer. Finalmente, contó su historia para que se publicase--algo desconocido en su comunidad. Además de estas elecciones y acciones personales, infunde su narrativa con su propio análisis y síntesis de experiencias y examina los momentos de su vida en que empieza a cobrar conciencia social y tomar acción. Menchú describe los momentos importantes de su nueva conciencia y de la transición en su manera de pensar. Su experiencia contribuye a una reconfiguración gradual de sus nociones de la historia y de su misión. Es aquí que el individuo forja una identidad única por el bien de la colectividad.

El poder de las descripciones de las atrocidades se comunica a través de su estilo muy directo de decir las cosas. Cuenta de sus sentimientos y los de su familia, sin embargo el modo de narrar es franco y no-sentimental. Estas descripciones tienen una importancia incalculable a nivel político porque dan un aspecto personal a las estadísticas de las violaciones de los derechos humanos en América Central durante los últimos treinta años. En su artículo «Witnessing History: Diplomacy versus Testimony» [«Presenciando la Historia: La diplomacía versus el testimonio»], Laura P. Rice Sayre escribe:

> We have come to a historical moment in which, despite and perhaps because of the Reagan administration's imperialist foreign policy, human rights fills an important ideological space in our national consciousness. Because human rights issues are so often submerged by other concerns (balance of payments, corporate profits etc.), deflected into other frameworks (the threat of communism for example), or simply ignored by our foreign policy "experts," the *testimonio* with its concrete witnessing of human suffering serves an especially important function: it makes a general appeal to humanitarianism *specific*.[7]

Es quizás por este aspecto más que ningún otro de su obra que el comité Nóbel ha visto a Menchú como un poderoso portavoz por la paz.

En el último capítulo, Menchú explica su huida al exilio y da un resumen de su posición teórica en cuanto a su causa. Mientras relata las conversaciones con sus compañeras y hermanas, establece su propia posición dentro de principios que han sido disputados ideológicamente. Revela porqué ha decidido no unirse con las guerrillas y cómo la religión influye en su política. Reafirma su solidaridad con las masas y su compromiso con su vocación, que es organizar y hablar en público.

Como muchos críticos literarios han demostrado, la narrativa latinoamericana--empezando por la tradición oral y escrita precolombina y las crónicas de los colonizadores hasta el siglo veinte con su realismo mágico, el Boom, y la reaparición de la novela histórica--se ha ocupado típica y tenazmente de la realidad y la historia. La narrativa testimonial es un género literario tal como lo son las crónicas y el libro de Rigoberta Menchú, ejemplo principal de este género, y tiene asegurado su lugar con los clásicos. Sin duda, su testimonio se incorporará a los estudios sociológicos y antropológicos de América Central. Además, su experiencia y activismo muestran elocuentemente el heroismo extraordinario de un pueblo y de una mujer de la cual todos tenemos mucho que aprender.

Traducido del inglés de Laura LaBauve

NOTAS

1. Partes de la relación de la vida de Menchú vienen de mi capítulo «Indian Women Writers of Spanish America», [«Escritoras indígenas de la América hispanohablante»] publicado en *Spanish American Women Writers: A Bio-Bibliographical Source Book*, ed. Diane E. Marting (New York: Greenwood Press, 1990): 546-556. Quisiera expresar mi agradecimiento a Diane Marting y a Greenwood Press por otorgarme el permiso de reimpresión.

2. Edición de México, DF: Siglo Veíntiuno, 1985.

3. Este artículo aparece como apéndice a su libro, *La canción de Rachel*, 2a ed. (Barcelona: Editorial LAIA, 1979).

4. Otros ejemplos de testimonios por mujeres latinoamericanas indígenas son: Barrios de Chungara, Domitila, *«Si me permiten hablar. . .» Testimonio de Domitila, una mujer de las minas de Bolivia*, ed. Moema Viezzer (México, D.F.: Siglo Veintiuno Ed., 1976) y *Aquí también, Domitila*, ed. David Acebey (México, D.F.: Siglo Veintiuno Ed., 1985); *Dos mujeres indígenas: Basilia por June Nash, Facundina por Manuel María Rocca* (México, D.F.: Instituto Indigenista Interamericano, 1976); y *Don't be Afraid, Gringo: A Honduran Woman Speaks from the Heart. The Story of Elvia Alvarado*, ed. y traducción Medea Benjamin (San Francisco: Institute for Food and Development Policy, 1987).

5. Tom Barry, *Central America Inside and Out: The Essential Guide to Its Societies, Politics and Economies* (New York: Grove Weidenfeld, 1991): 244.

6. El quiché cree que cada persona tiene un nagual (o nahual), animal que tiene como compañero inseparable.

7. «Hemos llegado a un momento histórico en que, a pesar de o quizás a causa de la política imperialista de la administración del Presidente Reagan, los

derechos humanos ocupan un lugar de importancia ideológica en la conciencia nacional. El testimonio personal y fidedigno del sufrimiento humano sirve una función estremadamente importante porque cuestiones de derechos humanos suelen: sumergirse bajo otros intereses (balance de pagos, ganancias de una corporación, etc.); plantearse dentro de otras circunstancias (por ejemplo la amenaza del comunismo); o son simplemente ignorados por los «expertos» de nuestra política exterior. El testimonio convierte una llamada indeterminada al humanitarismo en una específica y personal».

El artículo se encuentra en *Testimonio y literatura*, ed. René Jara y Hernán Vidal (Minneapolis: Institute for the Study of Ideologies and Literature, 1986): 48-72. La cita es de la página 67.

Me llamo Rigoberta Menchú y así me nació la consciencia

RIGOBERTA MENCHÚ
PREMIO NÓBEL 1992

(ELIZABETH BURGOS DEBRAY)

CAPÍTULO I
LA FAMILIA

«Siempre hemos vivido aquí: es justo que continuemos viviendo donde nos place y donde queremos morir. Sólo aquí podemos resucitar; en otras partes jamás volveríamos a encontrarnos completos y nuestro dolor sería eterno».

Popol Vuh[1]

Me llamo Rigoberta Menchú. Tengo veintitrés años. Quisiera dar este testimonio vivo que no he aprendido en un libro y que tampoco he aprendido sola ya que todo esto lo he aprendido con mi pueblo y es algo que yo quisiera enfocar. Me cuesta mucho recordarme toda una vida que he vivido, pues muchas veces hay tiempos muy negros y hay tiempos que, sí, se goza también pero lo importante es, yo creo, que quiero hacer un enfoque que no soy la única, pues ha vivido mucha gente y es la vida de todos. La vida de todos los guatemaltecos pobres y trataré de dar un poco mi historia. Mi situación personal engloba toda la realidad de un pueblo.

En primer lugar, a mí me cuesta mucho todavía hablar castellano ya que no tuve colegio, no tuve escuela. No tuve oportunidad de salir de mi mundo, dedicarme a mí misma y hace tres años que empecé a aprender el español y a hablarlo; es difícil cuando se aprende únicamente de memoria y no aprendiendo en un libro. Entonces, sí, me cuesta un poco. Quisiera narrar desde cuando yo era niña o incluso desde cuando estaba en el seno de mi madre, pues, mi madre me contaba como nací porque nuestras costumbres nos dicen que el niño, desde el primer día del embarazo de la mamá ya es un niño.

En primer lugar en Guatemala existen veintidós etnias indígenas, y consideramos que una de las etnias también son los compañeros ladinos, como

---

[1]Libro sagrado de los quichés, basado en sus tradiciones orales.

les llaman, o sea, los mestizos; serían veintitrés, veintitrés lenguas también. Yo pertenezco a una de las etnias que es la etnia Quiché, tengo mis costumbres, costumbres indígenas quichés, pero sin embargo he vivido muy cerca de casi la mayor parte de las otras etnias debido a mi trabajo organizativo con mi pueblo. Soy de San Miguel / Uspantán, Departamento El Quiché. El Quiché se ubica en el Noroccidente del país. Vivo en el Norte del Quiché, o sea cerca de Chajul. Pueblos que tienen largas historias de lucha. Camino seis leguas, o sea veinticinco kilómetros a pie para llegar a mi casa, desde el pueblo de Uspantán. La aldea, es la aldea Chimel, donde yo nací. Precisamente mi tierra es casi un paraíso de todo lo lindo que es la naturaleza en esos lugares ya que no hay carreteras, no hay vehículos. Sólo entran personas. Para transportar las cargas son los caballos o nosotros mismos; para bajar al pueblo de las montañas. En primer lugar, mis padres se ubicaron desde el año 1960, ahí, y ellos cultivaron la tierra. Era montañoso donde no había llegado ninguna persona. Ellos, con toda la seguridad de que allí iban a vivir, y aunque les costara mucho, pero allí se quedaron. En ese lugar se daba mucho el mimbre. Entonces mis padres se habían ido allá a buscar mimbre pero allí les gustó y empezaron a bajar las montañas para quedarse allá. Y, un año después querían quedarse allá pero no tenían recursos. Fueron desalojados del pueblo, de su pequeña casita. Entonces vieron la gran necesidad de irse hasta la montaña y allí se quedaron. Puedo decir que ahora es una aldea de cinco o seis caballerías[2] cultivadas por los campesinos.

Fueron desalojados del pueblo ya que allí cayó una serie de gentes, de ladinos y allí se hicieron su casa en el pueblo. No exactamente los desalojaron así, echándolos sino que, poco a poco, los gastos se apoderaron de la casita de ellos. Llegó un momento en que tenían bastantes deudas con toda esa gente. Todo lo que ganaban se gastaba y la casa tuvieron que dejarla, se quedó como pagándoles la deuda que tenían. Como los ricos siempre acostumbran, cuando la gente tiene deudas con ellos de quitar un poco de tierra, un poquito de las cosas y así es cuando van apoderándose de todo. Así pasó con mis papás.

Lo que pasó es que mi padre era huérfano y mi abuelita tuvo que regalar a mi padre en una casa de unos ricos para poder comer y así es como él creció y tuvo también una etapa muy dura en la vida hasta llegar a ser un hombre grande.

Mi padre nació en Santa Rosa Chucuyub, es una aldea del Quiché. Pero cuando se murió su padre tenían un poco de milpa y ese poco de milpa se acabó y mi abuela se quedó con tres hijos y esos tres hijos los llevó a Uspantán que es donde yo crecí ahora. Estuvieron con un señor que era el único rico del pueblo, de los Uspantanos y mi abuelita se quedó de sirvienta del señor y sus

---

[2]Medida agraria que vale en Guatemala 4279 áreas. (Un área = 100 metros cuadrados.).

dos hijos se quedaron pastoreando animales del señor, haciendo pequeños trabajos, como ir a acarrear leña, acarrear agua y todo eso. Después, a medida que fueron creciendo, el señor decía que no podía dar comida a los hijos de mi abuelita ya que mi abuelita no trabajaba lo suficiente como para ganarles la comida de sus tres hijos. Mi abuelita buscó otro señor donde regalar a uno de sus hijos. Y el primer hijo era mi padre que tuvo que regalarle a otro señor. Ahí fue donde mi papá creció. Ya hacía grandes trabajos, pues hacía su leña, trabajaba ya en el campo. Pero no ganaba nada pues por ser regalado no le pagaban nada. Vivió con gentes... así... blancos, gentes ladinas. Pero nunca aprendió el castellano ya que lo tenían aislado en un lugar donde nadie le hablaba y que sólo estaba para hacer mandados y para trabajar. Entonces, él aprendió muy muy poco el castellano, a pesar de los nueve años que estuvo regalado con un rico. Casi no lo aprendió por ser muy aislado de la familia del rico. Estaba muy rechazado de parte de ellos e incluso no tenía ropa y estaba muy sucio, entonces les daba asco de verle. Hasta cuando mi padre tenía ya los catorce años, así es cuando él empezó a buscar qué hacer. Y sus hermanos también ya eran grandes pero no ganaban nada. Mi abuela apenas ganaba la comida para los dos hermanos, entonces, era una condición bastante difícil. Así fue también como mi papá empezó a trabajar en las costas, en las fincas. Y ya era un hombre, y empezó a ganar dinero para mi abuelita. Y así es cuando pudo sacar a mi abuelita de la casa del rico, ya que casi era una amante del mismo señor donde estaba, pues, las puras necesidades hacían que mi abuelita tenía que vivir allí y que no había como salir a otro lado. Él tenía su esposa, claro, pero además de eso, por las condiciones, ella aguantaba o si no, se iba porque no había tanta necesidad de parte del rico ya que había más gentes que querían entrar ahí.[3] Entonces por las puras necesidades mi abuela tenía que cumplir todas las órdenes. Ya salieron mi abuela con sus hijos y ya se juntó con el hijo mayor en las fincas y así es cuando empezaron a trabajar.

En las fincas en donde crecieron mis padres, crecimos nosotros. Son todas las fincas ubicadas en la costa sur del país, o sea, parte de Escuintla, Suchitepequez, Retalhuleu, Santa Rosa, Jutiapa, todas las fincas ubicadas en la parte sur del país, donde se cultiva, más que todo, el café, algodón, cárdamomo o caña de azúcar. Entonces, el trabajo de los hombres era más en el corte de caña, donde ganaban un poco mejor. Pero, ante las necesidades, había épocas del tiempo que todos, hombres y mujeres, entraban cortando caña de azúcar. Y claro de un principio tuvieron duras experiencias. Mi padre contaba que únicamente se alimentaban de yerbas del campo, pues, que ni maíz tenían para comer. Pero, a medida que fueron haciendo grandes esfuerzos, lograron tener en el altiplano, una casita. En un lugar que tuvieron que cultivarlo por primera

---

[3]Es decir, ella tenía que aguantar o irse; el rico no estaba dispuesto a tolerar sus negativas ya que podía reemplazarla fácilmente con otra de las muchas mujeres que querían entrar en su casa a trabajar.

vez. Y, mi padre a los dieciocho años era el brazo derecho, de mi abuelita porque había tanta necesidad. Y era mucho el trabajo de mi padre para poder sostener a mi abuelita y a sus hermanos . . . Desgraciadamente desde ese tiempo habían ya agarradas para el cuartel; se llevan a mi padre al cuartel y se queda nuevamente mi abuela con sus dos hijos. Y, se fue mi padre al servicio. Allá es donde él aprendió muchas cosas malas y también aprendió a ser un hombre ya completo, porque dice que al llegar al servicio le trataban como cualquier objeto y le enseñaban a puros golpes, aprendió más que todo el entrenamiento militar. Era una vida muy difícil, muy dura para él. Estuvo haciendo un año el servicio. Después, cuando regresa, encuentra a mi abuelita en plena agonía que había regresado de la finca. Le dio fiebre. Es la enfermedad más común después de la ida a las costas, donde hay mucho calor y después el altiplano, donde hay mucho frío, pues ese cambio es bastante brusco para la gente. Mi abuela ya no tuvo remedio y tampoco había dinero para curarla y se tuvo que morir mi abuelita. Entonces quedan los tres huérfanos que es mi padre y sus dos hermanos. Aún ya eran grandes. Se tuvieron que dividir ellos ya que no tenían un tío ni tenían nada con quien apoyarse y todo. Se fueron a las costas, por diferentes lados. Así es cuando mi padre encontró un trabajito en un convento parroquial y donde también casi no ganaba pues, en ese tiempo se ganaba al día treinta centavos, cuarenta centavos, para los trabajadores tanto en la finca como en otros lados.

Dice mi padre que tenían una casita hecha de paja, humilde. Pero, ¿qué iban a comer en la casa ya que no tenían mamá y que no tenían nada?

Entonces, se dispersaron.

Así es cuando mi padre encontró a mi mamá y se casaron. Y enfrentaron muy duras situaciones. Se encontraron en el altiplano, ya que mi mamá también era de una familia muy pobre. Sus papás también son muy pobres y también viajaban por diferentes lugares. Casi nunca estaban estables en la casa, en el altiplano.

Así fue como se fueron a la montaña.

No había pueblo. No había nadie.

Fueron a fundar una aldea en ese lugar. Es larga la historia de mi aldea y es muy dolorosa muchas veces.

Las tierras eran nacionales, o sea, eran del gobierno y que para entrar en las tierras había que pedirle permiso. Después de pedirle permiso, había que pagar una multa para bajar las montañas y luego hacer sus casas. Entonces, a través de todos esos esfuerzos en la finca pudieron dar la multa que tuvieron que pagar y bajaron las montañas. Claro, no es fácil que dé cosecha una tierra cuando se acaba de cultivarla, y bajar las montañas. Casi en ocho y nueve años da la primera cosecha buena, entonces, la poca tierra que mis padres pudieron cultivar en ese tiempo, fue ya después de los ocho años que tuvieron producto de esa pequeña tierra, y así es cuando crecieron mis hermanos. Cinco hermanos mayores y que cuando estábamos en las fincas, yo vi morir todavía a mis dos hermanos mayores, precisamente por la falta de comida, por la desnutrición que, nosotros los indígenas sufrimos. Muy difícil que una persona llegue a tener los quince años, así con vida. Mas cuando uno está en pleno crecimiento y que no tiene nada que comer y se mantiene con enfermedades . . . entonces . . . se complica la situación.

Se quedaron allí. Lo lindo que veía mi madre eran los árboles, las montañas increíbles. Mi mamá decía que había veces que se perdían, pues, al salir de la montaña no se ubicaban porque las montañas son bastante grandes y casi no cae rayo de sol debajo de las plantas. Es muy tupido. Entonces allí nosotros prácticamente crecimos. Amamos mucho, mucho a nuestra tierra, a pesar de que caminábamos mucho para llegar hasta la casa de los vecinos. Poco a poco mis papás llamaron más gente para que hubiera más cultivo y que no sólo eran ellos ya que en la noche bajaban toda clase de animales de la montaña a comer la milpa, a comer el maíz cuando ya está, o a comer el elote.

Todas las cosas se las comían los animales de la montaña.

Uno de ellos, que decía mi papá, es el mapache que le dicen. Además mi mamá empezó a tener sus gallinas, sus animalitos y había bastante espacio pero como mi madre no tenía tiempo para ver sus animales, tenía unas ovejitas, que si se iban al otro lado de las plantas, ya nunca regresaban. Unas se las comían los animales en el monte o se perdían. Entonces, empezaron a vivir ahí pero, desgraciadamente, mucho, mucho tiempo tardó para que ellos tuvieran un poquito de cultivo.

Entonces tenían que bajar a las fincas.

Esto es lo que contaban mis padres cuando se radicaron allí. Ya después, cuando nosotros crecimos cuando nos tocaba vivir cuatro o cinco meses en esa aldea, éramos felices porque había grandes ríos que pasaban por la montañita, abajito de la casa. Nosotros prácticamente no tenemos tiempo como para divertirnos. Pero, al mismo tiempo, cuando estábamos trabajando era una diversión para nosotros porque nos tocaba quitar los montes pequeños y a mis padres les tocaba cortar los árboles grandes. Entonces, allí se oían cantos de pájaros, diferentes pájaros que existen. También muchas culebras. Y nosotros nos asustábamos mucho, mucho de ese ambiente. Éramos felices a pesar de que hace también mucho frío porque es montañoso. Y es un frío húmedo.

Yo nací en ese lugar. Mi madre tenía ya cinco hijos, creo yo. Sí, tenía ya cinco hijos y yo soy la sexta de la familia. Y mi madre decía que le faltaba todavía un mes para componerse conmigo y estaba trabajando en la finca. Le faltaban veinte días cuando se trasladó a casa y cuando yo nací, nací únicamente con mi madre, pues. No estaba mi papá ya que tenía que cumplir el mes en la finca.

Entonces ya crecí. Lo que me recuerdo más o menos de mi vida será a partir de los cinco años. Desde pequeños pues, bajábamos siempre a la finca y cuatro meses estábamos en la pequeña casita que tenemos en el altiplano y los demás meses del resto del año teníamos que estar en la costa, ya sea en la Boca Costa donde hay café, cortes de café o también limpias de café y también en la costa sur donde hay algodón; ése era más que todo el trabajo de nosotros. O sea las grandes extensiones de tierra que tienen unas cuantas familias donde se produce la cosecha y los productos que se venden al exterior. Los terratenientes, pues, son dueños de grandes extensiones de tierra.

En la finca trabajamos por lo general ocho meses del año y cuatro meses estamos en el altiplano ya que a partir de enero se siembran las cosechas. Regresamos un mes al altiplano a sembrar nuestro pequeño maíz, fríjol.

Nosotros vivimos más en las montañas, o sea, en las tierras no fértiles, en las tierras que apenas dan maíz, fríjol y en las costas se da cualquier cosecha, pues. Bajamos a las fincas a trabajar durante ocho meses. Esos ocho meses muchas veces no van seguidos, porque partimos un mes para ir a sembrar al altiplano nuestra pequeña milpa. Bajamos a la finca mientras que crece la milpa y así cuando se cosecha ya nuestra pequeña milpa regresamos al altiplano. Pero inmediatamente se acaba otra vez. Y nos tenemos que bajar nuevamente a la producción a ganar dinero. Entonces, por lo que cuentan, pues, mis padres, desde hace muchos años, ellos han vivido, una situación muy difícil y muy pobres.

CAPÍTULO X

LA NATURALEZA. LA TIERRA MADRE DEL HOMBRE. EL SOL. EL COPAL. EL FUEGO. EL AGUA

«Tenemos que respetar al único dios, al corazón del cielo que es el sol».

Rigoberta Menchú

«Tojil, en la oscuridad que le era propicia, con una piedra golpeó el cuero de su sandalia, y de ella, al instante, brotó una chispa, luego un brillo y en seguida una llama y el nuevo fuego lució esplendoroso».

Popol Vuh

Entonces también desde niños recibimos una educación diferente de la que tienen los blancos, los ladinos. Nosotros, los indígenas, tenemos más contacto con la naturaleza. Por eso nos dicen politeístas. Pero, sin embargo, no somos politeístas . . . o, si lo somos, sería bueno, porque es nuestra cultura, nuestras costumbres. De que nosotros adoramos, no es que adoremos, sino que respetamos una serie de cosas de la naturaleza. Las cosas más importantes para nosotros. Por ejemplo, el agua es algo sagrado. La explicación que nos dan nuestros padres desde niños es que no hay que desperdiciar el agua, aunque haya. El agua es algo puro, es algo limpio y es algo que da vida al hombre. Sin el agua no se puede vivir, tampoco hubieran podido vivir nuestros antepasados. Entonces, el agua la tenemos como algo sagrado y eso está en la mente desde niños y nunca se le quita a uno de pensar que el agua es algo puro. Tenemos la tierra. Nuestros padres nos dicen «Hijos, la tierra es la madre del hombre porque es la que da de comer al hombre». Y más, nosotros que nos basamos en el cultivo, porque nosotros los indígenas comemos maíz, fríjol y yerbas del campo y no sabemos comer, por ejemplo, jamón o queso, cosas compuestas con aparatos, con máquinas. Entonces, se considera que la tierra es la madre del hombre. Y de hecho nuestros padres nos enseñan a respetar esa tierra. Sólo se puede herir la tierra cuando hay necesidad. Esa concepción hace que antes de sembrar muestra milpa, tenemos que pedirle permiso a la tierra. Existe el pom, el copal,[4] es el elemento sagrado para el indígena, para expresar el sentimiento ante la tierra, para que la tierra se pueda cultivar.

El copal es una goma que da un árbol y esa goma tienen un olor como incienso. Entonces se quema y da un olor bastante fuerte. Un humo con un olor muy sabroso, muy rico. Cuando se pide permiso a la tierra, antes de cultivarla, se hace una ceremonia. Nosotros nos basamos mucho en la candela, el agua, la cal. En primer lugar se le pone una candela al representante de la tierra, del agua, del maíz, que es la comida del hombre. Se considera, según los antepasados, que nosotros los indígenas estamos hechos de maíz. Estamos hechos del maíz blanco y del maíz amarillo, según nuestros antepasados. Entonces, eso se toma en cuenta. Y luego la candela, que representa al hombre como un hijo de la naturaleza, del universo. Entonces, se ponen esas candelas y se unen todos los miembros de la familia a rezar. Más que todo pidiéndole permiso a la tierra, que dé una buena cosecha. También se reza a nuestros antepasados, mencionándoles sus oraciones, que hace tiempo, hace mucho tiempo, existen.

Se menciona, en primer lugar, el representante de los animales, se habla de nombres de perros. Se habla de nombres de la tierra, el Dios de la tierra. Se habla del Dios del agua. Y luego, el corazón del cielo, que es el sol. Dicen los abuelitos que pidan al sol que alumbre sobre todos sus hijos que son los árboles, los animales, el agua, el hombre. Y luego, que alumbre sobre sus enemigos. Para nosotros, un enemigo es algo como la gente que empieza a robar y a estar en la prostitución. Entonces, es un mundo diferente, pues. No se refiere tanto a la realidad. Pero sin embargo lleva parte de la realidad que uno vive. Entonces, esa oración está compuesta en todo y luego se hace una petición concreta a la tierra, donde se le pide «Madre tierra, que nos tienes que dar de comer, que somos tus hijos y que de ti dependemos y que de ese producto que nos das pueda generar y puedan crecer nuestros hijos y nuestros animales . . .»

---

[4]Resina que se extrae de algunos árboles.

y toda una serie de peticiones. Es una ceremonia de comunidades, ya que la cosecha se empieza a hacer cuando todo el mundo empieza a trabajar, a sembrar.

La oración es igual a como hacen los católicos, de hablar con el santo o con una imagen. Una oración general que dice toda la comunidad. Pero varía. Depende de la gente. Es más o menos así: «Diez días que tenemos que estar en culto para que tú nos concedas el permiso de que tú, madre tierra, que eres Sagrada, nos tienes que dar de comer, nos tienes que dar todo lo que nuestros hijos necesiten. Y que no abusamos de ti sino que te pedimos este permiso, ya que eres parte de la naturaleza y eres miembro de nuestros padres, de nuestros abuelos». O sea, se considera . . . por ejemplo . . . el sol es nuestro abuelo. Es para decir que es miembro de nuestros padres, de nuestra familia . . . «Y te respetamos y te queremos y que tú nos quieras como nosotros te queremos». Es una de las oraciones para la tierra, específicamente. Luego para el sol, se dice, «Corazón del cielo, tú como padre, nos tienes que dar calor, tu luz, sobre nuestros animales, sobre nuestro maíz, nuestro fríjol, sobre nuestras yerbas, para que crezcan para que podamos comer tus hijos». Se refiere también al color del sol porque el fuego es bastante significativo para nosotros. De acuerdo del color del sol y cuando se menciona el color del sol, es algo importantísimo para nosotros. Así tienen que vivir nuestros hijos. Que sean una luz que alumbra, que sean generosos. El fuego para nosotros significa calor, significa una generosidad bastante grande. Significa un corazón bastante amplio. Significa también fortaleza, que da vida. Y algo que no se pierde, que está en diferentes lados. Entonces, cuando se menciona el color del sol, es como mencionar todos los elementos que reúne toda esa vida. Se le suplica al sol como el canal que pasa al dios único nuestra petición de sus hijos para que nosotros nunca violemos todos los derechos que necesitan los demás seres que viven alrededor. Ahí se le renueva o se le hace nuevamente una petición donde dice que los hombres, como hijos del único dios, tenemos que respetar la vida de los árboles, de los pájaros, de los animales. Se mencionan todos los nombres de los pájaros que existen o de los animales, las vacas, los caballos, los perros, los gatos. Todo eso. Se menciona todo. Tenemos que respetar la vida de cada uno de ellos. Tenemos que respetar la vida, la pureza, lo sagrado que es el agua. Tenemos que respetar al único dios, el corazón del cielo que es el sol. No hacer cosas malas cuando el sol está alumbrando a todos sus hijos. Es una promesa a la vez. Luego, se promete a respetar la vida del único ser que es el hombre. Y es importantísimo. Y decimos «nosotros no somos capaces de dañar la vida de uno de tus hijos, que somos nosotros. No somos capaces de matar a uno de tus seres, o sea ninguno de los árboles, de los animales». Es un mundo diferente. Y así se hace toda esa promesa, y al mismo tiempo, cuando está la cosecha tenemos que agradecer con toda nuestra potencia, con todo nuestro ser, más que todo con las oraciones. Luego se dispone, por ejemplo, una oveja o gallinas, ya que consideramos que las ovejas son animales muy sagrados, animales quietos, animales santos, animales que no dañan a otro animal. Y son los animales más educados que existen, como los pájaros. Entonces, la comunidad junta sus animalitos para comer después en la ceremonia.

CAPÍTULO XXIII

TORTURA Y MUERTE DE SU HERMANITO QUEMADO VIVO JUNTO CON OTRAS PERSONAS DELANTE DE LOS MIEMBROS DE LA COMUNIDAD Y DE SUS FAMILIARES

«Mi madre decía que una mujer cuando ve que su hijo es torturado, quemado vivo, no es capaz de perdonar a nadie y no es capaz de quitarse ese odio».

Rigoberta Menchú

«. . . pero en el otro invierno vendrá el desquite, y alimentaban la hoguera con espineros de grandes shutes, porque en el fuego de los guerreros, que es el fuego de la guerra, lloran hasta las espinas».

M.A. Asturias, *Hombres de maíz*

Fue en 1979, me recuerdo que cayó mi hermanito, la primera persona torturada en mi familia. Tenía dieciséis años. Cuando hubo la despedida de la familia, todo el mundo se fue por su lado; él se quedó en la comunidad ya que, como decía, era secretario de la comunidad. Era el más pequeño de mis hermanos, pues tengo dos hermanitas más chicas. Una andaba con mi madre y otra se quedó en la comunidad aprendiendo y entrenando la autodefensa. Porque no encontró otra solución, mi madre se había ido a otros lugares. Mis hermanos también porque estaban perseguidos y para no exponer a la comunidad. . . Es que a nosotros, a mi familia, el Gobierno nos dio la imagen como si fuéramos monstruos, como si fuéramos extranjeros. Pero mi padre era quiché, no era cubano.[5] El Gobierno nos acusaba de comunistas y de ser la mala cizaña. Entonces, para no exponer la comunidad, y para arrancar la «mala cizaña», tuvimos que ir a diferentes lugares. Pero mi hermanito se había quedado en la comunidad. El 9 de septiembre de 1979 fue secuestrado mi hermanito. Era un día domingo y había bajado a otra aldea. Mi hermano trabajó en su aldea y también en otras aldeas. Se llamaba Petrocinio Menchú Tum. Mi mamá es Tum. Mi hermano tenía una tarea que cumplir. Le gustaba mucho lo organizativo. Entonces fue a organizar a otros lugares en donde el ejército le detectó y lo secuestró. Desde el 9 de noviembre, mi madre se preocupó y también nosotros. En ese tiempo, todavía doy gracias que no nos mataron a todos, mi madre

[5]Se acusaba a los izquierdistas cubanos de infiltrar en Guatemala y de entrenar a guerrillas indígenas.

todavía acudió a las autoridades. Ella decía, si por mi hijo me matan que me maten. Yo estaba en otra región. Yo me encontraba por Huehuetenango cuando mi hermano cayó. Dicen que el día que cayó, mi madre se encontraba en casa. Mis hermanos estaban cerca también. Entonces mi madre se fue al pueblo a ver dónde estaba su hijo y nadie le dio razón[6] dónde estaba el hijo. Sin embargo el hijo había sido entregado por uno de la comunidad. Como decía anteriormente, donde menos se piensa hay gente que se presta a todas las maniobras. Por la pura necesidad, muchas veces venden a sus propios hermanos. Ese hombre de la comunidad había sido un compañero, una gente que siempre colaboraba y que estaba de acuerdo. Pero, le ofrecieron quince quetzales, o sea quince dólares para que entregara a mi hermano y él lo entregó. El ejército no sabía quién era él. Ese día mi hermano iba con otra muchacha para otra población cuando lo agarraron. Entonces la muchacha y la mamá de la muchacha siguieron los pasos de mi hermano. Desde el primer momento le amarraron las manos atrás, lo empezaron a empujar a puros culatazos. Caía mi hermano, no podía defender la cara. Inmediatamente, lo que primero se empezó a sangrar fue la cara de mi hermanito. Lo llevaron por los montes donde había piedras, troncos de árboles. Caminó como dos kilómetros a puros culatazos, a puros golpes. Entonces amenazaron a la muchacha y a la madre. Ellas exponían la vida por no dejar a mi hermanito y saber dónde lo llevaban. Dice que le dijeron: «¿Quieren que les hagamos lo mismo que a él, quieren que las violemos aquí?», dijo el soldado criminal éste. Y le dijo a la señora que si se quedaban iban a ser torturadas como él porque él era comunista, un subversivo, y los subversivos tenían que morir con los castigos que merecen. Es una historia increíble. Logramos saber cómo se murieron, qué torturas les dieron desde un principio hasta los últimos. Entonces llevaron a mi hermanito, quien soltaba sangre en diferentes partes de su cuerpo. Cuando ellos lo dejaron, ya no se veía como una persona. Toda la cara la tenía desfigurada por los golpes, de las piedras, de los troncos, de los árboles, mi hermano estaba todo deshecho. Su ropa se había roto por todas las caídas. De allí dejaron que las señoras se fueran. Lo dejaron allí. Cuando llegó al campamento, apenas caminaba, ya no podía caminar. Y la cara, ya no veía, en los ojos, habían entrado hasta piedras, en los ojos de mi hermanito. Llegó en campamento lo sometieron a grandes torturas, golpes, para que él dijera dónde estaban los guerrilleros y dónde estaba su familia. Qué era lo que hacía con la Biblia, por qué los curas son guerrilleros. Ellos acusaban inmediatamente la Biblia como un elemento subversivo y acusaban a los curas y a las monjas como guerrilleros. Le preguntaron qué relación tenían los curas con los guerrilleros. Qué relación tenía toda la comunidad con los guerrilleros. Así lo sometieron a grandes torturas. Día y noche le daban grandes, grandes dolores. Le amarraban, le amarraban los testículos, los órganos de mi hermano,

---

[6]**Dio...** explicó.

atrás con un hilo y le mandaban a correr. Entonces, eso no permitía, no aguantaba mi hermanito los grandes dolores y gritaba, pedía auxilio. Y lo dejan en un pozo, no sé como le llaman, un hoyo donde hay agua, un poco de lodo y allí lo dejaron desnudo durante toda la noche. Mi hermano estuvo con muchos cadáveres ya muertos en el hoyo donde no aguantaba el olor de todos los muertos. Había más gentes allí, torturadas. Allí donde estuvo, él había reconocido muchos catequistas que también habían sido secuestrados en otras aldeas y que estaban en pleno sufrimiento como él estaba. Mi hermano estuvo más de dieciséis días en torturas. Le cortaron las uñas, le cortaron los dedos, le cortaron la piel, quemaron parte de su piel. Muchas heridas, las primeras heridas estaban hinchadas, estaban infectadas. Él seguía viviendo. Le raparon la cabeza, le dejaron puro pellejo y, al mismo tiempo, cortaron el pellejo de la cabeza y lo bajaron por un lado y los dos lados y le cortaron la parte gorda de la cara. Mi hermano llevaba torturas de todas partes en su cuerpo, cuidando muy bien las arterias y las venas para que pudiera aguantar las torturas y no se muriera. Le daban comida para que resistiera y no se muriera de los golpes. Allí había veinte hombres torturados o en plena tortura. Había también una mujer. La habían violado y después de violarla, la habían torturado. Inmediatamente mi madre se comunicó a través de otros medios y yo regresé a casa. Tenía mi hermano tres días de desaparecido cuando yo llegué a casa. Más que todo consolando a mi madre, porque sabíamos que los enemigos eran bastante criminales y no podíamos hacer nada, pues. Si íbamos a reclamar, inmediatamente nos secuestraban. Ella fue los primeros días pero la amenazaron y le dijeron que si llegaba por segunda vez, le tocaba lo que a su hijo le estaba tocando. Y ellos dijeron de una vez a mi madre que su hijo estaba en torturas, así es que no se preocupara.

Cuando oímos, el 23 de septiembre, que los militares sacaron boletines por diferentes aldeas. A mi aldea no llegaron porque sabían que el pueblo estaba preparado y listo para esperarlos en cualquier momento. En otras aldeas, donde también tenemos compañeros, entregaron boletines y propaganda donde anunciaban el castigo para los guerrilleros. Que tenían en su poder tantos guerrilleros y que en tal parte iban a hacer el castigo para los mismos. Entonces, cuando nos llegó la noticia, era como a las once de la mañana, me recuerdo del día 23, y mi madre decía, mi hijo va a estar ahí en los castigos. Iba a ser público, o sea, llamaban a la gente para que fueran a presenciar los castigos. Al mismo tiempo, decía el boletín, que tuvimos oportunidad de tenerlo en la mano, que el que no iba a presenciar, era cómplice de los guerrilleros. O sea, amenazando al pueblo en esa forma. Entonces mi madre decía, vamos, ya que llaman a todos, tenemos que ir, pues. Mi padre también inmediatamente llegó a casa y decía, no es posible perder esta oportunidad, tenemos que ir a ver. Estábamos como locos. Llegaron mis hermanos. Estábamos todos en casa, mis hermanos, mis hermanitas, mi mamá, mi papá, yo. Estábamos preparando nuestro almuerzo para comer al mediodía cuando oímos esa noticia, ya ni siquiera hicimos el almuerzo no nos acordamos de llevar un poco de comida para el camino. Nos fuimos. Teníamos que atravesar una larga montaña para llegar a la otra aldea. Fue en Chajul donde fueron castigados. Entonces dice mi mamá, ¡mañana tenemos que llegar! Sabíamos que quedaba lejos. Nos fuimos, pues, desde las once de la mañana de ese día 23, para Chajul. Logramos atravesar grandes partes de la montaña a pie. Parte de la noche estuvimos caminando, con ocote, en la montaña. Como a las ocho de la mañana estábamos entrando al pueblo de Chajul. Los soldados tenían rodeado el pequeño pueblo. Había unos quinientos soldados. Habían sacado a todas las gentes de sus casas, amenazándolas de que si no iban a presenciar el castigo, les tocarían las mismas torturas o los mismos castigos. A nosotros nos pararon en el camino, pero no sabían que éramos familiares de uno de los torturados. Y decían, ¿a dónde van? Y mi padre dijo, vamos a visitar el santo de Chajul. Es un santo muy visitado por muchos pueblos. El soldado decía, nada de eso, caminen, vayan a tal lugar. Y si llegan, van a ver que no van a salir de esta aldea. Entonces nosotros dijimos, está bueno. Nos pararon como unos veinte soldados en diferentes partes antes de llegar al pueblo. Todos nos amenazaron igual. Estaban esperando a los señores que no encontraron en sus casas cuando catearon las casas, por si iban al trabajo, que obligadamente regresaran al pueblo a ver los castigos. Llegamos allí y había mucha gente desde temprano. Niños, hombres, mujeres, estaban allí. Minutos después, el ejército estaba rodeando a la gente que lo estaba presenciando. Había aparatos, tanquetas, jeeps, había todas las armas. Empezaron a volar por helicóptero encima de la aldea para que no vinieran los guerrilleros. Era su temor. Y abrió el mitin el oficial. Me recuerdo que empezó a decir que iban a llegar un grupo de guerrilleros que estaba en su poder y que le iba a tocar un pequeño castigo. Es un pequeño castigo porque hay castigos más grandes, dice, van a ver el castigo que va a haber. ¡Eso es por ser comunistas! ¡Por ser cubanos, por ser subversivos! Y si ustedes se meten a subversivos, se meten a comunistas, les toca igual que lo que les toca a esos subversivos que van a venir dentro de un rato. Mi madre casi tenía cien por ciento seguro que su hijo iba a llegar allí. Todavía yo dudaba, pues, porque yo sabía que mi hermano no era criminal como para sufrir todos esos castigos. Y, minutos más tarde entraron tres camiones del ejército. Uno iba delante. El del medio era el que llevaba los torturados y el otro atrás. Los cuidaban muy bien, hasta con tanquetas. Entra el camión donde llevaban los torturados. Empezaron a sacar uno por uno. Todos llevaban uniforme del ejército. Pero veíamos las caras monstruosas, irreconocibles. Entonces mi madre se acerca al camión para ver si reconocía a su hijo. Cada uno de los torturados tenía diferentes golpes en la cara. O sea, llevaban diferentes caras cada uno de ellos. Y mi mamá va reconociendo al hermanito, a su hijo, que allí iba entre todos. Los pusieron en fila. Unos, casi, casi estaban medio muertos o casi estaban en agonía y los otros se veía que sí, los sentían muy, muy bien. El caso de mi hermanito, estaba muy torturado y casi no se podía parar. Todos los torturados llevaban en común que no tenían uñas, les habían cortado partes de las plantas de los pies. Iban descalzos. Los obligaron a caminar y los pusieron en fila. Se caían inmediatamente al suelo. Los recogían. Había un tropa de soldados que estaban al tanto de lo que mandaba el oficial. Y sigue su rollo el oficial donde dice que nos teníamos que conformar con nuestras tierras, nos teníamos que conformar con comer nuestros panes con chile, pero que no teníamos que dejarnos llevar por las ideas de los comunistas. Que todo el pueblo tenía acceso a todo, que estaba contento. Casi repitió, si no me equivoco, unas cien veces «comunistas». Empezaba desde la Unión Soviética, de Cuba, de Nicaragua. Y mencionaba que los comunistas, que los mismos de la Unión Soviética habían pasado a Cuba y después a Nicaragua y que ahora estaban en Guatemala. Y que a esos cubanos les tocaba la muerte como la que les tocaba a los torturados. Cada pausa hacía en su discurso, levantaban a los torturados con culatazos, con sus armas. Nadie podía salir del círculo del mitin. Todo el mundo estaba llorando. Yo, no sé, cada vez que cuento esto, no puedo aguantar las lágrimas porque para mí es una realidad que no puedo olvidar y tampoco para mí es fácil contarlo. Mi madre estaba llorando. Miraba a su hijo. Mi hermanito casi no nos reconoció. O quizá. . . Mi madre dice que sí, que todavía le dio una sonrisa, pero yo, ya no vi eso, pues. Eran monstruos. Estaban gordos, gordos, gordos todos. Inflados estaban, todos heridos. Y yo vi, que me acerqué más de ellos, la ropa estaba tiesa. Tiesa del agua que le salía de los cuerpos. Como a la mitad del discurso, sería como una hora y media o dos horas ya, el capitán obligó a la tropa a que le quitara la ropa de los torturados para que todo el mundo se diera cuenta del castigo si nos metíamos en comunismos, en terrorismo, nos tocaría ese castigo. Amenazando al pueblo. Y forzosamente querían que se cumpliera lo que ellos decían. No podían quitarle la ropa a los torturados así nada más. Entonces vienen los soldados y cortan con tijeras la ropa desde los pies hasta arriba y quitan la ropa encima de los cuerpos torturados. Todos llevan diferentes torturas. El capitán se concentró en explicar cada una de las torturas. Esto es perforación de agujas, decía. Esto es quemazón con alambres. Así explicaba cada una de las torturas y de los torturados. Había unas tres personas que parecían vejiga. O sea, inflados, pero no tenían ninguna herida encima del cuerpo. Pero estaban inflados, inflados. Y decía él que esto es precisamente de algo que les metemos al cuerpo y duele. Lo que importa es que ellos sepan que esto duele y que el pueblo sepa que no es fácil de tener un cuerpo como el que llevaban. El caso de mi hermanito, estaba cortado en diferentes partes del cuerpo. Estaba rasurado de la cabeza y también cortado de la cabeza. No tenía uñas. No llevaba las plantas de los pies. Los primeros heridos echaban agua de la infección que había tenido el cuerpo. Y el caso de la compañera, la mujer que por cierto yo la reconocí. Era de una aldea cercana a nosotros. Le habían rasurado sus partes. No tenía la punta de uno de sus pechos y el otro lo tenía cortado. Mostraba mordidas de dientes en diferentes partes de su cuerpo. Estaba toda mordida la compañera. No tenía orejas. Todos no llevaban parte de la lengua o tenían partida la lengua en partes. Para mí no era posible concentrarme, de ver que pasaba eso. Uno pensaba que son humanos y que qué dolor habrían sentido esos cuerpos de llegar hasta un punto irreconocible. Todo el pueblo lloraba, hasta los niños. Yo me quedaba viendo a los niños. Lloraban y tenían un miedo. Se colgaban encima de sus mamás. No sabíamos qué hacer. Durante el discurso, cada vez el capitán mencionaba que nuestro Gobierno era democrático y que nos daba de todo. Qué más queríamos. Que los subversivos traían ideas extranjeras, ideas exóticas que nos llevaba a una tortura y señalaba a los cuerpos de los hombres. Y que si nosotros seguíamos las consignas exóticas, nos tocaba la muerte como les toca a ellos. Y que ellos tenían todas las clases de armas que nosotros queramos escoger, para matarnos. El capitán daba un panorama de todo el poder que tenían, la capacidad que tenían. Que nosotros como pueblo no teníamos la capacidad de enfrentar lo que ellos tenían. Era más que todo para cumplir sus objetivos de meter el terror en el pueblo y que nadie hablara. Mi madre lloraba. Casi, casi mi madre exponía la vida de ir a abrazar a ver a su hijo. Mis hermanos, mi papá tuvieron que detenerla para que no expusiera su vida. Mi papá, yo lo veía, increíble, no soltaba una lágrima sino que tenía una cólera. Y esa cólera claro, la teníamos todos. Nosotros más que todo nos pusimos a llorar, como todo el pueblo lloraba. No podíamos creer, yo no creía que así era mi hermanito. Qué culpa tenía él, pues. Era un niño inocente y le pasaba eso. Ya después, el oficial mandó a la tropa llevar a los castigados desnudos, hinchados. Los llevaron arrastrados y no podían caminar ya. Arrastrándoles para acercarlos a un lugar. Los concentraron en un lugar donde todo el mundo tuviera acceso a verlos. Los pusieron en filas. El oficial llamó a los más criminales, los «Kaibiles», que tienen ropa distinta a los demás soldados. Ellos son los más entrenados, los más poderosos. Llaman a los kaibiles y éstos se encargaron de echarles gasolina a cada uno de los torturados. Y decía el capitán, éste no es el último de los castigos, hay más, hay una pena que pasar todavía. Y eso hemos hecho con todos los subversivos que hemos agarrado, pues tienen que morirse a través de puros golpes. Y si eso no les enseña nada, entonces les tocará a ustedes vivir esto. Es que los indios se dejan manejar por los comunistas. Es que los indios, como nadie les ha dicho nada, por eso se van con los comunistas, dijo. Al mismo tiempo quería convencer al pueblo pero lo maltrataba en su discurso. Entonces los pusieron en orden y les echaron gasolina. Y el ejército se encargó de prenderles fuego a cada uno de ellos. Muchos pedían auxilio. Parecían que estaban medio muertos cuando estaban allí colocados, pero cuando empezaron a arder los cuerpos, empezaron a pedir auxilio. Unos gritaron todavía, muchos brincaron pero no les salía la voz. Claro, inmediatamente se les tapó la respiración. Pero, para mí era increíble que el pueblo, allí muchos tenían sus armas, sus machetes, los que iban en camino del trabajo, otros no tenían nada en la mano, pero el pueblo, inmediatamente cuando vio que el ejército prendió fuego, todo el mundo quería pegar, exponer su vida, a pesar de todas las armas. . . Ante la cobardía, el mismo ejército se dio cuenta que todo el pueblo estaba agresivo. Hasta en los niños se veía una cólera, pero esa cólera no sabían como demostrarla. Entonces, inmediatamente el oficial dio orden a la tropa que se retirara. Todos se retiraron con las armas en la mano y gritando consignas como que si hubiera habido una fiesta. Estaban felices. Echaban grandes carcajadas y decían: ¡Viva la patria! ¡Viva Guatemala! ¡Viva nuestro presidente! ¡Viva el ejército! ¡Viva Lucas[7]! El pueblo levantó sus armas y corrió al ejército. Inmediatamente salieron. Porque lo que se temía allí era una masacre. Llevaban toda clase de armas. Incluso los aviones encima volaban. De todos modos, si hubiera un enfrentamiento con el ejército, el pueblo hubiera sido masacrado. Pero nadie pensaba en la muerte. Yo, en mi caso, no pensaba en la muerte, pensaba en hacer algo, aunque fuera matar a un soldado. Yo quería demostrar mi agresividad en ese tiempo. Muchos del pueblo salieron inmediatamente a buscar agua para apagar el fuego y nadie llegó a tiempo. Muchos tuvieron que ir a acarrear el agua--el agua está en un solo lugar donde todo el mundo va--, pero quedaba muy lejos y nadie pudo hacer nada. Los cadáveres brincaban. Aunque el fuego se apagó, seguían brincando los cuerpos. Para mí era tremendo aceptarlo. Bueno, no era únicamente la vida de mi hermanito. Era la vida de muchos y uno no pensaba que el dolor no era sólo para uno sino para todos los familiares de los otros: ¡Sabrá Dios si se encontraban allí o no! De todos modos eran hermanos indígenas. Y lo que uno pensaba era que a los indígenas ya la desnutrición los mata. Y cuando apenas los padres nos pueden dar un poco de vida y hacernos crecer con tanto sacrificio, nos queman en esta forma. Salvajemente. Yo decía, esto no es posible y allí fue precisamente donde a mí, en lo personal, se me concretiza mi fe de decir, si es pecado matar a un ser humano ¿por qué no es pecado lo que el régimen hace con nosotros?

Todo el mundo se movilizó de modo que en dos horas había cajas para cada uno de los cadáveres. Todo el pueblo se movilizó para buscar una manta para ponerle encima. Me recuerdo que manojos de flores cortaron y los pusieron cerca. El pueblo de Guatemala, la mayor parte es cristiano. De una u otra forma expresan su fe y fueron a buscar al cura y--por supuesto ese cura fue asesinado también--, a pedirle favor, pues, se encontraba lejos de la aldea, que bendijera la manta para ponerla encima de los cadáveres. Cuando se acabó el fuego, cuando nadie sabía qué hacer, a veces daba miedo ver los torturados quemados y a veces daba un ánimo, valor para seguir adelante. Mi madre casi se moría de tanto dolor. Abrazó a su hijo, platicó todavía con el muerto, torturado. Lo besaba y todo, quemado. Yo le decía a mi mamá: vámonos a casa. No podíamos ver . . . No podíamos seguir viendo a los muertos. No era tanto la cobardía de no verlos, sino que era una cólera. Era algo que no se podía

---

[7]Romeo Lucas García (1924-), general guatemalteco, presidente de la República desde 1978 hasta 1982.

soportar. Entonces, toda la gente prometió darle sepultura cristiana a todos esos torturados y muertos. Entonces mi mamá decía, no puedo estar aquí. Nos tuvimos que marchar, retirarnos de todo y no seguir viéndolo. Mi padre, mis hermanos, estábamos allí, con tanto dolor, Sólo vimos que el pueblo. . . tenía flores, tenía todo. El pueblo decidió enterrarlos en el mismo lugar. No los llevaron a la casa. Hubiera sido el velorio en una casa pero el pueblo decía, no se murieron en una casa, entonces merecen que este lugar sea santo para ellos. Los dejamos allí. Y empezó a llover; llovía mucho. Entonces la gente mojada y todo, vigilando los cadáveres. Nadie se retiró del lugar. Todos se quedaron allí. Nosotros nos fuimos a casa. Parecíamos mudos, borrachos; a nadie le salía una palabra de la boca. Llegamos a casa y mi papá dijo: yo regreso al trabajo. Así fue cuando mi papá se puso a hablar con nosotros. Decía, con justa razón, que si muchos eran valientes de dar hasta sus últimos momentos, hasta sus últimas gotas de sangre, «¿por qué nosotros no seríamos valientes de darlas también?» Y mi madre también decía: «No es posible que las otras madres sufran lo que yo he sufrido. No es posible que todo el pueblo vaya a pasar por esto, que le maten a su hijo. Yo también me decido, --decía mi mamá--, a abandonar todo. Yo me voy». Y así decíamos todos, pues, porque no había otra cosa que hacer. Aunque, de mi parte, no sabía qué era lo más efectivo: ir a tomar las armas, ir a pelear con tantas ganas, o ir a algún pueblo y seguir levantando la conciencia del pueblo. Mi padre decía: «Yo de viejo seré guerrillero». «Pelearé a mi hijo con las armas». Pero también pensaba que era importante la comunidad, pues tenía experiencia en lo organizativo. Sacamos conclusiones de que lo importante era organizar al pueblo para que el pueblo no tuviera que sufrir lo mismo que nosotros, la película negra que tuvimos con mi hermanito. Al siguiente día mi papá arregló sus cosas y de una vez se despidió de la casa. «Si regreso o no regreso--dijo--, sé que la casa va a quedar. Trataré de ocuparme de todo lo de la comunidad; lo que ha sido siempre mi sueño. Entonces yo me voy». Mi papá se retiró. Mi mamá se quedó en casa y no sabía qué hacer. No soportaba, se acordaba de todo. Lloraba en sus momentos cuando se acordaba. Pero, la mayoría de las veces, no lloraba mi mamá. Trataba de estar contenta. Y decía que era el hijo que le costó mucho hacerlo crecer, porque casi se moría cuando era niño. Ella tuvo que hacer muchas deudas para curarlo. Y después le tocó eso. Y le dolía mucho. Pero había veces que se sentía contenta. Me recuerdo que en ese tiempo, mi madre ya tenía mucha relación con compañeros de la montaña. Y, como quedó ropa de mi hermanito, habían quedado sus pantalones, sus camisas, entonces mi mamá, proporcionó la ropa a uno de los compañeros de la montaña. Le decía que esa ropa era muy justo que fuera para servicio del compañero porque era la ropa de su hijo y que su hijo siempre estuvo en contra de toda la situación que vivimos. Y ya que los compañeros estaban en contra de eso, tenían que darle utilidad a la ropa. Mi mamá estaba a veces loca. Todos los vecinos llegaban a verla. Y mi mamá siempre pensaba: «Si yo me pongo a llorar ante los vecinos, qué ejemplo será? No se trata de llorar sino que se trata de pelear», decía. Se hacía una mujer dura. Y a pesar de que todo el tiempo estaba un poco mal, se sentía muy cansada, seguía adelante. Yo me quedé todavía una semana en casa. Ya, después me decidí, y dije: tengo que irme. Así es cuando yo partí ya con más ganas al trabajo. Sabía que mi mamá también tenía que salir de casa. Casi ya no hubo comunicación, ni para dónde nos vamos, ni qué vamos a hacer. A mis hermanos pude despedirlos y tampoco supe qué iban a hacer ellos. Cada quien tomó su decisión por su lado. Y me fui.

CAPÍTULO XXXIII

EL EXILIO

«Nosotros somos los vengadores de la muerte. Nuestra estirpe no se extinguirá mientras haya luz en el lucero de la mañana».

Popol Vuh

Así es cuando llega el momento en que yo salí de allí, feliz, pero, al mismo tiempo, me pasaba algo que nunca soñé. Me sacaron los compañeros por avión hacia México. Me sentía la mujer más destrozada, más deshecha porque, yo nunca imaginé que me tocara que un día tenía que abandonar mi patria por culpa de todos esos criminales. Pero también tenía la esperanza de regresar muy pronto. Regresar a seguir trabajando porque yo no quería suspender ni un solo momento mi trabajo porque yo sé que sólo puedo levantar la bandera de mis padres si también me entrego a la misma lucha que ellos no acabaron, que ellos dejaron a medias.

Estuve en diferentes lugares de México y allí sí que no sabía qué hacer. Nosotros los pobres nunca soñamos un viaje al extranjero, nunca soñamos con un paseo siquiera. Porque eso no lo tenemos. Entonces salí, conocí otros lugares, otras personas. Estuve con muchas personas que sí me quieren mucho y he recibido de ellos el mismo cariño que de mis seres queridos. Me recuerdo que me pedían testimonios sobre la situación en Guatemala y en ese tiempo yo estaba bastante herida. Me invitaron a participar a una conferencia de muchos religiosos de América Latina, de América Central y Europeos, donde me pedían una explicación sobre la vida de la mujer y yo con justa razón y con tanto gusto, hablé de mi madre en esa reunión. Tenía que soportar muchas veces el gran dolor que yo sentí al hablar de ella; pero lo hacía con tanto cariño, pensando que no era mi madre la única mujer que ha sufrido, sino que hay muchas madres que son valientes como ella. Luego me avisaron que iba a tener visitantes y que iba a estar junto con compañeros que iban a salir de Guatemala. Yo estaba feliz. No importaba quiénes fueran los compañeros y las compañeras, porque yo tenía un gran amor hacia todo el pueblo y los siento igual que mis hermanos, cualquiera de ellos que sea. Poco tiempo después me dieron la sorpresa de mis hermanitas y que así es cómo yo me sentí feliz. Y no importando, pues, que nosotros, no sólo yo, sino que todos mis hermanos, no conocimos la tumba de mi hermanito, de mis hermanitos muertos en la finca. No conocimos la tumba de mi hermanito torturado, ni de mi madre, ni de mi padre. Mis hermanos, a partir de la muerte de mis padres, no sé nada de ellos, tengo grandes esperanzas que estén vivos. Es que cuando nos separamos, mi hermanita pequeña andaba con mi madre, era como una colaboradora. La otra se había ido a la montaña, con los compañeros guerrilleros. Pero salieron las dos fuera del país simplemente porque mi hermanita, la que estaba en la montaña, pensó que tenía que ayudar a la otra, acompañarla, para que ella no hiciera cualquier cosa fuera de lo normal. Mi hermana optó por las armas. Ocho años tenía mi hermanita cuando se fue de guerrillera. Ella pensaba como una mujer adulta, ella se sentía mujer, especialmente para defender a su pueblo. Así es cómo mi hermanita se fue a la montaña. Quizá porque ella había conocido primero a los guerrilleros que yo, porque yo empecé a salir de la comunidad e ir a otras comunidades, empecé a alejarme de la montaña, empecé a subir a otros pueblos más poblados donde ya no hay montañas como las maravillas que nosotros tenemos en casa. No era tanto que los guerrilleros venían a la aldea, sino que mi hermana bajaba a la finca de los Brol, al corte de café y llegó un momento en que la mayor parte de los mozos de los Brol eran guerrilleros, a causa de la situación. Y mi hermana tuvo contacto con la guerrilla. Y mi hermana sabía guardar todos los secretos. Nunca contaba a mis padres que ella tenía contacto directo porque pensaba inmediatamente que podía causar la muerte de mis padres y arriesgaba todo. Pensaba en la vida de sus padres y pensaba también en la vida de ella, entonces ella guardaba todo eso secreto. Cuando nosotros supimos que mi hermana desapareció, inmediatamente se investigó y se buscó y mucha gente decía, ah, es que ella tenía relación con la guerrilla, entonces de plano que se fue a la montaña. No estábamos seguros y nosotros habíamos pensado que quizás ella se perdió, que la habían secuestrado o lo que sea. Porque las amenazas que recibíamos era que si no caía mi padre, caía uno de nosotros. Lo supe en el setenta y nueve, cuando una vez mi hermana bajó de la montaña y nos encontramos. Me dijo: «Estoy contenta y no tengan pena, aunque yo tenga que sufrir hambre, dolor, caminatas largas en la montaña, lo estoy haciendo con tanto amor, y lo estoy haciendo por ustedes». Fue en una celebración de misa en una población donde a ella le dieron permiso a escuchar la misa, a hacer su comunión y todo eso. Entonces, bajó a la población y de mera casualidad que estábamos en misa.

En México me encontré con unas personas que nos habían ayudado desde Europa; antes, cuando estaban mis padres. Nos encontraron las mismas personas. Nos ofrecieron ayuda para que nosotros viniéramos a vivir en Europa. Ellos decían que no era posible que un ser humano pudiera aguantar tanto. Y los señores de buen corazón, nos decían que, vámonos allá. Allá les vamos a dar una casa, les vamos a dar todo lo que quieran. Incluso habrá oportunidad para que tus hermanitas estudien. Yo no podía decidir por mis hermanitas, ya que consideraba que eran mujeres capaces de opinar y de pensar por su vida solas. Entonces, hablaron con mis hermanitas e inmediatamente ellas rechazaron la proposición que nos hacían. Que si querían ayudarnos, que nos mandaran la ayuda, pero no para nosotros, para todos los huérfanos que se han quedado. Entonces los señores no entendían por qué a pesar de todo lo que nos ha pasado, queremos vivir todavía en Guatemala. A pesar de todos los riesgos que tenemos. Claro, no lo entendían porque sólo nosotros que llevábamos nuestra causa en el corazón estamos dispuestos a correr todos los riesgos. Después que le pasó un poco la rabia al ejército de buscarnos como locos, regresamos a Guatemala con la ayuda de otros compañeros. Regresamos a Guatemala y así fue cómo mis hermanitas optaron cada una por una organización. Mi hermanita, la última, decía, yo soy una compañera. Porque nos dijeron los compañeros que nosotros escogiéramos lo que más nos convenía y donde fuera más favorable para nosotros aportar más. Entonces, yo amo al CUC y lo amo porque así es cómo he descubierto que teníamos que desarrollar lo que es la guerra popular revolucionaria, pelear contra nuestros enemigos y, al mismo tiempo. que como pueblo tenemos que pelear por un cambio. Yo estaba clara en eso. Ya entonces yo dije, yo amo al trabajo de masas aunque corra todos los riesgos que tenga que correr. Mi hermanita decía: «Hermana, desde ahora somos compañeras, yo soy una compañera como tú y tú eres una compañera como yo». Y yo tenía tantas penas porque mi hermanita creció en la montaña, creció en mi aldea, era una aldea muy montañosa, ella ama las montañas, lo verde, toda la naturaleza. Entonces yo pensé que ella quizás optaría por una tarea más dura todavía que la mía. Y es cierto, pues. Ella dijo: «Sólo puedo hacerle honor a la bandera de mi madre, cuando yo también tome las armas. Es lo único que me queda», dijo mi hermanita, y lo tomó con tanta claridad, con tanta responsabilidad. Dijo, «Yo soy una mujer adulta». Entonces, ellas tuvieron que buscar sus medios como llegar a sus organizaciones porque estábamos desconectadas de todo. Así es cómo mis hermanas se fueron a la montaña y yo me quedé en la organización de masas. Pensé mucho si regresaba al CUC, pero me di cuenta que en el CUC habían suficientes dirigentes, suficientes miembros campesinos y, al mismo tiempo, muchas mujeres que asumen tareas en la organización. Entonces yo opté por mi reflexión cristiana, por los Cristianos Revolucionarios, «Vicente Menchú». No es porque sea el nombre de mi padre, sino porque es la tarea que me corresponde como cristiana, trabajar con las masas. Mi tarea era la formación cristiana de los compañeros cristianos que a partir de su fe están en la organización. Es un poco lo que yo narraba anteriormente, que yo fui catequista. Entonces, mi trabajo es igual que ser catequista, sólo que soy una catequista que sabe caminar sobre la tierra y no una catequista que piensa en el reino de Dios sólo para después de la muerte. Y así es cómo yo, con toda mi experiencia, con todo lo que he visto, con tantos dolores y sufrimientos que he padecido, aprendí a saber cuál es el papel de un cristiano en la lucha y cuál es el papel de un cristiano en la tierra. Llegábamos a grandes conclusiones con los compañeros. Reflexionando la Biblia. Hemos encontrado que la Biblia se ha utilizado como un medio para acomodarse y no para llevar la luz al pueblo pobre. El trabajo de los cristianos revolucionarios, es más que todo, la condena, la denuncia de las injusticias que se cometen con el pueblo. El movimiento no es clandestino. Es secreto porque somos masas y no podemos escondernos completamente. Nosotros, por las condiciones que tenemos, decimos clandestinos a los compañeros que no viven en la población, que viven en la montaña. Decimos secreto a todo trabajo que se hace escondidamente pero, viviendo en la población. Entonces, también denunciamos la postura de la iglesia como jerarquía, que muchas veces se toman la mano con el régimen. Eso es precisamente lo que yo reflexionaba mucho, pues, porque se llaman cristianos pero muchas veces son sordos y mudos ante el sufrimiento del mismo pueblo. Y eso es precisamente a lo que yo me refería anteriormente al pedir que los cristianos cumplan verdaderamente con la práctica de lo que es ser cristiano. Muchos se llaman cristianos pero ni merecen llamarse cristianos. Tienen toda la tranquilidad y una casa bonita y eso es todo. Por eso puedo decir que la iglesia en Guatemala está dividida en dos. En la iglesia de los pobres y muchos han optado por la iglesia de los pobres y tienen la misma convicción que el pueblo. Y la iglesia como jerarquía y como institución que sigue siendo como una camarilla. La mayor parte de nuestro pueblo es cristiano. Pero, sin embargo, si sus mismos pastores, como se llaman, son los que enseñan los malos ejemplos, se toman de la mano con el régimen, tampoco vamos a soportarlos. A mí me da mucho que pensar eso. Por ejemplo, las monjas, su vida cómoda, me daba pena, porque eran mujeres desperdiciadas, que no hacen nada por los otros. Entonces mi participación es más a nivel de dirigencia. Precisamente porque el enemigo me conoce. Así es que mi tarea es más que todo de transportar papeles al interior, o adentro de la ciudad y organizar a la gente al mismo tiempo practicando con ellos la luz del evangelio. Yo no soy dueña de mi vida, he decidido ofrecerla a una causa. Me pueden matar en cualquier momento pero que sea en una tarea donde yo sé que mi sangre no será algo vano sino que será un ejemplo más para los compañeros. El mundo en que vivo es tan criminal, tan sanguinario, que de un momento al otro me la quita. Por eso, como única alternativa, lo que me queda es la lucha, la violencia justa, así lo he aprendido en la Biblia. Eso traté de hacerle comprender a una compañera marxista que me decía que cómo quería hacer la revolución siendo cristiana. Yo le dije que toda la verdad no estaba en la Biblia, pero que tampoco en el marxismo estaba toda la verdad. Que ella debía aceptar eso así. Porque tenemos que defendernos en contra de un enemigo, pero al mismo tiempo, defender nuestra fe como cristianos, en el proceso revolucionario y, al mismo tiempo estamos pensando que después del triunfo nos tocarán grandes tareas como cristianos en el cambio. Yo sé que mi fe cristiana nadie me la va a quitar. Ni el régimen, ni el miedo, ni las armas. Y eso es lo que tengo que enseñar también a mi gente. Que juntos podemos hacer la Iglesia popular, lo que verdaderamente es una iglesia, no como jerarquía, no como edificio, sino que sea un cambio para nosotras las personas. Lo opté, también, como contribución a la guerra popular del pueblo. Que el pueblo, como mayoría, seamos los que hagamos el cambio. Y yo sé y tengo confianza que el pueblo es el único capaz, las masas son las únicas capaces de transformar la sociedad. Y no es una teoría nada más. Opté por quedarme en la ciudad o en la población, porque, como decía, hubiera tenido oportunidad de portar el arma, pero en cambio, aportamos en diferentes formas y todo va hacia un mismo objetivo. Ésa es mi causa. Como decía anteriormente, mi causa, no ha nacido de algo bueno, ha nacido de algo malo, de algo amargo. Precisamente mi cause se radicaliza con la miseria que vive mi pueblo. Se radicaliza por la desnutrición que he visto y que he sufrido como indígena. La explotación, la discriminación que he sentido en carne propia. La opresión, no nos dejan celebrar nuestras ceremonias, y no nos respetan en la vida tal como somos. Al mismo tiempo, han matado a mis seres más queridos y yo tomo también entre los seres más queridos, a los vecinos que tenía en mi pueblo, y así es que mi opción por la lucha no tiene límites, ni espacio. Por eso es que yo he pasado por muchos lugares donde he tenido oportunidad de contar algo sobre mi pueblo. Pero yo necesito mucho tiempo para contar sobre mi pueblo porque no se entiende así. Claro, aquí, en toda mi narración yo creo que doy una imagen de eso. Pero, sin embargo, todavía sigo ocultando mi identidad como indígena. Sigo ocultando lo que yo considero que nadie sabe, ni siquiera un antropólogo, ni un intelectual, por más que tenga muchos libros, no saben distinguir todos nuestros secretos.

París, 1982

Temas

1. Describa la juventud del padre de Rigoberta y su vida después de casado. ¿Cómo ejemplifica la situación del indio en Guatemala? Describa la niñez de Rigoberta. ¿Cómo expresa su amor a la naturaleza?

2. ¿Cuál es el papel de la naturaleza en la religión quiché? ¿Cómo se demuestra el respeto a la tierra? ¿Por qué es sagrado el maíz? ¿Qué concepto se tiene del sol y del fuego? ¿Qué importancia tienen los animales en las ceremonias? ¿Cómo se refleja en los ritos y creencias de los quichés su visión cósmica?

3. ¿Cómo y por qué torturan los militares al hermanito de Rigoberta? ¿Por qué llaman a los familiares a presenciar las torturas? ¿Cómo reacciona el pueblo cuando los militares les prenden fuego a los presos? ¿Cómo galvaniza este incidente al pueblo? ¿Qué efecto tiene en la madre de Rigoberta? ¿Qué impacto tienen estas descripciones de torturas en el lector?

4. ¿Qué hace Menchú después de salir de Guatemala? ¿Qué terminan haciendo sus hermanos? ¿Cómo reaccionan ella y sus hermanas a la oferta de ayuda de la comunidad internacional? ¿Cómo ve Rigoberta el futuro de su país?

5. Explique el papel del cristianismo en la lucha de los indios de Guatemala. ¿Por qué dice Rigoberta que la iglesia en Guatemala está dividida en dos? ¿Siente Rigoberta un conflicto entre sus tradiciones religiosas indígenas y la religión católica? Explique.

6. ¿En qué se nota que Rigoberta no está hablando su propio idioma? ¿Qué peculiaridades se notan en su manera de expresarse? Analice un pasaje de su libro desde el punto de vista estilístico.

7. ¿Cuál es el objetivo de Rigoberta al contarnos su vida? Tomando en cuenta sus fines propagandísticos, ¿por qué cree usted que describe en detalle las costumbres y creencias de su pueblo? ¿Cómo afecta sus fines políticos otros elementos del libro?

8. ¿Cuál es el papel de Elizabeth Burgos Debray en la creación de este libro? Compare el rol de Burgos con el del Transcriptor en *La familia de Pascual Duarte.*

Sobre los colaboradores

Frederick A. De Armas es un distinguido Profesor de Español y Literatura Comparada y miembro del Instituto de Artes y Estudios Humanísticos de Pennsylvania State University. Ha escrito numerosos artículos sobre literatura española del Siglo de Oro. Sus libros incluyen *The Invisible Mistress: Aspects of Feminism and Fantasy in the Golden Age* (1976), *The Return of Astrea: An Astral-Imperial Myth in Calderón* (1986) y *The Prince in the Tower: Perceptions of* ***La vida es sueño*** (1993). Es co-fundador de *Penn State Studies in Romance Literatures* y editor asociado de *Comparative Literature Studies* e *Hispania.* Ha enseñado en Louisiana State University y ha sido Profesor Visitante en la Universidad de Missouri y en Duke University.

Gene H. Bell-Villada, Profesor de Lenguas Romances en Williams College, en Massachusetts, fue educado en cuatro países latinoamericanos distintos. Sus artículos y reseñas han aparecido en numerosoas revistas y diarios, entre ellos *The New York Times, The New Republic, Boston Review, Monthly Review, ¡Siempre!* (México), y *The Nation.* Es autor de *Borges and His Fiction, García Márquez: the Man and His Work* y de una novela, *The Carlos Chadwick Mystery.* Actualmente está preparando una colección de cuentos, así como una historia de la idea del «arte para la salvación del arte» en la literatura occidental.

Santiago Daydí-Tolson es, actualmente, Profesor de Español en la Universidad de Wisconsin. Ha escrito extensivamente sobre la literatura española contemporánea, con particular énfasis en poesía y escritura de mujeres. Nativo de Chile, ha escrito también sobre poesía chilena contemporánea. Sus libros incluyen *The Post-Civil War Spanish Poets* y *El último viaje de Gabriela Mistral.*

Nancy Gray Díaz es Profesora Asociada de Español en Rutgers University, Newark. Es la autora de *The Radical Self: Metamorphosis to Animal Form in Modern Latin American Literature* y de artículos, reseñas y ensayos en los campos de la literatura latinoamericana y comparada. Sus artículos han aparecido en revistas como *Comparative Literature Studies, Symposium, Hispanic Journal* y *La Revista Canadiense de Estudios Hispánicos.* Actualmente está trabajando sobre las teorías posmodernas del sujeto y las nuevas narrativas latinoamericanas.

Francisco LaRubia-Prado, nativo de España, obtuvo su doctorado en Cornell University y continuó enseñando en Princeton. Es actualmente Profesor Asociado de Español en Georgetown University. Se especializa en literatura española de los siglos XVIII, XIX y XX. Ha publicado artículos sobre narrativa latinoamericana moderna, Cervantes, y la literatura peninsular moderna. Es co-editor de *Razón, tradición y modernidad: Re-visión de la Ilustración hispánica* y actualmente está trabajando en un libro titulado *Alegorías de la voluntad:*

Pensamiento orgánico, retórica y deconstrucción en la obra de Miguel de Unamuno.

Silvia M. Nagy, de la Catholic University, en Washington D. C., vivió en Chile y tiene un doctorado en Literatura Latinoamericana de la Universidad de Eötvös Loránd, en Budapest, Hungría. Sus intereses incluyen las culturas y literaturas de los Andes. Es la autora de *Historia de la canción folklórica de los Andes,* así como de numerosos artículos sobre literatura latinoamericana y antropología. También ha escrito sobre mitos quechuas y el *Ollantay*, obra quechua que data de los tiempos coloniales. Nativa de Hungría, ha escrito también sobre literatura húngara. Actualmente está trabajando en un estudio comparativo de las actuales escrituras femeninas de escritoras latinoamericanas y del norte de África.

Graciela Palau de Nemes, Profesora de Español *emeritus* en la Universidad de Maryland, es una autoridad altamente respetada en Juan Ramón Jiménez y ha escrito numerosos libros sobre el tema. El más conocido de éstos es *Vida y obra de Juan Ramón Jiménez* (1974). Más recientemente, la profesora Palau de Nemes escribió la introducción a los *Diarios* de Zenobia Camprubi de Jiménez, la esposa del poeta. También ha escrito sobre otros aspectos de la poesía española, por ejemplo, la recepción de la poesía de la vanguardia por parte de la prensa en el período previo a la Guerra Civil española. Sus artículos han sido publicados en una amplia variedad de revistas y antologías. La doctora Palau de Nemes es de España.

John R. Rosenberg, de Brigham Young University, ha escrito sobre una gran variedad de temas, desde la poética medieval hasta Cervantes y la ficción española moderna. Ha publicado extensivamente sobre Cela, incluyendo estudios comparativos sobre Cela y Sartre. También ha escrito sobre figuras literarias del Siglo XIX, como Larra. Sus libros incluyen *The Circular Pilgrimage: An Anatomy of the Confessional Autobiography in Spain.*

Enrico Mario Santí abandonó Cuba siendo niño y es actualmente Profesor de Literatura Latinoamericana en Georgetown University. Entre sus numerosas publicaciones están *Pablo Neruda: The Poetics of Prophesy, Escritura y tradición, Pensar a José Martí* y *Por una politeratura.* Ha publicado ediciones críticas de *Primeras letras, Libertad bajo palabra*y *El laberinto de la soledad* de Octavio Paz, así como de *Canto general* de Pablo Neruda. Actualmente está preparando *Rights of Poetry: An Intellectual Biography of Octavio Paz* para Harvard University Press. Su primer libro de poesía, *Son peregrino*, fue publicado por Torres de Papel.

Sobre la editora

Bárbara Mujica ha escrito extensivamente sobre la literatura del Siglo de Oro, en particular sobre el teatro y la novela pastoril. Sus libros incluyen *Calderón's Characters: An Existential Point of View, Iberian Pastoral Characters* y *Et in Arcadia Ego* (este último con Bruno Damiani). Sus artículos han sido publicados en muchas revistas, entre ellas *Hispania, Bulletin of the Comediantes, The Kentucky Romance Quarterly* y *Hispanic Journal,* y en varios *Festschriften.* También ha editado dos colecciones de artículos sobre el teatro del Siglo de Oro. Sus antologías incluyen *Antología de la literatura española: Edad Media; Antología de la literatura española: Renacimiento y Siglo de Oro, Texto y vida: Introducción a la literatura española* y *Texto y vida: Introducción a la literatura hispanoamericana.* Es autora de una novela, *The Deaths of Don Bernardo* y de dos colecciones de cuentos, *Far from My Mother's Home* y *Sanchez across the Street and Other Stories.* Sus artículos sobre asuntos relativos a la educación y a los hispanos en los Estados Unidos han sido publicados en numerosos periódicos, entre ellos *The New York Times, The Washington Post, The Miami Herald, The Los Angeles Times,* y *The International Herald Tribune.* En 1992 ganó la E. L. Doctorow International Fiction Competition y también ha ganado premios y becas de Poets and Writers of New York y del Ministerio de Cultura español. Es Profesora de Literatura Española en Georgetown University.

Créditos literarios

Se agradece a los siguientes autores, editores y agentes que nos han otorgado permiso para incluir las selecciones que se encuentran en este libro:

Vicente Aleixandre, poesía, reproducida con el permiso de Carmen Balcells.

Miguel Ángel Asturias, selecciones de *Hombres de maíz,* reproducidas con el permiso de Carmen Balcells.

Elizabeth Burgos Debray, selecciones de *Me llamo Rigoberta Menchú,* reproducidas con el permiso de Carmen Balcells.

Camilo José Cela, selecciones de *La familia de Pascual Duarte,* reproducidas con el permiso de Carmen Balcells.

Gabriel García Márquez, selección de *Cien años de soledad,* reproducida con el permiso de Carmen Balcells.

Juan Ramón Jiménez, verso y prosa, reproducidos con el permiso de los Herederos de Juan Ramón Jiménez.

Gabriela Mistral, poesía, reproducida con el permiso de Marian Reiner.

Pablo Neruda, verso y prosa, reproducidos con el permiso de Carmen Balcells.

Octavio Paz, poesía, reproducida con el permiso del Fondo de Cultura Económica.

Se ha hecho lo posible para contactar a todos los autores cuyas obras están incluidas en este libro o a sus representantes.